विष्णु प्रभाकर
संपूर्ण कहानियाँ-४

मेरा वतन

AF564746

विष्णु प्रभाकर
संपूर्ण कहानियाँ-४
मेरा वतन

प्र
प्रभात
प्रकाशन

प्रकाशक
प्रभात प्रकाशन प्रा. लि.
4/19 आसफ अली रोड, नई दिल्ली–110002
फोन : 011–23289777 • हेल्पलाइन नं. : 7827007777
इ–मेल : prabhatbooks@gmail.com ❖ वेब ठिकाना : www.prabhatbooks.com

संस्करण
2026

पेपरबैक मूल्य
छह सौ रुपए

मुद्रक
श्री साई प्रिंटर्स, साहिबाबाद

★

MERA VATAN
(Vishnu Prabhakar : Sampoorna Kahaniyan Vol. IV)
by Shri Vishnu Prabhakar

Published by **PRABHAT PRAKASHAN PVT. LTD.**
4/19 Asaf Ali Road, New Delhi-110002

ISBN 978-93-5266-530-3

₹ 600.00

मेरी कथायात्रा

सबसे पहले कहानी लिखने की बात मेरे मन में कैसे उठी—यह तो अब ठीक-ठीक याद नहीं। हाँ, प्रेरणा की बात अवश्य बताई जा सकती है। मेरे परिवार में मेरी माँ पहली पढ़ी-लिखी नारी थीं। यह उन्नीसवीं शताब्दी के अंतिम दशक की बात है। उनके पास पुस्तकों का एक बक्स था। उन्हीं को फाड़-फाड़कर मैंने छापे के अक्षरों की महिमा को पहचाना। कुछ बड़ा हुआ तो पिताजी की दुकान पर टोकरे में भरी पुस्तकें खोज निकालीं। वहीं 'किस्सा हातमताई' और 'किस्सा छबीली मटियारी' से लेकर राधेश्याम कथावाचक की 'रामायण', 'प्रेमसागर' और 'सुखसागर' तक का पारायण किया। वहीं 'चंद्रकांता', फिर उसकी संतति, फिर 'भूतनाथ' की रोचक कहानियाँ पढ़ीं। पढ़ते-पढ़ते सोचता था, कैसे लिखीं इन्होंने ये किताबें। क्या मैं भी ऐसा लिख सकता हूँ!

कस्बे में शिक्षा का प्रबंध भी अच्छा नहीं था। पंडितजी की पाठशाला थी। मौलवी साहब का एक मदरसा था या फिर तीसरी कक्षा तक एक सरकारी स्कूल था। बारी-बारी सब में पढ़ा मैं। एक मास्टर साहब से अंग्रेजी भी पढ़ी। माँ इससे संतुष्ट न थीं। उनके छोटे भाई अर्थात् हमारे मामाजी हिसार (पंजाब) में गवरमेंट कैटल फार्म में काम करते थे, बी.ए. पास थे, आर्यसमाजी थे। वहाँ हाई स्कूल भी था। इसलिए मेरी माँ ने हम दोनों भाइयों को उनके पास भेज दिया। बड़े भाई वहीं रहकर दसवीं पास कर चुके थे। मेरी उम्र भी बारह बरस की हो रही थी। तब एक दिन हमारे चाचा हम दोनों भाइयों को हिसार ले गए और मामाजी के पास छोड़ आए।

तब मामाजी ने अपने प्रभाव से मुझे वहाँ के आर्यसमाज के सी.ए.वी. हाई स्कूल में छठी में दाखिल करवा दिया और छोटे भाई को पाँचवीं में। यह इसलिए हुआ कि हम लोगों की हिंदी बहुत अच्छी थी। हिसार में तो हरियाणवी बोली जाती है। हमारी भाषा सुनकर सब चकित रह जाते थे। वैसे हमारे यहाँ की बोलचाल की

भाषा कौरवी थी। वह भी अटपटी थी, पर स्कूल में जो हिंदी-पढ़े थे वह शुद्ध थी। स्तर भी ऊँचा था, सुनने में मीठी लगती थी। तीसरी कक्षा में हमने भारतेंदु हरिश्चंद्र, महावीर प्रसाद द्विवेदी, प्रतापनारायण मिश्र, मैथिलीशरण गुप्त—सबके पाठ व कविताएँ पढ़ ली थीं।

उन दिनों आर्यसमाज का बड़ा प्रभाव था। आर्यसमाजी देशभक्त भी थे और शिक्षा में भी आगे बढ़े हुए थे। लड़कियाँ भी पढ़ती थीं, पर उनके स्कूल अलग थे।

मामाजी के घर में बहुत सी किताबें थीं। फिर आर्यसमाज का पुस्तकालय भी था। खूब पढ़ा मैंने प्राचीन साहित्य। वेद (हिंदी भाष्य), पुराण, बाइबिल, कुरान, महाभारत, रामायण—सब पढ़ डाले। इसके अतिरिक्त प्रेमचंद्र, प्रसाद, बंकिम, रवींद्र, शरत और खांडेकर आदि उस समय के लेखकों से भी परिचय हुआ। पढ़ते-पढ़ते मेरे मन में अपना नाम भी छापे में देखने की इच्छा प्रबल हो उठी। यह सन् १९२६ की बात है। आठवीं कक्षा में पढ़ता था। एक दिन चुपचाप 'बाल सखा' पत्रिका को एक पत्र लिखा और आश्चर्य, वह छप भी गया। कितना खुश हुआ मैं, कैसे बताऊँ! मेरे साथी मेरी ओर गर्व से देखने लगे। परिणाम यह हुआ कि पढ़ने-लिखने की लालसा बलवती होती चली गई।

शुद्ध हिंदी बोलता था, इसलिए स्कूल की वाद-विवाद प्रतियोगिताओं में मेरी धाक जम गई थी। कुमार सभा में भाषण देने लगा। दसवीं पास करने के बाद तो आर्यसमाज में भी भाषण देने लगा। बाद में तो गुरुद्वारों, मसजिदों, जनसभाओं—सभी जगह मेरी पुकार होने लगी।

हाँ, तब चुपके-चुपके लिखा भी करता था। लाहौर से उन्हीं दिनों हिंदी में एक नया पत्र निकला 'हिंदी मिलाप'। दिवाली के अवसर पर मैंने स्वामी दयानंद के जीवन पर एक लिखित भाषण दिया। उसी को मैंने लेख के रूप में उस पत्रिका को भेज दिया। आर्यसमाज की पत्रिका थी, लेख तुरंत स्वीकृत हो गया। तब मेरी क्या दशा हुई! बाप रे! मेरा लेख छपेगा! मैं लेखक...न-न! नाम मैंने अपना नहीं दिया था, क्योंकि तब मैं सरकारी नौकर था। यह त्रासद कहानी भी मुझे लेखक बनाने में सहायक हुई और मैंने अपना छद्म नाम रखा—'प्रेम बंधु'। कई वर्ष चला यह नाम।

तभी लिखी एक कहानी—वही दिवाली, वही आर्यसमाज। परिवार का स्वामी जुआ खेलता है, शराब पीता है, उस दिन दिवाली का दिन था। घर का मालिक जुए में सबकुछ लुटाकर शराब के नशे में धुत्त दरवाजे पर आ गिरता है। घर के भीतर अंधकार है। बच्चे तरस रहे हैं कि पिताजी आएँ और मिठाई लाएँ।

माँ एक ओर असहाय मूकदर्शक बनकर सबकुछ देख रही है। यही कुछ थी वह मेरी पहली कहानी।

यह बात नवंबर १९३१ की है शायद। कहानी लिखकर 'हिंदी मिलाप' को भेज दी। तुरंत प्रकाशित भी हो गई। आज वह कहानी कहाँ है, कौन जाने! मैंने किसी को बताया भी नहीं था। पंजाब से भाई साहब के साथ घर लौट रहा था। मेरठ में अचानक उन्होंने उसे पढ़ लिया। कहानी का प्लॉट उन्हें बहुत अच्छा नहीं लगा, लेकिन भाषा बहुत अच्छी लगी। तब मैं अपने को रोक न सका। उनसे कहा कि यह कहानी मैंने लिखी है।

यहाँ एक बात और स्पष्ट करना आवश्यक है। अपने प्रारंभिक जीवन में मुझे वह जीवन जीना पड़ा जो मैं जीना नहीं चाहता था। वही अंतर्द्वंद्व, घुटन और संत्रास का कारण बना। बात यह हुई कि सन् १९२५ की प्लेग की महामारी में हमारा परिवार नष्ट हो गया। जो कमाऊ पूत थे वे चल बसे। हमारा सबकुछ नष्ट हो गया। दसवीं पास करते न करते परिवार गरीबी के चंगुल में फँस गया था। मन था स्वाधीनता संग्राम में भाग लेने और आगे पढ़ने के लिए लाहौर जाने का। कल्पना की जा सकती है कि तब मेरे मन की क्या हालत हुई!

प्रारंभ में क्लास फॉर ऑफिसर की दफ्तरी की नौकरी करने को विवश होना पड़ा। आश्चर्य की बात यह है कि फॉरेन के सबसे बड़े अफसर सुपरिंटेंडेंट मि. स्मिथ इस बात से बहुत प्रसन्न हुए और उसके बाद शीघ्र ही मुझे क्लर्क की नौकरी मिल गई। वह आजकल की तरह आपा-धापी का युग नहीं था। सब काम आसानी से हो जाते थे। चालीस रुपए वेतन भी मुझे मिला। लेकिन मन में जो पीड़ा थी वह दूर न हो सकी। डायरी के हर पन्ने पर लिखता था—Better to die.

और भी यातनाएँ सहीं मैंने; पर वे मेरी इतनी निजी हैं कि किसी से बाँटने की इच्छा नहीं होती। यही तो मेरी शक्ति थी।

शुरू में मैंने कविताएँ लिखीं। वह युग गद्य काव्य का भी था, तो मैंने कुछ गद्य काव्य भी लिखे, फिर कहानी भी लिखी; पर अंतत: कहानी लिखना ही मुझे रास आया।

उन दिनों की नौकरी आज के जैसी न थी। दफ्तर में बारह घंटे खटने पर भी ओवरटाइम एलाउंस की बात कोई सोच भी नहीं सकता था।

बड़ी लंबी कहानी है और त्रासद भी। यद्यपि मैं कांग्रेस में सीधे काम नहीं कर सका, पर मेरे मित्र वहाँ थे और कार्यक्रम हम सब मिलकर ही बनाते थे। कांग्रेस में सीधे भाग नहीं ले सका, लेकिन आर्यसमाज का तो मैं कार्यकारिणी का

सदस्य बन गया।

उन दिनों पारसी थिएटर का बहुत जोर था और उसके द्वारा हम लोग आजादी की लड़ाई से संबंध रखनेवाले नाटक भी खेला करते थे। शुरू-शुरू में तो पाँच पांडवों में गांधीजी युधिष्ठिर थे, मौलाना शौकतअली भीम, मोहम्मद अली अर्जुन और मोतीलाल नेहरू तथा देशबंधु चितरंजन दास नकुल-सहदेव बनते थे।

मैंने इन नाटकों में कृष्णावतार में राजा उग्रसेन का अभिनय किया, श्रवण कुमार में राजा दशरथ का और धर्माधर्म युद्ध में भगवान् कृष्ण का।

उस समय नारियाँ स्टेज पर नहीं आती थीं, पुरुष ही उनका पार्ट करते थे। मुझे अच्छी तरह याद है 'उषा-अनिरुद्ध' नाटक में उषा का अभिनय एक सिख किशोर ने किया था। हमारा इस नाटक को खेलने का उद्देश्य देशभक्ति को जगाना था। बड़े-बड़े अफसर भी देखने आते थे, लेकिन कोई हमें पकड़ नहीं सका। वह क्रांतिकारियों का युग भी था। हमारा उनसे भी संबंध था।

उस समय पंजाब में हिंदी का प्रचार तो बहुत था, लेकिन शुद्ध हिंदी कम लोग जानते थे, फिर भी आर्यसमाज के प्रभाव के कारण कई अच्छे दैनिक व मासिक पत्र निकलते थे। उनमें मेरी कहानियाँ छपती थीं। जात-पाँत तोड़क मंडल के संस्थापक संतराम बी.ए. ने बहुत काम किया। 'युगांतर' पत्र निकाला। स्वाधीनता संग्राम में भी काम किया। लगभग एक सौ दो वर्ष की आयु में उनका देहावसान उनकी पुत्री के घर पर दिल्ली में हुआ।

सफलता का एहसास तो किसी-न-किसी रूप में शुरू में ही रहा होगा। किशोर और युवक ही सफलता का दावा न करेंगे तो कौन करेगा! इसलिए परिस्थितियों के कारण कुंठाग्रस्त रहने पर भी सफलता कहीं-न-कहीं मेरे मानस के क्षितिज पर मँडरा रही थी। उसका एक और कारण भी था। प्रारंभ से ही मुझे लगभग सभी मित्रों और विशेषकर मेरे बड़े भाई तथा मामाजी ने निरंतर प्रोत्साहित किया। यद्यपि संपादकों में 'आर्य मित्र', आगरा के संपादक पं. हरिशंकर वर्मा और 'युगांतर', लाहौर के संपादक पं. संतराम बी.ए. भी मेरे प्रारंभिक प्रेरणादाता थे; परंतु सुप्रसिद्ध कहानीकार चंद्रगुप्त विद्यालंकार ने जब मेरी कहानियों की प्रशंसा की तब मैं सही रूप से आश्वस्त हो सका।

सन् १९३४ की बात है। लाहौर से मासिक 'अलंकार' का प्रकाशन शुरू हुआ था। उसके कहानी स्तंभ के संपादक थे चंद्रगुप्तजी। मैंने चार कहानियाँ एक साथ उन्हें भेजकर उनकी राय जाननी चाही। उन्होंने मुझे मनोविज्ञान की ओर ध्यान देने की बात सुझाई और दो कहानियाँ उस पत्र में छापीं, फिर पत्र ही बंद हो

गया। उनमें से एक कहानी 'स्नेह की ज्वाला' कहानी संग्रह 'संघर्ष के बाद' में संकलित है। शेष कहानियों का क्या हुआ? कुछ पता नहीं। 'स्नेह की ज्वाला' पर शरतचंद्र का प्रभाव स्पष्ट है। वे मेरी वेदना, व्यथा के बहुत पास थे। पाठकों के पत्र भी आने लगे।

६ जून, १९४० की बड़ी तलाशी में सबकुछ अस्त-व्यस्त हो गया। तलाशी का पता मुझे पहले लग चुका था, इसलिए मैंने अपना सब आपत्तिजनक सामान पड़ोस के मित्र परिवार के पास रखवा दिया था; लेकिन पुलिस को इतनी बड़ी संख्या में देखकर मेरे मित्र घबरा गए और मेरी सारी सामग्री अग्नि को भेंट कर दी। इस प्रकार ६ जून, १९४० से पहले के मेरे महत्त्वपूर्ण दस्तावेज, डायरियाँ, पुस्तकें आदि सब अग्नि की भेंट चढ़ गए।

पत्र व्यवहार मेरा प्रेमचंदजी से भी हुआ था। उन्होंने मेरी रचनाएँ अपने साप्ताहिक पत्र 'जागरण' में छापी थीं। कई कहानियाँ भी छापने के लिए रखी थीं, पर वह उनमें कुछ सुधार करना चाहते थे, लेकिन व्यस्तता के कारण कर न सके। फिर कुछ समय बाद उनका देहावसान हो गया।

प्रेमचंदजी के देहावसान के बाद मैं बनारस उनके घर भी गया और 'हंस' में बराबर लिखता रहा। इस प्रकार 'हंस' से मेरे संबंध सघन होते चले गए। मैं उनके परिवार में भी रहा।

सबसे पहले 'हंस' की संपादिका बनीं प्रेमचंद की पत्नी शिवरानी देवी, उनके बाद जैनेंद्रजी आए। जैनेंद्रजी से मेरा परिचय उन्हीं दिनों हुआ। उन्होंने मेरी कहानी पढ़कर जो शब्द लिखे उन्हें मैं आज भी अपने अंतर में सुरक्षित रखे हुए हूँ।

'हंस' से संबंध गहन होते ही सर्वश्री बाबू गुलाबराय, सियाराम शरण गुप्त, यशपाल, भगवती प्रसाद बाजपेयी, अज्ञेय, अश्क, भदंत आनंद कौशल्यायन, सुदर्शन, त्रिलोचन भास्कर, शमशेर बहादुर सिंह आदि सुप्रसिद्ध लेखकों से धीरे-धीरे मेरा परिचय हो गया।

'हंस' के अतिरिक्त 'वीणा', 'विश्वमित्र', 'माया', 'सुधा', 'माधुरी', 'हिमाचल' आदि उस युग के लगभग प्रसिद्ध पत्रों में मेरी रचनाएँ छपने लगीं। ज्योतिषाचार्य पं. सूर्यनारायण व्यास, पांडेय बेचन शर्मा उग्र, बनारसीदास चतुर्वेदी, भगवती चरण वर्मा, चतुरसेन शास्त्री, इलाचंद जोशी जैसे उस युग के सभी प्रसिद्ध लेखकों ने मुझे अपना लिया।

मैंने दो सौ से अधिक कहानियाँ लिखीं। लगभग एक सौ पचास कहानियाँ संग्रह में आ गईं। कुछ खो गईं, कुछ को मैंने खो जाने दिया।

एक लंबा इतिहास है मेरी कहानियों का। कुछ कहानियाँ बहुत लोकप्रिय हुईं, जैसे 'धरती अब भी घूम रही है'। यह कहानी सन् १९५४ के अंत में लिखी थी और जनवरी १९५५ के कहानी विशेषांक 'पथिक' में प्रकाशित हुई थी। प्रसिद्ध आलोचकों ने इस कहानी को स्वीकार नहीं किया, लेकिन आश्चर्य यह है कि मैं इस एक कहानी के कारण इतना प्रसिद्ध हुआ, जितना मैं अपनी प्रसिद्ध पुस्तक 'आवारा मसीहा' के कारण भी नहीं हुआ। मैंने कभी इन बातों में रुचि नहीं ली। बहस नहीं की, कभी विरोध नहीं किया।

मैं यह अवश्य स्वीकार करूँगा कि मैं निश्चय ही कोई बड़ा लेखक नहीं हूँ। बड़ी कटु समीक्षा हुई मेरी कहानियों की, लेकिन अनेक पाठकों ने उतना ही उनको सराहा भी। समाज के कई स्तर होते हैं। कुछ लोग प्रबुद्ध होते हैं, गहरे पैठते हैं, वैसे ही रचनाओं को पसंद भी करते हैं। कुछ व्यक्ति साधारण समझ के होते हैं, उन्हें विभोर करनेवाली भावुक कहानियाँ अच्छी लगती हैं। और भी कारण हैं। इसलिए हमें अपने आलोचकों के प्रति कभी भी दुर्भावना नहीं रखनी चाहिए, क्योंकि वे हमें सोचने पर विवश करते हैं।

मेरी कहानियाँ अनेक परिवर्तनों में से गुजरीं। प्रेमचंदजी के समय में ही जैनेंद्र, अज्ञेय और इलाचंद जोशी ने मनोवैज्ञानिक कहानियाँ लिखीं। साम्यवाद के प्रभाव के कारण प्रगतिशील आंदोलन का आरंभ भी हुआ।

सन् १९५५ का कहानी विशेषांक 'पथिक' एक महत्त्वपूर्ण कृति है। वह पुराने युग का अंत है और नए युग का आरंभ है। पुराने लेखकों में मंटो की कहानी 'विवेक टोवा', 'टेकसिंह', रांगेय राघव की 'गदर', उग्र की 'पतिव्रता' तथा मेरी कहानी 'धरती अब भी घूम रही है' इसमें प्रकाशित हुईं और साथ ही नए आनेवाले कहानीकारों में शेखर जोशी, अमरकांत, उषा प्रियंवदा, कमलेश्वर आदि नित्य नए अनेक कहानीकारों की कहानियाँ प्रकाशित हुईं। इस विशेषांक के साथ एक युग समाप्त हुआ और दूसरे युग का आरंभ हुआ।

लेकिन वास्तविक परिवर्तन तो कहानी के सन् १९५५ के अगले विशेषांक से ही शुरू होता है। आजादी के तुरंत बाद कई वर्ष तक हिंदी साहित्य में गत्यावरोध रहा।

यह सब मैंने संक्षेप में इसलिए दिया कि उस समय की कहानी की स्थिति स्पष्ट हो सके। मैं बराबर लिखता रहा और प्रगतिशील आंदोलन से मैं सघन रूप से जुड़ा रहा। मुझे याद है कि कॉफी हाउस में उन दिनों इन आंदोलनों की बड़ी चर्चा हुआ करती थी। सभी बड़े-बड़े साहित्यकार नाना नगरों के कॉफी हाउसों की ही

देन हैं। कोलकाता, शिमला, लखनऊ, इलाहाबाद और दिल्ली के कॉफी हाउसों में खोजा जाए तो हिंदी साहित्य का बहुत बड़ा इतिहास मिलेगा। मैं भी निरंतर कॉफी हाउसों में जाता रहता था। वाद-विवाद भी होते थे। ऐसे ही एक प्रसंग में दिल्ली में जैनेंद्रजी ने मेरी ओर देखा और कहा, 'विष्णु, तुम्हारी जिज्ञासा मरती जा रही है।'

मैं तो काँप उठा, जिज्ञासा ही मर गई तो कहानी कहाँ से आएगी। बहुत सोचने के बाद सामने आया कि जैनेंद्रजी कह रहे थे कि तुम कहानी लिखने की ओर ध्यान न देकर, आंदोलनों की ओर ध्यान दे रहे हो। उन्होंने मुझसे यह भी कहा था, यथार्थ का अतिक्रमण करने के बाद ही कहानी बनती है।

यह तो एक घटना है। पूरा इतिहास लिखा जा सकता है कॉफी हाउस की गोष्ठियों पर; लेकिन मैं अपने इस संग्रह की कहानियों की चर्चा करना चाहता हूँ।

मेरे कहानी संकलन को सुविधा के लिए आठ खंडों में विभाजित किया गया है और हर खंड का नाम मेरी एक कहानी के नाम पर रखा गया है। वे आठ कहानियाँ इस प्रकार हैं—

पहला खंड	:	मुरब्बी
दूसरा खंड	:	आश्रिता
तीसरा खंड	:	अभाव
चौथा खंड	:	मेरा वतन
पाँचवाँ खंड	:	एक और कुंती
छठा खंड	:	धरती अब भी घूम रही है
सातवाँ खंड	:	पुल टूटने से पहले
आठवाँ खंड	:	जिंदगी एक रिहर्सल

'धरती अब भी घूम रही है' को छोड़कर जो कहानियाँ हैं उनको अधिकतर समीक्षकों के द्वारा सराहा गया है। यह हो सकता है कि उस युग के अनुसार लोगों को जो कहानियाँ अच्छी लगीं, वे शायद अब न लगें; परंतु 'मुरब्बी', 'अभाव', 'मेरा वतन', 'पुल टूटने से पहले', 'जिंदगी एक रिहर्सल' को तो बहुत से मित्रों ने सराहा है, मतभेद यहाँ भी हो सकता है। मैं केवल इतना कहना चाहता हूँ कि कोई भी वस्तु हमेशा के लिए अच्छी या बुरी नहीं होती। कुछ लोगों ने 'अभाव' कहानी को पुराने युग की अंतिम श्रेष्ठ कहानी कहा है।

सन् १९५३-५४ में अंतरराष्ट्रीय कहानी प्रतियोगिता में मेरी कहानी 'शरीर से परे' को हिंदी विभाग में प्रथम पुरस्कार मिला था। वात्स्यायनजी ने इसका अनुवाद करने से इनकार कर दिया, क्योंकि उनकी दृष्टि में इसमें भाव से अधिक

भाषा का सौंदर्य है; लेकिन भीष्म साहनीजी ने इसका इतना सुंदर अनुवाद किया कि इंग्लैंड से इसकी प्रशंसा का पत्र मेरे पास आया। एक और बात इस कहानी के बारे में कहना चाहूँगा। यह प्रेम कहानी है। कुछ लोगों ने इसकी बेहद प्रशंसा की, कुछ ने मुझे धमकियाँ भी दीं। धमकियाँ तो मुझे खैर बहुत मिलती रहीं और ऐसे पत्र भी मिलते रहे कि आपको कहानी लिखनी नहीं आती तो क्यों लिखते हैं और लिखते ही हैं तो मेरे 'कहानी संग्रह' को पढ़कर लिखिए। कोई अंत नहीं इन प्रतिक्रियाओं का।

विकास की रेखाएँ बहुत स्पष्ट हैं। भाव-बोध भी बदलता ही है। प्रारंभ में मैं आर्यसमाज के प्रभाव में आया, फिर गांधीजी की उँगली पकड़ ली। मैं प्रेम का भूखा था, गांधीजी प्रेम का अवतार थे। शरत भी प्रेममय थे। शुरू-शुरू में मेरी कहानियों में आर्यसमाज के सुधारवाद का प्रभाव है, तो उसके तुरंत बाद देशभक्ति और उदात्त मानवता, जो अहिंसा और प्रेम का ही प्रतिरूप है, मुझे प्रिय रहे। मेरे आंतरिक दर्द के कारण। जैनेंद्रजी के शब्दों में—मेरी कृतियों में भावना की मुलामियत कुछ अधिक है। प्रगतिवाद और समाजवाद का प्रभाव भी मुझपर है, लेकिन यह भी सच है कि इसके बावजूद मैं 'हृदय' में ही विश्वास करता हूँ। मेरा समाजवाद और कुछ नहीं, उदात्त मानवता की खोज का ही दूसरा नाम है। मेरे कहने का ढंग सपाट हो सकता है, इसलिए मेरे आलोचक मुझे सृजक नहीं मानते। मुझे कोई आपत्ति नहीं है; पर उदात्तता की तड़प कहीं-न-कहीं मुझे परेशान किए रहती है। मैं न आदर्शों से बँधा हूँ, न सिद्धांतों से। बस भोगे हुए यथार्थ की पृष्ठभूमि में उस उदात्त की खोज में चलता चला आ रहा हूँ। मेरे पास वह कला भले ही न हो जो कहानी को कहानी बनाती है, पर झूठ का सहारा मैंने कभी नहीं लिया। इतिहास में मेरा नाम अंकित होना चाहिए ऐसी लालसा मेरे मन में कभी नहीं रही। अब तक जितना बटोरा है वही प्राण शेष होने तक यथेष्ट है।

आलोचक कहते रहे हैं कि मुझपर शरतचंद्र का प्रभाव है। मैंने भी स्वीकार किया है कि मेरे परिवेश के वे ही सबसे अधिक पास हैं। उनसे मैंने सबसे अधिक पाया है। औरों से भी पाया है। प्रेमचंद, रवींद्र, तालस्तॉय, गोर्की—इन सभी से कुछ-न-कुछ पाया है; पर यह पाना अपने को खोना कभी नहीं रहा। मेरी दुर्बलताएँ मेरी ही हैं। इन महान् सृजकों के पीछे अपनी क्षुद्रता को नहीं छुपाऊँगा।

देश-विदेश में कौन श्रेष्ठ है—यह बता सकने की क्षमता होती तो स्वयं न श्रेष्ठ बन जाता। न जाने किन-किन में मैंने नाना रूपों में, नाना स्तरों पर महानता पाई, फिर मुझे नाम तो याद रहते ही नहीं, बस प्रभाव अंकित हो जाता है। 'साँप'

कहानी कभी नहीं भूलूँगा; पर किसने लिखी, कभी याद नहीं रहा! जो अच्छा लगता है वह अपना निजी हो जाता है। फिर यदि मैं कहूँ कि वेदव्यास कवि ही नहीं, सबसे बड़े उपन्यासकार भी थे तो सुधी गण मेरी बुद्धि पर तरस खाकर आगे बढ़ जाएँगे। तो यंह स्थिति आने ही क्यों दूँ!

आज राजनीति में जो दल-बदलू हैं, वैसा मेरे साथ कभी नहीं हुआ; पर दृष्टि विकसित होती है। वैसा मेरे साथ भी हुआ। कभी थका नहीं। जितनी क्षमता है उतना आगे ही बढ़ा हूँ। मैं न सिद्धांतवादी हूँ, न रूढ़िवादी। गतिमय जीवन में मेरा अटूट विश्वास है। मेरी दुर्बलताएँ मेरी असफलता का परिणाम हैं। सारी विसंगतियों के बावजूद मेरी मनुष्य में आस्था है। संपूर्ण मनुष्य में। खंडों में बँटे मनुष्यों में नहीं। एक विश्व का अर्थ एक जन ही है। यह ग्रह जैसे चुंबकीय शक्ति के सहारे जुड़े हैं। वैसे ही क्या मनुष्य भी नहीं जुड़ा है! मनीषी तालस्तॉय को एक आठ वर्ष के बच्चे ने लेखक बनने की इच्छा प्रकट करते हुए उनका आशीर्वाद चाहा था।

उसके उत्तर में उन्होंने लिखा था, आपकी लेखक बनने की आकांक्षा का यह अर्थ हुआ कि आप सांसारिक प्रख्याति सम्मान के प्रत्याशी हैं। यह केवल आकांक्षा का अहंकार है। मनुष्य की एक ही इच्छा होनी चाहिए कि वह दयार्द्र हो। किसी को आघात न पहुँचाए, किसी से घृणा न करे, किसी के दोषदर्शी न हो, वरन् प्रत्येक व्यक्ति के प्रति ममताग्र ही हो।

कबीर की तरह गहरे पानी पैठकर देखेंगे तो पाएँगे कि साहित्य की सार्थकता के संबंध में इससे सटीक वाणी और कुछ न होगी। प्रत्येक मनुष्य दूसरे के प्रति उत्तरदायी है। यही सबसे बड़ा बंधन है और यह प्रेम का बंधन है। अंत में कवि दिनकर के शब्दों में कहूँ—

'पर जब तक जिऊँ वाणी स्वर में बोलती रहे,
वह मेरी ही नहीं सबका दर्द खोलती रहे।'

नई पीढ़ी के प्रति मेरे मन में सदा स्नेह का भाव रहा है। उन्हें आगे बढ़ना ही था, बढ़े भी हैं। वे हमसे अच्छा नहीं लिखेंगे तो सृष्टि का क्रम नहीं बदल जाएगा क्या! पर यह याद रखना होगा कि साहित्य में पीढ़ियाँ आयु की अपेक्षा नहीं रखतीं, और फिर परंपरा से कहीं मुक्ति नहीं है। हाँ, परंपरा से जुड़नेवाली हर नई कड़ी पहली से जुड़कर भी भिन्न है। जुदा करनेवाली व्यथा सदा छलिया होती है। फिर जब मूल्य इतनी तेजी से बदल रहे हों तो पैर उखड़ ही जाते हैं। पुरानी पीढ़ी ने छद्म ओढ़ा तो नई ने आक्रमण और ध्वंस की मुद्रा अपना ली। कुछ सेक्स से आतंकित होकर हर क्षण नारी के नंगे शरीर में दाँत गड़ाने को पागल रहते हैं। तो नारी के लिए

नर सार्वजनिक हो गया है अर्थात् सेक्स निजी नहीं रहा। कुछ हैं जो पिता के बुतों को तोड़ने में लगे हैं। कुछ को राजनीति लील गई। फैशन क्रांति का प्रतीक बन गई। हर क्षण गदा उठा लेने की मुद्रा में रहने के पीछे का मनोविज्ञान समझ में आता है; पर क्रांति कागज की नाव पर सवार होकर नहीं आती। जैसे नया वर्ष रंगीन कैलेंडरों का नाम नहीं है। मात्र संदेह नहीं, आस्था भी चाहिए। फिर भी मानता हूँ कि संक्रमण काल की धूल और धुएँ के बावजूद युग सदा आगे बढ़ता है। पर आवेश और आक्रोश शक्ति से अधिक दुर्बलता के प्रतीक हैं। छोटा करने के लिए लाइन को काटना नहीं होता। उसके समानांतर बड़ी लाइन खींचनी होती है। उतना धैर्य कम लोगों में दिखाई देता है। इसलिए हर कालखंड के बाद गत्यावरोध सा आ जाता है। प्रतिभाएँ, जो सबकुछ के बावजूद जन्म लेती हैं, अभी कम हैं। प्रतिभाएँ कम ही होती हैं। पर मैं निराशावादी नहीं हूँ। बड़ी आशा है मुझे नई पीढ़ी से। साहित्य उन्हीं की लेखनी का परस पाकर तो समृद्ध होगा। उन्होंने नई दृष्टि दी है। नए अर्थ दिए हैं, उनको ग्रहण करनेवाली भाषा भी दी है। उन्हें बहुत-बहुत स्नेह, बहुत-बहुत शुभकामनाएँ मेरी।

—विष्णु प्रभाकर

बी-१५१, महाराणा प्रताप एन्क्लेव
पीतमपुरा, दिल्ली-११००३४

अनुक्रम

माँ-बाप

जैसे ही डाकघर के पास ताँगा आया, एक लड़का लपककर उसमें आ बैठा। वह लगभग बारह वर्ष का होगा। उसका शरीर गंदा था और कपड़े बिलकुल फटे थे। ताँगेवाले ने एक निगाह उसपर डालकर पूछा, 'कहाँ था बे तू अब तक?'

'खटीकों के बास में गया था,' लड़का तलखी से बोला।

'बास में?'

'हाँ।'

'फत्ती आ गई?'

'फातिमा?'

'हाँ।'

'आ गई।'

'मुझे पूछ रही थी?'

'तुझे?'

'हाँ-हाँ, गधे! क्या वह मुझे पूछ रही थी?'

लड़का शरारत से मुसकराया। बोला, 'पूछ रही थी कि वह कहाँ का रहनेवाला है।'

'सच?'

'सच।'

'और कुछ पूछा था?'

'नहीं तो।'

'पूछा होगा, गधे।'

'तेरी कसम।'

'उल्लू का पट्ठा। मेरी कसम खाता है!'

'तो तू एतबार क्यों नहीं करता?'

देखते-देखते दोनों की वाणी तेज हो उठी। दोनों विशुद्ध अनार्य भाषा में बातें करने लगे, जो भद्दी होते हुए भी श्रुति-मधुर थीं। ताँगे में केवल एक सवार था। उसने गरदन उठाकर अचरज से इस अद्भुत युगल को देखा। आँखें मिलीं। ताँगेवाला एकदम चुप हो गया। उसके पीले मुख पर गहरी मुसकराहट दौड़ गई। उसने तहमद के एक पल्ले से पसीना पोंछकर घोड़े को टिटकारी दी। बोला, 'चलो बेटा।' फिर मुड़कर सवारी से पूछा, 'लुधियाने जाएँगे?'

जवाब मिला, 'दिल्ली।'

'दिल्ली! बड़ा चक्कर पड़ेगा।'

'हाँ, पर...'

सहसा लड़का बीच में ही बोल उठा, 'फत्ती की माँ भी आ गई है।'

ताँगेवाला चौंका। बोला, 'फत्ती की माँ?'

'हाँ।'

'क्यों आई है?'

'तू नहीं जानता?'

'नहीं।'

'इसी बिरते पर पूछता था?'

'अब बता भी।'

लड़का फिर शरारत से हँसा। कहा, 'फैसला करने आई है।'

अब ताँगेवाला भी हँसा। बोला, 'फैसला करेगी?'

'हाँ, बशीर मियाँ कहते थे।'

ताँगेवाला पीछे मुड़ा। कहा, 'तू जानता नहीं, गधे। ये सब कुत्ते हैं।'

लड़का बड़ी लापरवाही, परंतु तलखी से बोला, 'बशीर मियाँ मान गए हैं।'

'सच?'

'हाँ।'

'क्या फैसला करेंगे?'

'बशीर मियाँ फत्ती को तलाक दे देंगे।'

'नहीं बे।'

'सच।'

'खा मेरी कसम।'

'तेरी कसम। बुढ़िया भी मान गई है।'

ताँगेवाले ने गहरी साँस ली। सवार ने फिर अचरज से उसकी ओर देखा। ताँगेवाले के नेत्र चमक रहे थे। पसीना पोंछकर उसने घोड़े की रास ढीली कर दी।

शहर पीछे छूट गया। धूप की तेजी में हवा का एक-आध झोंका मुरझाए हुए प्राणों में जीवन डाल जाता था। वह बदसूरत लड़का बड़ी लापरवाही से सिनेमा के इश्किया गीत की एक कड़ी गुनगुनाने लगा था। ताँगेवाला किसी स्वप्निल कल्पना में डूबा हुआ था और ताँगा आगे बढ़ रहा था। सवार चुपचाप दोनों टाँगें फैलाए पिछली बर्थ पर बिखरा पड़ा था। कभी-कभी आँखें उठाकर वह दोनों पर एक नजर डाल लेती थी।

स्टेशन अब दूर नहीं था। सहसा ताँगेवाले को फिर कुछ याद आ गया। पूछा, 'फ़त्ती को कोई बच्चा है?'

लड़के ने गाना रोककर कहा, 'हाँ, एक लड़का है।'

'बुढ़िया क्या कह रही थी?'

'लड़के के बारे में?'

'हाँ, हाँ।'

'लड़का बशीर मियाँ का है। उसी को मिलेगा।'

'यही फैसला हुआ है?'

'हाँ।'

'लेकिन फत्ती से भी पूछा था?'

'क्या?'

'गया है तू। मैं कहता हूँ, फत्ती से पूछा था कि लड़का किसका है?'

'किसका होगा? अपने बाप का है।'

'अबे, बाप का तो होता ही है, पर बाप है कौन?'

'हाँ, हाँ।'

'बाप बशीर मियाँ है, फत्ती का मालिक।'

ताँगेवाला बड़े जोर से हँस पड़ा। कहा, 'खूब कही तूने।'

लड़का नहीं बोला।

ताँगेवाला फिर बोला, 'अबे, तुझे पता है कि फत्ती और बशीर मियाँ की कैसी निभती रही है? दोनों को एक-दूसरे की शक्ल से भी नफरत है। और फिर फत्ती तो मुद्दत से उसके घर गई ही नहीं।'

'फिर कहाँ रहती थी?' लड़का पूछ बैठा।

'माँ के पास।'

'कुछ भी हो,' लड़का बोला, 'बशीर मियाँ फत्ती के घरवाले हैं। लड़का उन्हीं को मिलेगा।'

'कैसे मिलेगा?'

'पंचों का फैसला जो हुआ है।'

ताँगेवाला एकदम गंभीर हो उठा। बोला, 'लेकिन बच्चा मेरा है।'

मानो भूचाल का झटका लगा। लड़का अचरज से बोला, 'तेरा?'

सवारी ने एक बार फिर अचरज से ताँगेवाले को देखा।

वह दृढ़ता से बोला, 'हाँ, बच्चा मेरा है।'

लड़का हँस पड़ा। बोला, 'तूने तो फिजूल ही मेहनत की। बच्चा बशीर मियाँ को मिलेगा।'

'उस पाजी ने क्या किया है?'

'उसने काजी के सामने फत्ती से निकाह किया है, और वह इसी शर्त पर तलाक देने को राजी हुआ है कि लड़का उसी को मिलेगा।'

'पाजी। गधा। बेईमान।'

ताँगेवाला क्रोध में कुछ और कहता, परंतु स्टेशन के कंपाउंड में ताँगा प्रवेश कर चुका था, और कई कुली एक साथ ताँगे पर झपट पड़े थे।

सवार चुपचाप उतरा, पैसे दिए और हैंडबैग उठाकर रेल के पुल पर गायब हो गया। जाते-जाते एक बार उसने उन दोनों को देख भर लिया, कहा कुछ नहीं।

अब ताँगेवाले ने निहायत तलखी से लड़के को पुकारा, जो उचककर पानवाले की दुकान पर लटके हुए रस्से से बीड़ी सुलगा रहा था। कहा, 'चल बे, लौंडे। पुल पर से सवारी ला।' फिर वह ताँगे को वहीं छोड़कर मुसाफिरखाने में बैठे दूसरे ताँगेवालों के बीच जा बैठा, जो बड़ी बेतकल्लुफी से दर्दे-जिगर की कहानियाँ सुना रहे थे।

उसी संध्या को ताँगेवाले, जिसका नाम अहमद था, ने फातिमा की माँ के पास जाकर चुनौती दे दी, 'फैसला नहीं होने दूँगा।'

बुढ़िया अचरज और गुस्से से बोली, 'कौन है तू?'

'फत्ती के सामने बताऊँगा।' अहमद ने तलखी से जवाब दिया।

'अच्छा, अच्छा, बता देना। बहुत देखे हैं मैंने तेरे जैसे।'

'हूँ।' अहमद ऐंठकर रह गया।

बुढ़िया चीखती रही, 'निकल पड़ते हैं घर से बाहर कि किसी की इज्जत

उतार लेंगे। अपनी तो धोए बैठे हैं। दूसरों की भी साफ कर देना चाहते हैं।'

'इज्जत-विज्जत मैं कुछ नहीं जानता। बच्चा बशीर नहीं ले सकता।'

'नहीं ले सकता?'

'हाँ।'

'बच्चे का बाप है?'

'नहीं।'

'कौन पूछता है तेरे, 'नहीं' को? उसने फातिमा से निकाह किया है।'

'फातिमा से पूछा था?'

'पूछा था।'

'क्या कहती थी?'

'यही कि बच्चा बशीर मियाँ का है।'

अहमद को गहरा धक्का लगा। सकते में आ गया। कुछ बोलते न बना।

बुढ़िया ने उसे देखा, मुसकराई, धीमी पड़कर बोली, 'और हो भी क्या सकता है? इज्जत का सवाल है। रो-पीटकर राजी किया है कि तलाक दे दे।'

कहने लगा, 'तलाक तो दे दूँगा, पर बच्चा मैं लूँगा?' मुझे भी बुरा लगा था। फातिमा भी तभी से रोए जा रही है। माँ बच्चे को अपना खून पिला-पिलाकर पालती है। और हमारे पास कौन पैसा जमा है? माँ के दिल को तो तू जानता ही है। कलेजे पर पत्थर रख लेना पड़ा।

सुनकर अहमद गुस्से से भर गया। बोला, 'अच्छी बात है। तलाक दे लेने दे। कंबख्त का सिर फोड़ दूँगा।'

'किसका?'

'बशीर मियाँ का।'

बुढ़िया पास आकर बोली, 'आखिर तू चाहता क्या है?'

'यही कि बच्चा बशीर को न मिले।'

'पंचों का फैसला हो चुका है। अब उसके खिलाफ कुछ नहीं हो सकता।'

'फैसला हो चुका?'

'हाँ।'

'तलाक मिल गया?'

'हाँ।'

'वह बच्चे को ले गया?'

'हाँ।'

'बदमाश कहीं का। मुफ्त में औलादवाला बन गया।'

उसके दाँत कटकटाने लगे, नसें ऐंठ चलीं। अगर बशीर सामने होता, तो शायद वह उसे काट डालता, लेकिन सामने तो बुढ़िया थी। ऊपर आसमान में रात का आगमन होने लगा था। धीरे-धीरे अंधकार धरती पर उतर रहा था। बुढ़िया ढिबरी जलाकर आले पर रख गई। कुछ देर तक वह उस ढिबरी, जो काली रोशनी के बादल बना रही थी, को देखता रहा। फिर न जाने क्या सोचकर बोल उठा, 'फत्ती कहाँ है?'

'अंदर पड़ी है।'

'एक बात कहूँ?'

'कह।'

धीरे से वह बोला, 'फातिमा का निकाह मुझसे पढ़वा दे।'

'तुझसे?'

'हाँ, वह मुझे चाहती है।'

'तूने फातिमा से पूछा था?'

'वह तो शुरू से ही मुझे चाहती है।'

बुढ़िया पूरी घाघ थी। बोली, 'यह तो मैं जानती हूँ, पर तू पूछकर देख न। कल्लू मियाँ नाक रगड़ गए हैं।'

'सच?'

'हाँ।'

'क्या खाकर निकाह पढ़ाएगा? सवेरे खाना मिला, तो शाम के खाने का ठिकाना नहीं।'

'यही बात मैंने कह दी थी।'

'क्या कहा उसने फिर?'

'कहता क्या? अपना सा मुँह लेकर चला गया।'

अहमद गर्व से हँस पड़ा। बोला, 'तो तुम राजी हो?'

'मैं?' बुढ़िया मुसकराई।

'तुम्हारे हाँ किए बिना तो मैं पूछूँगा भी नहीं।' कहकर ताँगेवाला भी मुसकरा उठा।

दोनों चुप थे। थोड़ी देर के लिए उस कोठरी में सन्नाटा छा गया।

बुढ़िया उठकर बोली, 'फातिमा अगर राजी है, तो मैं मना नहीं करूँगी।'

अहमद हँस पड़ा। बोला, 'चाँदी से मढ़ दूँगा, देख लेना।' कहकर वह गर्व

से भरकर उठा और बाहर चला गया।

उसे जाते देखकर बुढ़िया के झुर्रियों से भरे चेहरे पर अद्‌भुत मुसकराहट दौड़ गई। कानों के लंबे-लंबे बाल हिल उठे। उसके होंठ पान खाने से अब भी लाल थे। बुढ़िया हो गई थी, लेकिन आँखों की चमक अभी मंद नहीं पड़ी थी। हाथ-पैरों में जान थी। अहमद के जाते ही वह ढिबरी उठाकर अंदर चली गई और आवाज बुलंद करके पुकारा, 'फत्ती'।

कोई जवाब नहीं मिला; पास ही दूसरी कोठरी से सुबकने की आवाज आती रही। बुढ़िया उसी कोठरी में चली गई। रोशनी में उसने देखा, फत्ती औंधे मुँह फर्श पर पड़ी है। सुबकियों के कारण उसका शरीर हिल-हिल उठता है। ढिबरी एक आले पर टिकाकर वह फत्ती के पास जा बैठी। क्षण भर उसकी कमर पर हाथ फेरती रही। फिर बोली, 'अब क्यों रोती है? अहमद ने हाँ कर ली है।'

फत्ती ने सहसा सिर उठाकर माँ को देखा। उसकी आँखें लाल हो रही थीं और चेहरा पीला पड़ गया था। भर्राए गले से बोली, 'माँ।'

माँ ने कहा, 'सच, अहमद हाँ कर गया है।'

लेकिन फातिमा ने 'माँ' के अतिरिक्त और कुछ नहीं कहा; बुढ़िया की गोदी में सिर रखकर सुबक उठी। बुढ़िया ने प्यार से उसे हाथों में थाम लिया। फिर धीरे से पूछा, 'सच बता, बच्चा अहमद का है?'

फातिमा ने फिर सिर उठाया। माँ की ओर देखा। फिर जोर-जोर से रो उठी।

बुढ़िया ने धीरे-धीरे उसे लिटा दिया। कहा, 'कल सवेरे ही निकाह पढ़वा दूँगी। रोती क्यों है? तू जीती रही तो गफूर जैसे कई बच्चे तुझे मिलेंगे।'

अगले दिन सवेरे जब सूरज ने पूरब के समुद्र से सिर निकाला, तो फातिमा ने भी आँखें खोलीं। उसका चेहरा अब भी मुरझा रहा था। कल की बात उसके दिल में ताजा थी। गफूर का रोता हुआ चेहरा उसकी छाती में कसक पैदा कर रहा था, और वह रह-रहकर चौंक उठती थी, 'गफूर।'…'अम्मी।' और तब वह मुँह में आँचल ठूँसकर फफक-फफककर रो उठी।

लेकिन इन बातों के ऊपर एक उम्मीद थी, जो घाँवों पर मरहम का काम करती थी। इसीलिए वह उमड़ते हुए आँसुओं को पी जाती थी, और छाती पर पत्थर रखकर धड़कते हुए दिल को थाम लेती थी। यह उम्मीद अहमद की थी। वह जानती थी कि कैसे धीरे-धीरे जब वह बशीर मियाँ से दूर हटती जा रही थी, तो अहमद उसके नजदीक आता जा रहा था। होने को तो कालू मियाँ, नत्थे खाँ और रमजान मियाँ भी थे, परंतु अहमद जैसी बात उनमें नहीं थी। इसीलिए वह एक दिन

अपने को उसके सामने अर्पण कर बैठी थी। उसी समर्पण का फल था गफूर, जिसे दुनिया बशीर मियाँ का बेटा समझती थी।

बशीर मियाँ का ध्यान आते ही फातिमा सिर से पैर तक सिहर उठी। लगा, जैसे वह नफरत और गुस्से से तड़प उठेगी, जैसे···तभी बाहर किसी ने जोर से पुकारा, 'फत्ती की अम्मा।'

फत्ती की अम्मा दौड़ी हुई आई। बोली, 'कौन है?'

वह वही अहमद का साथी बदसूरत और मुँहफट लड़का था। उसकी गोद में गफूर था। रोते-रोते बालक का मुँह आधा रह गया था। आँखें सूज आई थीं। फत्ती ने झाँककर देखा, तो निगाह उसीपर जा अटकी। वह मछली की तरह तड़प उठी, पर वह कोठरी के बाहर नहीं जा सकती थी। बुढ़िया ने व्याकुल होकर पूछा, 'क्या बात है रे?'

'बशीर मिया मर गए।'

'मर गए?' बुढ़िया का मुँह खुला-का-खुला रह गया। फातिमा काँप उठी। लड़का उसी तरह बोला, 'हाँ, अहमद ने कल रात उसे मार डाला।'

'अहमद ने?'

'हाँ, रात में वे दोनों लड़ पड़े।'

'कैसे रे?'

लड़के ने कहा, 'रात में बशीर मियाँ गफूर को कंधे पर बैठाए बाजार से लौट रहे थे। रास्ते में अहमद मिल गया। देखकर बोला—किसका बच्चा ले आए, मियाँ?'

'मेरा।'

अहमद हँसा। बोला, 'तुम्हारे बाप के बच्चे हुए हैं, जो तुम्हारे होंगे?'

'बस, फिर बात बढ़ गई। यहाँ तक कि अहमद ने पत्थर उठाकर बशीर के सिर पर दे मारा। सिर फट गया। पूरी रात अस्पताल में पड़े रहे। अभी-अभी जान निकली है।'

बुढ़िया सकते में आ गई। फातिमा खड़ी थी, बैठ गई। बैठ क्या गई, गिरते-गिरते बची। गफूर लड़के की गोद से उतरकर माँ को ढूँढ़ने चल दिया। बुढ़िया ने उसे देखा, तो लपककर उठा लिया। छाती से चिपकाकर बोली, 'अहमद कहाँ है?'

'जेल में।'

'जेल में?'

'हाँ।' कोठरी में फातिमा फुसफसाई और दोनों हाथों से अपनी छाती को

दबा लिया।

ताँगेवाले लड़के ने कहा, 'मरने से पहले बशीर मियाँ ने मुझसे कहा था कि…'

'क्या कहा था?'

'कहा था कि गफूर को फत्ती के हाथों में सौंप देना। कहना—गफूर का बाप कौन है, यह हर कोई नहीं जानता, परंतु उसकी माँ फातिमा है, यह सब जानते हैं। इसीलिए गफूर को वही अपने पास रखे। जिससे वह निकाह करेगी, अब वही उसका बाप कहलाएगा।'

बुढ़िया को कुछ सूझ नहीं पड़ा। उसे खुशी हुई या दुःख, यह बताना भी प्रायः असंभव था। वह धीरे-धीरे वहाँ से हटकर फातिमा की कोठरी में चली गई। बोली, 'ले, गफूर आ गया है।'

फातिमा ने दोनों हाथ फैला दिए। बच्चा लपककर गोदी में चिपक गया। फातिमा की आँखों से आँसू बहने लगे। उसने बच्चे को दोनों हाथों से छाती में दबा लिया और फिर शून्य में खो गई।

बुढ़िया फिर बोली, 'अहमद के आने की कोई उम्मीद नहीं है।'

फातिमा ने सुन लिया। सुनकर उसे लगा, अम्मा यह नहीं कहती, तो क्या हो जाता? गफूर को छाती से चिपकाए हुए हथौड़े की यह चोट उसे अच्छी नहीं लगी। उसकी आँखों में बेतहाशा आँसू उमड़ आए और वह माँ की ओर देखती रह गई।

तभी अचरज से भरकर उन दोनों ने देखा, अपना भारी-भरकम बदन सँभाले कालू मियाँ चौक में आकर खड़े हो गए हैं। उनके मुख पर विश्वास है और आँखों में मुसकराहट। उन्होंने कहा, 'फत्ती की अम्मा, सच्च कहता हूँ, गफूर मेरा लड़का है। मैं उसे जान से भी ज्यादा प्यार करता हूँ। वे दोनों कुत्ते थे, जो लड़कर मर गए।'

अचरज कि बुढ़िया अब गफूर के इस तीसरे बाप को झिड़कियाँ देकर बाहर नहीं निकाल सकी।

□

ताँगेवाला

सात दिनों के बाद आज अहमद ने ताँगा जोड़ा। जाने लगा तो एक बार अंदर गया, देखा—बीवी उसी तरह हमीद को कंधे से चिपकाए घूम रही है। कुछ क्षण वह चुपचाप देखता रहा, फिर बोला, 'कुछ हलका पड़ा?'

'नहीं।'

फिर सन्नाटा छा गया, परंतु जब वह बाहर जाने के लिए मुड़ा तो बीवी ने कहा, 'हकीम के यहाँ से होते आना।'

'अच्छा।'

'और देखना, बचकर रहना।'

अहमद की आवाज तलखी से भर गई। बोला, 'मैं बेवकूफ नहीं हूँ।'

बीवी ने कुछ जवाब नहीं दिया। उसी तरह घूमती रही। वह चुपचाप बाहर चला आया। ताँगा तैयार था, घोड़ा उसे देखकर हिनहिनाया। उसने अपने बड़े लड़के, जो ताँगे में बैठा था, से कहा, 'चल बे ग़फ़ूर, नीचे उतर।'

ग़फ़ूर नीचे उतर गया तो फिर कहा, 'घर में रहना, समझा?'

'अच्छा।'

'अंदर से कुंडी लगा लेना।'

'अच्छा।'

ताँगा मुड़ा। अहमद ने एक बार फिर ग़फ़ूर को देखा। होंठ कुछ कहने के लिए फड़फड़ाए, पर वह बोला नहीं, घोड़े को टिटकारी दी और आगे बढ़ गया। उसने गली पार की। सामने सदा की जानी-पहचानी सड़क थी। वे ही दुकानें, वही सूर्य और उसकी सफेद चिट्टी धूप, जो सदा की भाँति आज भी प्रकाश और छाया का खेल खेल रही थी। वे ही मोड़ थे, जिनके किनारों पर फलवाले फल बेचते थे,

चाटवाले चाट और ढेर सारे अखबार लिये अखबारवाले चिल्लाते, 'खबरवाला, एक आने में, गांधी–जिन्ना अपील एक आने में।'

पर आज जैसे सबकुछ वही होकर भी उसे और–और सा लग रहा था, जैसे किसी ने मकान की नींव का पत्थर हटा दिया हो, जैसे किसी ने चाणक्य की भाँति, जीवन-वृक्ष की जड़ को जला देने की प्रतिज्ञा कर ली हो। वह साहस बटोरकर आगे बढ़ा और उसने लालच भरी निगाहों से चलनेवाले आदमियों को देखा, पुकारा, 'आइए बाबूजी, लाला साहब··· !'

पर वे बाबूजी और लाला साहब गरदन झुकाए आगे बढ़ गए! जैसे उन्हें अपने साए से डर लग रहा हो। उसने मोड़ पार किया। दूसरे ताँगेवाले मिले। सा'ब सलाम हुई और अपने रास्ते पर बढ़ गए। मोड़ के चारों कोने पर राइफल थामे सिपाही खड़े थे, जो बेमौत की मौत की तरह डरावने और घृणास्पद मालूम होते थे। उन्हीं के डर से उसने पार्क का चक्कर काटा और पुकारा, 'आइए बाबूजी, रीगल, सिंधिया हाउस, कनाट प्लेस।'

कई बार पुकारा, पर कोई नहीं आया। वह दूसरे कोने पर पहुँचा, आवाज लगाई, 'फतेहपुरी, चाँदनी चौक, घंटाघर!'

तभी तीसरे कोने पर कुछ लोग दिखाई दिए। उसने वहाँ से पुकारा, 'बाबूजी, जामा मसजिद, दरियागंज।'

'दरियागंज, बाबूजी, आइए।'

बाबू लोगों ने उसपर एक दृष्टि डाली। कहा, 'नहीं भाई।'

'कहाँ जाइएगा?'

'कहीं नहीं।'

वह निराश होकर पीछे लौटा। मोड़ पर आकर उसने देखा, 'वे बाबू लोग एक और ताँगे पर बैठकर दरियागंज चले गए हैं। वह अचकचाया—वे मेरे ताँगे में क्यों नहीं बैठे? उन्होंने मुझे इनकार क्यों किया? क्या उसने पैसे कम लिये हैं? पर मैंने तो पैसों का जिक्र भी नहीं किया था, तो?···विचारों की उलझन में ताँगे की गति धीमी पड़ गई। सिपाही चिल्लाया, 'क्या देखता है बे, जल्दी कर।' वह चौंका। एक बार सिपाही को देखा और रास ढीली करके टिटकारी दी, 'चलो बेटा!'

पर आवाज में तलखी नहीं थी, दर्द था। वह दूर तक उसी दर्द में बढ़ा चला गया। अनेक व्यक्ति पास आकर चले गए, पर उसने पूछा तक नहीं कि कहाँ चलोगे? उसके मन में कुछ कड़वी बातें उठ रही थीं, पर वह उन्हें किसी से कह नहीं सकता था। इसीलिए उनका धुआँ मस्तिष्क में घुट रहा था। उसने फिर आँखें उठाईं, देखा,

वही शहर है। वे ही दुकानें, ऊँची-नीची और एक-दूसरी से सटी हुई। वे ही आदमी हैं। वे ही युवक-युवतियाँ सुंदर और फैशनपरस्त, पर न जाने आज उनकी आँखों में क्या है। वे एक-दूसरे को ऐसे देखते हैं, जैसे सदियों के दुश्मन हैं। अभी कुछ दिन बीते, यहाँ कंधे से कंधा भिड़ता था, सवारियाँ पुकारती थीं और सदा के बदनाम ताँगेवाले मुसकराकर आगे बढ़ जाते थे। फिर एक दिन उसी बाजार में ऐसी कड़वाहट फैली कि राह चलना कठिन हो गया। सहसा कोई चिल्ला उठता, 'छुरा चल गया।'

शोर मचता, जनता पागलों की तरह इधर-उधर भागती। पुलिस आती और जिनको पकड़ सकती, पकड़ ले जाती। आसपास के दुकानदार, दफ्तर से लौटते हुए बाबू, विद्यार्थी और बैंक के चपरासी, वे सब अपने-अपने भाग्य को ठोक लेते। जो बचते थे, वे सोचते थे कि कौन जाने, कल हमारी बारी आ सकती है। अधिकारी कहते, 'हम बेबस हैं, बदमाश जनता में हैं। जनता को हमसे सहयोग करना चाहिए, पर अधिकारियों की दृष्टि में जो बदमाश थे, जनता उन्हें धर्म और जाति का रक्षक मानती थी। यह गंदा और न समाप्त होनेवाला चक्कर था और अखबारवाले चिल्लाते थे, 'गांधी-जिन्ना अपील एक आने में! लाहौर हत्याकांड समाचार एक आने में!'

मानो सभ्यता की दौड़ में आगे बढ़ जानेवाला आज का आदमी, आदमी को भूलकर उसके सुख की खोज में लगा हुआ है, मानो पुस्तक पढ़ने के लिए विद्यार्थी पुस्तक जलाकर प्रकाश पैदा करना चाहता है···

वह ताँगेवाला अहमद आज कुछ इसी तरह के विचारों को अपनी भाषा में सोच रहा है और घूम रहा है। कोई भी उसके ताँगे में बैठने के लिए तैयार नहीं है। उसके दिल में दर्द उठता है और दर्द में तसवीरें—ग़फ़ूर चौक में घूम रहा है। शायद आँखें बचाकर बाहर भाग जाना चाहता है, पर उसकी अम्मा चिल्लाती है। उसकी गोद में हमीद चिपका हुआ है। उसका बुखार उसी तरह···

उसने गरदन को झटका दिया। आँखें फिर ऊपर उठीं। आदमियों की भीड़ बढ़ रही थी। उसके नेत्र चमके, पुकारा, 'बाबूजी! रीगल, कनाट सरकस, सिंधिया हाउस।'

बाबूजी बोले, 'इंडिया गेट चलोगे?'

'आइए।'

'क्या लोगे?'

'वही, तीन आने।'

तभी उसने देखा, बाबूजी के दूसरे साथी उनके कान में फुसफुसाए। बाबूजी मुड़कर आगे बढ़ गए, जैसे किसी ने छाती पर मुक्का मार दिया हो। तिलमिलाकर उसने पुकारा, 'क्या बात है, बाबूजी?'

'हम नहीं जाते।'

'बाबूजी!'

'कह दिया न, नहीं जाते, जाओ।'

वह देख रहा था, उसके साथी दूसरा ताँगा ले आए। वह जैसे स्वप्न में था, आँखें खुल रही थीं, पर मस्तिष्क सो रहा था। शीघ्रता से पुकार उठा, 'बाबूजी! आइए, दो रुपए दीजिए।'

'नहीं।'

'डेढ़ रुपया!'

दूसरा ताँगा पास आ गया था। आँखों से आँखें मिलीं। अहमद काँप उठा, जैसे किसी ने उसके पेट में छुरा भोंक दिया हो। वह एक गहरे और कड़ुवे दर्द से तिलमिलाया। नसें ऐंठने लगीं। जी में आया, ताँगे में आग लगा दूँ और···

तभी दिमाग में एक झटका लगा। आँखों के आगे तिरमिरारे उठने लगे। उन्हीं में उसने अपने बेहोश बच्चे और भग्न-हृदया बीवी को देखा। वह तूफान के पत्ते की तरह बेबस फिर मुड़ा। दूसरे कोने पर कुछ लोग खड़े थे। पास जाकर उसने पूछा, 'कहाँ जाएँगे बाबूजी?'

'मोरी गेट।'

'तो आइए।'

उसने प्रसन्न मन ताँगा मोड़ा। बाबूजी ने उसे ध्यान से देखा, फिर न जाने क्या हुआ, मुँह फेर लिया। अहमद बोला, 'आइए न!'

'नहीं।'

'बाबूजी!'

'कह दिया न, नहीं।'

'बाबूजी, यकीन रखिए, ताँगेवाला पहले ताँगेवाला है।'

सुनकर बाबूजी चौंके। अहमद ने उसी व्यग्रता से कहा, 'बाबूजी! अब तक बोहनी भी नहीं की है। आइए।'

बाबूजी ने उसे फिर देखा। वह फिर बोला, 'बाबूजी!'

बाबूजी उसकी ओर बढ़े, परंतु तभी उनके साथी ने कहा, 'भइया! जमाना बहुत खराब है। जानबूझकर मौत के मुँह में हाथ देना अच्छा नहीं है।'

बात यद्यपि धीमे स्वर में कही गई थी, परंतु अहमद ने सुन ली। वह तिलमिलाकर बोला, 'बाबूजी! दुनिया एतबार पर खड़ी है।' साथी ने एक बार उसे देखा, फिर लापरवाही से कहा, 'थी, पर अब नहीं है।'

और वे मुड़कर दूर चले गए। वह बेबस उन्हें देखता ही रह गया। वह पसीने से तर हो रहा था और भीड़ छँट रही थी। उसने सोचा, एतबार क्या अब रहेगा ही नहीं? एतबार पर दुनिया चलती है, नाई गले पर उस्तरा चलाता है…।

तभी सुना, किसी ने पुकारा, 'ओ ताँगेवाले, इधर आओ।'

वह दौड़ा, 'जी आइए।'

वे दो युवक थे—स्वस्थ और सुंदर! उन्होंने सफेद खद्दर के कुरते-पजामे पहने थे। उनकी आँखों पर धूप के चश्मे थे और सिर पर हैट।

ताँगे में बैठकर बोले, 'कनाट सरकस।'

अहमद का रोम-रोम पुलकित हो उठा। उसने घोड़े को टिटकारी दी, 'शाबाश मेरे खिलाड़ी!'

उसका दिल कृतज्ञता के भार से दबा जा रहा था। वे दोनों युवक उसकी दृष्टि में फरिश्ते थे। उसने कई बार मुड़कर उन्हें देखा। फिर सहसा बोल उठा, 'बाबूजी, क्या होगा?'

'किस बात का?' एक युवक बोला।

'इस झगड़े का।'

'एक दिन सब ठीक हो जाएगा।'

'पर कब, जब घर जल चुकेगा?'

दूसरा युवक मुसकराया, 'शायद?'

ताँगेवाला दर्द-भरे स्वर में बोला, 'बाबूजी! सवेरे से अब तक कोई सवारी मेरे ताँगे में नहीं बैठी।'

'क्यों?'

'क्योंकि मैं मुसलमान हूँ और वे हिंदू थे। तकरीबन सभी ताँगेवाले मुसलमान हैं और ज्यादातर जानेवाले हिंदू। इसलिए जो भी आता था, हिंदू का ताँगा ढूँढ़ता था। मुसलिम बस्तीवाले मुसलमान भी शायद ऐसा करते होंगे।'

युवक बोल उठा, 'जरूर करते होंगे।'

'पर बाबूजी! हम लोगों का इन बातों से क्या मतलब है? हम तो मजदूर हैं। ऐसा करेंगे तो खाएँगे कहाँ से? पहले पेट है, फिर कुछ और…।'

युवक ने पूछा, 'ताँगा तुम्हारा है?'

अहमद बोला, 'नहीं बाबूजी! मैं तो नौकर हूँ। एक दिन खाली जाता है, तो पेट पर चोट लगती है। अब तो हफ्ते बीत जाते हैं। सच कहता हूँ, इस हफ्ते का राशन नहीं ला सका। छोटा बच्चा बुखार से तप रहा है। उसकी दवाई का कोई

ठिकाना नहीं। न जाने क्या होने वाला है। पहले तो कभी ऐसा नहीं होता था।'

दूसरे युवक, जो अब तक चुपचाप बैठा था, ने सहानुभूति से भरकर कहा, 'सब ठीक होगा, मेरे दोस्त! इस शैतानियत से ही भलाई पैदा होगी और अब तुम्हारा राज होगा।'

अहमद हँसा, 'हमारा राज! यूनियनवाले भी यही कहते हैं, पर बाबूजी! काम तो हम तब भी इसी तरह करेंगे?'

युवक बोला, 'काम छोड़ दोगे तो राज कैसे करोगे? जब काम करनेवालों का राज होगा, तभी शांति होगी। जो निठल्ले हैं, वे लड़ने के अलावा और कुछ नहीं सोच सकते।'

अहमद को ये बातें बड़ी अच्छी लगीं। सहसा उसके जी में उठा, 'मैं इनसे पैसे नहीं लूँगा।'

तभी युवक बोल उठा, 'ताँगा रोको भाई! हम यही उतरेंगे।' समाने कनाट सरकस था। युवक उतरे और पैसे चुकाकर एक ओर चले गए। पैसे ठीक थे। अहमद ने मुट्ठी भींचकर उनकी गरमी महसूस की, फिर शीघ्रता से अड्डे की ओर मुड़ा। पुकारा, 'अजमेरी गेट, हौज काजी!'

मन में सोचा, आज यदि दो रुपए भी मिल गए तो मैं हमीद को डॉक्टर के पास ले जाऊँगा। न जाने अब वह कैसा होगा? शायद उसका बुखार हलका होगा, शायद तेज···उसने गरदन को फिर झटका दिया और सदा की तरह पुकारा, 'अजमेरी गेट, हौज काजी।'

फिर समय का क्रम घड़ी की टिक-टिक के साथ आगे बढ़ता चला गया। सेकंड की सुई ने एक चक्कर काटा, मिनट बना। मिनटों से घंटे बने। दोपहर बीत गई और संध्या आ पहुँची। कर्फ्यू का समय भी पास आने लगा। अहमद को भी घर लौटने की जल्दी थी, लेकिन उसकी जेब में सिर्फ दस आने पैसे थे।

उसका दिल टूट चुका था, फिर भी वह आशा और लालच भरी निगाहों से ताक रहा था। वह बार-बार पुकार उठता था, 'बाबूजी, आइए!'

'सरदारजी!'

'भइयाजी, कहाँ चलोगे?'

भइयाजी, सरदारजी और बाबूजी—सबने उसपर एक दृष्टि डाली और आगे बढ़ गए। भीड़ तेजी से छँटने लगी। उसका दिल धक्-धक् कर उठा। मन बड़ा पापी था, 'शायद अब भी कोई सवारी मिल जाए, इसलिए उसने रास ढीली की; पर तभी याद आया—उसे हकीम के पास जाना है।'

'लेकिन पैसे?'

लेकिन अब उसने किसी ओर ध्यान नहीं दिया। वह लौट पड़ा। वही चिरपरिचित बाजार, वे ही सड़कें, वे ही फेरीवाले, वही गली और वही मकान। दूर से देखा, गफ़ूर दरवाजे पर खड़ा है, सदा की तरह नंगा और गंदा। अहमद को देखकर भागा, 'अब्बा!'

'क्या है बे?'

'अब्बा, तुम आए नहीं!'

'हमीद का क्या हाल है?'

'पड़ा है।'

उसने जल्दी से घोड़ा खोला। उसके बदन पर हाथ फेरा। घोड़ा हिन-हिनाया। अहमद ने धीरे से कहा, 'कोई फिक्र नहीं, एक दिन हम जीतेंगे।'

तभी दरवाजे पर आहट हुई, 'गफ़ूर!'

अहमद का माथा ठनका। धीरे से कहा, 'मैं हूँ।'

'कहाँ थे अब तक, देखो तो…!'

'क्या है?'

'हमीद।'

घोड़े को वहीं छोड़कर वह अंदर गया। देखा, बीवी की आँखें रोते-रोते लाल हो रही हैं। उसका रहा-सहा दम टूटने लगा, 'क्या हाल है?'

'आँखें नहीं खोलता। चुप पड़ा है।'

उसने हाथ लगाया और झटके से पीछे हटा लिया, जैसे जलता तवा हो। उसकी नस-नस चीख उठी। बीवी बोली, 'हकीम के पास गए थे?'

'नहीं।'

'नहीं? सारा दिन क्या किया तुमने? मारने की सोच ली है, तो वैसे ही गला घोंट दो। ऐसे भी क्या बाप?'

गुस्से से उसकी नसें तिड़कीं। बड़े जोर का झटका लगा। बोला, 'अब जाऊँ?'

'अब जाऊँ! कर्फ्यू नहीं लगेगा क्या? तुम्हें बिलकुल फिक्र नहीं है। तुम ऐसे क्यों हो गए?' और वह रो पड़ी।

खून का घूँट पीकर अहमद बोला, 'दौड़कर जाता हूँ।' और वह मुड़कर तेजी से बाहर निकल गया। वह होश में नहीं था। उसका अंतर्मन गहरे क्रोध और गहरी पीड़ा से त्रस्त था और वह अंधे की तरह दौड़ता चला जा रहा था। उसकी आँखों में रोशनी थी, पर वह कुछ भी नहीं देख रहा था। वह आने-जानेवालों से कई बार टकराया।

लोगों ने उसे अचरज से देखा और सोचा, अवश्य इसने कुछ किया है।

पर वह कुछ भी देखने-सुनने में असमर्थ था। सीधे हकीम साहब के घर पहुँचा। बैठक का दरवाजा बंद था, पुकारा, 'हकीम साहब!'

'कौन है?'

'अहमद!'

किवाड़ खोलकर हकीम साहब बोले, 'इस वक्त!'

'हमीद!'

'कौन हमीद?'

'आपका बच्चा है, हकीम साहब! आप उसे देख लें।'

'बेवकूफ, अब देखने का वक्त है?'

'हकीम सा'ब! उसकी आँखें बंद हैं, वह…।'

और दुःखी-त्रस्त अहमद की आँखें आखिर यहाँ आकर संयम तोड़ बैठीं! बाँध टूट गया। हकीम साहब बूढ़े थे, हमदर्दी से बोले, 'तो बेटे, मैं क्या करूँ? नुस्खा लिख देता हूँ।'

'लेकिन दुकानें तो बंद हो चुकी हैं।'

'तो मैं क्या करूँ?'

'हकीम साहब! कुछ दवा दे दीजिए। उसे बहुत तेज बुखार है। आपकी बड़ी मेहरबानी होगी। खुदाबंद करीम…'

हकीम साहब बोले, 'पैसे हैं?'

'जी हाँ। मेरे पास दस आने हैं। आज तमाम दिन में मुझे दस आने मिले हैं।'

'दस आने? तुम ताँगेवाले बड़े चालाक होते हो।'

'हुजूर,' वह गिड़गिड़ाया, 'मैं सच कहता हूँ। कोई हिंदू मेरे ताँगे में नहीं बैठा। उन्हें डर था कि मैं उन्हें मरवा डालूँगा। हुजूर, दो बार के चक्कर में सिर्फ दस आने मिले हैं।'

हकीम सा'ब अंदर चले गए। कुछ क्षण बाद लौटे तो हाथ में एक पुड़िया थी। बोले, 'लो, चार गोलियाँ हैं। दो-दो घंटे पर देना। खुदा ने चाहा तो बुखार उतर जाएगा।'

जैसे अमृत मिला। लपककर गोलियाँ ले लीं। पैसे दिए और सलाम करके फिर दौड़ा। धूप उसी तरह चमक रही थी, पर गलियों में सन्नाटा था! मकान कब्रिस्तान की कब्रों की तरह मौन-स्तब्ध खड़े थे, पर वह सब ओर से आँखें मींचे भाग रहा था। तभी हठात् कोई भारी सी वस्तु उसके कंधे पर आ पड़ी।

'आह।' वह चीखकर मुड़ा। आँखों के आगे तिरमिरारे उठे। उठते रहे। उनके पीछे एक इनसान की सूरत थी, जिसके सिर पर लाल पगड़ी थी, शरीर पर खाकी कपड़े थे और हाथ में राइफल थी। उसने कड़ककर पूछा, 'कहाँ जा रहा है बे?'

'घर, हुजूर।'

'इस वक्त?'

'हुजूर! बच्चा मरनेवाला है। दवा लाया हूँ।'

'थाने चलो।'

'हुजूर।'

'बको मत! बहानेबाज साले। आगे बढ़ो।'

'हुजूर, हुजूर, माफ कर दो। मेरा बच्चा मरने को पड़ा है।'

सिपाही ने उसे क्रूर आँखों से देखा। आँखों से आँखें मिलीं, फिर सहसा मुड़कर अपने साथी से कहा, 'इसकी तलाशी लो।' साथी आगे बढ़ा। अहमद ने हाथ ऊपर उठा दिए। उसकी जेबें खाली थीं, सबकुछ खाली था, केवल आँखों में दहकता हुआ पानी भरा था, जो समस्त भूमंडल को भस्म कर देने को आतुर था। वह उसी तरह गिड़गिड़ाया, 'हुजूर! मेरा बच्चा मरने को पड़ा है, मुझे जाने दो।'

इस बिलबिलाहट से सिपाही के गर्व को धक्का लगा। उसने पहले तो कसकर एक लात जमाई, फिर तमतमाकर घूँसे मारने लगा। मार चुका तो तीव्र स्वर में कहा, 'भाग जा, बदमाश। फिर देखा तो गोली से उड़ा दूँगा। तेरे जैसे शैतानों ने ही दुनिया को तंग कर रखा है।'

उसका खून खौला और ठंडा पड़ गया। सपने में आदमी होकर भी नहीं होता है। वह इसी बेहोशी में भागता चला गया। सामने उसका घर था, किवाड़ बंद थे। यंत्रवत् उसने धक्का दिया। वे भड़भड़ाकर खुल गए, पर…

कोई रो रहा है…!

कौन…?

वह काँपा। उसने आँखें मलीं; एक दुनिया उठी, एक गिरी। यह उसकी अपनी बीवी की आवाज थी, जो सीधे दिल को छेद रही थी, जैसे पेंच लकड़ी को छेदता है, ऐंठ पर ऐंठ देता हुआ!

स्वर पहचान लिया, तो चेतना जाग उठी, गोलियाँ हाथ से छूटकर धरती पर बिखर गईं। फिर जो ऐंठन पैदा हुई, वह खुदा से भी लोहा लेने के लिए तैयार थी।

□

(सन् १९४८)

आखिर क्यों

शंकर हमेशा कुछ-न-कुछ सोचा करता है। उसके दोस्त उसे 'सपने देखने वाला' कहते हैं, पर उसे परवाह नहीं। वह सोचता है, इस दुनिया की बात सोचता है, उस दुनिया की, तारों की, और कुछ नहीं तो घर में भागते-फिरते नेवले की बात ही ले बैठता है। इधर उसे सोचने के लिए नया मसाला मिल गया है। शहर में अभी-अभी दंगा हुआ। कुछ हिंदू-मुसलमान घायल हुए, कुछ मर गए। आबादी में कुछ ज्यादा फर्क नहीं पड़ा, पर जहाँ देखो, फौज। सबसे बड़ी मुसीबत यह है कि सरेशाम से घर में बंद होकर बैठो। शंकर बेताब हो उठा, आखिर यह कर्फ्यू क्यों लगा है? लोग लड़ते क्यों हैं? पेट में छुरा क्यों भोंक देते हैं? आखिर क्यों?

बस, उसकी ट्रेन चल पड़ी। हिंदू-मुसलमान, ईश्वर के माननेवाले और न माननेवाले, धर्म की जरूरत और इनसानी जिंदगी के बुनियादी उसूल—इन सभी मसलों पर उसने विचार कर डाला। करते-करते उसे लगा कि उसने उलझनें सुलझा ली हैं। तब उसने सोचा कि यह दुनिया कितनी पागल है? मामूली सी बात को लेकर इतना तूफान खड़ा कर दिया है। बच्चों की सीधी सी बात उसके दिमाग में नहीं आती। आखिर क्यों वह इतना बेअक्ल है... ?

तभी उसकी पत्नी पार्वती अंदर आकर बोली, 'दूध लीजिए।'

उसने लापरवाही से कहा, 'मेज पर रख दो।'

'पी लीजिए न, ठंडा हो जाएगा।'

'अभी पीता हूँ जी। तुमने काम निपटा लिया?'

'जी, क्यों?'

'कुछ नहीं, ऐसे ही, जरा बातें करनी थीं। मामूली सी बात है।'

पार्वती हँस पड़ी, 'आपकी मामूली सी बात मैं जानती हूँ। मेरे पास इतना

वक्त नहीं है। आपका पुलोवर पूरा करना है।'

और कहकर पार्वती चली गई। शंकर उतावला हो उठा—कोई होना चाहिए, जिससे मैं बातें कर सकूँ, जिसको मैं समझा सकूँ।

रात भीग चुकी थी। चारों तरफ सन्नाटा था। झींगुर की गूँजनेवाली आवाज भी सुनाई नहीं पड़ रही थी। कभी-कभी कहीं दूर कुछ आवाज पैदा होती, जैसे नदी का किनारा टूटकर पानी में 'छप' से गिरता या स्टेशन पर इंजन शंटिंग के लिए निकलता और यकायक ऐसा जान पड़ता, जैसे कोई भारी भीड़ उठी है, पर आज शंकर ने इधर जरा भी ध्यान नहीं दिया। वह जानता है कि आजकल उसके चारों तरफ की दुनिया बुरी तरह फँसी हुई है। उनके सामने जिंदगी और मौत का सवाल है। इसलिए वे एक-दूसरे को मार देना चाहते हैं।

सवाल उठा, सब मारने पर तुले हैं तो जीता कौन रहेगा? जवाब मिला, जो ताकतवर हैं। तो जिंदगी की बुनियाद ताकत है···।

इस विचार के आते ही उसका दिल दर्द से कराह उठा, ताकत सबसे बड़ी चीज है। ताकत की पूजा करना इनसान का पहला फर्ज है। ताकत से डर पैदा होता है और डर से शांति···आह! शांति डर की बेटी है। तभी उसमें आलस और सुस्ती है। तभी उसमें मौत है···।

उसका दिमाग झनझनाया, पर शास्त्र कहते हैं···एकदम वह चौंक पड़ा, कहीं खटखट हुई। आँखें और कान चौकन्ने हुए। कानों ने सुना, कोई धीरे-धीरे आ रहा है। दिमाग ने सोचा, कौन? पार्वती। नहीं। तो···आँखों ने देखा, ओह! यह तो एक आदमी है। मन खिल उठा। कितनी अच्छी बात है! मुझे आदमी की ही जरूरत थी। मुझे उससे बहुत बातें करनी हैं। वह जल्दी से उठा। स्विच दबाया और मुड़कर निहायत अदब से कहा, 'आइए, आइए। मैं आपकी राह देख रहा था। आप खूब आए। मुझे आपसे बहुत बातें करनी हैं। मसलन, यह ताकत क्या है? लोग इसे क्यों चाहते हैं और···अरे! आप खड़े हैं। आइए न, आगे आइए। यहाँ बैठिए, पलंग है···अहा! आप सोचते हैं कि कोई और आ सकता है। जी नहीं, पार्वती पुलोवर बुन रही है, मुन्ना सो रहा है, और आप चाहें तो मैं किवाड़ बंद कर देता हूँ।'

शंकर मुड़ा और दरवाजे की चटकनी बंद कर दी। अजनबी अभी तक बुत की तरह खिड़की के नीचे खड़ा था। न बोलता था, न सुनता था। बस, एकटक देखता था। उसके चेहरे पर अँधेरा था, पर जिस्म तंदुरुस्त और गठा हुआ था। उसने शलवार और कुरता पहना था। सिर नंगा था। पैरों में पुरानी पेशावरी चप्पलें थीं। कपड़े भी साफ नहीं थे। शंकर अब आगे बढ़ा और पास आकर उसकी बाँह पकड़

ली, बोला, 'आप कुछ सोच रहे हैं, पर यकीन मानिए। आप मुझसे ज्यादा नहीं सोच सकते। वैसे तो इनसान की आदत है कि वह 'मैं हूँ' के साथ-साथ 'मैं जानता हूँ'—इस सचाई की हिफाजत जी-जान से करता है, पर आज मैं इससे भी आगे बढ़ गया हूँ। मैंने एक और सचाई की खोज की है। उसी को लेकर मैं किसी आदमी से विचार करना चाहता था। घर में पार्वती है, पर वह तो 'मैं हूँ' से आगे बढ़ती ही नहीं। बताइए, आप क्या मानते हैं?'

कहते-कहते वह उसकी बाँह पकड़े घसीटता हुआ सा पलंग के पास ले आया और फिर दोनों हाथों से उसे बैठा दिया। रोशनी में उसका चेहरा चमक उठा। देखा कि वह कुछ लंबा है, रंग चिट्टा और नक्शा आदमी का है। हड्डियाँ चौड़ी और मजबूत, होंठ कुछ मोटे, आँखें कुछ डरावनी, एक अजीब शक्ल—डर, हैरानी और खौफ से भरी हुई। शंकर बोला, 'हाँ, तो आप क्या मानते हैं?'

वह चुप।

'आप नहीं बोलते? क्या गूँगे हैं?'

वह काँपा, उसकी आवाज फूटी—'ज…ई…ई…'

शंकर मुसकराया, बोला, 'आप गूँगे नहीं हैं, बड़ी अच्छी बात है। तो कहिए, आप क्या कहते हैं,' कहकर मेज की तरफ घूमा। देखा, दूध रखा हुआ है। बोला, 'देखिए, मैं भी कैसा बेवकूफ हूँ। आप आए और आपसे बहस करने के लिए तैयार हो गया, आपकी बात तक नहीं पूछी। पार्वती ठीक कहती है कि मैं कुछ नहीं सोचता। कैसी मजेदार बात है? हमेशा सोचता रहता हूँ और पार्वती आराम से कह देती है, आप बिलकुल नहीं सोचते। उसका मतलब है कि मैं समय पर समय की बात नहीं सोचता। वह शायद ठीक कहती है। आप पहली बार आए हैं। शास्त्र में आप जैसे आगंतुकों को मेहमान कहा गया है। और लिखा है कि मेहमान को सबसे पहले अर्घ्य देना चाहिए। खैर, आप दूध पीजिए। और कुछ खाएँ तो पार्वती को पुकारूँ।'

'जी।'

'पुकारूँ, शायद खाना रखा हो।'

'जी नहीं।'

'आप तकल्लुफ करते हैं। आप आए हैं। आप मेरे साथ दूध पिएँगे और हाँ, जाड़े की रुत है। मेरे पास बादाम रखे हैं।'

और वह उठा। अलमारी खोली। दो प्लेट, दो प्याले और एक शीशी निकाल आया। शीशी में मुन्ना के लिए बादाम और काजू रखे हुए थे, उनको प्लेट

में डाला, प्याले में दूध भरा। फिर छोटी मेज उठाकर पलंग के पास रखी। अब सामान उसपर सजाया और बोला, 'अब आइए। खाएँगे और बातें करेंगे।'

इसी बीच, जब शंकर की पीठ उसकी तरफ थी, अजनबी फुर्ती से उठा और खिड़की के पास आया, झुका और तेजी से हाथ में छिपी हुई चीज को बाहर फेंकना चाहा। तभी शंकर मुड़ा। अजनबी काँपा, वह चीज खन्न से वहीं खिड़की के फर्श पर गिर पड़ी। शंकर चौका, 'क्या गिरा?' इधर-उधर देखा, फिर काम करने लगा। अजनबी को काटो तो खून नहीं। मुँह सूख गया। थर-थर काँपने लगा, पर शंकर ने उसे नहीं देखा। काम पूरा कर चुका तो बोला, 'अब आइए, खाएँगे और बातें करेंगे।' तभी उसकी नजर खिड़की पर पड़ी। कुछ चीज चमक रही थी। वह उठा, देखा—छुरा था। चमकता हुआ फौलादी छुरा। वह मुसकराया। उसने छुरा उठा लिया और बोला, 'आज कैसा सुंदर दिन है। बाइबिल में लिखा है, उसने कहा—रोशनी हो और रोशनी हो गई। मैंने भी चाहा, बातें करने के लिए आदमी चाहिए, तुम आ गए। बातें छुरे पर करनी थीं, छुरा आ गया। सचमुच, मैं खुशकिस्मत हूँ।'

वह फिर अपनी जगह आ बैठा। उसने प्याली के पास मेज पर छुरा रख दिया और कहा, 'आइए, हम अपना काम शुरू करें। बात यह है कि मुझे छुरे के बारे में ही बातें करनी थीं, यानी इसके इस्तेमाल के बारे में। जैसा आजकल होता है, आप जा रहे हैं, पीछे से आकर कोई भी आपके पेट में छुरा भोंक दे। आखिर क्यों… ?'

अजनबी ऐसे, जैसे पत्थर की मूरत हो, न हिले, न डुले, पलकें अडिग, दिल धक-धक, दिमाग झनझन। जवाब के लिए जैसे ही शंकर ने आँखें उठाईं तो अचरज से बोला, 'अरे! आप बैठे हैं! वाह! खाते क्यों नहीं? पहले खाइए, फिर जवाब दीजिए। सोचकर जवाब दीजिए। छुरा आपके सामने रखा है। इसपर ध्यान जमाइए। यह क्यों बनाया गया? इसकी क्या जरूरत है? कुछ लोग कहते हैं कि इसकी बिलकुल जरूरत नहीं। लेकिन खैर, इस वक्त मानकर चलते हैं कि यह बना है तो इसकी जरूरत है, पर जरूरत क्या है? इसको कहाँ काम में लाना चाहिए, इस बात पर हमें जरा तफसील से सोचना है…इसी सवाल पर सोचते-सोचते मैं…'मैं हूँ'…'मैं जानता हूँ' से आगे बढ़ गया। यानी 'दूसरे हैं,' 'दूसरे जानते हैं,' और मैं तथा दूसरे एक हैं। दोनों के मसले एक हैं, दोनों के हल एक हैं। फिर एक गड़बड़ घोटाला क्यों है? समझ में नहीं आता, आखिर क्यों… ?

इतना बोल चुकने के बाद शाबाशी के लिए जब शंकर ने अजनबी की तरफ देखा तो वह मुँह में काजू डाले, होंठों से प्याला लगाए, काँपता हुआ उसी की तरफ एकटक देख रहा था। शंकर के देखते ही उसने प्याला मेज पर रख दिया और काजू

को जल्दी-जल्दी चबा डाला। तब तक शंकर ने तीन-चार काजू खाए और आधा प्याला दूध पी लिया। फिर बोला, 'अच्छा! एक सीधा सा सवाल पूछता हूँ।'

'जी।'

'तुम आदमी हो, यह तो मैं देख ही रहा हूँ। गरीब लगते हो। मुश्किल से पेट भर पाते होंगे। बीवी-बच्चे होंगे। उनका पेट न भरता होगा तो कलेजा फटता होगा। देखो न, मैं भी दफ्तर में बाबू हूँ। खाने-पीने लायक कमाता हूँ, पर सच मानो, कभी-कभी वह भी नहीं पुरता। हाँ, मयार में फर्क जरूर है। तुम मुर्दों का खाना खाते हो। मैं भूखों को खाता हूँ, पर आदमियों को न तुम खाते हो, न मैं।'

अजनबी की आवाज पहली बार ठीक-ठीक फूटी, बोला, 'सच कहता हूँ, बाबूजी, आधा जून भी पेट नहीं भर पाता।'

'जानता हूँ। तुम्हारी सूरत कह रही है। बच्चे कितने हैं?'

'चार।'

'लीजिए, आप हैं, बीवी है, चार बच्चे और…'

'जी, अम्मा है।'

'करते क्या हो?'

'एक दुकान पर नौकर हूँ। चालीस रुपए मिलते हैं।'

'तब सोचो। सात आदमी और चालीस रुपए। फिर इतना बड़ा शहर, जिसमें एक-से बढ़कर एक आलीशान इमारतें, सैकड़ों बैंक, मिलें, फैक्टरियाँ और चमचमाते बाजार हैं। दूर क्यों जाते हो, तुम्हारा मालिक कितना कमाता है।'

'जी, उनकी किराने की बड़ी दुकान है। थोकफरोश हैं। खुदा झूठ न बुलाए, पाँच-छह हजार रुपए माहवार तो कमाते ही हैं।'

'तो कभी सोचा, ऐसा क्यों है? क्यों थोड़े से लोग दूसरों की मेहनत पर ऐश करते हैं? क्यों इन्होंने इतना धन जमा किया है? क्यों पसीना बहाकर भी तुम भूखे मरते हो? आखिर क्यों? कभी सोचा?'

'अजनबी कुछ जवाब नहीं दे सका।' अब वह कुछ बेतकल्लुफी से बादाम खाने की कोशिश कर रहा था। शंकर ने फिर कहा, 'उनके बच्चे खाकर खराब करने में फख्र समझते हैं। खुदा खराब करने के लिए भी उनको देता है। उनकी औरतें ऐश-इशरत की पुतलियाँ बनकर गरीब दिलों में आग लगाती फिरती हैं। खुदा उनके लिए आग लगाने के सामान मुहैया करता है, पर तुम्हारे बच्चे मेहनत करके जब पेट भरने के लिए रोटी माँगते हैं तो उन्हें नहीं मिलती। तुम्हारी माँ, तुम्हारी बहन, तुम्हारी बीवी अपनी इज्जत ढकने के लिए कपड़ा माँगती हैं, वह भी खुदा उन्हें नहीं दे

सकता। कभी सोचा मेरे दोस्त, ऐसा क्यों है?

अजनबी का हाथ रुक गया था। उसका दिल भरा आ रहा था। उसकी खूँखार आँखों में रोशनी चमकने लगी थी और छुरा उसी तरह मेज पर रखा हुआ था। अंदर से पार्वती दो बार शंकर को सोने के लिए बुलाने आई। उसने देखा कि दरवाजा बंद है और सुना कि वह किसी के साथ बड़ी तेजी से बातें कर रहे हैं। वह लौट गई। फिर आई, दरवाजा उसी तरह बंद था। शंकर अभी-अभी चुप हुआ था। उसने दूसरी आवाज सुननी चाही। खड़ी रही, पर आवाज आई तो भी वह मुसकरा पड़ी और फुसफुसाई—अपने समान वह कभी किसी को नहीं बोलने देते।

शंकर कह रहा था, 'मेरे दोस्त! सोचते सब हैं, तुम, हम, वह—सब, मगर अफसोस, गलत सोचते हैं। क्या सोचेंगे—तुम पूरब की तरफ मुँह करके पूजा क्यों करते हो? तुम बुत क्यों पूजते हो? तुम शादी ऐसे क्यों करते हो? गरज कि झटका, हलाल, आवागमन, खुदा, ईश्वर, सुख, नरक न जाने क्या-क्या मसले हैं? सोचते हैं और लड़ते हैं। फैसला तो इन बातों का हो नहीं सकता। किसने देखा है ईश्वर को या खुदा को? कौन जानता है कि मरकर हम कहाँ जाते हैं? फिर जन्म लेते हैं या नहीं? जिस चीज का कोई हाजिर सबूत नहीं, उसके बारे में फैसला कैसा? यह तो ऐसे मसले हैं कि जिनको दिलचस्पी है, खोज करते रहें। बाकी सब लोग आजादी से किसी भी तरफ मुँह करके पूजा करें। बाकी रही मसजिद के आगे बाजा और गाय की कुरबानी जैसी बातें। जड़ तो यह है नहीं, बहाने हैं। दिन-भर ट्राम धड़धड़ाती है, हवाई जहाज घें-घें करते हैं, मोटर पों-पों पुकारती रहती है, पर कभी-कदाक बाजा नहीं बज सकता? और जिद करनेवाले भी अजीब दिमागवाले हैं। मिलिटरी के लिए लाखों गायें कटती हैं, पर ये एक गाय के लिए खून बहा देंगे। ये कोई जीवन के असली मसले थोड़े ही हैं। असली मसला है 'मैं हूँ।' इसका हल है दूसरे भी हैं, दूसरे के होने में ही मेरा होना है। मैं जानता हूँ, दूसरे जानते हैं, ज्ञान की कोई हद नहीं। ये बाद की बातें हैं। पहली जो असली बात है, उसे हम भूल गए हैं और दूसरी जो नकली है, उनके लिए पागल हुए फिरते हैं। एक-दूसरे को खा जाना चाहते हैं। अच्छा बताओ, सब मुसलमान हो जाएँ तो क्या सवाल खत्म हो जाएगा? दुनिया में इतने मुसलमानी राज हुए और हैं भी। क्या वे सब सुखी थे? क्या उन्होंने मैं हूँ, दूसरे हैं, दूसरों के होने में मेरा होना है, इस सचाई को पहचाना था? या हिंदुओं या दया की मूरत ईसा के भक्तों ने, या अक्ल के पुतले कन्फ्यूशियस के चेलों ने या तथागत बुद्ध के पैरोकारों ने बुनियादी सचाई का पालन हमेशा किया और करते हैं? मेरे प्यारे दोस्त, इस सचाई को पहचानने के लिए किसी के पास

जाना जरूरी ही है, यह बात नहीं है। यह इनसानी जिंदगी का बुनियादी मसला है और इसके लिए इनसान बने रहना जरूरी है। सोचना चाहिए कि दूसरों के होने में मेरा होना कैसे है? अनाज पैदा करके भी किसान भूखा क्यों रहता है? महल बनाकर भी मेमार झोंपड़ी में सिर क्यों छिपाता है? कपड़ा बुनकर भी जुलाहा तन क्यों नहीं ढक पाता? इसके जवाब में अकसर कहा जाता है, जो पैदा करनेवाले हैं, वह अपनी पैदा की हुई चीज का इस्तेमाल नहीं करते। दरख्तों पर कितने फल आते हैं, पर वे उन्हें कभी नहीं खाते। सुनने में कितनी प्यारी, पर असल में कितनी गलत दलील है। फल दरख्त की खुराक नहीं है। जो उसकी खुराक है, वह उसे खुद-ब-खुद मिलती है। कुदरत उसे गैस देती है। इनसान खाद देता है, पानी भी देता है। न दे तो फल न मिले। लेने का देना है। दूसरी तरफ अनाज पैदा करनेवाले किसान की जिंदगी वही अनाज है, जो वह पैदा करता है। वह अनाज उससे छीन लिया जाता है और उन लोगों को दे दिया जाता है, जिन लोगों ने उसके लिए मेहनत नहीं की। आखिर क्यों? आखिर यह बात तुम्हारी समझ में क्यों नहीं आती? आखिर क्यों तुम जेब में छुरे डाले उन आदमियों को मारने की टोह में रहते हो, जो कमोबेश तुम्हारी ही तरह भूखे, नंगे और बेघर हैं? फर्क सिर्फ इतना है कि वे शायद तुम्हारी तरह पूजा नहीं करते। और मुझे तो इसमें भी शक है कि तुम या वह कभी सही मायने में पूजा करते भी हो···' कहते-कहते शंकर अपनी जगह से उठा। फिर छुरा उठाया और घुमाने लगा। छुरा घूमता और बिजली की रोशनी में चमक उठता। अजनबी अचरज से उसे देखता रहा। शंकर यकायक रुका और उसके सामने आकर बोला, 'यह छुरा आपका है?'

अजनबी काँपा, 'मेरा···'

'जी, यह छुरा आपका है?'

'जी हाँ।'

'तो फिर लीजिए और मुझे मार दीजिए। इसीलिए तो आप घर से निकले थे।'

एकदम जैसे बिजली कौंधी, अजनबी काँप उठा। अंदर कोई तेजी से चीखा और फिर गिर पड़ा। शंकर जैसे दुनिया में लौटा और बेसाख्ता बोला, 'पार्वती···' उसने जल्दी से दरवाजा खोला, देखा···सामने फर्श पर पार्वती बेसुध सी पड़ी है। उसने ममता से पुकारा—'पार्वती, पार्वती···'

अजनबी पीछे-पीछे उठ आया था। उसने कहा, 'जल्दी से पानी ले आइए।'

शंकर दौड़ा, पानी उड़ेला। तभी जागकर मुन्ना रो उठा। अजनबी ने बड़ी

बेतकल्लुफी से बच्चे को उठा लिया और कहा, 'मुँह पर पानी के छींटे दीजिए, डर गई हैं।'

शंकर ने वैसा ही किया, एक लम्हा, दो-तीन लम्हे। पार्वती कुनमुनाई, शंकर ने पुकारा, 'पार्वती!'

पार्वती बोली, 'जी।'

'आँखें खोलो।'

'जी।'

'कैसी तबीयत है?'

'अच्छी है।' कहकर पार्वती ने आँखें खोल दीं। गौर से शंकर को देखा, फिर देखा—'कोई उसके बच्चे को लिये जल्दी-जल्दी सहन में घूम रहा है। पुचकारता है, चुमकारता है, पर बच्चा बार-बार सुबक उठता है।' अचरज से बोली, 'कौन है?'

'एक दोस्त।'

'दोस्त!'

'हाँ, दोस्त। दोस्त न होता तो क्या इस तरह घूमता?' कहकर शंकर हँस पड़ा, 'डरपोक कहीं की। कान लगाकर बातें सुन रही थी। छुरे का नाम सुनकर जान निकल गई। उठो, खुद तो क्या जीओगी, दूसरों का जीना दूभर कर देती हो। अरे, मेरे लिए दर्द था तो जान पर खेल जाती…।'

पार्वती अब पूरी तरह से ठीक हो गई थी, लजा गई। बोली, 'मैं तो समझी थी, सचमुच छुरेबाजी होनेवाली है। तुम बड़े वैसे हो, डरा देते हो। जाओ, उनसे बच्चे को ले आओ। मैं उसके सोने के लिए बिस्तर लाती हूँ।'

पार्वती उठी और अंदर चली गई। शंकर उठा और अजनबी के पास आकर बोला, 'माफ करना। मैं तुम्हारा नाम पूछना तो भूल ही गया था।'

'मुझे रफीक कहते हैं।'

'तब रफीक साहब, बच्चा मुझे दीजिए। बिस्तर बैठक में ला रहा हूँ।'

रफीक चौंका, 'पर मैं जाऊँगा।'

'जाएँगे। कर्फ्यू में? क्या कह रहे हैं?'

रफीक ने सिर झुका लिया। भीतर से आवाज हुई। शंकर ने जाकर बिस्तर ले लिया। पार्वती ने पूछा, 'खाना तो नहीं खाएँगे?'

शंकर ने उसी बात को जोर से दोहराया, 'अरे भाई, पूछती हैं, खाना तो नहीं खाएँगे?'

काँपता हुआ जवाब मिला, 'नहीं, नहीं।'

पूछो, 'दूध।'

शंकर ने पूछा, 'दूध?'

रफीक ने जवाब दिया, 'जी, पिया तो।'

शंकर बोला, 'अरे हाँ। जो दूध तुम दे आई थी, वह हम आधा-आधा बाँटकर पी गए। तुम मुझे हमेशा पागल कहा करती हो, लेकिन अक्ल में मैं हूँ जरा कम।'

पार्वती हँस पड़ी, कहा, 'जब खुद पागल नहीं होते तो दूसरों को पागल बनाते हैं। बात एक ही है।'

शंकर भी ठ्टठा मारकर हँसा। हँसते-हँसते बैठक में आया, देखा, रफीक गुमसुम एक कुरसी पर बैठकर ऊपर की तरफ ताक रहा है। उसकी आँखें आँसुओं से भरी हैं। अनदेखा करके शंकर ने कहा, 'रफीक भाई, यह रहा तुम्हारा बिस्तर। बातें तुमसे खूब हुईं। अब सोओ। सवेरे मुलाकात होगी। तब तक के लिए विदा।'

शंकर ने हाथ उठाया और चला गया, लेकिन सवेरे जब कमरे में आया तो देखा कि रफीक नहीं है। सब सामान पहले की तरह है। बिस्तर करीने से लिपटा है। उसके ऊपर एक परचा पिन किया हुआ है। जल्दी से निकालकर पढ़ा। रफीक ने लिखा था—

'समझ में नहीं आता कि यह सब क्या हुआ। मैंने ख्वाब देखा था या इस दुनिया से कहीं दूर भटक गया था। रात भर सोचता रहा, पर किसी नतीजे पर नहीं पहुँच सका। बहरहाल, मेरी कमजोरी है, पर जो है, वह है—कभी उसपर फतह पा सका तो एक दिन आप लोगों का नियाज हासिल करने आऊँगा। तब तक के लिए अलविदा। अपनी अच्छी बीवी को मेरा सलाम कह दीजिएगा। अपने प्यारे बच्चों को प्यार। और यह छुरा आपके लिए था, आप ही रखिए। यकीन रखिए, एक दिन आऊँगा…'

पढ़ लिया तो शंकर ने उसे कई बार उलटा-पुलटा, फिर एक लंबी साँस लेकर कहा, 'सब दिल के गुलाम हैं। आपके सामने आने की हिम्मत नहीं है।' कैसे नहीं है? अब क्या छुरा मारने की बात है? बहरहाल! मैं खुद जनाब के सामने जाकर खड़ा हो जाऊँगा और कहूँगा, 'आदाब अर्ज, जनाब रफीक साहब।' तब?

☐

(जुलाई १९४७)

उस दिन

रानी,

तुम्हारा पत्र मुझे ठीक एक माह के पश्चात् मिला। तार और रजिस्ट्री पत्रों का मुझे कुछ पता नहीं, क्या हुआ? पत्र मिला, यही क्या कम सौभाग्य की बात है! परंतु इसपर भी मेरी बुद्धि को देखो, आज तक उस पत्र का उत्तर न दे सकी। सच तो यह है रानी, उत्तर देना ही नहीं चाहा। मन इतना अव्यवस्थित था कि सहस्रों पत्रों की स्याही भी उसकी गहराई नहीं आँक सकती। अब भी मस्तिष्क अस्त-व्यस्त है। काम करते-करते चौंक उठती हूँ। जो मैंने देखा था, क्या सचमुच वह मेरे देखते-देखते घटित हुआ था अथवा वह केवल स्वप्न था? काश, वह स्वप्न होता!

रात की बात है, तुम्हारे जीजा अचानक चीख उठे। देखा, बुरी तरह काँप रहे हैं और उनके विस्फारित नेत्र निपट सूने हैं। शीघ्रता से पूछा, 'क्या बात है?' वह नहीं बोले। ऐं···ऐं करने लगे। छाती पत्थर की हो चुकी थी, फिर भी दिल घबराने लगा। किसी तरह आँखों पर हाथ रखकर दिल को सहलाने लगी। क्षण बीता, पुतलियाँ घूमीं। उन्होंने हाथ उठा दिए। मेरे प्राण लौटे, पूछा, 'क्या हुआ था?' वह बोले, 'मैं कहाँ हूँ?' मैंने कहा, 'अपने घर में।' सुनकर वह उठ बैठे। चारों तरफ देखा और फिर हँस पड़े, 'तो यह सब स्वप्न था?' मैं भी हँस पड़ी, 'ऐसा भी क्या स्वप्न था? आपने तो प्राण निकाल दिए।'

उन्होंने बताया, 'मैंने देखा कि मैं अपने कमरे में बैठकर पढ़ रहा हूँ। अचानक कहीं स्टेनगन छूटी और गोली मेरे मस्तिष्क को भेदती हुई चली गई।'

कहते-कहते उन्होंने दोनों हाथों से अपना सिर थाम लिया, बोले, 'अभी तक मुझे विश्वास नहीं हो रहा है कि मैं जीवित हूँ।' मैं हँस पड़ी, 'विश्वास करेंगे तो हो भी जाएगा।' वह भी हँस पड़े, पर क्षण बीता, नीलम चिल्लाकर उठी,

'पिताजी, पिताजी···।'

मैं उधर मुड़ी। पुचकारकर पूछा, 'नीलम, क्या बात है बेटी?'

पर मेरी बात सुने बिना वह फिर चिल्लाई और मुझसे चिपट गई। उसकी पकड़, उसके हृदय की धड़कन, मैं आज भी महसूस कर रही हूँ। मैंने उसे छाती से लगाकर कहा, 'नीलम, मेरी बच्ची। यहाँ मैं हूँ, तेरे पिताजी हैं, देख तो।'

अब नीलम ने आँखें खोलीं। एक बार मुझे देखा, फिर उन्हें। बोली नहीं। वह बोले, 'सिपाही ने किसे गोली मारी थी, बेटी?'

क्षण भर वह झिझकी, फिर बोली, 'गोली नहीं, चाचा ने एक मुसलमान के पेट में छुरा मार दिया।' और फिर मेरी ओर देखकर पूछा, 'पर भाभी, वह मुसलमान मुझे नहीं मार रहा था। तब चाचा ने उसे क्यों मारा?'

सहसा मेरे दिल को चोट लगी, पर उससे मैंने यही कहा, 'वह किसी और को मारकर आया होगा, बेटी?' और फिर मानो जागकर मैं बोली, 'पगली, तू सपना देख रही थी। यहाँ न तेरे चाचा हैं और न कोई मुसलमान।'

यह एक दिन की कहानी नहीं है। उस दिन वह डरे थे, कल मैं डरी थी, आज नील और कल प्रदीप डरेगा। यही प्रत्येक परिवार में चलता रहता है। कभी-कभी तो वह डर इतना व्यापक हो उठता है कि पूरी गली में तूफान-सा आ जाता है। स्वप्न का डर वास्तविक बन जाता है और मनुष्य सर पर कफन बाँधकर, शहादत का जाम पीने के लिए बाहर निकल पड़ते हैं···।

रानी! स्वप्न फिर भी स्वप्न है, पर मैं जिसे स्वप्न माननेवाली थी, वह तो ऐसी वास्तविकता है, जो सत्य होने का दावा करती है। याद नहीं पड़ता, कहीं पढ़ा था—सत्य तो केवल मनुष्यता है, पर आज जो सत्य नहीं है, वही वास्तविकता सत्य बनने जा रही है। मैं कहूँ, वह बन चुकी है। मनुष्य स्वयं अपने पतन को अपना सत्य मान बैठा है। नियति का कैसा क्रूर व्यंग्य है। मनुष्य मनुष्यता का हनन करके समझता है कि उसने मनुष्य की रक्षा की है।

मैं भावना में बहने लगी, मेरी रानी, पर तुम भी क्या इतनी अनभिज्ञा हो? यहाँ के हत्याकांड की चर्चा तुमने अवश्य सुनी होगी। मनुष्य की प्रगति का साक्षी रेडियो, मनुष्य के इस पतन की कहानी प्रतिदिन संसार को सुनाता रहता है। मैं जानती हूँ, जब तुम इस नगर का नाम सुनती होगी और वे अवसर कम नहीं होंगे—तो तुम्हारा दिल रो उठता होगा। मन बड़ा पापी है। तुम सोचती होगी कि मंजु न जाने कहाँ होगी? होगी भी या नहीं। कहीं भागती फिरती होगी। जीजाजी···। जाने दो रानी। यह सब स्वाभाविक है। तुमने चिट्ठियाँ डालीं, तार भेजे, फोन किया, पर सब

बेकार। हम तक कुछ नहीं पहुँचा। पहुँचा तो केवल तुम्हारा प्यार, जो अक्षय है, पर प्यार भी सभी ने सभी को भेजा होगा। वह जो एक नारी, जिसकी लाश दो दिनों तक मेरे मकान के सामने पड़ी रही, उसका भी कोई अपना होगा। उन्होंने प्यार से पुकारा होगा। उसके लिए भगवान् के दरबार में गुहार की होगी, पर उसके प्यार की पुकार व्यर्थ गई।

रानी, उस कहानी के याद आते ही रोंगटे खड़े हो जाते हैं। तुम्हें याद होगा, पिताजी की मृत्यु के समय मेरी क्या हालत हुई थी। जब तुम उनके अंतिम दर्शन के लिए बुलाने आई थी तो तुम्हीं से चिपटकर मैं चीख पड़ी थी। उसके बाद आँखें खुली थीं तो भैया अग्नि-संस्कार करके लौट आए थे। वहीं मैं उस दिन कई घंटे तक बैठी-बैठी उस लाश को ताकती रही। वह नाली के किनारे मुँह के बल पड़ी थी। उसकी गरदन और पेट के पास खून जम गया था। उसके वस्त्र जीर्ण और आरक्त थे। उसके बाल हवा में फहरा रहे थे। उसके पास ही उसका बच्चा लेटा था। उसका पेट फट गया था और नन्हीं-नन्हीं आँतें बाहर निकल आई थीं।

मैं कितनी सरलता से ये बातें लिख रही हूँ, परंतु उस दिन तो मेरा हृदय फटा जा रहा था। मैं बार-बार पीछे हट जाती थी, परंतु दूसरा क्षण आता, चुपचाप खिड़की से झाँकने लगती। वह उसी तरह पड़ी थी—शांत, निस्तब्ध और मौन। उसका बच्चा न उसे 'माँ' कहकर पुकारता था, न उसे दूध पीने की चाह थी। वह रोता भी नहीं था। तब वहाँ चारों ओर गहरा सन्नाटा था, धूप तेजी से फैल रही थी। नाली के पानी में कूड़ा सड़ रहा था और इधर-उधर मैला बिखरा पड़ा था। तभी पीछे से आकर उन्होंने पूछा, 'क्या देख रही हो, मंजु?'

मैंने धीरे से कहा, 'कोई मुझे भी इसी तरह मार देगा। प्रदीप की आँतें भी इसी तरह···।' सहसा मुझसे बोला नहीं गया। गला भर आया।

वह बोले, 'मंजु, तुम्हारी न सही, अन्य अनेक नारियों की यही दशा हुई है।'

'पर इसका अंत, इसका परिणाम?'

वह बोले, 'परिणाम इसका शुभ होगा, मंजु। विनाश के बाद निर्माण एक नियम है। भूमि को उपजाऊ बनाने के लिए उसमें आग लगा दी जाती है। गाँव, खेती और पशु सबका नाश करके बाढ़ जब उतर जाती है, तब धरती की अन्न पैदा करने की शक्ति बढ़ जाती है।' और फिर वह हँसकर बोले, 'धन्यवाद दो इनको। खाद बनकर ये मनुष्यता की रक्षा कर रहे हैं।'

मेरे मुँह से तब यही निकला था, 'यह कैसा निर्दय नियम है।'

वह हँसकर चले गए। बाहर कहीं शोर मच रहा था और गोली छूटने लगी

थी, छूटती चली जा रही थी। नीलम तेजी से आई और पूछने लगी, 'भाभी, गोली क्यों चल रही है?'

'लड़ाई हो रही है।'

'किससे?'

'चोरों से।'

'चोर दिन में भी आते हैं?'

'हाँ, अब आने लगे हैं।' और मैं शीघ्रता से उसे दूसरे कमरे में ले गई। मैं नहीं चाहती थी कि नीलम उन लाशों को देखे। तब मुझे क्रोध भी आया। आखिर हमारी सरकार क्या कर रही है? परंतु दूसरे ही क्षण मुझे याद आया, वह कह रहे थे, 'कौन जाने, अब क्या होगा? सब सरकार को गालियाँ देते हैं, परंतु उसकी मुसीबत को कोई नहीं जानता।' उस समय मेरी समझ में कुछ नहीं आ रहा था। मैं सोचने में बिलकुल असमर्थ हो उठी थी और मुझे डर लगने लगा था। मैंने चुपचाप ग्लैक्सो का डिब्बा उठाया और दूध बनाने लगी। गाय-भैंस का दूध तब स्वप्न हो गया था। दूध ही क्या, सबकुछ स्वप्नवत् था। न साग-सब्जी थी, न दूध-दही। चीनी और कोयले का गहरा अकाल पड़ रहा था। लोग खाट, पीढ़े आदि जलाने लगे थे। उस समय इन बातों की किसी को चिंता नहीं थी। उन्हें तब छुरों और बंदूकों की चिंता थी। वे पेट्रोल और तेल इकट्ठा किया करते थे। इसीलिए जब कभी ऊपर चढ़ती तो ऐसा लगता था, मानो एक बार फिर अग्नि देवता अर्जुन की सहायता से खांडव-वन जलाने आ पहुँचे हैं।

उसी समय जीने में खड़खड़ हुई। मैं उठी, देखती हूँ, रमेश आया है। उसके वस्त्र अस्त-व्यस्त थे और उसकी आँखों में ऐसा कुछ था, जिसे देखकर डर लगता था, परंतु वह मुसकरा रहा था। वह उनके रामपुरवाले मामाजी का लड़का है—युवक और दबंग।

ऊपर आकर उसने कहा, 'भाभी, सब ठीक है न?'

मैंने उत्तर दिया, 'हाँ। ठीक ही है।'

वह मुसकराया, फिर एक क्षण चुप रहकर उसने कमीज के नीचे से तलवार निकालकर दिखाई। वह रक्त से सनी हुई थी। मुझे कँपकँपी आ गई। वह बोला, 'क्या देखती हो, भाभी? आज पाँच म्लेच्छों का निस्तार किया है।'

'तुमने?'

'हाँ, और तुम क्या समझती हो? देखो, यह तलवार कितनी प्यारी लगती हैं।' उसने तलवार उठाई और एक बार हवा में लहराकर बोला, 'भाभी, मैं जानता

हूँ, इस समय तुम्हारे प्राण निकल रहे हैं। तुम लोग बड़े गांधीवादी बनते हो न, परंतु तुम लोगों के भरोसे हम रहते तो बस, सर्वनाश हो जाता। उन्होंने पूरा षड्यंत्र रचा था। एक भी हिंदू के बचने की आशा नहीं थी।'

'सच?'

'सच भाभी। पूरा प्लांट पकड़ा गया है।'

'बड़े दुष्ट हैं वे लोग।'

वह गर्व से आँखें चढ़ाकर बोला, 'निस्संदेह वे बड़े दुष्ट हैं, परंतु साथ ही बहादुर भी हैं। स्त्री और बच्चे तक धर्म के नाम पर मरना जानते हैं। हिंदू स्त्रियाँ चुपचाप मुसलमानों के साथ भाग जाती हैं, जबकि मुसलमान स्त्री प्राण दे सकती है, परंतु धर्म नहीं। जिन लोगों को मैंने मारा है, उनमें एक युवती भी थी—सुंदर और कोमल। मैंने उससे कहा कि तुम हिंदू बन जाओ तो मैं तुम्हें बचा लूँगा। सुनकर वह शेर की बच्ची बोली, 'नहीं, मैं हिंदू नहीं बनूँगी। मैं मारूँगी और मर जाऊँगी।'

'और वह मर गई।' मैंने घृणा और गर्व से भरकर कहा।

वह इस बार साँस खींचकर बोला, 'हाँ भाभी, और क्या होता, मैंने उसे मार डाला।' वह तलवार धो रहा था और बड़े गर्व से अपनी कहानी सुना रहा था।

ऐसे आदमी पर क्रोध करना व्यर्थ है। मुझे तब क्रोध आ भी नहीं रहा था। मैं नहीं जानती कि तब मैं कैसी हो रही थी। मैंने बहुत सा पानी डालकर खून को बहा दिया और चुपचाप उसकी कहानी सुनती रही।

वह तलवार धो चुका तो उठा, बोला, 'अच्छा भाभी, चलता हूँ। कई शिकार छोड़ आया हूँ।'

मैंने होंठ काटकर कहा, 'अपना ध्यान रखना।'

वह हँसा, फिर एकाएक मुड़कर बोला, 'भाभी, मैं कितना वज्र मूर्ख हूँ। जो काम था, वह तो मैं भूल ही गया।' और पास आकर धीरे से उसने जेब से एक छोटा सा पैकेट निकालकर दिखाया। उसमें एक हार और एक लॉकेट था। मैं ठगी सी देखती रह गई। वह मुसकराया, 'इसे अपने पास रख लो। एक दिन आकर ले जाऊँगा, परंतु भैया से मत कहना, मेरी अच्छी भाभी।'

मुझे अच्छा नहीं लग रहा था। मैंने कहा, 'लेकिन सुनो तो···।'

उसने नहीं सुना। नीचे उतर गया और वहीं से बोला, 'भाभी, डरना मत। मैं आता रहूँगा। मुसीबत आने पर तुम्हें साफ बचा जाऊँगा, इतना विश्वास रखना।'

वह चला गया और मैं मूर्तिवत् वहीं खड़ी रही। यदि नीलम न पुकारती तो न जाने कब तक खड़ी रहती। उसकी पुकार सुनकर मैं जागी। मेरे हाथ में पैकेट था।

मन में उठा, उसे इतनी दूर फेंक दूँ कि वह फिर कभी मुझे दिख न सके, परंतु हुआ यह कि मैं चुपचाप अंदर गई और पैकेट को अलमारी के गुप्त आले में रख दिया। तब मुझे अपनी सहज बुद्धि पर स्वयं ही अचरज होने लगा। मैंने एक लंबी साँस खींची और रसोई में चली गई, परंतु वहाँ अभी बैठ भी नहीं पाई थी कि मुझे लगा, कोई सुबक रहा है। उन सुबकियों में इतना दर्द था कि कई क्षण तो मैं करुणा से अभिभूत बैठी रही। जागी तो जाना, रसोई के पास जो पड़ोसन का कमरा है, शब्द वहीं से आ रहा है। मैं सहानुभूति से भर आई, अवश्य ही उसका कोई संबंधी मारा गया है। उन दिनों मरना बड़ी साधारण बात थी, परंतु अपनों के मरने का दर्द भी उतना ही स्वाभाविक होता है। मैंने निर्णय किया कि मुझे उसके पास जाना चाहिए, परंतु मैं उठूँ, इससे पहले पड़ोसन स्वयं मेरे पास चली आई। देखा, उसके नयन आरक्त हैं। मुख मुरझाए हुए पत्ते की तरह पीला हो आया है।

वह चुपचाप मेरे पैरों के पास आकर बैठ गई और करुण स्वर में बोली, 'बहन।'

मैंने कहा, 'आखिर क्या हुआ?'

लेकिन उसने मेरी बात नहीं सुनी। गिड़गिड़ाकर बोली, 'बहन, बड़ी आशा लेकर तुम्हारे पास आई हूँ।'

मेरी समझ में नहीं आया कि वह क्या कह रही थी। इसीलिए सहसा कुछ जवाब नहीं दे सकी। वह बोली, 'तुम्हारे वह तो गांधीजी के भक्त हैं न?'

मैंने यंत्रवत् कहा, 'हाँ, हैं।'

वह बोली, 'तो एक काम करोगी?'

मैंने कहा, 'बताओ।'

लेकिन वह पूर्ववत् बोली, 'करोगी न?'

मैंने दृष्टि उठाकर उसे देखा, उसकी तरल आँखों से आशा की हलकी किरण झाँक रही थी। मैंने जवाब दिया, 'मेरे बस का होगा तो क्यों नहीं करूँगी?'

वह बोली, 'तुम्हारे बस का है, इसीलिए तुम्हारे पास आई हूँ।'

सच रानी, मुझे यह सब बड़ा रहस्यमय लग रहा था। आखिर क्या काम है, जो यह स्वयं न करके मुझसे कराना चाहती है? क्या रमेश की तरह··· ? यह विचार मन में आते ही मैं काँप उठी, परंतु वह बोल रही थी, 'बहन, मैं बताती हूँ। देर का काम नहीं है। मेरे पास एक लड़का है। उसकी जान बचानी है।'

मैं अचकचाई, 'किसका लड़का?'

'मेरी बहन का।'

मेरी बुद्धि काम नहीं दे रही थी। उसकी बहन का लड़का—उसे बचाना। तो क्या उसने हत्या की है? मैंने अबूझ की तरह कहा, 'क्या वह जेल में है?'

'नहीं बहन।' वह बोली, 'जेल में नहीं है। वह मेरे पास है।'

'तो उसे क्या डर है?'

वह झिझकी, 'बहन, बात यह है कि वह मुसलमान है।'

'मुसलमान···।'

'सुनो तो, वह मुसलमान है। मैं उसे अपने घर में नहीं रख सकती, क्योंकि तुम जानती हो, वे लोग मुसलमानों के कितने दुश्मन हैं। पता लगते ही वे उसे मार डालेंगे। मैं जानती हूँ कि तुम्हें अचरज हो रहा है, मुसलमान लड़का मेरा भानजा कैसे हुआ? बात दर्द-भरी है। वह जो लाश तुम गली में पड़ी देख रही हो, मेरी बहन की है। यह मासूम बच्चा उसी का है।'

सुनकर मेरा हृदय तीव्र गति से धक्-धक् करने लगा। मैं फुसफुसा उठी, 'वह तुम्हारी बहन है। तुम क्या कह रही हो?'

'हाँ। वह मेरी बहन है।'

'पर···'

'सुनो तो, वही बता रही हूँ। बहुत वर्ष बीत गए। तब मैं छोटी सी थी। एक बार मुसलमानों ने हमारे गाँव पर हमला किया और लड़कियों के साथ मेरी बहन को उठाकर ले गए। वह युवती थी और उसका विवाह हो चुका था।'

बात काटकर मैं एकाएक बोल उठी, 'उसे किसी ने बचाया नहीं?'

'नहीं। वे चाहकर भी उसे बचा न सके।'

'वापस लाने की कोशिश भी नहीं की?'

'नहीं बहन। एक बार मुसलमान के घर जाने के बाद हिंदू स्त्री फिर अपने धर्म में नहीं आ सकती।'

सुनकर मैं क्रोध से अभिभूत हो उठी। मैंने उत्तेजित होकर कहा, 'तभी तो आज यह अभागा देश इस मर्मांतक पीड़ा से तड़प रहा है।'

उसने मेरी बात नहीं सुनी, बोलती रही, 'पर बहन, कुछ दिन बाद वह किसी तरह वहाँ से निकल आई और सीधे अपने पति के पास पहुँची। पति ने कहा कि उसे रखकर वह अपने कुल को कलंकित नहीं कर सकता।'

मैंने तड़पकर कहा, 'वह पिशाच था।'

'क्रोध न करो।' वह बोली, 'उसकी शिक्षा ही ऐसी थी। मेरी बहन का दिल टूट गया। वह लौट गई। उसके बाद उसकी कोई खबर नहीं मिली। वर्ष बीत गए।

मेरी भी शादी हो गई। मैं भूल गई कि मेरी कोई बहन थी, पर विपत्ति का चक्र अद्‌भुत है। अचानक पार साल रेल में मैंने उसे देखा। मैं उसे पहचानती थी। हम दोनों स्त्रियों के डिब्बे में थीं। मुझे पहचानकर वह रो पड़ी, परंतु परिस्थिति ऐसी थी कि हमारा वह मिलन, मिलन न बनकर एक दर्द बन गया। न मैं अपने पति से कह सकती थी, न वह अपने मालिक से। वह सुखी थी और अपने पिछले जीवन को प्रायः भूल गई थी। फिर भी उसका दिल एक गहरी कड़वाहट से भरा हुआ था। वह सब स्वाभाविक था। मैंने उसका विरोध नहीं किया, परंतु न जाने क्या हुआ कि मैं पूछ बैठी, 'क्या तुम अब भी आना पसंद करोगी?'

वह विद्रूपता से हँसी, 'कमला, तुम मेरी बहन हो। जानती हूँ कि तुम्हारा कुछ अपराध नहीं है। इसीलिए कहती हूँ, इस प्रश्न का उत्तर न माँगो। न जाने मैं क्या कह बैठूँ।' कहते समय उसकी आँखें घृणा से उफन रही थीं और मैं देख रही थी उसकी वेश-भूषा, उसका रूप-रंग, उसकी संतान···।

सहसा स्टेशन आ गया। उसे उतरना था। उसके मालिक ने आकर कहा, 'उतरो बेगम।'

वह साधारण मुसलमान था, परंतु न ज़ाने क्यों, मैंने उसे ध्यान से देखा। वह मेरी बहन का पति था। पति···मैंने सुना, वह कह रही थी, 'कुछ फल ले आओ।'

पति ने पूछा, 'क्यों?'

'ला दो।' बहन ने कहा और मुसकराकर मेरी और इशारा किया। वह चले गए और लौटे तो एक दर्जन केले उनके हाथ में थे।

वही केला मुझे देकर उसने कहा, 'तुम छोटी हो। तुम्हें देने को यही कुछ मेरे पास है।' और वह नीचे उतर गई। सहसा जाते-जाते वह फिर मेरी ओर मुड़ी, पूछा, 'कहाँ रहती हो?'

मैंने पता बता दिया। तब मैं रो रही थी। क्षण भर में आँसुओं के पीछे उठनेवाली उसकी मूर्ति अस्त हो गई। मैं सोचने लगी, जो कुछ हुआ, वह क्या सत्य था? पर समय की महिमा अलौकिक है। मैं उसे भूलने लगी। न भूलती तो जीती कैसे? पर आज अचानक जब सवेरे यहाँ हत्याकांड हुआ था, यह लड़का मेरे कमरे में भागा हुआ आया। डर के मारे पीला पड़ गया था। वाणी रुँध रही थी। आकर पलंग के नीचे छिप गया। मैं सहसा घबरा गई। मैंने काँपकर उसे देखा। मैं उसे पहचानती थी। मैंने कहा, 'क्या है?'

वह बोल नहीं सका। मैंने परिस्थिति को समझा। कमरे के किवाड़ बंद कर लिये। पुचकारकर कहा, 'डरो नहीं। तुम्हें कोई कुछ नहीं कहेगा।' क्षण बीते,

उसका रंग लौटा। उसने बताया, 'लोगों ने उसके बाबा, अब्बा, चाचा—सबको मार डाला। उसकी बहन को पकड़कर ले गए। चाची कहीं भाग गई। अम्मी उसे और छोटे बच्चे को लेकर इधर आ रही थी। तभी यहाँ पर लोगों ने उसे भी मार डाला।'

कहते-कहते वह रो पड़ी, 'उस गड़बड़ में यह भाग आया। कह रहा था, एक बार पहले भी मेरा घर देख गया था, परंतु बहन, मैं उसे अपने घर में नहीं रख सकती। वे उसे मार डालेंगे। तुम लोग तो गांधीजी की बात मानते हो। तुम दया करके उसे बचा लो।'

मैंने दृष्टि उठाकर उसे देखा। मेरा मन करुण विषाद से भरा हुआ था और विषाद ही क्यों, घृणा, द्वेष, क्रोध, करुणा, दया—सभी उसमें थे, पर सबको लीलकर श्रद्धा मुझमें उमड़ पड़ी। मैंने धीरे से इतना ही कहा, 'उसे यहाँ ले आओ।'

उसका मुख खिल उठा। नयनों में जल भर आया, मानो प्रभात किरण ने कमल-सरोवर को छुआ हो। मेरे पैर पकड़कर बोली, 'तुमसे यही आशा थी।' इतना कहकर वह अपने घर चली गई। कुछ देर बाद लौटी तो एक सहमा हुआ लड़का उसके साथ था, बोली, 'यह लो। अब यह तुम्हारी शरण में है।'

मैं कई क्षण उस बालक को देखती रही। उसका पिता मर चुका था। उसकी माँ की लाश अभी तक गली में पड़ी हुई थी। वह स्वयं अधमरा हो रहा था। उसकी आँखें भय से पूर्ण थीं। वह न बोल सकता था, न सुन सकता था। उसे जहाँ बैठा दिया गया, वहीं बैठकर शून्य में ताकता रहा।

कमला चली गई। जाते समय जिस कातर और स्नेहभरी दृष्टि से मुझे देखा, वह अभी भी मेरे मानस पर अंकित है। काश, मैं चित्रकार होती! खैर, कुछ देर बाद वह लौट आए। उस लड़के को देखकर वह चौंके, पूछा, 'यह कौन है, मंजु?'

मैंने धीरे से कहा, 'एक मुसलमान लड़का है और इसकी माँ की लाश हमारे घर के सामने पड़ी है।'

वह भी सकपकाए। मुसकराए भी, पर मैं उन्हें अधिक असंमजस में नहीं डालना चाहती थी। इसीलिए सारी कहानी उन्हें सुना दी। न जाने क्या हुआ, वह गंभीर हो उठे। मैं सहसा डर गई। मैंने कहा, 'आप डरते हैं।' वह मात्र 'ए' करके रह गए। मेरे तो जैसे प्राण खिंचने लगे। सामने आकर पूछा, 'आप बोलते क्यों नहीं? क्या मैंने गलती की है? क्या··· ?'

उन्होंने अब धीरे से कहा, 'नहीं मंजु। मैं तुम्हारी बात नहीं सोच रहा हूँ।'

'फिर··· ?'

'सोच रहा हूँ, यह अभागी हिंदू जाति···' सहसा उन्होंने दोनों हाथों से

अपना सिर थाम लिया और कहा, 'मंजु, मैं कुछ नहीं सोच रहा हूँ। कुछ भी नहीं।'

मैं अभी तक डर रही थी। मैंने कहा, 'आपको क्या हो रहा है?'

वह उसी तरह बोले, 'मुझे? मुझे कुछ नहीं हो रहा है, मंजु। दुनिया में कहीं कुछ नहीं हो रहा है···।' फिर सहसा हँस पड़े, 'चिंता न करो, मंजु। मेरे प्राण रहते लड़के को कोई डर नहीं है, पर सोचता हूँ, उसे अभी कैंप में छोड़ आना ठीक रहेगा। यहाँ न जाने कब क्या हो जाए। शांति होने पर···।'

जीने पर फिर खड़खड़ हुई। रमेश आया था। उन्हें देखकर बोला, 'ओहो, भैया, आप हैं। आपके घर के सामने लाश अभी तक पड़ी है। आपने कहा भी नहीं। मैं अभी उसे फिंकवाने के लिए कह आया हूँ।' फिर मेरी ओर मुड़कर बोला, 'बड़ी दुश्चरित्रा थी वह स्त्री।'

'सच?'

'हाँ, भाभी। पहले वह हिंदू थी। सच मानना, सुनकर पागल हो उठा, हिंदू-स्त्री मुसलमान क्यों हुई? बस, मैंने जमकर एक वार गरदन पर किया···।'

'तुमने?'

'हाँ, भाभी। छुरा लगते ही वह गिर पड़ी और पड़ी ही रह गई। मेरे छुरे ने उसके पापों का प्रायश्चित्त कर डाला। वैसे, वह बड़ी ताकतवर थी। दो आदमियों के प्राण तो उसने संकट में डाल दिए थे।'

वह अब बोले, 'शायद उसके पास रिवॉल्वर थी?'

'नहीं भैया। हाथों से गला दबाने लगी थी। मैं पीछे से आकर छुरा न मार देता तो···।'

'बस, बस।' मैं घृणा से चिल्ला उठी, 'तू इतना कायर है?'

वह हँस पड़ा, 'भाभी, शठम् प्रति शाठ्यम् समाचरेत यह आर्य संस्कृति का आदर्श है। यदि हम इस आदर्श का पालन न करते तो आज हिंदुओं का मूलोच्छेदन हो जाता और तुम···।'

उन्होंने वाक्य पूरा किया, 'और तुम किसी मुसलमान की पत्नी होती, यही न? जो कायर हैं, उन्हें बरबाद होना ही चाहिए, रमेश।'

रमेश तनिक भी नहीं हड़बड़ाया, हँस पड़ा, बोला, 'भैया, एक बात का दुःख रहा। उस हल्ले में उस औरत का बड़ा लड़का न जाने कहाँ चला गया।'

उन्होंने मुसकराकर रमेश को देखा, फिर धीरे से कहा, 'वह लड़का मेरे पास है। क्या मारना चाहते हो? ले तो आओ, मंजु।'

रमेश के मुँह पर सहसा स्याही पुत गई। चकित-विस्मित बोला, 'भैया।'

'ठीक कर रहा हूँ और सुनो, मैं उसे कैंप में ले जा रहा हूँ। तुम्हें मेरे साथ चलना होगा।'

'क्यों?'

'मैं कह रहा हूँ, तुम अभी मेरे साथ कैंप तक चलोगे।' और फिर मुड़कर मुझसे कहा, 'उसके लिए कपड़ों का प्रबंध कर दिया है?'

सबकुछ तैयार था। वह मुसकराए, 'आओ रमेश। यह पैकेट उठा लो।

उन्होंने लड़के का हाथ पकड़ा और नीचे उतर गए। मैंने खिड़की से देखा कि रमेश यंत्रवत् बगल में पैकेट दबाए उनके बराबर चल रहा है। लड़के की अँगुली उनके हाथ में है और धूप ढल चली है। मक्खियाँ आहट पाकर उड़ीं और फिर लाश पर छा गईं। सहसा दूर कहीं राइफल चली—चलती रही। पड़ोस में शोर मचने लगा। फिर सब शांत हो गया। मौत की तरह शांत—मनुष्यता की मौत की तरह। वह कह रहे थे, मनुष्यता की इस लाश से ही वास्तविक मनुष्यता का जन्म होगा। जैसे राजा बेन की लाश से महाराज पृथु का जन्म हुआ था—जिनके कारण धरती का नाम 'पृथ्वी' हो गया है।'

शायद वह ठीक कहते हैं।

शायद रानी! घोष को मेरा प्रणाम कहना और मधु-मालती को मौसी का प्यार। फिर लिखूँगी···।

अभिन्ना,
मंजु

□

देशद्रोही कौन?

सेठ रामजी मल कपड़े के बड़े व्यापारी हैं। जैसे-जैसे व्यापार बढ़ा है, लक्ष्मी उनपर कृपालु हुई है और उसी के अनुपात से उनकी लोकप्रियता भी बढ़ी है। शुद्ध श्वेत बगुले के पंख जैसी उनकी गांधी टोपी दूर से ही उनका परिचय दे देती है। हँसते हैं तो मोती झरते हैं। बोलते हैं तो अमृत बरसता है। सबको 'भैया साहब' कहते हैं। कभी छोटे-बड़े की तमीज नहीं करते। सामाजिक इतने हैं कि चाय की मेज पर सदा तीन-चार अतिथि उपस्थित रहते हैं।

हिंदी के प्रसिद्ध विद्वान् ललित गोस्वामी से कुछ दिनों से उनका परिचय हो गया है। इसलिए उनका हिंदी-प्रेम वक्तव्यों से आगे बढ़कर प्रयोगशाला तक पहुँच गया है। इधर वे इस कोशिश में हैं कि चाय की टेबल का शुद्ध हिंदी अनुवाद किया जाए—मात्र शब्दों में नहीं, स्वरूप और वस्तु में भी। पानी, टेबल और चाय का हिंदी संस्करण होना चाहिए। इसी प्रक्रिया में अचानक एक दिन मैं उनसे टकरा गया। ललित गोस्वामी मुझे जानते थे। उनका कद कुछ ठिगना है और आँखें तनिक छोटी हैं। कहते हैं, आँखों में हृदय का प्रतिबिंब रहता है। आँखें छोटी तो विश्व छोटा। आकाश उतना ही ऊँचा है, जितनी दूर आदमी की दृष्टि उठ सकती है।

किसी की नीयत पर शक करना बुरी बात है। फिर वे तो खद्दर का कुरता और धोती पहनते हैं। बीसवीं शताब्दी है, जेब में पारकर कलम और बाईं कलाई पर स्वचालित घड़ी के बिना भी नहीं चलता। हरिजनों से उन्हें इतना प्रेम है कि गांधीजी से हजार मतभेद होने पर भी उन्होंने अपना जीवन इन अभागों के लिए अर्पित कर दिया है। ऐसे व्यक्ति के प्रति सेठजी की श्रद्धा बढ़ती जा रही है तो इसमें सतयुग का प्रभाव मानना ही चाहिए।

उस दिन जब मैं सेठजी से राष्ट्रभाषा के प्रश्न को लेकर कुछ आवश्यक

बात करने में तल्लीन था तो देखा कि गोस्वामीजी चले आ रहे हैं। मुख पर सदा खेलती मुसकराहट है और आँखें एक अनोखे प्रकाश में चमक उठी हैं। सेठजी ने प्रफुल्लित स्वर में पूछा, 'कहिए गोस्वामीजी, क्या समाचार है?'

वे एकदम बोले, 'आपने सुना? सरदार पटेल दिल्ली लौट आए हैं।'

'अरे, मैंने तो नहीं सुना। कब लौटे?'

'आज!'

'यानी आ गए?'

'जी हाँ।'

मुक्त साँस लेकर सेठजी बोले, 'तो अब कुछ ठीक-ठाक होगा।'

'वह तो होगा ही,' गोस्वामीजी ने गर्व से कहा, 'यह नेहरूजी नहीं हैं, जो जिस समस्या को लेते हैं, उलझाकर रख देते हैं।'

'आप ठीक कहते हैं।'

'देख लीजिए, कश्मीर का प्रश्न है? यू.एन.ओ. में ले जाने की क्या आवश्यकता थी? अब वह कभी नहीं सुलझेगा।'

'जी हाँ, आप ठीक कहते हैं।'

'और इसी प्रकार हैदराबाद का प्रश्न है। मुट्‌ठी-भर मुसलमान वहाँ की निरीह हिंदू जनता पर इतने अत्याचार कर रहे हैं कि सुनकर दिल काँप उठता है, पर हमारी सरकार कानों में तेल डाले पड़ी है।'

मैं अब तक चुपचाप उनकी बातें सुन रहा था, परंतु अब मुझसे नहीं रहा गया। धीरे से बोला, 'गोस्वामीजी, हैदराबाद का प्रश्न बड़ा नाजुक है। उसके बारे में जल्दी करना उचित नहीं है। और यह प्रश्न सरदार पटेल के हाथों में है…'

उन्होंने मेरी बात काट दी, कहा, 'श्रीमान, मुझे क्षमा करें। यदि यह प्रश्न सरदार पटेल के हाथों में होता तो आज निजाम का अस्तित्व ही नहीं रहता।'

'शायद,' मैंने विद्रूप से कहा।

'शायद नहीं श्रीमान्, निस्संदेह कहिए,' गोस्वामीजी उसी तीव्रता से बोले। तभी नौकर चाय ले आया, रंग में भंग हो गया। सेठजी मुक्त हँसी हँसकर बोले, 'चाय पीजिए गोस्वामीजी और तुम भी प्रदीप भैया। स्फूर्ति आने पर बातों का रंग और भी गाढ़ा होगा।'

फिर मुड़कर पुकारा, 'निर्मला, ओ निर्मला बेटी, फल-वल भेजो न!'

बाइबल में लिखा है, 'भगवान् ने कहा—प्रकाश हो गया।' सेठजी ने निर्मल को पुकारा और निर्मल आ गई। रक्तिम वर्ण, मुक्त हास्य, कजरारे नैन, सुडौल शरीर

और हाथों में फल लिये, बोली, तो मानो मधु झरा, 'लीजिए, ये फल हैं।'

'और रसगुल्ले?'

'आ रहे हैं,' कहकर वह मुड़ी। तभी गोस्वामीजी बोल उठे, 'तुम नहीं खाओगी, बेटी।'

'क्यों नहीं खाऊँगी? यही एक बात तो मैंने पिताजी से सीखी है।'

पिताजी थे कि खुलकर हँस पड़े। धूप भी तेज हो उठी थी, मुझे पसीना आने लगा। निर्मला लौटकर नहीं आई। गोस्वामीजी चाय में चीनी डालते हुए फिर बोले, 'तुमने सुना, आजकल मुसलमान बहुत गिरफ्तार हो रहे हैं।'

'जी हाँ, जी हाँ, मैंने पढ़ा है।'

'सब उसी लौहपुरुष का प्रताप है, नेहरू तो कवि है। कवि जनप्रिय हो सकता है, पर शासक नहीं। वह कभी भी स्वीकार नहीं कर सकता कि मुसलमान देश के दुश्मन हैं।'

मैंने धीरे से कहा, 'क्या मुसलमान देश के दुश्मन हैं?'

'जी हाँ, वे देश के दुश्मन हैं, वे बहुत शीघ्र ही समूचे देश को पाकिस्तान बनाकर छोड़ेंगे, वे सफलता की राह पहचानते हैं।'

'सच?' सेठजी ने काँपकर कहा।

'कायर,' सहसा मैं बोल उठा।

'कायर,' गोस्वामीजी ने आग्नेय नेत्रों से मुझे देखा और फिर तीव्रता से कहा, 'प्रदीप, तुम भी कवि हो और कवि स्वप्नलोक में रहते हैं, पर मैं तुमसे पूछता हूँ कि क्या तुम आर्य संस्कृति को नष्ट होते नहीं देख रहे हो? वह तिल-तिलकर छीज रही है। मुसलमानों ने हमारा राज्य जीता था, पर वे हमें नहीं जीत सके थे। हमने उनसे घृणा की और अपनी संस्कृति को बचा लिया, पर जब अंग्रेज आए तो हम उनके मोहजाल में फँस गए। उन्होंने नवयुग के नाम पर हमें आगे बढ़ने की प्रेरणा दी। उन्होंने हमें राष्ट्रीयता का पाठ पढ़ाया, परंतु हमारी संस्कृति हमसे छीन ली। नेहरू उसी संस्कृति के प्रतीक हैं। उनमें हिंदुत्व का लेश भी नहीं है। वह राष्ट्रीय हैं, लेकिन मुसलमान धार्मिक हैं। वे धर्म से प्रेम करते हैं, देश से नहीं…'

उनकी वाणी में ओज था और विश्वास भी। मुझे लगा कि मेरी मान्यताएँ खंड-खंड हो चली हैं। मैंने फिर भी धीरे से कहा, 'क्या सभी मुसलमान देशद्रोही हैं?'

'जी हाँ।'

'जाति-की-जाति?'

'जी हाँ, उनका बच्चा-बच्चा। जो उनकी देशभक्ति में विश्वास करता है,

वह देशद्रोही है।'

मैं होंठ काटकर रह गया। जी में आया कि उनके गाल पर तमाचा मारूँ, पर मुझे चुप रह जाना पड़ा। यह मेरी कमजोरी थी। सेठजी ने उन्हीं का पक्ष लिया, बोले, 'भैया, गोस्वामीजी निर्द्वंद्व हैं। वे सत्य कहते हैं। मुसलमानों पर विश्वास नहीं किया जा सकता। न जाने क्यों हमारी सरकार इस बात को नहीं पहचानती। हैदराबाद को लीजिए, किस तरह अकड़ता जा रहा है।'

गोस्वामीजी बोले, 'अकड़े क्यों नहीं? उसे भारत के चार करोड़ मुसलमानों का बल प्राप्त है।'

'निस्संदेह है।'

मुझे लगा कि मैं पागल हो जाऊँगा, पर न जाने कहाँ से आकर एक अजनबी ने मेरी रक्षा की। कोई गाँव के व्यापारी थे, बड़ी नम्रता से हँसकर उन्होंने सेठजी को कुछ याद दिलाया। सेठजी उसी नम्रता से हँसे, कहा, 'क्या करूँ, भैया साहब, अभी तो कुछ नहीं बना।'

'जी।'

'मैं सत्य कह रहा हूँ।'

'पर देखिए तो···'

'मैं सबकुछ देख रहा हूँ, पर बात क्या मेरे और आपके वश में है? राज्य सरकार का काम है, पर वह तो जैसे कान में तेल डालकर सो गई है।'

'सेठजी, गाँववाले बड़े दुःखी हैं। लाज बचानी कठिन है।'

'मैं जानता हूँ, मैं जानता हूँ, मुझे आपसे अधिक चिंता है, पर क्या करूँ, सरकार मजदूरों से कुछ नहीं कहती है। आए दिन मिल बंद रहती है। भला उत्पादन न होगा तो देश कैसे प्रगति करेगा।'

लालाजी काफी प्रभावित हो रहे थे, बोले, 'आप ठीक कहते हैं, फिर भी···'

'फिर भी कुछ तो होना ही चाहिए, यही न भैया साहब! विश्वास रखिए, एक दिन सबकुछ ठीक होगा।'

'पर कब?'

'शीघ्र ही, जनता अब जाग उठी है, मैं आपको बताता हूँ, नेहरू और आजाद उस शक्ति के आगे ठहर नहीं सकेंगे।' कहकर सेठजी ने गोस्वामीजी की ओर देखा। गोस्वामीजी ने मुक्तकंठ से उनका समर्थन किया। लालाजी लौट जाएँ, इसके अतिरिक्त और कोई मार्ग शेष नहीं रह गया था। वे चले गए और मैं भी उनके

लाख रोकते रहने के बावजूद लौट आया। अचानक द्वार पर निर्मला मिल गई। मुसकराकर बोली, 'नमस्कार, कवि महोदय।'

'कवि महोदय,' मैंने हठात् मुसकराकर कहा।

'जी हाँ, आपकी नई उपाधि है न। मुझे अचरज है कि आप अब तक पागल नहीं हो गए।'

मैं हँस पड़ा, मैंने कहा, 'मैं पागल हो जाऊँ तो उनमें-मुझमें अंतर ही क्या होगा। वे नहीं समझते तो क्या मैं भी नासमझ बन जाऊँ?'

यह गर्वोक्ति थी, पर निर्मला ने उसके सत्य को मुक्तकंठ से स्वीकार किया। तभी सहसा उसका मुख विवर्ण हो आया, जैसे चंद्र को राहू ग्रस लेना चाहता हो। मैंने पूछा, 'क्यों, क्या बात है?'

'कुछ नहीं!'

'आखिर...'

'जो आप देखते हैं, उससे अधिक और क्या हो सकता है?'

'हो सकता है।'

'क्या?'

'एक भावुक प्राणी को देश के भविष्य की चिंता।'

वह हठात् काँपी। उसने मुझे कातर करुण नेत्रों से देखा। वह दृष्टि जैसे मेरे अंतर में उतरती चली गई। वह कुछ कहना चाहती थी, पर क्या था, जो उसे परेशान कर रहा था।...जब तक मैं अपने को समेट सकूँ, वहाँ सेठजी की आवाज गूँजी, 'निर्मला, ओ निर्मला।'

'जी पिताजी, आ रही हूँ।'

और बिना मेरी ओर देखे वह चली गई। मैं निर्मला को परेशान करनेवाले रहस्य को न जान सका।

× × ×

जैसा गोस्वामीजी का स्वभाव था, देखता क्या हूँ, सवेरे सैर के समय वे मधुर हास्य के साथ उपस्थित हैं, बोले, 'कल तुम अप्रसन्न हो गए थे?'

मैंने कहा, 'जी हाँ, वह मेरी दुर्बलता थी।'

उन्होंने अट्टहास किया, 'इसी दुर्बलता ने देश का नाश कर दिया है, पर यह शुभ है कि तुम इस दुर्बलता को पहचानते हो।' फिर मुझे समझाते हुए बोले, 'प्रदीप, मैं भी अपने देश को प्यार करता हूँ, पर इसी कारण सत्य को नहीं झुठला सकता।'

पंजाब का बर्बर हत्याकांड, लाख-लाख लाशोंवाले ये श्मशान, ये सब इस बात के साक्षी हैं कि मुसलमानों ने सदा इस देश को बेगाना समझा है।'

दृष्टि उठाकर मैंने उन्हें देखा, उनकी आँखों में हृदय का विश्वास साकार हो उठा था। वे सचमुच अनुभव करते थे कि मुसलमान देश के वास्तविक दुश्मन हैं।

तब सड़क की बत्ती बुझ चुकी थी और सैर के शौकीन बाबुओं की संख्या बढ़ रही थी। जहाँ हम चल रहे थे, वहाँ चारों तरफ पंजाबी बंधु फैले हुए थे। घास के मैदान में, मुक्त आकाश के नीचे असंख्य स्त्री-पुरुष और बच्चे, युवक तथा वृद्ध, अमीर और गरीब सोए पड़े थे, उन्हें न लज्जा थी, न सम्मान की इच्छा। उनमें वे लोग थे, जिनके प्रिय जन पंचनद की पवित्र भूमि में खाद बनकर सो गए थे। वे लोग भी थे, जिन्होंने अनेक को छुरा भोंककर सदा-सदा के लिए सुला दिया था।

सहसा मेरी दृष्टि उठी, एक पुरुष ने अपने बच्चे को छाती से समेट लिया। मेरी आँखें भीग आईं, पर तभी बिजली की भाँति एक प्रश्न कौंध गया, 'कौन जानता है, इसने कितने ऐसे ही दूसरों के बच्चों का खून नहीं किया है।'

मैं काँप उठा, मेरी छाती में एक दर्द भरा चीत्कार उठने को हुआ। मेरे पास से तभी दो व्यक्ति तेजी से निकल गए और गोस्वामीजी पहले की तरह अपना व्याख्यान देते रहे। मैंने दुःखी मन से पूछा, 'क्या मुसलमान मनुष्य नहीं बन सकते?'

इससे पहले कि वे उत्तर दें, उदाहरण के रूप में अनेक घटनाएँ उन्हें बताईं, जिनमें मुसलमानों ने अपने प्राणों का मोह त्यागकर पड़ोसियों को बचाया था। बातें कुछ इस प्रकार हो रही थीं कि आने-जानेवाले अनायास ही हमारी ओर देखने लगते थे। एक बंधु, जो साथ-साथ चलने लगे थे, बोल उठे, 'जी, मैं आपका परिचय पूछूँ तो?'

'तो हम बता देंगे,' मैंने मुसकराकर कहा।

वह हँस पड़ा, 'आपकी बातें कुछ ऐसी ही हैं।'

मैंने देखा कि व्यक्ति हँसमुख है। कपड़े प्रायः गंदे हैं। शायद चपरासी श्रेणी का है। गोस्वामी ने पूछा, 'तुम्हारा नाम?'

'फराया लाल।'

'कहाँ से आए हो?'

'जी, जिला मुलतान के एक गाँव में रहता था।'

'अब?'

'यहीं सड़क किनारे पड़ा हूँ।'

मेरे मन में उठा कि वह लौट जाए, पर गोस्वामीजी उसका जीवन-वृत्त

लिखने के लिए तैयार थे। एक प्रश्न के उत्तर में उसने बताया, 'उसे वतन की याद आती है और वह अब भी वहाँ लौटने के लिए तैयार है।'

'हिंदू होकर तुम वहाँ रह सकते हो?'

'हिंदू,' वह मुसकराया, 'हिंदुओं ने ही हमारे साथ कौन भला किया है, मुसलमान कम-से-कम हमें गाड़ी में बैठा तो गए थे।'

गोस्वामीजी का मुँह उतर गया, 'क्या सभी मुसलमानों ने ऐसा किया?'

'जी नहीं, सभी कहीं कुछ नहीं करते, लाखों हिंदू और सिख अपनों को छोड़कर भाग आए थे और ऐसे हजारों मुसलमान हैं, जिन्होंने गैरों की मदद की थी।'

बात प्रिय नहीं थी। गोस्वामी जी चुप हो गए। मैं भी चुप था और वह व्यक्ति एकाएक आगे बढ़ गया था। हवा में ठंडक बढ़ने लगी थी, जो एक साथ प्रिय और स्वास्थ्यप्रद थी। गोस्वामीजी बोले, 'जानते हो, यह कौन था?'

'जी···'

'मैं कहता हूँ, यह मुसलमान था। पाकिस्तान का दूत।'

'क्या···?'

'जी हाँ,' मुसलमानों के प्रति एक हिंदू के ये भाव नहीं हो सकते।

'कभी भी?'

'नहीं, वे कभी हमारे नहीं हो सकते, वे कभी हिंदुस्तान को प्यार नहीं कर सकते।'

'हिंदू कर सकते हैं?'

'निस्संदेह।'

'सब?'

'निस्संदेह।'

मैंने दृष्टि उठाकर उन्हें देखा, पूछा, 'अगर सभी हिंदू अपने देश को प्रेम करते हैं तो क्या कारण है कि देश हजारों वर्षों से पराधीन रहा है?'

वे ठिठके, बोले, 'आप क्या सिद्ध करना चाहते हैं?'

मैंने कहा, 'मैं कुछ सिद्ध करना नहीं चाहता, केवल सत्य जानना चाहता हूँ।'

'यानी···।'

मैं जवाब दूँ, इससे पहले पीछे से किसी ने तेजी से पुकारा, 'अजी गोस्वामीजी, ओ प्रदीप भैया।'

अचरज से देखा, सेठ रामजीलाल के एक मुनीम हाँफते हुए इधर ही आ रहे

हैं, बदहवास हैं और मुँह सफेद पड़ आया है…'

'ऐं, क्या है?' गोस्वामीजी ने हड़बड़ाकर पूछा।

'कोठी पर चलिए।'

'क्या है?'

'सेठजी…'

मैंने सुना कि सेठ जी मर गए, मैं काँप उठा। गोस्वामी जी पूछ रहे थे, 'अरे, सेठजी को क्या हुआ?'

वह तब तक सँभल चुका था। धीरे से चारों तरफ देखकर बोला, 'सेठजी गिरफ्तार हो गए।'

हठात् हमारी दृष्टि मिली। फिर बिना एक शब्द बोले हम कोठी की ओर मुड़े। मुनीमजी ने बताया, 'सेठजी चोरी-चोरी पाकिस्तान कपड़ा भेजते रहे हैं।'

'सच?'

'जी हाँ।'

'पर कैसे?'

'कैसे क्या, व्यापारी बहुत कुछ जानता है। जहाँ दो देशों की सीमाएँ मिलती है, वहाँ उनके आदमी रहते हैं।'

मैंने टोका, 'वे तो पंजाबी होंगे न?'

'जी हाँ, वे पंजाबी व्यापारी हैं।'

मेरी दृष्टि हठात् फिर गोस्वामीजी की दृष्टि से मिली। उनका मुख विवर्ण हो आया था। नेत्रों में अंधकार गहराता जा रहा था। सहसा बोले, 'क्या सेठजी नहीं जानते थे कि ऐसा करना देशद्रोह है? पाप है?'

मुनीमजी ने शांत स्वर में जवाब दिया, 'व्यापारी लाभ की बात सोचता है, पाप-पुण्य की नहीं।'

कोठी आ गई थी और अंदर से उठता हुआ धीमा कोहराम मेरे कानों में प्रवेश कर रहा था। भीतर के दरवाजे पर देखा—निर्मला मूर्तिवत् खड़ी है। मुख पर गहरी वेदना के साथ घृणा भी उभर आई है। मैंने पुकारा, 'निर्मला।'

मूर्ति हिली, 'आइए।'

'यह क्या हुआ?'

दृढ़ स्वर में उसने कहा, 'जो होना चाहिए था, वही हुआ।'

'यह देशद्रोह है।'

'निस्संदेह है।'

‘और देशद्रोह की सजा मौत है।’

वह काँपी नहीं, उसी तरह बोली, ‘मैं जानती हूँ।’

गोस्वामीजी दर्द से कराह उठे थे, पर वे उसको प्रकट नहीं कर सकते थे। उन्होंने इतना ही कहा, ‘प्रदीप, मेरे साथ जेल तक चलो।’

‘क्यों?’

‘मैं सेठजी से पूछँगा कि…’

‘कि वे मुसलमान तो नहीं हैं, क्योंकि हिंदू तो देशद्रोह कर नहीं सकता।’

यह निर्मला का स्वर था—तीव्र और तिक्त। गोस्वामीजी के मुँह पर जैसे किसी ने तड़ से तमाचा दे मारा हो। तिलमिलाकर रह गए। मेर दृष्टि उनके चेहरे से होती हुई निर्मल के मुख पर आकर ठहर गई। उसकी पुतलियाँ जल में तैर रही थीं और उस जल में शोले भड़क उठे थे।

□

(सन् १९४७)

भूख और कुलीनता

बहुत प्रयत्न किया, लेकिन सफलता नहीं मिली। तब सुधीर ने अपने साथी से कहा, 'आखिर क्या बात है? इतनी देर हो गई, यह रोना बंद नहीं होता।'

साथी ने उत्तर दिया, 'आजकल और क्या बात हो सकती है। भूख होगी। सड़क पर प्रतिदिन न जाने कितने भूखे दम तोड़ देते हैं।'

'मैं देख आऊँ।'

'किस-किसको देखोगे, सुधीर।' साथी उठकर बैठ गया, 'और देखकर करोगे भी क्या? तुम्हारे पास क्या है, जो लेकर जाओगे। न जाने कौन-कौन सिसकता है। अगर नहीं सुन सकते तो कानों में अंगुली देकर लेट जाओ।'

'लेकिन दिल का क्या करूँ प्रमोद?'

प्रमोद मुसकराया, 'ओह! तुम्हारे पास दिल है और' कहकर बड़े जोर से हँस पड़ा। फिर रुककर बोला, 'तब एक बात कहता हूँ। देखने का अभ्यास करो। जो दृश्य बार-बार आँखों के सामने आते हैं, उनमें कोई आकर्षण नहीं रह जाता। प्रतिदिन सड़कों पर, गलियों में कैमरा लेकर घूमा करो। तब निस्संदेह दृश्य के उस रूप को तुम भूल जाओगे, जो घिनौना और दयनीय है।'

सुधीर ने कोई उत्तर नहीं दिया। केवल दीर्घ निश्श्वास लेकर उठ खड़ा हुआ। उसके चेहरे पर जो भाव प्रकट हो आए थे, उनमें करुणा और क्रोध—दोनों ही थे। क्षण भर शून्य में ताकने के बाद वह बोला, 'अच्छा प्रमोद, आज से देखने का अभ्यास करूँगा। जब तक लौटूँ, तब तक सो मत जाना।'

फिर जिधर से रोने-कराहने की आवाज आ रही थी, उधर ही वह चल पड़ा। एक कमरे के अंदर से किसी नारी के सिसक-सिसककर रोने की आवाज आ रही थी। इसीलिए सहसा अंदर जाने का साहस न बटोर पाया। पल भर तक चुपचाप

खड़ा रहा और नारी के अंतर की वह वेदना उसे झिंझोड़ती रही। तभी देखा, किवाड़ खोलकर एक सज्जन बाहर आए हैं। तुरत उनसे पूछा, 'क्या बात है महाशय? यह कौन रो रहा है?'

वे महाशय धीरे से बोले, 'मैं भी यही देखने आया था, परंतु…'

सुधीर एकाएक बोला, 'शायद गृहस्वामी घर पर नहीं हैं।'

'जी। जब मैं आया था, तब थे, परंतु मुझसे यहाँ ठहरने की प्रार्थना करने के बाद वह कहीं चले गए।'

'अंदर कौन है?'

'उनकी पत्नी है, पुत्र है और माँ भी है, जिनका अंतिम अवसर अब शायद बहुत समीप है।'

'लेकिन ऐसे समय…'

'कोई कुछ नहीं कर सकता, महाशय। सब व्यर्थ है।'

सुधीर ने क्षण भर के लिए ऊपर की ओर देखा। एकाएक दृष्टि उस तारे की ओर उठ गई, जिसके ऊपर से अभी-अभी बादल गुजर गया था। फिर अपने भीतर उमड़ती हुई बेबसी को सँभालने में असमर्थ उसके मुँह से एक दीर्घ निश्श्वास निकल गया। उसने कहा, 'तो मैं कुछ नहीं कर सकता?'

'कुछ नहीं महाशय।'

'पता दें तो गृहस्वामी को देखूँ।'

'मैं नहीं जानता कि वह कहाँ गए हैं। शायद डॉक्टर की खोज में गए हैं।'

वह महाशय चुपचाप वहाँ से चले गए। इस दम घोंटनेवाले वातावरण से मुक्त होकर सुधीर भी प्रमोद के पास लौट आया। प्रमोद ने पूछा, 'देख आए?'

'देख तो नहीं सका, लेकिन भीतर मौत है।'

'ओह! कोई मर गया है।'

'अभी मरा नहीं है, परंतु किसी भी क्षण मर सकता है। कोई सुबोध बाबू नाम के व्यक्ति यहाँ रहते हैं, उनकी माँ हैं।'

प्रमोद एकाएक उठकर बैठ गया। बोला, 'सुबोध बाबू की माँ हैं?'

सुधीर को इस मुद्रा पर आश्चर्य हुआ, 'क्या तुम उन्हें जानते हो?'

'कुछ दिनों से जानता हूँ। किताबें बेचते हैं और शायद बेचते-बेचते पढ़ते भी हैं।'

'इतना जानते हो!'

'सुनो तो। परसों एक मारवाड़ी सेठ के गुमाश्ते यहाँ जनगणना करने आए

थे। वह दयालु सेठ चाहते थे कि मध्य वर्ग के कुछ गरीब गृहस्थों, जो लोक-लाज के कारण हाथ नहीं फैला सकते, की आर्थिक सहायता करें। सुबोध बाबू के पास जाकर गुमाश्ते ने पूछा कि आपके घर में कितने प्राणी हैं, और आपकी आय क्या है? पल भर में सुबोध बाबू का चेहरा तमतमा आया। बोले—आप कौन हैं?

'गरीबों की सहायता के लिए हम जनगणना कर रहे हैं।'

'लेकिन किसने कहा कि मैं गरीब हूँ। और यदि हूँ भी, तो आपको इससे मतलब?'

गुमाश्ते ने समझाने की कोशिश की, 'महाशय, हमें आपकी स्थायी अमीरी-गरीबी से कोई सरोकार नहीं है। हम तो केवल यही चाहते हैं कि इस संकट के समय आवश्यकता हो तो आपकी कुछ सहायता कर सकें।'

इतना सुनना था कि अपमान से जैसे उनके नयन रक्तवर्ण हो आए। क्रुद्ध कंपित स्वर में बोले, 'यह ढोंग ग यहाँ नहीं चलेगा। जाकर अपने सेठ से कहो कि मदद करनी है तो उनकी करो, जो सड़क पर लाखों भूखे-नंगे तड़प-तड़पकर प्राण दे रहे हैं।'

और फिर एक क्षण रुककर कहा, 'लेकिन यह दर्द आज क्यों पैदा हुआ? तुम्हारे उन सेठों ने ही तो जनता के मुख से अनाज छीनकर देश की यह दशा कर दी है। मन की यह अपवित्रता, पीड़ित मानवता का यह आर्तनाद, इन सबके लिए वे ही जिम्मेदार हैं, नहीं तो क्या यह शस्य श्यामला अन्नपूर्णा माता किसी को भूखा रखती है? पेट भरने के सारे साधन नष्ट करना, फिर भूख मिटाने का ढोंग करना, पहले घाव करना और फिर उसे भरने के लिए अपना रेशमी दुपट्टा फूँकना। वाह जी वाह, कैसी सुंदर करुणा है। कैसा मनोहर नाटक है···

सुबोध बाबू इतने तीव्र हो उठे कि उनके नथुने फड़कने लगे, वाणी काँप आई। शरीर का सारा जोर केंद्रित करके वह चिल्ला उठे—जाओ, भाग जाओ और कह दो अपने सेठ से कि उसका अन्न पचाने की शक्ति कुत्तों, कौवों और चींटियों में है, इनसान में नहीं है।'

गुमाश्ते बेचारे हतप्रभ देखते रह गए। फिर बड़बड़ाते हुए वहाँ से चले गए। हँसी आते-आते मेरा दिल भर आया। कितना आत्मसम्मान है इन लोगों में। जांगर चलाकर पेट भरना सीखा है···।'

सुधीर ने एकाएक कहा, 'आत्मसम्मान किसी भी मेहनतकश के जीवन की पहली शर्त है। सुबोध बाबू ने ठीक ही कहा था। अभी मैंने पढ़ा है कि एक सेठ ने इक्यावन रुपए का दान इसलिए किया कि उन पैसों से कुत्तों को भोजन कराया

जाए। कितना सुंदर दान है। और फिर मैं कहता हूँ, आदमी को दान पर जीने का क्या अधिकार है? दान भी उससे स्वीकार करना, जो स्वयं भूख के लिए जिम्मेदार हैं। उनके दिल में दर्द है तो गोदामों के द्वार क्यों नहीं खोल देते? क्यों नहीं अन्न को ठीक भाव पर बेचते··· ?'

प्रमोद बोला, 'मैं जानता हूँ कि वे यह नहीं कर सकते। यह हमें करना होगा।'

सुधीर बोला, 'बेशक।'

प्रमोद ने कहा, 'लेकिन क्या हम सुबोध बाबू की माँ के लिए कुछ नहीं कर सकते? थोड़ी-बहुत होमियोपैथी तो मैं जानता हूँ। शायद कुछ कर सकूँ। चलो तो।'

अलमारी खोलकर मैंने बक्स निकाला ही था कि बाहर से दो व्यक्तियों के बातें करने की करुण आवाज वहाँ आकर फैल गई। एक ने कहा, 'महाशय, आपकी कृपा का बदला आजन्म नहीं चुका सकूँगा।'

दूसरा बोला, 'आप क्या कहते हैं? यह तो आदमी का धर्म है।'

'आदमी का धर्म! आप गलत कहते हैं। आदमी का कोई धर्म नहीं होता। यदि होता तो क्या डॉक्टर इस तरह जवाब दे देता?

प्रमोद ने कहा, 'यही सुबोध बाबू हैं।'

तब सुधीर तुरत बाहर आया। बोला, 'सुबोध बाबू, सुनिए तो। यह मेरे मित्र प्रमोद हैं। थोड़ी बहुत होमियोपैथी जानते हैं। शायद आपकी कुछ मदद कर दें।'

सच जानो, उस वक्त सुबोध बाबू का चेहरा मोम की तरह पिघल आया। अवरुद्ध कंठ से बोले, 'महाशय, आप कुछ कर सकें तो जन्म-जन्मांतर आपका ऋणी रहूँगा।'

'नहीं, नहीं, कोई बात नहीं। आप जरा मुझे देखने दीजिए।'

वहाँ जाकर देखा। सुबोध बाबू के एकमात्र कमरे में कैरोसिन तेल की सस्ती लालटेन टिमटिमा रही थी। जैसे ही उन्होंने अंदर प्रवेश किया, वहाँ बैठी हुई एक रमणी कोने की ओर पीछे हट गई। क्योंकि उधर प्रकाश नहीं है। दूसरे कोने में फर्श पर कोई सोया जान पड़ता है। तीसरे कोने में गृहस्थी का साजो-सामान अस्त-व्यस्त बिखरा पड़ा है। और कमरे के बीचोबीच फर्श पर पड़ी हैं सुबोध बाबू की माँ। कोई स्पंदन नहीं, कोई चेतना नहीं। निर्जीव, गुड़मुड़। उनके मुँह का पल्ला हटाकर सुबोध बाबू ने कातर स्वर में कहा, 'माँ को एक बार बोलने की शक्ति दे सको तो···'

आगे बोलने में असमर्थ सुबोध बाबू बच्चे की तरह रो पड़े और उनके साथ

ही रमणी भी चीत्कार कर उठी। प्रमोद ने सांत्वना के स्वर में कहा, 'न रोओ माँ। मैं देखता हूँ। अब सब ठीक हो जाएगा।'

सुबोध बाबू ने एकाएक पूछा, 'सच डॉक्टर, क्या माँ जिंदा है?'

'एकदम जिंदा हैं,' प्रमोद ने सिर उठाकर कहा, 'बेहद कमजोरी के कारण बेहोश हो गई हैं, और कुछ नहीं।' कहकर प्रमोद बक्स में दवा ढूँढ़ने लगा। सुधीर लपककर लालटेन उठा लाया। तब वहीं बैठे-बैठे प्रमोद ने कई गोलियाँ निकाल-निकालकर हथेली पर रखीं और एक-एक करके वृद्धा के मुँह में डालने लगे। फिर कई क्षण गौर से देखते रहे। कोई सरसराहट नहीं, कोई स्पंदन नहीं। साँस जिस मंथर गति से चल रही थी, चलती रही। उस समय कमरे में सभी आशा और निराशा के संघर्ष में फँसे थे, आँखें अपलक वृद्धा के जीर्ण-शीर्ण चेहरे पर अटकी थीं और हृदय कर उठे थे धक्-धक्-धक्। सहसा वृद्धा के गले में एक हलकी सी गड़गड़ाहट की ध्वनि हुई, एक हिचकी आई। सुबोध बाबू चिल्ला उठे, 'सचमुच, जीवन लौट रहा है। डॉक्टर, तुम कितने अच्छे हो।'

सुधीर को यह चिल्लाहट अच्छी नहीं लगी। उसने धीरे से कहा, 'अच्छा हो, हम लोग बैठ जाएँ। बूढ़े शरीर में जीवन लौटने में देर हो सकती है।'

बात काटकर सुबोध बाबू बोले, 'सुनिए! माँ के मरने की चिंता मुझे नहीं है। आज इससे बड़ा वरदान और कुछ नहीं हो सकता। मैं बहुत दिनों से जानता था कि एक दिन माँ आत्महत्या कर लेगी।'

सुधीर के मुँह से निकला, 'आत्महत्या।'

'जी हाँ। मेरी माँ ने आत्महत्या की है।'

'आप जानते थे, आपने रोका नहीं।'

'रोक नहीं सकता था। रोज माँ को तिल-तिलकर मौत के समीप खिंचते देखता और मन मसोसकर रह जाता।'

सुधीर ने पूछा, 'सुबोध बाबू, आपकी बात मेरी समझ में नहीं आ रही है। आप शायद कुछ छिपा रहे हैं।'

उस घनीभूत पीड़ा में भी सुबोध बाबू मुसकरा आए। बोले, 'आज छिपाने की लज्जा कहाँ है, महाशय। पूरा देश नंगा पड़ा है। भूख सबको खाए जा रही है। माँ दुर्गा का शेर आज यमराज के भैंसे से पराजित हो चुका है।'

कोई नहीं बोला। अचरज के शून्य में खोए-खोए उस कालरात्रि में, एक मुर्दे के पास बैठे वे इस तरह डूबते रहे, जैसे चंद्रग्रहण के अवसर पर प्रकाश अंधकार में डूबता रहता है। कई क्षण बाद इस अशुभ शांति को सुबोध ने ही भंग

किया। कहा, 'आप लोगों की कृपा मुझपर है। इसे क्या भूलते बनेगा? आज घूम-घूमकर किताबें बेचता हूँ, लेकिन किसी दिन बीस जनों के बड़े कुटुंब में आदर के साथ जीने की व्यवस्था मैंने देखी थी। उस लंबी कहानी को सुनाना ठीक न होगा। यह बंगाल के घर-घर की कहानी है, लेकिन अस्सी और सौ मन चावल खरीदने का बूता मुझमें नहीं। तीन-चार महीने पहले कुछ चावल खरीद लिया था, उसी को रोज तौलता और माँ से पूछता कि कब तक चलेगा? माँ ने एक दिन कहा, धीरे-धीरे अपनी खुराक कम करते रहे तो शायद अधिक दिन चल सकता है। मैं तो बूढ़ी हूँ। मेरी खुराक कम हो ही चली है। अभ्यास करने पर बहू भी कम कर सकती है। आखिर नारी है। हाँ, तुम्हें और सुनील को⋯।'

मैं एकदम बोला, 'नहीं, कम होगा तो सबका होगा।'

माँ बोली, 'अब बुढ़ापे में तू मुझे अधिक दुःख मत दे। मैं जाना चाहती हूँ।'

'और फिर मित्रो, इस तरह हमने अपनी खुराक का एक चौथाई भाग जमा करना शुरू किया। धीरे-धीरे सुनील को छोड़कर तीनों आधी खुराक पर आ गए।'

'आधी खुराक। आत्महत्या का कैसा सुयोजित षड्यंत्र है।' सुधीर फुसफुसाया।

सुबोध बाबू ने उसी स्वर में उत्तर दिया, 'सुधीर बाबू, आप इसे आत्महत्या कह सकते हैं, परंतु इसके पीछे एक जबरदस्त शक्ति थी, जिसे हम आशा कहते हैं। यही आशा जीवन का एकमात्र आधार है, परंतु आज यही आशा निराशा बन गई है। शस्य श्यामला बंगभूमि पर मौत के बादल मँडरा रहे हैं। विश्व-सुंदरी नगरी भिखमंगों और भूखों के आर्तनाद से गूँज उठी है। आकाश के टिड्डी दल की तरह कंकाल सड़कों पर छा गए हैं। भविष्य के नागरिक कौड़ी के मोल बिक रहे हैं। यौवन वेश्याओं की हाट में लुट रहा है। और मनुष्य, मनुष्य के सामने ही गिद्ध और चीलों का भोजन बन जाता है। यह सब कहकर मैं आपकी करुणा जाग्रत नहीं करना चाहता। केवल यही बताना चाहता हूँ कि हमारा स्टॉक भी आखिर खत्म हो गया। कंट्रोल की दुकान से सेर-भर चावल पाने में कितनी मुसीबत है, यह सब आप जानते हैं। फिर भी रात में दो-दो बजे भागकर कंट्रोल की दुकान पर धरना देना और दूसरे-तीसरे दिन एक सेर चावल पाना, यह सब माँ की ही हिम्मत थी। मैं उस हिम्मत को देखता और सोचता, इसीलिए तो संसार में सबसे बड़ी माँ है। इसीलिए तत्त्वदर्शियों ने माँ के रूप में ही परमेश्वर की कल्पना की है, लेकिन मित्रो! मेरी उसी माँ ने आज एक ऐसा जघन्य दुष्कर्म किया है कि मैं काँप उठता हूँ।'

इतना कहकर सुबोध बाबू चुप हो गए। सुधीर ने एक क्षण रुककर पूछा, 'आखिर वह क्या काम है, जो आपकी आत्मा को इतना दुःखी कर रहा है?'

'उसी के बारे में मैं माँ से पूछना चाहता हूँ। काश, वह एक बार बोल सकती तो मैं पूछता कि क्या सचमुच तुमने भीख माँगी थी, माँ?'

कहते-कहते सुबोध बाबू की मुखमुद्रा गंभीर हो गई। सजल नयन चमक उठे। और तभी कहीं घहरा-घहराकर बारह का घंटा बज गया। पहुँचे से आँखें पोंछकर सुबोध बाबू ने फिर कहा, 'आज सवेरे जब सेर-भर चावल लेकर माँ लौटी तो शायद उनके जीने की आशा अधिक नहीं थी। भीड़ ने उन्हें कुचल डाला था, लेकिन लौटते समय उन्होंने एक युवती को देखा, जिसके बदन के चिथड़े तार-तार होकर बिखर गए थे और शायद कई महीने से जिसके पेट में भरपेट भोजन नहीं गया था। उसकी अंगुली पकड़े एक बालक था। एकदम नंगा, कंकाल मात्र। पेट गुब्बारे की तरह फूला हुआ और हाथ-पैर सींक जैसे पतले। न जाने क्या हुआ, माँ ने एकाएक पूछा, 'चावल लोगी?'

'जानते हो, उसने क्या कहा?' सुबोध बाबू ने पूछा, लेकिन किसी ने उनके प्रश्न का उत्तर नहीं दिया। न जाने किस शून्यलोक में वे खो गए थे। कुछ पल बाद वह बोले, 'उस युवती ने कहा था—माँ, इस बच्चे को लेकर मुझे एक मुट्ठी चावल दे दो। मैं इसे पाल नहीं सकूँगी। सबको इसी तरह बेच चुकी, पर पापी पेट की ज्वाला…'

माँ ने आगे कुछ नहीं सुना। चावल वहीं उसके आगे पटक दिए और तभी भिखमंगों की एक भीड़ ने उसे कुचल डाला। उसी संज्ञाहीन अवस्था में मैं उन्हें यहाँ ले आया। तब से दवा जुटाने के प्रयत्न में लगा हूँ, लेकिन कुछ कर नहीं पा रहा था। अचानक संध्या को किसी ने मेरा नाम लेकर पुकारा। देखता हूँ, सेठ का गुमाश्ता है। बोला, 'सुबोध मित्र की माँ यही रहती हैं?'

मैंने कहा, 'यहीं रहती हैं, लेकिन तुम्हें उनसे क्या काम?'

वह बोला, 'सेठजी ने दस सेर चावल और बीस रुपए भेजे हैं। कहा है, जल्दी ही वे आपके लड़के को बाहर भेज देंगे।'

हतप्रभ-क्रुद्ध मैंने चीखकर कहा, 'मेरी माँ को तुम्हारे सेठ कैसे जानते हैं? क्या वह वहाँ गई थीं?'

गुमाश्ता कुछ न बता सका। मैं पागल हो उठा। उसको भगाकर माँ के पास आया, लेकिन वह तभी से बेहोश हैं। बड़ी कृपा होगी कि आप एक क्षण के लिए उन्हें होश में ला दें और मैं उनसे इतना पूछ सकूँ—'क्या वह सचमुच सेठ के पास भीख माँगने गई थीं? विश्वास नहीं आता। जो तिल-तिलकर मरती रही, जो मरते-मरते भी मुख का ग्रास दे आई, वह कैसे सेठ के सामने गिड़गिड़ा सकी, कैसे वंश

की मर्यादा, वंश की कुलीनता को धूल में मिला सकी।'

इतना कहते-कहते सुबोध मित्र की मुट्ठियाँ भिंच गईं, दाँत किटकिटा उठे। उन्होंने प्रमोद से पूछा, 'क्या मैं आशा करूँ…'

प्रमोद निरंतर नाड़ी की जाँच कर रहा था। धीमे स्वर में बोला, 'खेद है सुबोध बाबू, माँ अब इस लोक में नहीं हैं।'

इतना सुनना था कि सुबोध बाबू हड़बड़ाकर बैठे और दूसरे ही क्षण चीत्कार कर उठे। रमणी भी सहसा जोर-जोर से रोने लगी और बच्चा भी चीखकर उठ बैठा। देखते-देखते एक अद्‌भुत कारुणिक दृश्य उपस्थित हो गया। दोनों मित्र क्षण भर के लिए किंकर्तव्यविमूढ़ हो आए। सहसा सुबोध ने एकदम रुककर कहा, 'आपकी कृपा का जन्म-जन्म आभारी रहूँगा, परंतु दया करके आप इस घटना का जिक्र किसी से मत कीजिएगा।'

इतना कहकर उन्होंने दोनों हाथ जोड़े, और ऐसे देखा, जैसे प्राणों की भीख माँग रहे हों।

□

(सन् १९४७)

बीमार

आधी रात के गहरे सन्नाटे में उसका स्वर फिर-फिरकर गूँजने लगा। आखिर डॉक्टर की नींद टूटी। उन्होंने खिड़की से सिर निकालकर रूखे स्वर में पूछा, 'कौन है?'

जवाब मिला, 'नीलरतन।'

'क्या चाहते हो?'

'मेरे पिता बहुत बीमार हैं, खतरनाक हालत है। आप चलकर देख लीजिए।'

'ठहरो।' कहकर डॉक्टर ने सिर पीछे हटा लिया। नीलरतन युवक था। उसके कपड़े कुलीनता के प्रमाण थे। उसका दिल बड़ी तेजी से धक्-धक् कर रहा था और उसकी आँखें रह-रहकर आँसुओं से भर आती थीं। वह व्यग्रता से जीने की ओर देखने लगा। कई क्षण आए और गए, लगा कि ब्रह्मा का दिन बीत चला है। गिड़गिड़ाकर फिर पुकारा, 'अजी डॉक्टर साब···!'

जीने में खड़-खड़ हुई और टॉर्च का प्रकाश सड़क पर फैलने लगा। डॉक्टर नीचे उतर आए। उनके एक हाथ में टॉर्च थी और दूसरे में बैग। नीलरतन ने आगे बढ़कर उनसे बैग ले लिया और विनम्रता से बोला, 'डॉक्टर साब!' बात काटकर डॉक्टर ने पूछा, 'हाँ, तो तुम्हारे पिताजी बीमार हैं!'

'जी···!'

'क्या बीमारी है?'

'जी, बुखार है।'

'सिर्फ बुखार है?'

'जी हाँ, देखने में सिर्फ बुखार है और···।'

'और···?'

'और कभी-कभी वे पागलों की तरह बहकने लगते हैं।'

'कभी-कभी?'

'जी हाँ, और जब बहकते हैं तो ऐसा लगता है कि वे अब नहीं बचेंगे।'

'कब से ऐसा हो रहा है?'

'साल भर से।'

'साल भर से, किसका इलाज किया है?'

'जी डॉक्टर साब! बात यह है, साल भर हुआ, जब उन्हें बुखार आया, तभी उन्हें यह रोग लगा था। कुछ दिन बाद ठीक हो गए थे। बीच में दो-चार बार फिर ऐसा हुआ, पर इलाज करने पर वे बराबर ठीक होते रहे, लेकिन इस बार दो महीने से उनका बुखार नहीं उतरा। जैसे-जैसे दिन बीतते हैं, वैसे-वैसे उनका बहकना बढ़ता जाता है···।'

वे चलते जा रहे थे और बातें भी करते जा रहे थे। उनके बूट धीमी आवाज पैदा कर रहे थे और टॉर्च का प्रकाश अंधकार के समुद्र में तैरता हुआ जान पड़ रहा था। कहीं कुत्ते भौंकते और कहीं बच्चा रो उठता।

'तो,' डॉक्टर बोले, 'तुम्हारे पिताजी बुखार में बहकते हैं। छाती में दर्द है?'

'जी नहीं।'

'पसली में?'

'जी नहीं।'

'सिर में?'

'जी हाँ।'

'उठकर भागते हैं?'

'जी नहीं।'

'मारते हैं?'

'जी नहीं।'

'तुम्हें पहचानते हैं?'

'जी हाँ।'

डॉक्टर का सब्र ढीला पड़ रहा था। उन्होंने कुछ तीखे स्वर में कहा, 'अजीब बीमारी है। न मारते हैं, न दौड़ते हैं, न दर्द है, न बेहोशी, फिर···?'

शीघ्रता से बीच में रोककर नीलरतन ने कहा, 'जी डॉक्टर साब, वे रोते हैं। बहकने से पहले वे खूब रोते हैं और···।'

'और···?'

'और बाद में कभी-कभी खूब हँसते हैं।'

'रोते हैं और हँसते हैं, यानी पागलपन है, पर तुमने तो कहा कि वे तुम लोगों को पहचानते हैं।'

तभी नीलरतन एक गली में मुड़ते हुए बोला, 'इधर डॉक्टर साब!'

डॉक्टर ने देखा—यह स्थान उनका जाना-पहचाना है। इसमें उनके कई बीमार हैं। सबके-सब महाजन या सरकारी नौकर। उन्होंने पूछा, 'तुम्हारे पिताजी का क्या नाम है?'

'जी, पं. रामरतन।'

'पं. रामरतन,' डॉक्टर ने अचकचाकर पूछा, 'पं. रामरतन, जो थानेदार थे?'

'जी।'

डॉक्टर को बड़ा अजीब सा लगा। उन्होंने इन थानेदार के बारे में बहुत कुछ सुना था और वह 'बहुत कुछ' बिलकुल अच्छा नहीं था। आज उसी थानेदार को देखने के लिए वे इस बेवक्त उठकर आए हैं, पर उससे क्या? यह तो उनका पेशा है। पेट के लिए वे यह पेशा करते हैं। उनका देखने से मना करने का अर्थ अपने पेट पर लात मारना है।

नीलरतन ने कहा, 'आइए डॉक्टर साब! यह घर है।' और उसने शीघ्रता से अंदर आकर आवाज दी, 'माँ! डॉक्टर साब आए हैं।'

जैसा उन्होंने देखा, घर में यद्यपि मौत की काली छाया प्रवेश कर चुकी थी तो भी वह साफ-सुथरा और सजा हुआ था। फर्श पक्का था और दीवारें हलके नीले रंग से पुती थीं। तसवीरों के चुनाव में भक्ति और विलासिता का अजीब सम्मिश्रण था।

जैसे ही वे छोटे चौक को पार कर बरामदे में पहुँचे, एक स्त्री ने आकर उन्हें प्रणाम किया। उसकी उम्र ढल रही थी और लगता था कि वह बहुत देर तक रोती रही है, क्योंकि उसकी आँखें लाल थीं और चेहरा पीला पड़ गया था। वह धीरे से बोली, 'डॉक्टर साब! कृपा करके दो मिनट यहीं ठहरिए, मुझे आपसे कुछ कहना है।'

डॉक्टर अनुभवी थे, लापरवाही से बोले, 'जी, कहिए।'

स्त्री ने कहा, 'नीलरतन ने उनकी बीमारी के बारे में तो बता दिया होगा?'

'जी हाँ! उसने जो कुछ बताया है, वह बड़ा अद्‌भुत है।'

'अद्‌भुत है, पर सच्चा है।'

'क्या?'

'जी हाँ, वे जो कुछ कहते हैं, सत्य कहते हैं।'

'यानी आपका कहना है कि उनकी बीमारी का संबंध किसी सच्ची घटना से है?'

स्त्री ने गरदन हिलाकर कहा, 'जी हाँ।'

'क्या आप कृपाकर मुझे पूरा विवरण दे सकेंगी?'

स्त्री ने गंभीरता से कहा, 'आप जानते हैं, पुलिस का काम कैसा भयंकर और जिम्मेदारी का होता है। अपना कर्तव्य पूरा करने के लिए उन्हें क्या नहीं करना पड़ता। उन्हें भी कुछ ऐसे काम करने पड़े, जो अच्छे नहीं थे और जिनके कारण दुनियावाले उनसे घृणा करते हैं···।'

तभी अंदर से एक अजीब आवाज आई। कोई डरकर चीखा। स्त्री शीघ्रता से उठी और बिना कुछ कहे अंदर दौड़ी चली गई। डॉक्टर भी उसके पीछे-पीछे गया। देखा, कमरा आधुनिक ढंग से सजा है और उसके उत्तर भाग में एक शानदार पलंग पर एक व्यक्ति लेटा है। वह डर के मारे बुरी तरह काँप रहा है। स्त्री विकल-व्यग्र एक हाथ से उसके दिल को थामे हुए है और दूसरे हाथ से आँखें ढकने की चेष्टा कर रही है। डॉक्टर ने पास आकर धीरे से कहा, 'छोड़ दीजिए।'

आज्ञा पाकर स्त्री ने डॉक्टर की ओर देखा, मानो पूछती हो—क्या छोड़ना ठीक होगा?

डॉक्टर ने फिर कहा, 'आप हट जाइए।'

मन मारकर स्त्री हट गई। बीमार ने एक बार तेजी से चीख मारी, पर तभी डॉक्टर की दृष्टि उसकी आँखों से मिली। देखा, बीमार कंकाल मात्र है। आँखें धँस गई हैं और उनके नीचे की काली रेखाएँ बहुत गहरी हो चुकी हैं। उसके गाल इतने पिचक गए हैं कि जबड़ा साफ-साफ उभर आया है। वह निस्संदेह मृत्यु की गोद में लेटा है। डॉक्टर ने अपना हाथ उसके माथे पर रख दिया और पासवाली कुरसी पर बैठ गए। बोले, 'आप शायद डर रहे हैं।'

बीमार ने कुछ जवाब नहीं दिया। वह एकटक उन्हें देखता रहा, डॉक्टर ने फिर पूछा, 'आपने कोई भयंकर सपना देखा है?'

बीमार शीघ्रता से, पर धीरे से बोला, 'नहीं, मैं जाग रहा हूँ।'

'फिर डरकर क्यों रो रहे हैं?'

'वे मुझे मारना चाहते हैं।'

डॉक्टर ने कमरे में चारों तरफ देखा और नीलरतन की ओर संकेत करके कहा, 'ये मारना चाहते हैं?'

'नहीं, यह तो नीलरतन है, मेरा बेटा।'

पत्नी की ओर संकेत किया, 'तो ये?'

'नहीं, यह तो नीलरतन की माँ है।'

'तब मैं?'

'नहीं, आप शायद नए डॉक्टर हैं।'

'तब कौन मारता है? और तो यहाँ कोई नहीं है।'

एकाएक बीमार की पुतलियाँ घूमीं। वह चीख उठा और घिघियाकर उसने कहा, 'वह देखो, कितने आदमी हैं। उनमें बूढ़े, युवक, बालक, स्त्री, पुरुष, हिंदू, मुसलमान सब हैं। उनकी आँखों से आग बरस रही है। उनके हाथों में मौत का फंदा है। उनके चलने से मेरा दिल दहलता है।'

डॉक्टर ने धीरे से पूछा, 'तुम उनको पहचानते हो?'

'हाँ, मैं उन सबको जानता हूँ, विशेषकर उन चारों को।'

'वे चारों कौन हैं?'

'आप नहीं जानते? देखिए, उनमें एक बूढ़ा है। उसके बाल सफेद हैं, परंतु उसकी आँखों में आग है, उसकी झुर्रियों में खून है। और डॉक्टर, उसके पीछे वह बालक कैसा अल्हड़ जान पड़ता है, परंतु उसका साहस, उसकी सूझ बड़ी अद्‌भुत है। डर तो उसे छू नहीं गया है। और वे दोनों युवक। उनमें एक कुलीन और शिक्षित है, दूसरा गरीब और अनपढ़, पर आँखों का प्रकाश, दोनों के रक्त की उष्णता समान है। वे हँस रहे हैं और मुट्ठियाँ बाँध-बाँधकर मुझे दिखा रहे हैं कि तुझे मार डालेंगे। और वे स्त्रियाँ, वे दुधमुँहे बच्चे⋯।'

'लेकिन,' डॉक्टर ने बीच में टोककर पूछा, वे तुम्हें क्यों मारना चाहते हैं?

'क्योंकि मैंने उन्हें मारा था।'

'तुमने उन्हें मारा था, कब?'

'कब मारा था, तुम नहीं जानते?'

'नहीं।'

बीमार क्षण भर के लिए चुप हो गया। उसका बदन फिर थरथराया, पुतलियाँ फिर घूमीं। बोला, 'वे, देखो, डॉक्टर, वे मेरी ओर आ रहे हैं। वे मुझे मार डालेंगे। मुझे बचाओ डॉक्टर, मुझे बचाओ।'

डॉक्टर ने अब अपने हाथ से उसकी दोनों आँखें ढक दीं और फिर धीरे से कहा, 'विश्वास रखो! मेरे रहते वे तुम्हें कुछ नहीं कहेंगे।'

'सच?'

'हाँ।'

'ओह डॉक्टर! तुम बहुत अच्छे हो, तुम्हें धन्यवाद।' फिर कई क्षणों तक वे उसी तरह बैठे रहे। बीमार शांत हो चला तो डॉक्टर ने कहा, 'हाँ, अब तुम अपनी कहानी सुनाओ।'

इसी समय बुत की तरह खड़ी हुई बीमार की स्त्री ने घबराकर कहा, 'डॉक्टर साहब! वे बहुत बोल चुके हैं, उन्हें…'

बीच में ही हाथ उठाकर डॉक्टर ने उसे रोक दिया और बीमार से कहा, 'हाँ तो तुमने उन्हें कब मारा था?'

'सुनोगे?'

'हाँ! तभी तो पूछ रहा हूँ।'

'तो सुनो डॉक्टर, मैं तुम्हें बताऊँगा। मुझे उनके मारने का कोई दुःख नहीं है। मुझे ठीक याद है, उस दिन अगस्त की सोलह तारीख थी।'

'अगस्त १९४२?'

'जी हाँ! वे लोग मेरे थाने पर झंडा फहराना चाहते थे।'

'कैसा झंडा?'

'वही तिरंगा झंडा।'

'तो वे कांग्रेसी थे?'

'जी हाँ! वे कांग्रेसी थे—विद्रोही और बागी। तब हमारी सरकार युद्ध में फँसी थी और वे उसकी पीठ में छुरा भोंकना चाहते थे। उन्होंने पूरे देश में तूफान मचा रखा था। वे जगह-जगह आग लगाते, तार काटते, रेल लाइनें उखाड़ते और पुल उड़ा देते थे।'

डॉक्टर मुसकराया, 'और तुमने उन बागियों को मार डाला?'

'जी हाँ। मैंने उन्हीं को मारा था। धोखे से नहीं, खबरदार करके मारा था। वे पाँच हजार से भी अधिक थे। वे भड़कीले नारे लगा रहे थे। उनके आगे एक नौजवान था। उसके हाथ में झंडा था। वह आगे बढ़ा। मैंने उसे चेतावनी दी, पर वह रुका नहीं। मैंने फिर कहा, नौजवान! तुम मौत के मुँह में आ रहे हो।'

सुनकर युवक मुसकराया—'आपको रहम आता है?' मैंने कहा, 'हाँ।'

उसका ढीठपन देखो, बोला—तो लो यह झंडा और इसे थाने पर फहरा दो।

मेरा रक्त खौल उठा। वह मुझसे विश्वासघात करने की बात कह रहा था। मैंने रिवॉल्वर का घोड़ा दबा दिया और जैसा होना चाहिए था, वह युवक धरती पर गिर पड़ा। क्षण भर तड़फड़ाया और फिर हमेशा के लिए ठंडा हो गया।'

'और वह झंडा?'

'उसे मैंने पैरों से कुचल डाला!'

डॉक्टर फिर मुसकराया, कहा, 'दुश्मन के साथ ऐसा ही व्यवहार किया जाता है। फिर··· ?'

'फिर डॉक्टर! दूसरा युवक आगे बढ़ा। वह लोहार था, उसकी भुजाएँ मांसल थीं, उसकी चाल गैंडे की तरह मस्त थी। वह बिना डरे मेरे सामने आकर झंडा उठाने लगा। मैंने कहा, खबरदार, क्या करते हो?'

वह बोला—कुछ नहीं, झंडा उठाकर उसकी जगह लगाने जाता हूँ।

मैं तिलमिला उठा। वह नीचे झुका और झुका ही रह गया। मेरे रिवॉल्वर ने उसे उठने नहीं दिया, लेकिन जैसे ही वह गिरा, रक्त-बीज की तरह एक व्यक्ति और आगे बढ़ आया। वह बूढ़ा था, उसके बाल सफेद थे, पर उसकी स्फूर्ति आश्चर्यजनक थी। वह सीना ताने हुए था, परंतु मेरे पास आने से पहले ही मेरी गोली उसके सीने पर चढ़ बैठी। वह गिर पड़ा और तभी भीड़ को चीरता हुआ एक बालक झंडे की ओर लपका। वह झुका ही था कि मेरी गोली उसकी कमर में जा लगी और उसके बाद क्या हुआ, यह बताना मुश्किल है। भीड़ ने थाने में आग लगा दी और···'

ठीक उसी समय डॉक्टर ने अपना हाथ बीमार की आँखों पर से उठा लिया। बीमार तेजी से चौंका, उसका बदन थरथराया, पुतलियाँ तेजी से घूमीं; आँखों में भय फिर उमड़ आया और वह बड़बड़ाया, पर इस बार वाणी ने उसका साथ नहीं दिया। देखते-देखते वह चीत्कार कर उठा। अचरज कि डॉक्टर ने उसकी ओर तनिक भी ध्यान नहीं दिया, बल्कि जब उसकी स्त्री और उसका बेटा घबराकर उसकी ओर दौड़े तो उसने उन्हें रोक दिया। वे बेबस तड़फड़ा उठे। नीलरतन ने साहस करके कहा, 'पर डॉक्टर···'

स्त्री बोली, 'इस तरह तो··· !'

डॉक्टर ने कहा, 'देवीजी! आप कहना चाहती हैं कि इस तरह तो ये मर जाएँगे। मुझे इनके मरने की चिंता नहीं है, जितनी इनकी शांति की। मैं इन्हें शांत करना चाहता हूँ और ये अपने दिल का गुबार निकालकर ही शांत हो सकते हैं।'

'पर डॉक्टर! ये इतने कमजोर हैं।'

'देखिए तो!'

तब तक बीमार का चीत्कार धीमा पड़ गया। वह अब धीरे-धीरे सुबक रहा था। उसकी स्त्री और पुत्र बेबस-दुःखित उसे देख रहे थे। डॉक्टर एक बार कमरे

का चक्कर काट आता और फिर पास आकर उसे देखने लगता। अब उसकी सुबकियाँ और भी धीमी पड़ने लगी थीं। वह लगभग शांत हो चला था। डॉक्टर ने देखा कि बुखार उसी तरह था। पूछा, 'आपकी तबीयत कैसी है?'

उसे बोलने में कठिनाई हो रही थी। उसने किसी तरह कहा, 'ठीक है, परंतु डॉक्टर! मुझे कभी-कभी ऐसा लगता है कि…'

वह चुप हो गया। उसकी साँस फूल रही थी। डॉक्टर ने क्षण भर रुककर पूछा, 'हाँ! कैसा लगता है?'

उसने बड़ी कठिनता से कहा, 'डॉक्टर! ऐसा लगता है, जैसे मैंने गलती की है, जैसे मैंने पाप किया है, नहीं तो…नहीं तो…वे मुझे मारने के लिए क्यों आते?'

डॉक्टर मुसकराया, 'तो आप क्या समझते हैं कि वे लोग ठीक थे?'

'शायद!'

डॉक्टर 'हूँ' कहकर रह गए, परंतु आगे बोलने में असमर्थ बीमार ने स्त्री और पुत्र को अपने पास आने का संकेत किया। वे आए तो एक हाथ से पुत्र का सिर सहलाने लगा और दूसरे में पत्नी का हाथ थाम लिया। फिर धीरे-धीरे अटक-अटककर बोला, 'डॉक्टर! मैं आपका कृतज्ञ हूँ, आपने मेरी बातें सुनीं। आपने मेरी बीमारी को पहचाना, परंतु डॉक्टर…'

'हाँ।'

'आपने मेरी बीमारी को कैसे पहचाना?'

डॉक्टर पहली बार कुछ अस्थिर मालूम हुए। क्षण भर वे शून्य में ताकते रहे। फिर बोले, 'इस बीमारी से मेरा भी गहरा संबंध है। अंतर केवल इतना है कि आप थानेदार हैं और मैं एक बागी छोकरे का बाप।'

बीमार सहसा काँपकर बोला, 'डॉक्टर…!'

डॉक्टर उसी तरह बोलते रहे, 'हाँ। वह मेरा बेटा था। यद्यपि वह तब बच्चा था, परंतु अपने देश को प्यार करता था। वह भी थाने पर झंडा फहराना चाहता था। वह समझता था कि देश आजाद हो चुका है और थाना जनता का है।'

'डॉक्टर…डॉक्टर…सुनिए तो!'

'वह अपना कर्तव्य पूरा करना चाहता था और थानेदार अपना। अंतर केवल इतना था कि एक का कर्तव्य गुलामी की जंजीरें काटनेवाला था और दूसरे का उन्हें मजबूत करनेवाला।'

बीमार से अब बोला नहीं गया। वह थरथर काँपने लगा। उसकी स्त्री ने देखा तो चीख उठी, परंतु उसने साहस करके एक बार फिर बोलने का प्रयत्न

किया। बेटे की ओर देखकर इतना ही कह सका, 'मेरे बेटे, डॉक्टर ठीक कहते हैं। हो सके तो उनकी बात मानना।'

और फिर वह चुप हो गया। सिर एक ओर लुढ़क गया। स्त्री ने चीख मारकर पुकारा, 'डॉक्टर···डॉक्टर···'

डॉक्टर पास खड़े थे। बीमार की आँखें बंद करते हुए उन्होंने कहा, 'देवीजी, आपके पति का अंत काल आ पहुँचा है। उन्हें शांति से सो जाने दीजिए···।'

लेकिन उनकी बात अनसुनी करके बीमार की पत्नी पछाड़ खाकर गिर पड़ी और रतन अपने पिता के पैर पकड़कर बिलखने लगा।

□

(सन् १९४७)

बहादुर सेनापति

दूर-दूर तक चौड़ी सपाट भूमि, कहीं कोई साया नहीं। पीछे एकमात्र जल-विहीन सूखा तालाब! उसी में गड्ढा खोदकर पड़े थे। सोच रहे थे कि कब चार्ज का ऑर्डर मिले, कब वे अपने दिल की निकालें, लेकिन दुश्मन खामोश था। कोई भी नजर नहीं आता था, और ये उतावले हो रहे थे। उन्होंने सुना था कि दुश्मन का तोपखाना सिर्फ चार मील है।

रफीक बोला, 'चार मील भी कोई रास्ता है?'

जीत सिंह ने कहा, 'और फिर टैंक, मशीनगन, कार सबकुछ तो है उनके पास! फिर भी जान निकलती है।'

कहकर वह मुसकाया, 'माथा गर्व से ऊँचा उठ गया। रामचंद्र, तीसरा सैनिक उसी तरह छाती फुलाकर बोला, हथियार से क्या होता है? बात दिल की है। उनके पास दिल है कहाँ? साले भाड़े के ट्ट्टू...।'

एक जोर का कहकहा लगा। कई आवाज एक साथ गूँजी, 'भाड़े के ट्ट्टू।' वह लड़ना क्या जाने और लड़ें किसलिए? पेट के लिए कहीं लड़ा जाता है?'

एक सैनिक पूछ बैठा, 'तो किसके लिए?'

जीत सिंह ने राइफल तोलकर जवाब दिया, 'देश के लिए।'

एक बार फिर गर्व से सबके मस्तक ऊँचे उठे, 'हाँ! हम देश के लिए लड़ते हैं; उस देश के लिए लड़ते हैं, जिसकी मिट्टी से हम बने हैं।'

'और तब तक लड़ते रहेंगे, जब तक यह आजाद नहीं हो जाता।'

'हाँ, हमने दिल्ली पहुँचने की प्रतिज्ञा की है!'

'हमें लाल किले पर अपना प्यारा झंडा फहराना है।'

बेशक हम लाल किले पर अपने प्यारे तिरंगे झंडे को फहराएँगे। हमारे

नेताजी ने बहादुरशाह की कब्र पर कसम खाई थी कि···।

'हम उसे झूठी नहीं होने देंगे।'

'कभी न होने देंगे।'

जैसे उत्साह साकार होकर हर एक सिपाही के रूप में वहाँ आ गया था। वे संख्या में बहुत कम थे। उनके वस्त्र फट गए थे। उनके पास हथियार के नाम पर केवल राइफलें थीं। उनके पास पेट भर भोजन भी नहीं था, लेकिन वे कह रहे थे, 'हम घास खाएँगे, पर जीते जी पीछे नहीं हटेंगे।'

रफीक ने मुसकराकर कहा, 'खुदा की कसम! हाथ बार-बार काँप उठते हैं। जी करता है कि राइफल तोलकर भागा चला जाऊँ और दुश्मन के तोपखाने में आग लगा दूँ।'

जीत सिंह हँसा, 'जी तो मेरा भी ऐसा ही करता है, पर लपटान साब का हुक्म!' फिर जैसे क्षण भर वहाँ सन्नाटा छा गया! पर दूसरे ही क्षण रफीक यकायक धीरे से बोल उठा, 'क्यों जीत, घर में तेरी बीवी है?'

'है, क्यों?'

'पूछता था, क्या सोचती होगी?'

'सोचती क्या होगी? गर्व से उसकी छाती फूलती होगी। सरकार कुछ भी कहे, परंतु लोग तो हमारे ही साथ होंगे।'

'बेशक वे हमारे साथ होंगे।'

'तो बस, हमें यही चाहिए। जब मैं भरती हुआ था तो मेरा दोस्त गोपाल बहुत गुस्सा हुआ था। कांग्रेसी है न, लेकिन उसे क्या पता कि आज मैं भी उसी राह का राही हूँ। लौट सका तो···'

तभी उसके लेफ्टिनेंट कमांडर ज्ञान सिंह वहाँ आ गए। सिंह के आखिरी शब्द उन्होंने सुने, मुसकराकर कहा, 'लौटने की चिंता है तुम्हें?' जीत सिंह का मुँह फक हो गया। वह खिसिया गया, परंतु दूसरे ही क्षण दृढ़ता से मुड़कर उसने कहा, 'नहीं, नहीं लपटान साब! मैं लौटना नहीं चाहता। मैं अपने दोस्त की बात कह रहा था, जो मुझसे नफरत करता था···'

कमांडर बीच में बोल उठा, 'हाँ, मेरा भी एक दोस्त है, वह भी मुझसे नफरत करता है। कहता था कि मैं पेट के लिए लड़नेवाला हूँ। मैं गुलाम देश के लिए क्यों नहीं लड़ता।'

रफीक बोला, 'जी लपटान साब, यही बात थी। जीत यही कहता था। अगर लौट सका तो कहेगा···।'

'नहीं,' जीत बोला, 'मैं नहीं लौटना चाहता हूँ। मैं यहीं मरना चाहता हूँ।'

रफीक बोला, 'और मैं भी···'

कमांडर का मुख चमक उठा। उसने जीत सिंह के कंधे पर हाथ रखकर कहा, 'घबराओ नहीं। मैं जानता हूँ कि तुम यहीं मरना चाहते हो। हम सब यही चाहते हैं और विश्वास रखो, मैं भी तुम लोगों के साथ यहीं इसी मिट्टी में अपने देश के लिए लड़ते-लड़ते सो जाना चाहता हूँ।'

दोनों सैनिक गद्‌गद हो उठे। उनके नेत्रों में गर्व की लाली और स्नेह का जल उमड़ा और अपनी सुगंध से सबके दिलों को महकाता हुआ दूर तक फैल गया।

रफीक बोला, 'पर लपटान साब, दुश्मन क्या अफीम घोलकर सो गया है?'

जीत सिंह, 'हाँ, आप हुक्म कीजिए! हम उसे ढूँढ़ लेंगे।'

कमांडर ने कहा, 'ढूँढ़ने के लिए हमारी पतरोल गई हुई है। उसके आने पर कुछ किया जाएगा।'

और फिर मुड़कर कमांडर साहब बाहर देखते हुए आगे बढ़ गए, परंतु जहाँ वे जाते, यही एक प्रश्न उठता, 'आप ऑर्डर क्यों नहीं कर रहे हैं? उनका कहना भी ठीक था। दूसरा दिन बीत चला था, दुश्मन का कहीं पता नहीं था।'

इसी तरह तीसरा दिन आया। उपाय ऊगकाईलाँ मैदान में प्रकाश चमक उठा, पक्षी बोले, लेकिन सब ओर से सैनिकों ने कहा, 'दुश्मन कहाँ है, हम उससे पूछेंगे, वह अब तक क्यों नहीं आया?'

कमांडर ने कहा, 'डरो नहीं, वह आनेवाला है। तुम तैयार हो जाओ।'

वे चिल्लाए, 'हम तैयार हैं।'

अचरज! तभी देखते-देखते आसमान काँप उठा। घर-घर, गहर-गहर, घूँ-घूँ की तेज आवाज करते हुए बममार जहाज कहर बरसाने लगे। खंदक में सन्नाटा छा गया। सब साँस रोककर लेट गए, जैसे वहाँ कोई है ही नहीं।

पर बाहर जैसे भूकंप आ गया। धम, धम, धड़क, धनननन का अनवरत शब्द कानों को फाड़े डाल रहा था। जमीन उछल-उछल पड़ती थी। लगा कि खंदक टूटकर जमीन में समा जाएगा और ये सब वहीं जमींदोज हो जाएँगे, लेकिन किसी को कुछ चिंता नहीं थी। बम कहाँ पड़ा, कोई मरा या क्या हुआ···

वे तभी उठे, जब शांत हो गया। उठकर उन्होंने देखा कि वे सब उसी तरह थे, जैसे हमले से पहले···

एक सैनिक ने कहा, 'तो उन्होंने व्यर्थ ही इतना कवर किया।'

लेकिन कमांडर बोला, 'साथियो! समाचार मिला है कि तुम लोगों की इच्छा पूरी होनेवाली है। दुश्मन चल पड़ा है।'

सैनिक प्रसन्न हो उठे। उन्होंने हथियार सँभाल लिये। कमांडर ने फिर कहा, 'परंतु उसके पास टैंक है।'

एक सैनिक ने कहा, 'हमारा एक-एक सिपाही जीवित टैंक है।'

'उनके पास बख्तरबंद गाड़ियाँ हैं।'

'हमारी चोट के सामने वे व्यर्थ हैं।'

'उनके पास ट्रक्स भी हैं।'

'यहाँ उनकी कोई कीमत नहीं है।'

'वे संख्या में बहुत हैं।'

'परंतु मुर्दे हैं।'

कमांडर मुसकराया, 'साथियो! विश्वास रखो। वह तुम्हें नहीं जीत सकता।'

'बेशक नहीं जीत सकता। हम जान हथेली पर रखकर लड़ते हैं।'

'छाती में छिपाकर नहीं।' कमांडर खुशी से भर उठा, 'शाबाश दोस्तो। आओ, हम सब मिलकर उसे भगा दें!'

'सब मिलकर।'

तभी तोपों की पहली बाढ़ छूटी और उसी बाढ़ के बाद दुश्मन आगे बढ़ा। उनके पास तेरह टैंक थे, ग्यारह बख्तरबंद गाड़ियाँ थीं और सत्तर ट्रक थे। वे दो हिस्सों में बँट चुके थे। एक भाग सीधा उनकी ओर बढ़ रहा था। टैंक और गाड़ियाँ आग बरसा रही थीं। गोले धमाके के साथ गिरते, जमीन पर धड़ाका उठता और तब मिट्टी बहुत ऊँचाई तक झरकर फैल जाती, पर सैनिक साँस रोके चुपचाप राह देखते रहे कि कब दुश्मन उतरे और वे दो-दो हाथ करें, लेकिन वे किले में बंद थे। धीरे-धीरे टैंक और बख्तरबंद कारें उनके इतने समीप आ गए कि सीधे मार पड़ने लगी। दुश्मन सैनिक चुन-चुन अपना निशाना बनाने लगे।

कमांडर ने देखा—गोले सीधे खंदक में जा रहे हैं और वे दोनों सुरंगें, जो रास्ते में फेंक दी गई थीं, नहीं फटी हैं। फिर भी गति पर ब्रेक लग गया है।'

पर वे बराबर आग उगल रहे हैं; वह आग, जो जीव मात्र को झुलसाने के लिए तैयार हैं।

उसने फिर अपने सैनिकों को देखा, उनका उत्साह मंद नहीं पड़ा था, पर वे बहुत कम थे, बहुत कम···पीछे से मदद आनी चाहिए···

लेकिन कोई रास्ता नहीं था। कोई भी रास्ता···आगे से आग बराबर उसी

तेजी से बढ़ी आ रही थी। कान से कोई शब्द नहीं सुनाई पड़ रहा था। युद्ध का भीषण शब्द रौरव चारों ओर छा गया था।

सैनिकों की राइफल की आग उनके सामने चिनगारी की तरह थी।

सूखे काठ को एक चिनगारी भस्म कर सकती है, परंतु महादावानल में उसकी क्या बिसात? वह देख रहा था कि उसके सैनिक यंत्र की तरह राइफल चला रहे थे। उनके मुखों पर पसीना बहने लगा था, लेकिन उनकी आँखें लक्ष्य पर लगी थीं, उनके हाथ लक्ष्य की ओर निशाना साध रहे थे; ये फुर्ती से पेटी खोलते, चढ़ाते और फिर दागते दन-दन दनादन दनन दनदन···और इधर टैंक, मशीनगन आग फेंकती, सैनिक हथगोले फेंकते और वह देखता···

नहीं, नहीं, ऐसे नहीं होगा। नहीं होगा। इसी प्रकार वे सब भुन सकते हैं। खंदक में रहना आत्महत्या करने के समान है। वे मर जाएँगे या कैद हो जाएँगे और दुश्मन का कुछ नहीं होगा।

आह! वह किटकिटाया—दुश्मन का कुछ नहीं होगा।

तो वह क्या करे, आखिर क्या करे··· ?

दिमाग बड़ी तेजी के साथ घूमा। वह एक सुरक्षित स्थान पर खड़ा था। वह सबकुछ देख रहा था। देख रहा था अपने मुट्ठी भर सैनिकों का उत्साह और दुश्मन के किले से उमड़ती हुई आग, जो कुछ ही क्षणों में सबको फूँक सकती थी। नहीं, यह नहीं होगा। वह कायर की मौत है और आजाद हिंद का सैनिक कायर की मौत नहीं मर सकता। नहीं, कभी नहीं···।

बस, इस क्षण में विचारों का एक समूह, घटनाओं की एक लंबी तालिका उसके मस्तिष्क में आई और गई और वह चिल्ला उठा, 'चार्ज।'

जैसे बिजली कौंध गई। तूफान फूट पड़ा। सैनिक मौत की तेजी से खंदक से बाहर निकल आए और बायोनेट लेकर ही दुश्मन पर धावा बोल दिया। सबसे आगे वह था। वह उनका कमांडर जो था; चिल्ला रहा था—

'नेताजी की जय! इनकलाब जिंदाबाद! आजाद हिंदुस्तान जिंदाबाद! चलो दिल्ली! जय हिंद!'

सैनिक उन नारों को दूने उत्साह से दोहराते और परवानों की तरह आगे बढ़ जाते। और इन नारों की उठती हुई आवाज तोपों, टैंकों की गड़गड़ाहट से ऊपर होकर दुश्मन की छाती में भर उठी, जैसे उन्होंने मौत को सजग देखा। वे ट्रकों से उतर पड़े और फिर आमने-सामने युद्ध छिड़ गया।

दुश्मन के सैनिक बहुत थे, परंतु आजाद हिंद फौज के सैनिकों का उत्साह

संख्या की परवाह नहीं कर रहा था। उनके कदम बढ़ना जानते थे, उनकी आँखें दुश्मन पर थीं, उनके हाथों में बायोनेट थी। वे नारा लगाते—नेताजी की जय, और दुश्मन पर टूट पड़ते। उनका बहादुर कमांडर बराबर उनके साथ था। वह लड़ रहा था, पर उसकी आँखें मैदान की स्थिति को जाँच रही थीं। उसने जान लिया था कि वे संख्या में कम हैं, पर वे पीछे नहीं हटेंगे। और वे नहीं हटे। वह चिल्लाया—'शाबाश वीरो! बढ़े चलो, नेताजी के नाम पर धब्बा न लगने पाए।'

'शाबाश! आजाद हिंद तुम्हारा स्वागत कर रहा है।'

'शाबाश...'

उसने खुशी से भरकर देखा, इस धावे से दुश्मन घबरा गया है। इतने टैंक, तोपों, मशीनगनों के बावजूद वह पीछे हट रहा है...।

दुश्मन पीछे हट रहा है...।

और उसके सैनिक! उसने देखा, वे धीरे-धीरे धरती पर लेट रहे हैं, फिर भी उनका प्रत्येक कदम आगे ही बढ़ रहा है। वे मृत्यु का आलिंगन कर रहे हैं, पर आगे बढ़कर। उनका यही उत्साह दुश्मन के दिलों में धड़कन पैदा कर रहा है...।

यह क्या...क्या वे फिर ट्रकों और जीपों में बैठ रहे हैं...लो!

उन्होंने घायलों को उठाया...।

वह हर्ष से भर उठा। उसने चिल्लाकर कहा, 'शाबाश! मेरे बहादुर साथियो! जीत तुम्हारी है...।'

वह जानता था कि वे सब मर सकते हैं, वह भी मर सकता है, परंतु उसे मरने-जीने की कोई चिंता नहीं थी। उसने दुश्मनों को पीछे धकेल दिया था और हुआ क्या...वे उनको पहाड़ी के पीछे दूर उस जगह तक खदेड़ देना चाहते थे। वह फिर चिल्लाया, 'नेताजी की जय! आजाद हिंद फौज जिंदाबाद, शाबाश! बहादुरो जीत तुम्हारी है...।'

सैनिक तेजी से आगे बढ़े। उसके आधे साथी धरती पर लेट गए थे, पर वे आँखें मूँदे कमांडर के शब्दों पर आगे बढ़ रहे थे...।

तभी सहसा वह शब्द बंद हो गया। एक गोली उड़ी और कमांडर के मस्तिष्क में घुसती चली गई। वह काँपा, लड़खड़ाया और फिर गिर पड़ा। वह सैनिकों के बीच में, दुश्मन के सिपाहियों की लाशों पर गिरा था। उसका हाथ राइफल पर था, उसके होंठ खुले थे, मानो मुसकराते हों, आजाद हिंद जिंदाबाद!

सैनिकों में क्षण भर के लिए खलबली मची। दूसरे क्षण तो दूसरा कमांडर आगे बढ़ आया। उसने कहा, 'शाबाश। मेरे बहादुर साथियो! जीत तुम्हारी है।

दुश्मन भाग रहा है! नेताजी की जय! आजाद हिंद जिंदाबाद, इनकलाब जिंदाबाद···!'

और वे आगे बढ़ गए···।

लेकिन वह सो गया। सदा-सदा के लिए सो गया था···।

और दुश्मन पीछे हट रहा था···।

□

(सन् १९४७)

मृत्युंजय

उस दिन कैंप में जाने पर अचानक एक पुराने मित्र से भेंट हो गई। पास जाकर देखा—उसका चेहरा रूखा और झुर्रियों से भरा हुआ है। शरीर पर के कपड़े न केवल मैले हैं, बल्कि अनुपयुक्त भी हैं। पैर सूजे हुए हैं और क्षत-विक्षत भी। पास ही उसका बेटा बैठा है। वह उसी की तरह घायल और श्रीहीन है। उसकी कातर दृष्टि दिल में कसक उठती है।

एकाएक मुझे देखकर मेरा मित्र एक क्षण स्तब्ध रहा, फिर मुसकराया, 'तुम···'

मैंने द्रवित होकर कहा, 'तुम्हारी यह दशा···?'

उसने अपने को संयत कर लिया था। वह हँस पड़ा, बोला, 'मुझे बधाई दो, मेरे दोस्त, मैं जिंदा हूँ।'

वहाँ तब बड़ी भीड़ थी और शोर मच रहा था; क्रोध, खीज और रुदन से भरा शोर। उसी के बीच अनेक युवक और युवतियाँ तत्परता से सैनिक की भाँति व्यवस्था में लगे थे। उन्हीं को घेरकर कभी कोई परिवार तेजी से बोलने लगता था। कभी अपने प्रियजनों के बारे में जानने के लिए व्याकुल कोई व्यक्ति प्रश्न पर प्रश्न करके उन्हें परेशान कर देता था, लेकिन दूसरी ओर कुछ ऐसे व्यक्ति भी थे, जो सूजे हुए पैर और फटी हुई आँखें लिये इधर-उधर कोनों में बिखरे पड़े थे। वे न बोलते थे, न उनकी आँखों में आँसू थे। वे बस, सिर नीचा किए धरती से बातें करते या फिर सिर उठाकर शून्य में ताक लेते। वह शून्य सूरज की धूप और चीलों से भरा था। कभी-कभी हवाई जहाज की घर्र-घर्र पक्षी दल में हलचल पैदा कर देती, तब कैंप में रोते-हँसते बच्चे चुप होकर ऊपर देखने लगते···

मैं मान लूँगा कि मैं उलझन में पड़ गया था। क्या कहूँ? कैसे कहूँ? हम दोनों बहुत दिनों तक एक ही शहर में एक साथ रहे थे। एक ही महकमे में काम

करते थे, इसीलिए हमारी मित्रता साधारण जान-पहचान से काफी आगे बढ़ गई थी। वह सुदूर पश्चिम का रहनेवाला था और उसका शरीर इतना सुगठित था कि घर में स्वास्थ्य की चर्चा करते समय हम उसको आदर्श मानते थे। वही मित्र आज बुढ़ापे को लजा रहा था। मैंने साहस बटोरा, पूछा, 'तुम थे कहाँ?'

'गाँव में।'

'यहाँ कब आए?'

'कल रात।'

मैं फिर मौन हो गया। एक अव्यक्त तरलता मुझे बेचैन कर रही थी और मैं बोलने के लिए शब्द नहीं खोज पा रहा था। किसी तरह कहा, 'यहीं ठहरे हो?'

'अभी तो यहीं हूँ।'

'घर चलो।'

वह कृतज्ञता से मुसकराया, बोला, 'यह क्या घर नहीं है?'

मैंने कहना चाहा, पर कह सकूँ, इससे पूर्व ही कोई चीत्कार कर उठा। तब जो अब तक नहीं देख पाया था, वह देखा। उसके पीछे एक कोने में एक वृद्ध पुरुष पैर सिकोड़े लेटे थे। उनके सूजे हुए पंजे ऊपर तक फटे हुए थे और उनमें रक्त चमक आया था। उनकी आँखें बिलकुल अंदर धँस गई थीं और कोए सूज रहे थे। वे कभी-कभी तेजी से 'आह' करते और फिर एक हाथ से दिल को सहलाने लगते। कभी-कभी दोनों हाथों से मुँह ढककर चीत्कार कर उठते। उनका यही चीत्कार सुनकर मैं चौंक पड़ा था। मैंने अब अचरज से उन्हें देखा, ये मेरे मित्र के पिता थे। तब एक क्षण में असंख्य चित्र मेरे नेत्रों में उभरते चले गए। वे उस सुखी परिवार के नेता थे, जिसमें शक्तिशाली पुत्र और लावण्यमयी पुत्रियाँ थीं, जिस परिवार की पुत्रवधुएँ अपने पुत्रों की तुलना शकुंतला के पुत्र 'भरत' से करती थीं, उनके शिशु सचमुच सिंह के दाँत गिननेवाले भरत के समान सुंदर और साहसी थे।

मुझे होश आया तो मैं उनकी ओर बढ़ा, पर तभी देखा—चीत्कार बंद हो गया है और वे एक ओर लुढ़क गए हैं। मैंने शीघ्रता से मित्र से कहा, 'देखो, ये संज्ञाहीन हो रहे हैं, शायद इन्हें दौरा पड़ गया है, मैं डॉक्टर को देखता हूँ। तब तक तुम इनके मुँह में पानी डालो।'

और मैं शीघ्रता से डॉक्टर के कमरे की ओर मुड़ा, पर तभी मित्र ने मेरा हाथ पकड़ लिया और कहा, 'इन्हें इसी तरह पड़े रहने दो, मेरे दोस्त।'

'क्यों…?'

'इन्हीं कुछ क्षणों में उन्हें शांति मिलती है, उसे मत छीनो।'

'पर··· ?'

मैंने देखा—उसकी पुतलियाँ घूमीं और सजल हो उठीं, लेकिन उस ओर से असंपृक्त वह पूर्वतः मुसकराया, बोला, 'मेरे दोस्त! इनकी बेहोशी में ही इनका कल्याण है। इन्हें इसी तरह रहने दो।'

मेरे भीतर तूफान घुमड़ रहा था। मैंने पास आकर उससे कहा, 'आखिर क्या बात है? और लोग तो नहीं दिखाई दे रहे हैं।'

'तीन पीढ़ियाँ तुम्हारे सामने हैं,' उसने उत्तर दिया, 'और क्या चाहते हो?'

'पर तुम्हारी पत्नी, बहनें, बच्चे, भाई—वे क्या कहीं और चले गए हैं?'

'हाँ।'

'कहाँ?'

'जहाँ एक दिन सभी को जाना होता है।'

'क्या··· ?'

वह फिर मुसकराया, उसका स्वर यथापूर्व दृढ़ था। वह अपनी वेदना को अपने अंदर ही झेल रहा था। उसने कहा, 'वे सभी भाग्यशाली थे, मुक्त हो गए।'

मैं अबूझ सा एक बार उसके पिता की ओर मुड़ा, देखा—उनके हाथ धीरे-धीरे हिल रहे थे और वे उन्हें उठाने के लिए प्रयत्नशील थे। मैंने शीघ्रता से आगे बढ़कर धीरे से उनके हाथ उठाए और छाती पर रख दिए। जैसे भूकंप आ गया, तीव्रता से वे चीत्कार उठे, 'यह क्या हुआ, आखिर यह क्या हुआ?'

अपने को सहेजने में असमर्थ मैं उनके पास बैठ गया। चाहा कि उनका सिर गोद में रख लूँ। मित्र ने दृढ़ता से कहा, 'नहीं दोस्त, इन्हें मत छेड़ो। इस भावुक संवेदना के कारण ही इनकी यह दशा हो गई है। इन्हें शक्ति चाहिए, सहानुभूति नहीं। इनके कान में जोर से कहो, आपने बहुत अच्छा किया। आप सचमुच वीर हैं, आपपर देश को गर्व है।'

मैं यंत्रवत् झुका, बोला, 'आपने बहुत अच्छा किया। आप सचमुच वीर हैं। आपपर देश को गर्व है। देश आपको कभी नहीं भूलेगा।'

जैसे किसी ने जादू कर दिया। वे काँपते हाथ लिये उठे, आँखें खुलीं, उन्होंने मुझे दृढ़ता से पकड़ लिया, कहा, 'सच! तुम सच कहते हो?'

'जी हाँ, मैं सच कहता हूँ।'

'तो मैंने जो कुछ किया, ठीक किया?'

वे उठने की कोशिश कर रहे थे और साथ ही देखने की भी। सहसा दृष्टि मेरी दृष्टि से मिली, कितनी निरीह और कितनी त्रस्त।' मैंने कहा, 'जी हाँ, आपने

जो कुछ किया, वह बहुत अच्छा किया। आपने देश की अमूल्य सेवा की है। आप सचमुच…'

तब तक उन्होंने मुझे पहचान लिया था। वे हर्ष से चिल्ला उठे, 'तुम…'

उन्होंने मुझे छाती से लगा लिया। मुझे लगा, जैसे उनका हृदय फटनेवाला है। वह इतनी तीव्रता से धड़क रहा था कि मैं समझ नहीं पा रहा था, यह दिल की धड़कन है अथवा तूफान की। उन्होंने अटक-अटककर कहा, 'तुम समझते हो कि मैंने ठीक किया था?'

'जी हाँ,' मैंने कहा, 'आपने बहुत अच्छा किया।'

उनके जैसे प्राण लौटे, फुसफुसाए, 'तुम बहुत अच्छे हो, बहुत अच्छे।'

मैंने उनकी कमर सहलाते हुए कहा, 'चाचाजी, मेरे घर चलोगे?'

वे काँपे, 'घर…'

'हाँ चाचाजी, यह तो…'

पर मैं अपना वाक्य पूरा भी नहीं कर पाया था कि वे फिर चीत्कार कर उठे, 'घर—मेरे बच्चे, यह क्या हुआ, आखिर क्या हुआ?' और वे सुबक-सुबककर रोने लगे। मैं हतबुद्धि उन्हें देखता ही रह गया। मित्र बोले, 'उन्हें यों ही छोड़ दो, वे अब फिर संज्ञाहीन होनेवाले हैं और यही उनके लिए अच्छा है।'

मैं बरबस उठा और मित्र के पास जा बैठा। कई क्षण उन्हें देखता रहा। वे धीरे-धीरे संज्ञाहीन हो रहे थे। हाथ लटक गए, आँखें पथरा गईं और साँस रुक-रुककर आने लगी। मैंने धीरे से मित्र से पूछा, 'आखिर यह सब क्या हुआ? क्या तुम लोगों के साथ सेना नहीं थी? तुम लोग रेल से क्यों नहीं आए? उन दिनों तुम कहाँ थे?'

उसने मेरी ओर देखा, दो क्षण देखता रहा, फिर बिना किसी भूमिका और भावुकता के वह बोलने लगा, 'मेरे दोस्त, हुआ यह कि उन दिनों हम सब पिताजी के साथ गाँव चले गए थे…'

'गाँव क्यों?'

'क्योंकि हमें विश्वास था कि शहर की आग गाँव में नहीं पहुँच सकती। यह विश्वास आधारहीन था। नगरों में जो हिंसा और घृणा का वातावरण बन गया था, उसके बावजूद गाँवों में शांति थी। यद्यपि वहाँ पर उन लोगों का प्रबल बहुमत था। फिर भी वहाँ कभी सांप्रदायिक दंगे नहीं भड़के। भड़क ही नहीं सकते थे। हम लोग उन्हीं के समान धरती की संतान थे। एक ही मिट्टी से हमारा शरीर बना है, लेकिन सूझबूझ और समझ में वे हमारे सामने बच्चे थे। यही हमारा सबसे बड़ा संबल था।

वे अपनी समस्याएँ लेकर हमारे पास सदा आते थे और हमारा आदर करते थे। खानपान के वे बंधन, जो देश के इस भाग में हैं, उधर नहीं थे। जो थे, वे भी अब टूटते जा रहे थे। विशेषकर नई पौध में इन बंधनों का कोई मूल्य नहीं रह गया था···'

वह फिर मौन हो गया। मानो कुछ याद करना चाहता हो। दो क्षण बाद धीरे-धीरे बोला, 'लेकिन धर्म उनके लिए सामाजिक वस्तु है, व्यक्तिगत नहीं। इसी कारण जब देश में 'धर्म खतरे में है' की पुकार गूँज उठी, तब वह प्रत्येक व्यक्ति, जो उनके धर्म का नहीं था, स्वभावतः उनका दुश्मन बन गया। फिर भी इस प्रक्रिया में काफी देर लगी और मैं अपने गाँववालों की प्रशंसा करूँगा कि वे बहुत दिनों तक अपने आपको उस धारा में बहने से रोके रहे। वे जानते थे कि देश आतंकवाद और हिंसा के चक्रव्यूह में फँस गया है। उसके समाचार भी वहाँ पहुँचते रहते थे। समाचार अपने जन्म-स्थान से जितनी दूर की यात्रा करते हैं, सत्य से उतनी ही दूर हट जाते हैं। फिर भी उन लोगों ने कहा, कहीं कुछ भी हो, हम दोस्त हैं और उस दोस्ती को कायम रखेंगे। उन्होंने ऐसा करने के प्रयत्न भी किए। उनके धर्म के प्रहरी उनकी भावनाओं को उभारते थे, फिर भी वे हमें दुश्मन नहीं समझ पा रहे थे। हाँ, धीरे-धीरे युवकों में कटुता पैदा होने लगी थी।'

मैंने कहा, 'उनका खून गरम होता है।'

'और गरम खून में गरमी पैदा करना बड़ा आसान होता है। गरम लोहे को किसी भी साँचे में ढाला जा सकता है। ये युवक गरम लोहे के समान थे, इसी कारण स्वार्थी नेता अंततः उन्हें अपने मार्ग पर लाने में सफल हो गए···'

मैंने धीरे से कहा, 'मित्र, क्या केवल धर्म के कारण ही यह सब हुआ?'

वह मुसकराया, 'मैं जानता हूँ, तुम क्या कहना चाहते हो? हमारी अमीरी और उनकी गरीबी भी इसका कारण है···'

'और दूसरों को नीचा देखने की हमारी प्रवृत्ति भी···'

'तुम ठीक कहते हो,' उसने कहा, 'इसी कारण वह समुदाय, जो ऊपर से शांत था, अंदर-ही-अंदर डगमगा गया। एकाएक जब भूचाल आया तो सबकी आशा के विपरीत प्रेम और सौहार्द्र की दीवार भरभराकर गिर पड़ी···'

धीरे-धीरे वह इस प्रकार बोलने लगा था, जैसे हम किसी सभा में बैठकर शास्त्रीय विषयों पर वाद-विवाद करने लगे हों। वह दुःखी था और त्रस्त भी। पीड़ा ने उसे पूरी तरह ग्रस लिया था। इसलिए सच्ची बात कह रहा था।

तभी वृद्ध पुकार उठे, 'अरे, यह क्या हुआ? मेरी बच्चियो, यह क्या हुआ?'

'बहुत अच्छा हुआ पिताजी,' उसने दृढ़ता से कहा, 'कुछ लोग कहते हैं कि

पंजाब ने सदा देश की पीठ में छुरा भोंका है, सदा राष्ट्रीय आंदोलन को कुचला है, पर आज आपने बता दिया है कि पंजाबी वह सबकुछ कर सकता है, जो करने की कल्पना तक कोई और नहीं कर सकता।'

वृद्ध के हाथ लड़खड़ाए, उन्होंने दीवार को थाम लिया और चाहा कि उठे, उठते-उठते वे फुसफुसाए, 'सच बेटा। क्या सच?'

लेकिन यह सब क्षणिक था, वृद्ध ने फिर एक सर्द आह भरी। फिर संज्ञाहीन होने लगे और वह बच्चा, जो अब तक चुपचाप बैठा हुआ था, पिता के घुटने पर सिर रखकर रोने लगा। मित्र ने उसे पुचकारकर कहा, 'हरीश, क्या बात है?'

हरीश ने रोते-रोते कहा, 'माँ…'

'अरे, अरे, तू बहादुर होकर इतना कातर होता है, बाबा को तो देख।'

हरीश ने सिर उठाया, उसने कहा, 'आँसू पोंछ।' हरीश ने आँसू पोंछ लिये।

उसने कहा, 'अब हँस।' हरीश हँस पड़ा। वह भी और मैं भी, पर जैसे ही वह हँसी रुकी, मैंने देखा कि वह रोने लगा है। मैंने अचकचाकर कहा, 'इसकी माँ कहाँ है?'

कई क्षण लगे उसे अपने को बटोरने में। उसने अपने को सँभाल लिया। पहले की तरह गंभीर स्वर में बोला, 'बात जब बहुत बिगड़ गई और हवा के कण-कण में विष फैल गया तो पिताजी अपनी ओर के कई वृद्ध पुरुषों को लेकर उनके पास पहुँचे, परंतु वहाँ पता लगा कि दुनिया सचमुच बदल चुकी है और उनके बचने की कोई आशा नहीं है। ये लोग घबराए; पूछा कि आखिर हमने क्या किया है?'

जवाब मिला, 'बात हमारे और तुम्हारे बीच में नहीं रही है। अब दो कौमों में मरने-जीने का सवाल है। जो बलवान होगा, वही जीएगा।'

मेरे पिता ने कहा, 'लेकिन हम तो…'

जवाब मिला, 'हम कुछ नहीं जानते, तुम लोगों ने बिहार में, अमृतसर में, लाहौर में और…'

आगे विवाद बेकार था। पानी सिर से उतर चुका था। पिताजी लौट आए। बाहर आकर उन्होंने एक वृद्ध सज्जन को खड़े देखा। उन्होंने हमें गोद में खिलाया था। वे दु:खी स्वर में बोले, 'यह सच है कि बात हमारे हाथ में नहीं रही। तुम चुपचाप यहाँ से भाग जाओ।'

पिताजी ने उनकी आँखों में झाँकते हुए कहा, 'भागकर कहाँ जा सकते हैं, जंगल की आग चारों ओर फैल चुकी है।'

वृद्ध ने दोनों हाथ पिताजी के कंधों पर रखकर धीरे-धीरे कहा, 'मैं अकेला

हूँ। मैं केवल तुम्हारे परिवार को अपनी गाड़ियों में ले जा सकता हूँ, लेकिन…'

बात काटकर पिताजी बोले, 'सुनो, मैं कहीं नहीं जाऊँगा, यहीं रहूँगा। इसी मिट्टी से हम पैदा हुए हैं, इसी में मिल जाने का हमारा अधिकार हमसे कोई नहीं छीन सकता।'

और वे लौट आए। प्रतिदिन समाचार आते थे—'अमृतसर में स्त्रियों को नंगा करके उनका जुलूस निकाल गया। सड़क पर खुले आसमान के नीचे उनके साथ बलात्कार किया गया। उनकी छातियाँ काट ली गईं। लाहौर में बच्चों का सिर भालों की नोंक में छेदकर शहर में घुमाया गया। लायलपुर में गाड़ी रोककर सभी स्त्री-पुरुषों को मौत के घाट उतार दिया गया।'

तीसरे दिन उन लोगों का भी संदेश आ गया, 'अपनी लड़कियाँ हमें सौंप दो और हमारे धर्म में आ जाओ।'

हमारे हितैषी वृद्ध ने कहलवाया, 'यह शर्त मान लेने पर निकलने में आसानी होगी।' परंतु पिताजी ने जवाब भेज दिया, 'जिंदगी भगवान् की अमानत है, मैं उसका सौदा नहीं कर सकता।'

उसी रात हमला हुआ। उनमें अधिकतर लोग बाहर के थे। पुलिस और फौज उनके साथ थी। वे सभी आधुनिक शस्त्रों से सुसज्जित थे।

वह फिर दो क्षण मौन रहा। युगों जितने वे क्षण काफी भयानक थे, पर तभी उसने अपने को सहेज लिया; बोला, 'हम लोग भी सजग थे। जी तोड़कर लड़े। कुछ लोग भाग निकले। भागती हुई नारियाँ पकड़ी गईं। उनके साथ वही सलूक हुआ, जो कोई नर-पिशाच कर सकता है—पिताजी ने मुझे बुलाकर कहा, 'मेरे परिवार की एक भी नारी उनके हाथ नहीं पड़ सकती।'

मैंने जवाब दिया, 'मैं जीवन के अंतिम क्षण तक उनकी रक्षा करूँगा।'

वे बोले, 'और अंतिम क्षण के बाद?'

मैं हठात् कोई उत्तर नहीं दे सका। वे मुसकराए, बोले, 'बेटा, अंतिम क्षण आने से पहले ही उनका प्रबंध करना होगा। हमें उन्हें गोली से उड़ा देना होगा।'

मैं स्वीकार करूँगा, मैं काँप उठा था, मैंने पिताजी की आँखों में झाँका। वे मुसकरा रहे थे। मैंने यंत्रवत् फौलादी दृढ़ता से कहा, 'मैं आपकी आज्ञा का पालन करूँगा, पिताजी।'

एक-एक करके हमारे साथी गिरते जा रहे थे। मैंने अपने दोनों भाइयों को गिरते देखा। मैंने देखा कि मेरा भतीजा पागलों की तरह राइफल चला रहा है। तभी उधर से एक गोली उड़ी और वह चिरनिद्रा में सो गया। पिताजी चिल्लाए, 'जल्दी

करो, मेरे बेटे।'

दौड़ता हुआ मैं अंदर पहुँचा। मैंने पहले अपनी पत्नी को गोली मार दी। वह तब दोनों हाथों से मुँह ढके भगवान् को पुकार रही थी। फिर मैंने अपनी छोटी भाभी के प्राण लिये और फिर छोटी बहन के। तभी मेरी दूसरी बहन दौड़ी हुई आई, बोली, 'भैया, बड़ी भाभी का पता नहीं लग रहा है।'

मैंने कहा, 'राज, तुम अपनी चिंता करो।'

राज हँसी, 'मैं तैयार हूँ, गोली छोड़ो।'

यहाँ आकर उसका गला भर आया। वाणी रुँध गई। क्षण भर उसने पिता की ओर देखा, फिर सुबकते हुए कहा, 'और मैंने राज को भी गोली मार दी। वह तब मुसकरा रही थी। कहाँ से आ जाता है यह साहस संकट के क्षणों में?'

उसने फिर अपने को सँभाला, बोला, 'पिताजी ने यह देखकर सुख की साँस ली। वह इनकी अंतिम सुख की साँस थी। वे लोग हर्ष से चिल्ला रहे थे और आग लगा रहे थे, परंतु मुझे बड़ी भाभी की तलाश थी। आग के प्रकाश में मैंने देखा, घर के सभी बच्चों से घिरी बड़ी भाभी अपने कमरे में बैठी हैं। मुझे देखकर वे मुसकराईं, बोलीं, 'तुम जिंदा हो। लो, इन्हें सँभालो। मैं इसी आग में जलना चाहती हूँ।'

मैंने कहा, 'जलने का समय नहीं है, भाभी। वे आ पहुँचे हैं। मैं तुम्हें गोली से मार देता हूँ।'

उसका साहस जवाब दे रहा था। वह तेजी से अपने पुत्र की कमर सहलाने लगा था। मैंने अपने आँसू पोंछकर धीरे से कहा, 'बच्चे कहाँ हैं?'

'बच्चे,' वह फुसफुसाया, 'बच्चों को उन्होंने भालों की नोंक पर रखकर घुमाया था, हरीश और अविनाश को मैं बचा सका था। वह भी उन वृद्ध की सहायता से न जाने कहाँ से आकर वे इन दोनों को उठाकर ले गए और फिर एक दिन चुपके से कैंप में छोड़ गए, लेकिन अविनाश रास्ते की थकावट न सहकर एक दिन सड़क के किनारे सदा के लिए सो गया···'

'तो आप निकल भागे थे?'

'नहीं, नहीं,' उसने कहा, 'हम भागे नहीं, लड़ते-लड़ते जब हमारे पाँच सौ प्राणियों में से पचास बच गए थे तो फौज ने हमें एकत्र करके पास के नगर के एक स्कूल में बंद कर दिया। हम शरणार्थी बना दिए गए और सरकार हमारी रक्षा का ढिंढोरा पीटने लगी। वहीं से एक दिन एक काफिले के साथ भारत की ओर बढ़े···'

सहसा उसकी दृष्टि पिताजी पर पड़ी। वे होश में आ रहे थे और दर्द-भरे स्वर में पुकारने लगे, 'यह क्या हुआ मेरी बच्चियो? यह क्या हुआ···'

परंतु इस बार मित्र ने उनकी ओर ध्यान नहीं दिया। मुझे अपने पैर दिखाते हुए बोला, 'आगे की कहानी यहाँ लिखी हुई है। यह अकेले मेरी कहानी नहीं है, मेरे देश की कहानी है, आज मेरा देश घायल है, मेरे दोस्त।'

फिर एक गहराता मौन हम दोनों के बीच आकर ठहर गया। मेरे अंतर में घंटियाँ बजने लगी थीं। कैंप का शोर कभी तीव्र हो उठता, कभी दब जाता। तभी सहसा मेरे मित्र ने कहा, 'एक काम करोगे, दोस्त?'

'कहो।'

'दस रुपए मुझे उधार दे दो।'

मैंने चुपके से बिना कुछ कहे दस रुपए का एक नोट निकाला और उसके हाथ पर रख दिया। फिर उसे अपने साथ ला सकने में असमर्थ हो लौट आया।

× × ×

अगले दिन जब मैं कुछ कपड़े और दूसरा सामान लेकर वहाँ पहुँचा तो देखा, कैंप के आगे सड़क पर कपड़ा बिछाए मेरा मित्र बैठा है। उसके आगे केले के गुच्छे, मूँगफली और मीठी गोली के डिब्बे रखे हैं···

मैं एक साथ करुणा और प्रशंसा से भर आया। मैंने उसके अदम्य साहस की प्रशंसा मन-ही-मन की और पूछा, 'पिताजी कहाँ हैं?'

उसने जवाब दिया, 'डॉक्टर उन्हें अस्पताल ले गए हैं। उन्होंने विश्वास दिलाया है कि वे उनके दुःख दूर करने की पूरी कोशिश करेंगे, परंतु उनके दुःख तो अब उनके प्राणों के साथ ही दूर होंगे।'

मैंने एकाएक कुछ जवाब नहीं दिया। चुपचाप ग्राहकों को देखने लगा। सच तो यह है कि मुझे वार्त्तालाप का कोई ठीक-ठीक सूत्र नहीं मिल रहा था। इसलिए मैंने कलवाली प्रार्थना फिर दोहरा दी, 'आप लोग मेरे घर चलकर रहें तो···'

उसने मेरी आँखों में झाँका। फिर अद्‌भुत शांत स्वर में कहा, 'तुम्हारे घर को देखकर मुझे अपने घर की याद आएगी, मेरे दोस्त। तब क्या मैं अपने लड़खड़ाते पैरों पर खड़ा रह सकूँगा···'

उसके बाद उससे कुछ कहने का साहस मुझे नहीं हुआ। जो सामान लाया था, वह किसी तरह बच्चे को सौंपकर मैं लौट आया। जब मैंने उसे नमस्कार किया तो मेरा मित्र इतना विशाल हो उठा था कि उसकी थाह लेने में असमर्थ मेरी दृष्टि नीचे झुक गई थी।

□

(सन् १९४७)

अंतर्वेदना

अचानक जिस दिन सहस्रधारा जाने का प्रोग्राम था, उसी दिन शैलेंद्र को ज्वर आ गया। कांत बोला, 'कल चलेंगे।' लेकिन कई कल आए और गए, पर शैलेंद्र का ज्वर नहीं उतरा। जब उतरा तो जाने की शक्ति उसमें नहीं रह गई थी। कांत की प्रफुल्लता फिर विषाद में पलटने लगी। यही देखकर एक दिन बुआ बोली, 'नौकर को लेकर तुम हो आओ, बेटा! इसे तो अभी कई दिन लगेंगे।'

शैलेंद्र ने समर्थन किया, 'हाँ! यह ठीक रहेगा, भइया। हो सका तो मसूरी से लौटकर एक बार फिर साथ-साथ चलेंगे।'

कांत यही चाहता था। उसे लग रहा था कि उसे एकांत चाहिए। मन-ही-मन प्रसन्न होकर उसने कहा, 'अच्छा बुआ जी! हम कल जाएँगे।'

और अगले दिन बहुत सवेरे ही तैयार होकर वह अपनी यात्रा पर चल पड़ा। नौकर ने कुछ कपड़े, बिस्तर और खाने का सामान ले लिया था।

चलते समय उसने शैलेंद्र से कहा, 'शैलेंद्र, अगर मैं रात में न लौट सका तो चिंता मत करना। मैं यहाँ ठहरना चाहता हूँ।'

शैलेंद्र अचकचाया, 'पर भइया…।'

'कोई चिंता नहीं। हाँ, अभी बुआजी से मत कहना। समझे।'

और मोटर में बैठकर राजपुर आए। वहाँ से पैदल रास्ता जाता था। यद्यपि आसमान हलके बादलों से आच्छादित था तो भी सूरज धरती को प्रकाश से भरता हुआ आगे बढ़ रहा था। कांत नीचे उतरने लगा। उसने देखा कि चारों ओर पहाड़ हैं, ऊँचे-नीचे, हरे और मटमैले। कहीं दरख्तों की घनी छाया है, कहीं छोटा-सा सुंदर मैदान, जिसके किनारे बने हुए एक-दो मकान उसे दुनिया की याद दिला देते हैं। उसके पास से कई ट्टटू खड़-खड़ करते हुए निकल गए। वह काँप उठा, यदि पैर

फिसला···तो नीचे मृत्यु की समाधि है, जो जीवन से तनिक भी संबंध नहीं रखती। वह आहिस्ता-आहिस्ता उतरने लगा। फिर सहसा न जाने क्या हुआ, वह तेजी से दौड़ा और नीचे के मोड़ पर जाकर दम लिया।

नीचे घाटी में पहाड़ी नदी का विशाल पाट था, पर आज वह एक पतली धारा के रूप में पत्थरों से टकराती हुई बह रही थी। उसमें पानी भरती हुई युवतियाँ मुड़कर उसे देखने लगीं। उन्हें देखकर उसने सोचा, दिल्ली की दुनिया उनसे कितनी दूर है?

वह और आगे बढ़ा। प्रकृति और सुंदर रूप में सामने आई। एक सँकरे मार्ग, जो दोनों ओर खुशबूदार पेड़-पौधों से घिरा हुआ था, पर उसकी आत्मा एक गहरी मिठास से भर उठी। उसने फिर छोटे-छोटे पहाड़ी खेतों को देखा, जो दूर से पहाड़ियों की तरह मालूम दे रहे थे। वह फिर चढ़ा और उतरा तथा उन दुकानों के पास जा निकला, जो बड़े-बड़े ताजे खीरों और खाने-पीने की दूसरी चीजों—से भरी हुई थी। वह अब मंजिल पर आ पहुँचा था। उसने सुख की साँस ली और उसका हृदय खुशी से भर उठा। उसके सामने कल-कल, छल-छल करती हुई पहाड़ी नदी थी, जिसका जल पत्थरों से टकराता, शोर मचाता और नाचता हुआ आगे बढ़ रहा था। उस नदी के एक किनारे पर धर्मशाला थी। उसी के ठीक सामने पुल पार करके सहस्रधारा की काली गुफा दिखाई दे रही थी, जिसकी छाती को चीरकर पानी की असंख्य बूँदें टपक रही थीं, मानो कोई शापग्रस्त वरुण वहाँ आ बसा है और यक्ष के समान अपनी प्रियतमा के विरह में मौन रुदन कर रहा है। यह विधाता का वैचित्र्य है कि देवता का रुदन आदमी के रुदन को शांत करता है। और यही नहीं, अनजाने ही उन अनंत वर्षों में शापग्रस्त देवता के आँसुओं ने उन बेजान पत्थरों को कला के अनेक रूपों में पलट दिया था।

कांत धर्मशाला की ओर न जाकर पहले पुल पर मुड़ गया। एक छोटा बच्चा शांत मन नदी को देख रहा था। कांत को देखकर बोला, 'तुम कहाँ जा रहे हो?'

'उधर।'

'हम भी चलेंगे।'

न जाने किसका बच्चा था, प्यारा और सुंदर। बच्चे तभी सुंदर लगते हैं, उसने सोचा और मुसकराकर आगे बढ़ गया। गुफा में जल भरा था। फर्श पर काई जम गई थी और शरीर ठंड के कारण काँप-काँप उठता था, पर मन! वह कहता था, 'स्वर्ग यही है।'

नीचे से गहरी आवाज उठती थी—कल-कल, छल-छल···।

दूर कहीं से बादल उठते थे और परछाई फेंकते हुए निकल जाते थे। यात्री खुशी से चिल्लाकर प्रतिध्वनि पैदा करते थे। निशिकांत देर तक मुग्ध मन से उन बादलों को निहारता रहा, पर जब शरीर का कंपन मन में उलझन पैदा करने लगा तो लौट चला। वह बच्चा अभी वहीं खड़ा था। उसे काँपते देखकर हँस पड़ा। वह भी हँसा और धर्मशाला में आकर कपड़े बदलने लगा। उसके आसपास काफी यात्री बिखरे पड़े थे, कुछ स्नान करके लौट रहे थे, कुछ खाने-पीने की व्यवस्था कर रहे थे और कुछ खेल रहे थे ताश या कैरम। उनमें युवक थे, युवतियाँ थी, कुछ बालक और वृद्ध भी थे।

उसके पास ही नीचे एक परिवार भोजन बनाने की व्यवस्था कर रहा था। एक युवती, जिसकी माँग में सिंदूर था, आटा गूँध रही थी और दूसरी युवती आग जलाने में व्यस्त थी। कांत ने देखा—वह युवती अपने से सिकुड़ी हुई नहीं है, परंतु उसका रंग बेहद काला है और नाक कुछ छोटी है। आँखें…तभी सहसा निरीक्षण रोक देना पड़ा। युवती ने मुड़कर आशंकित स्वर में पूछा, 'भाभी! राजेश कहाँ है?'

'राजेश! यहीं तो था।'

'अब तो नहीं है।'

वह शीघ्रता से उठी। नदी की ओर जाकर जोर से पुकारा, 'राजेश, ओ राजेश!'

कोई नहीं बोला। घबराकर वह दूसरी ओर मुड़ी। तभी सहसा कांत को कुछ याद आया। पुल की ओर दिखाकर बोला, 'वह तो नहीं है?'

'जी हाँ…।'

'बैठिए! मैं ले आता हूँ।'

कहकर वह शीघ्रता से आगे बढ़ गया और पाँच मिनट में बच्चे को लेकर लौट भी आया। फिर जैसे कुछ नहीं हुआ, गंधक के सोते की ओर चला गया। वह सोता कहाँ से निकलता है, कोई नहीं जानता, परंतु प्रतिदिन अनेक नर-नारी दूर-दूर से उसका पानी पीने आते हैं और वह छोटी सी नाली के रूप में बहता हुआ अब तक न जाने कितने लक्ष-लक्ष नर-नारियों की प्यास बुझा चुका है…।

कांत उसी के पास बैठकर देर तक नहाता और पानी पीता रहा। जब थक गया तो ऊपर लौट आया। नौकर आ गया था और सामान ठीक कर रहा था। उसने देखा—उसी के पास बैठा हुआ एक नवयुवक अखबार पढ़ रहा है। उसे देखकर वह बोला, 'अखबार आपका है?'

'जी।'

'पढ़ सकता हूँ?'

'बड़े शौक से।'

'धन्यवाद। कई दिनों से कोई समाचार-पत्र नहीं मिला था।'

वही नहीं, उसके पास वह श्यामवर्ण युवती 'वीणा', 'हंस' आदि मासिक पत्रिकाएँ बड़े ध्यान से पढ़ रही थी। राजेश कह रहा था, 'हम तसवीर देखेंगे।'

युवती ने धीरे से कहा, 'उनके हैं, मारेंगे।'

राजेश ने कांत को देखा और बोला, 'तुम हमें मारोगे?'

कांत मुसकराया, 'कभी नहीं।'

राजेश फिर बुआ की ओर मुड़ा। कांत खाना खाने का प्रबंध करने लगा। तभी उस युवती ने युवक से कुछ कहा। सुनकर युवक बोला, 'देखिए, भोजन बन रहा है।'

कांत मुसकराया, 'धन्यवाद। मेरे साथ है।'

'तो क्या चिंता है, वह भी खाया जाएगा।

'जी।'

युवक ने युवती की ओर देखा और कहा, 'चंद्रा! अपना भोजन ले लो।' और फिर कांत को संबोधित करके पूछा, 'आप देहरादून में रहते हैं?'

'जी नहीं। मैं दिल्ली में रहता हूँ।'

'घूमने आए हैं?'

'जी हाँ, और आप?'

'जी, समझिए, घूमने ही आए हैं। वैसे, माताजी के हाथों में एक्जिमा है। बताया था कि गंधक के पानी में नहाने से ठीक हो जाता है।'

'जी हाँ, सुना तो है, गंधक का पानी बड़ा उपयोगी होता है। यूरोप आदि देशों में तो ऐसे स्थानों पर बड़े-बड़े स्वास्थ्य गृह बन गए हैं, पर हमारा देश है…।'

'जी हाँ। इस देश की बदकिस्मती कहिए।'

तभी कांत ने पूछा, 'आपकी माताजी कहाँ हैं?'

'वे पिताजी के साथ राजपुर गई हैं। सामान लेकर कल लौटेंगी।'

'तो आप कई दिन ठहरेंगे?'

'जी हाँ, और आप?'

'मैं आज ही लौट जाना चाहता हूँ, बहुत हुआ तो कल तक रुक जाऊँगा।'

खुश होकर युवक बोला, 'तो रुकिए न! एक दिन, दो दिन, जैसा आप

चाहें।' मन में कांत को बड़ी खुशी हुई, सोचा, दुनिया में आदमियों की भिन्न-भिन्न श्रेणियाँ हैं।

और फिर भोजन, विश्राम आदि के बाद दिन का अवसान आ पहुँचा। पहाड़ की चोटियाँ रंग पलटने लगीं। धीरे-धीरे वे गुलाबी, लाल, दूधिया और मटमैली होती गईं। अंत में काले-काले बादल उनपर छा गए, परंतु सूरज की अंतिम किरण उन्हें छेदकर अभी भी एक चोटी पर चमक रही थी। वियोग और व्यथा की यह अरुणिमा कांत को बड़ी प्यारी लगी। वह मुग्ध मन उसे देखता रहा। धीरे-धीरे यह दृश्य भी ओझल हो गया और प्रकृति ने काली चादर तान ली। देखा, यात्री सब चले गए हैं और नीचे का मैदान कुहरे में छिपता जा रहा है। उसी को चीरकर नदी का शोर ऊपर उठ आया है।

सर्दी बढ़ने लगी। वे सब उठकर अंदर चले गए, परंतु कांत वहीं खड़ा रहा। उसने चादर डाल ली थी और तन्मय होकर कुहरे और बादलों से आच्छादित इस नई दुनिया को देख रहा था। उसी समय पीछे से आकर चंद्रा बोली, 'दृश्य देख रहे हैं?'

वह मुसकराया, 'जी हाँ! मैं प्रकृति रानी को देख रहा हूँ।'

'सुंदर है न?'

'मनोरम!'

चंद्रा मुसकराई, 'और डरावनी भी।'

कांत ने धीरे से कहा, 'डर तो अपने अंदर रहता है, बाहर कहीं नहीं।'

चंद्रा झिझकी नहीं, बोली, 'बाहर तो कहीं कुछ नहीं है, सबकुछ अंदर है। फिर भी दुनिया बाहर को देखकर ही निर्णय करती है।'

'तभी तो वह आल-जाल में फँसी है।'

'और निकलने का कोई रास्ता नहीं।'

कांत मुड़ा। उसने चंद्रा को ध्यान से देखा। उसके काले मुख पर एक गहरी छाया उभर रही थी। वह छाया विषाद की थी या भय की या वेदना की, यह वह उस अंधकार में ठीक-ठीक समझ न पाया, पर उसका दिल कुछ धक्-धक् करने लगा था। दृढ़ होकर उसने कहा, 'रास्ता क्यों नहीं है?'

'क्या है, बताइए?'

'उस निर्णय के आगे झुकने से इनकार कर देना।'

चंद्रा ठिठकी, बोली, 'वह विद्रोह का रास्ता है और विद्रोह में विनाश है।'

कांत ने उसी क्षण उसी तरह कहा, 'और विनाश में जीवन।'

और फिर अपने इस वाक्य को समझाता हुआ बोला, 'जीवन सदा विनाश

के उस पार रहता है। बिना विनाश के हम उसे नहीं पा सकते, यह ध्रुव सत्य है।'

युवती जैसे काँपी। तभी दूर, कोई जोर से बोल उठा, एक गूँज पैदा हुई और मिट गई। ऊँचे पहाड़ पर प्रकाश की किरण-रेखा चमक उठी। आकाश के एक कोने से चंद्रमा ने पृथ्वी की ओर झाँका। अंधकार धुँधला पड़ने लगा। चंद्रा बोली, 'सर्दी बढ़ रही है, अंदर आ जाओ।'

यह चली गई। कांत को लगा कि उसकी वाणी भीग रही है। उसका मन भी भीगने लगा। सोचा, क्या चंद्रा दु:खी है?

हाँ, दु:खी तो है ही। देखते नहीं, वह काली है और···।

वह काँपा। उसने जोर से गरदन को झटका दिया और किसी गीत की एक कड़ी गुनगुनाता हुआ अंदर चला गया। भोजन तैयार था। वे सब खाने के लिए बैठ गए। खा चुके तो कांत दूसरी बत्ती जलाकर पढ़ने लगा। युवक भी आ बैठा और बिस्तर लगाकर चंद्रा ने भी पत्रिका उठा ली। उसकी ओर मनोज को लेकर लेट गई थी और नौकर सामान ठीक कर रहा था। बाहर सन्नाटा था और किवाड़ों की दराजों से होकर चद्रंमा का हलका प्रकाश वहाँ बिखर गया था।···पड़ते-पड़ते कांत को लगा, उसके सिर में धीरे-धीरे दर्द उठ रहा है। वह पढ़ता रहा, पर दर्द नहीं रुका। उसने एक-दो बार हाथ से माथे को दबाया, पर दर्द कम नहीं हुआ। आखिर पत्रिका बंद करके वह लेट गया।

युवक ने देखा, तो पूछा, 'सोने लगे?'

'हाँ! सिर में कुछ दर्द है।'

'सिर में दर्द है तो एस्प्रो की गोली खा लो।' और चंद्रा से कहा, 'चंद्रा! एक गोली लाना।'

चंद्रा उठी। बक्स में से गोली निकाली और कांत को दे दी। उसे खाकर कांत ने आँखें मीच लीं। वह सो जाना चाहता था, पर नींद नहीं आई, उलटा वह विचारों के गहरे भँवर में जा फँसा। उससे निकलने का कोई रास्ता उसे नहीं सूझा। वह झुंझला उठा, परंतु उससे क्या हो सकता था? तब घबराकर उसने आँखें खोल दीं। देखा—गहन अंधकार है और सब सोए पड़े हैं।'

पर चंद्रमा!

उसे किसी काले बादल ने ढँक लिया है।

तभी यह विचार मन में उठा, जैसे चंद्रा को···।

अपने इस विचार पर वह स्वयं खीज उठा, लेकिन चंद्रा उसके मस्तिष्क से नहीं हटी। वह युवती है, पर कुरूपा है और इसीलिए कुँआरी भी।

तभी दूसरा विचार पैदा हुआ—विवाह का संबंध नारीत्व से है या रूप से?

उत्तर मिला—नारीत्व से।

फिर?

फिर क्या? विवाह का संबंध नारी से है, परंतु नारी का संबंध रूप से है। मनुष्य सौंदर्यप्रेमी है। वह नहीं चाहता कि कुरूपा नारी के संसर्ग से विश्व कुरूप बने। सृष्टि से सुंदरता का मूलोच्छेदन करना उसका एक लक्ष्य है।

तब असुंदर नारी के नारीत्व की तृप्ति कैसे हो? इस प्रश्न का एक अजीब हल उसे सूझ पड़ा। उसे सोचकर वह काँपने लगा। हल था प्रत्येक असुंदर नारी को संतान-उत्पत्ति के अयोग्य बना देना चाहिए।

लेकिन संतान स्त्री का जीवन है, संतान का छीनना स्त्री की हत्या करना है।

है, परंतु सृष्टि की उन्नति के लिए ऐसे बलिदान आवश्यक हैं।

अपने इस अद्‌भुत प्रश्नोत्तर पर उसे फिर झुँझलाहट होने लगी। एक बार तो वह अस्फुट स्वर में बड़बड़ाया भी। तभी उसे लगा, एक भीनी-भीनी गंध उसके पास आ रही है। वह चौंका···। एक मादक स्पर्श उसके मस्तक में से होकर पूरे शरीर को कँपाता हुआ चला गया। वह थर्रा उठा, कोई धीरे-धीरे उसका माथा सहला रहा था···। कौन···?

स्पर्श में मादकता थी। सिहरन थी···।

चंद्रा···।

उसका हृदय तीव्र गति से धक्-धक् करने लगा। उसका मस्तिष्क तेजी से घूमा। उसने चाहा कि वह उस हाथ को झटककर दूर कर दे, पर हिल नहीं सका। उसी तरह चुपचाप लेटा रहा और चंद्रा मस्तक दबाती रही, दबाती रही···।

वह रस का सागर था, पर उसे लगा, वह रस खौलते हुए पानी की तरह जल रहा है और उसकी आत्मा झुलस उठी है···।

पर चंद्रा नारी है और वह पुरुष···।

पर···।

उसे लगा, उसी तरह का उसके दिल से उठता हुआ एक और स्पर्श मस्तिष्क की ओर जा रहा है। क्षण भर में आँखों में जीवन लौटा। ठंडा-ठंडा स्पर्श···।

चंद्रा दोनों हाथों से माथा दबाने लगी थी। उसका दर्द कम हो रहा था। उसे सुख पहुँच रहा था···।

पर यह तो पाप है, लेकिन सुख क्या है? पाप सुख क्यों है···?

गंध और पास आने लगी। नारी की गंध, वासना की गंध। सहसा वह

तिलमिलाकर उठा। लिहाफ उतारकर फेंक दिया और उठकर बैठ गया। वह बेहद काँप रहा था। उसके चारों ओर गहन अंधकार था और···।

और उसकी गोदी में आ पड़ी थी काँपती और सिसकती हुई चंद्रा। वह क्या करे? क्या करे अब···? क्या वह इस वेदना को सह सकेगा? उसका हृदय फट रहा है? उसकी आत्मा झुलस रही है। वह सकपकाया, घबराया, एकदम खड़ा हो गया। तभी धम्म से एक हलकी आवाज हुई। किसी ने पुकारा, 'कौन?'

उसे काटो तो खून नहीं। वह साँस रोककर जहाँ खड़ा था, वहीं खड़ा रहा। कमरे में बिलकुल शब्द नहीं था। बाहर नदी पत्थरों से टकराती हुई बह रही थी। वह लेट गया और शीघ्रता से स्वयं को लिहाफ में छिपा लिया, जैसे कछुआ अपने अंगों को खोल में समेट लेता है। उसे फिर पता नहीं कि चंद्रा का क्या हुआ।

× × ×

निशिकांत जब सवेरे उठा तो प्रकाश फैल चुका था और पूरा वातावरण कोहरे से ढँका हुआ था। ऐसा लगता था कि सब संसार धुंधमय है, न कहीं जल है, न थल, न मार्ग, न मंजिल! यद्यपि वह रात भर नहीं सो सका था, उसका मस्तिष्क और हृदय—दोनों बुरी तरह त्रस्त थे। फिर भी वह वातावरण की शांति से अछूता नहीं रहा। वह रात की बात भूलने की चेष्टा करने लगा, पर तभी उसने देखा कि सामने चंद्रा है। वह सदा की तरह काम में व्यस्त है, पर उसकी वेदना से भरी दृष्टि, उसकी थकी हुई गति···। वह काँप उठा और उसने उस युवक से कहा, 'मैं अब जाना चाहता हूँ।'

'अभी?'

'जी।'

उसकी पत्नी बोली, 'अभी क्या? एक-दो दिन और ठहरिए।'

वह बोला, 'जी तो चाहता था कि कई दिन रहूँ, पर पीछे भाई को बीमार छोड़ आया हूँ। इसीलिए जाना ही होगा।'

इस बात का किसी ने विरोध नहीं किया। भाई बीमार है तो जाना ही ठीक है। उसने नौकर को सामान बाँधने के लिए कहा और स्वयं घूमने चल पड़ा। युवक साथ था। वे दोनों धीरे-धीरे पत्थरों पर पैर रखते हुए पहाड़ी रास्ते पर आगे बढ़ रहे थे। साथ-ही-साथ वे तेजी से बातें करते जाते थे, जिनका विषय प्रकृति की सुंदरता से लेकर कांग्रेस की वर्तमान गतिविधि तक था। वह अब सात प्रांतों में शासन चला रही थी और देश में एक नई चेतना का जन्म हो रहा था। युवक ने कहा, 'ठीक है। अब हमारे दिन लौटे हैं। हमने उनके लिए कम बलिदान नहीं किए थे।'

कांत बोला, 'हाँ। बलिदान से आजादी मिलती है। आप लोगों में···।'

बात काटकर वह बोला, 'हम लोगों का क्या है? असल में तो हम लोगों की नारियों ने अपना जीवन देकर आजादी जीती है।'

और फिर निशिकांत की ओर मुड़कर कहा, 'चंद्रा दो बार जेल हो आई है।'

कांत चौका, 'जी?'

'जी हाँ, दो बार हो आई है। सन् १९३० में और फिर सन् १९३२ में। बड़ा सुंदर भाषण देती है।'

'शादी नहीं की अभी?'

'जी, शादी! क्या बताऊँ, लड़का नहीं मिलता। इतनी योग्य लड़की है।' पर फिर सहसा निशिकांत को देखकर कहा, 'आप ही उधर कोई लड़का बता सकें तो बड़ी कृपा होगी।'

कांत मुसकराया, 'मैं···!'

'जी हाँ। आपने देखा है, लड़की पढ़ी-लिखी है, सुशिक्षित और सच्चरित्र है। जेल हो आई है, पर क्या मजाल कि कोई अँगुली उठा सके। सभी कहते हैं—बाबू राधामोहन की लड़की चंद्रा, देवी है।'

कांत के दिल में दर्द उठा। उसने धीरे से कहा, 'देखिए, कोशिश करूँगा।'

'जी हाँ। जरूर करिए, हम लोग वैश्य हैं और देखिए, पैसा हमारे पास बहुत तो नहीं है, पर कंगाल भी नहीं हैं। छोटी-मोटी सेवा कर ही सकते हैं।' और फिर धर्मशाला की ओर मुड़ते हुए कहा, 'आपकी शादी हो गई?'

'मेरी?'

'जी!'

'नहीं।'

'नहीं! क्या कहते हैं? आप युवक हैं, सुंदर हैं, सुशिक्षित हैं और कमाते हैं। आपका सुंदर विचार, आपका विशाल हृदय···।'

बात काटकर हँसते हुए बोला, 'जी, बात यह है कि मैंने अभी विवाह करने का विचार ही नहीं किया।'

युवक भी हँसा, 'मैं जानता हूँ, लड़की पसंद नहीं आई है। वास्तव में लड़की चुनना बड़ा कठिन है। चंद्रा को ही लीजिए, ऊपर से···।'

कांत की छाती के भीतर धक् से हुआ और बात को आगे बढ़ने से रोकने की इच्छा से वह तेजी से पत्थर पर दौड़ता हुआ एक विशाल प्रस्तर खंड पर जा चढ़ा। वह धर्मशाला के ठीक सामने था और वहीं से चंद्रा, उसकी भाभी और मनोज

को वह साथ-साथ देख सकता था। चंद्रा मनोज को उछाल रही थी और अभी स्वेटर बुन रही थी। साथ-ही-साथ वे बातें करती और हँसती जाती थीं। कांत ने देखा और सोचा, रात की बात···।

उसका मन फिर विषाद से भर उठा। उसने शीघ्रता से कहा, 'मुझे जल्दी करनी चाहिए। दोपहर तक घर पहुँच जाना ठीक होगा।'

और उत्तर की प्रतीक्षा किए बिना वह इतनी तेजी से आगे बढ़ा कि युवक को उसका साथ देने में कष्ट होने लगा।

× × ×

नौकर ने सामान उठा लिया और चल पड़ा। कांत अपने साथियों से विदा लेने के लिए पीछे रह गया। युवक से हाथ मिलाकर उसने कहा, 'आपकी कृपा मैं याद रखूँगा।'

युवक मुसकराया, 'कृपा क्या है, आप···।'

उत्तर बिना सुने वह भाभी की ओर मुड़ा। बोला, 'नमस्ते भाभीजी, जा रहा हूँ। भाग्य ने मिलाया तो फिर कभी आपके हाथ की रोटियाँ खाने आऊँगा।' फिर मनोज को गोदी में उठा लिया। जेबों में जितनी मेवा भरी थी, सब उसकी झोली में उड़ेल दी। दो-तीन बार नीचे-ऊपर उछाला और फिर कहा, 'हमें भूलोगे तो नहीं मनोज। दिल्ली आओगे?'

मनोज ने गंभीरता से गरदन हिलाकर कहा, 'आएँगे।'

और फिर मेवा सँभालने में व्यस्त हो गया। कांत ने उसे चंद्रा को दे दिया। बोला, 'नमस्ते।'

तभी लगा कि वह चंद्रा से बहुत कुछ कहना चाहता है, पर वह कुछ कह न सका। एक बार फिर हाथ जोड़कर नमस्ते किया और शीघ्रता से आगे बढ़ गया। तभी युवक ने पीछे से पुकारकर कहा, 'अरे, ठहरिए।'

वह ठिठका, 'जी।'

'आपकी पत्रिकाएँ रह गईं।'

'तो रहने दीजिए।'

'जी, लेते जाइए न!'

'अजी, रहने दीजिए, आप पढ़िएगा।'

और मुड़कर वह चबूतरे से नीचे उतर गया। युवक पत्रिकाएँ लिये खड़ा ही रह गया। उधर कांत वैसे ही ऊपर से आते हुए झरनों को पार करता हुआ पहले मोड़ पर आया। उसने बच्चे की खिलखिलाहट सुनी। वह चौंका। उसने आँखें उठाकर

देखा, दाहिनी ओर झरने के पास एक शिलाखंड पर चंद्रा खड़ी है। उसकी गोदी में मनोज है और वह हाथ फैलाकर उसके पास आना चाहता है।

कांत मुसकराया, 'आओगे?'

चंद्रा मुसकराई, 'जाओ।'

सहसा कांत ने चंद्रा को आँखों भर देखा। वह सिहर उठा। उस मुसकान के पीछे वेदना का सागर छलछला रहा था। उसका दिल टीसने लगा। क्या वह इस लड़की के लिए तेजी से आगे बढ़ रहा था? परंतु आँखें फिर पीछे लौटीं। देखा, चंद्रा इंगित कर मनोज को उसी की ओर दिखा रही है। उसकी आँखें आँसुओं से पूर्ण हैं, जो उसके काले गालों से होकर नीचे झरने में टपक रहे हैं। मनोज हँस रहा है···।

कांत के आगे नाला था। वह तेजी से कूदा और लपककर दुकान की ओर मुड़ गया। वहीं चबूतरे पर उसका नौकर सामान लिये बैठा था। उसके पास बैठकर उसने थैले से कागज निकाला और लिखने लगा। तब उसका शरीर काँप रहा था और हाथ तेजी से शब्दों को पीछे छोड़ता हुआ आगे बढ़ रहा था, उसने लिखा—

'मानता हूँ कि नारी का अस्तित्व नारीत्व के कारण है, पर रात में जो कुछ हुआ, वह कायरता थी—मेरी और तुम्हारी—दोनों की। कायरता पाप है। जो चाहती हो, खुलकर माँगो! नहीं मिलता तो उसके लिए लड़ो। लड़ते-लड़ते प्राप्त करो या नष्ट हो जाओ। दोनों स्थितियाँ एक-दूसरे से बढ़कर है, पर किसी भी हालत में अपने को मारना बुरा है, इसीलिए पाप है···।

—कांत'

लिख चुका तो नौकर से कहा, 'नाले के उस पार मनोज को लिये चंद्रा खड़ी है। उसे यह पत्र दे आओ।'

□

(सन् १९४७)

कहानी-लेखक

कई दिनों से उमड़-उमड़कर जो विचार कांत के मस्तिष्क में बेचैनी पैदा कर रहे थे, आज उन्होंने ठोस रूप धारण कर लिया। उसने कापी-कलम उठाकर निश्चय किया कि आज मैं कहानी लिखूँगा। उसने कलम उठाई, उसका हाथ काँपा, दिल धड़का, फिर भी उसने लिखा, 'एक आदमी था। उसका नाम था कल्लू···।'

कलम रुक गई—'था तो, पर···'

कांत ने मुँह हथेली पर टिका लिया। आँखें शून्य में ताकने लगीं। मस्तिष्क में विचार आए और गए, घटनाएँ उठीं और मिटीं, लेकिन रुका कुछ नहीं। सारी प्रसव-पीड़ा व्यर्थ चली गई, केवल वेदना शेष रह गई। उसे लेकर वह क्या करे? उसने तो उसे केवल झुँझलाहट से भर दिया। उसके भीतर से किसी ने कहा, 'छोड़ इस जंजाल को! तू लेखक नहीं बन सकता!'

'वाह! मैं बनूँगा!' अपनी ही अंतर्वाणी का विरोध करते हुए उसने मन-ही-मन कहा।

'देखेंगे!' उसके अंतर्वासी ने चुनौती दी।

उसने अपने ही मन की चुनौती स्वीकार कर ली। वह उठा और एक पुस्तक ले आया। उसके पन्ने पलटने लगा। देखा, जयशंकर प्रसाद की एक कहानी है—'आज सात दिन हो गए, पीने को कौन कहे, छुआ तक नहीं। आज सातवाँ दिन है सरकार।'

'ठीक है।' कहानी पढ़ने के बाद कांत ने मन-ही-मन कहा। उसे एक 'आइडिया' और 'प्लाट' भी मिल गया। वह उत्साहित हो उठा।

कहानी चल निकली, 'कल्लू शराब पीता था···'

उसके बाद, आर्यसमाज में शराब की निंदा में से जो कुछ सुना या पढ़ा था,

वह सब उसने लिख दिया। आगे…

कलम में तिनका आ गया। दिमाग झुँझला उठा…पत्रिका के पन्ने फिर पलटे। कहानी आगे पढ़ी, 'अब क्यों रोता है रे छोकरे?'

'मैंने दिन भर कुछ नहीं खाया।'

'छि:-छि:! मैं कहानी की नकल करता हूँ!' यह सोचकर कांत ने पुस्तक बंद कर दी और लिखने लगा, 'पर शराबी होकर भी कल्लू दयालु था। सदा दूसरों के दुःख-दर्द में साझी होकर रहता था। एक दिन उसने एक लड़के को देखा…'

उसके बाद कांत की प्रेरणा जैसे छलाँगें भरने लगीं। वह पृष्ठ-दर-पृष्ठ भरता चला गया। उसका दिल उछलने लगा। साथ ही संसार में अंधेरा बढ़ने लगा।

अंदर से माँ आई और बोली, 'रोटी खा ले, भैया!'

'अभी आया, माँ! अभी! बस, जरा सा और लिखना है।'

माँ लौट गई, परंतु कहानी आगे न बढ़ी।

'बस, तनिक और। फिर अंत कर दूँगा। कल्लू को शराब छोड़ देनी होगी। हाँ, 'शराब का स्वाँग' यही कहानी का शीर्षक होगा।' यह सोचकर उसने फिर पुस्तक उठाई और एक बार पूरी कहानी पढ़ डाली। पढ़ चुका तो जैसे दिल का बोझ उतर गया। मस्तिष्क में सहसा एक अछूता विचार आ गया था। उसको व्यक्त करते-करते कहानी का अंत आ गया। लड़का लावारिस था, उसे कल्लू ने अपने पास रख लिया। रख क्या लिया, उसका जीवन सुधर गया। लड़के के मोह ने उसे ऐसा जकड़ा कि शराब पीछे रह गई…आदि।

कांत ने कापी बंद कर दी और उठकर अँगड़ाई लेने लगा। उसके दिमाग से एक भारी बोझ उतर गया था, उसकी प्रसव-वेदना पूरी तरह फलवती साबित हुई थी। वह हँस पड़ा, 'मैंने कहानी लिखी है! मैं एक दिन उपन्यास लिखूँगा, मुझे पुरस्कार मिलेगा!'

पुरस्कार कब मिलेगा, मिलेगा भी या नहीं, कौन जाने? लेकिन पुरस्कार पाने का जो सुख होता है, वह कांत को अभी मिल गया था। प्रत्येक मनुष्य के जीवन में एक विशेष अभिलाषा होती है। उसके चरितार्थ होने पर वह अपना जीवन सफल मानने लगता है, कम-से-कम तत्काल के लिए। कांत ने चाहा था कि वह कहानी-लेखक बने और वह बन गया था! आज वह तृप्त था, मुक्त—स्थितप्रज्ञ!

साहित्य-सृजन का कारण है आत्माभिव्यक्ति और जिज्ञासा। कांत की कहानी उसी आत्माभिव्यक्ति और जिज्ञासा का परिणाम थी, परंतु जिज्ञासा का एक और रूप है—अपनी बात किसी से कहना। इसलिए कांत व्यग्र हो उठा। उसकी बात जो

कहानी के रूप में प्रकट हुई है, उसे कोई सुने! कौन सुने! माँ? हूँह! वह क्या ज़ाने कि साहित्य क्या होता है? उसके लिए वह वैसा ही है, जैसा बंदर के लिए अदरक का स्वाद।

'तो चंद्र को सुनाऊँ? वही ठीक रहेगा।' उसने मन-ही-मन कहा। वह उसका सहपाठी रहा है। समझदार है।

बस, कांत ने उसी रात चंद्र को पकड़ा। बोला, 'चंद्र, तुमसे एक काम है।'

'...?'

'है, आओ!'

'पहले बताओ?'

कांत ऐसे झिझका, जैसे कोई नवयौवना विवाह की बातें करते झिझकती है, यद्यपि उसके शरीर का रोम-रोम एक अज्ञात अनुपम मादकता से सिहर रहा होता है। उसने धीरे से कहा, 'मैंने कहानी लिखी है।'

अचरज से चंद्र बोला, 'तुमने?'

'हाँ, मैंने!'

'देखूँ...'

कांत तन्मय होकर कहानी पढ़ने लगा और चंद्र उसी व्यग्रता से सुनने लगा। एक पृष्ठ! दो पृष्ठ! चंद्र ने गरदन हिलाई!

'क्या है?' उत्सुक कांत ने पूछा।

'पढ़ो, पढ़ो!'

तीन, चार, पाँच, छह पृष्ठ! चंद्र से नहीं रहा गया, बोला, 'बस, सुन ली तुम्हारी कहानी! तुमने लिखी है?'

कांत सहसा काँप उठा, 'हाँ, मैंने लिखी है, क्यों?'

'झूठ बोलते हो! यह तो जयशंकर प्रसाद की 'मधुआ' कहानी की नकल है!'

सुनकर कांत का चेहरा तमतमा उठा। धरती फटे तो वह समा जाए। अस्फुट स्वर में बोला, 'नहीं!'

'नहीं क्या, मिला लो!'

'नहीं है!'

'है!'

'मैं कहता हूँ, मैं कुछ नहीं जानता। यह कहानी मैंने लिखी है, यह मेरी है!' चंद्र अब बड़े जोर से खिल्ली उड़ाकर हँस पड़ा। बोला, 'कहानी की नकल करते

हैं और फिर अकड़ते हैं, चोट्टे कहीं के!'

'मैं चोर?'

'जी हाँ, चोर और सीनाजोर!'

बात आगे बढ़ी। कांत क्रोध से काँप उठा। चिल्लाकर बोला, 'मैं आज से तुमसे नहीं बोलूँगा!'

इतना कहकर कांत तेजी से घर में घुस गया। कहानी हाथ में थी, उस कागज के टुकड़े-टुकड़े कर डाले और आग में फेंक दिए। केवल यही नहीं, जो कुछ भी उसके सामने आया, उसकी उसने वही दुर्गति की। त्रस्त और पीड़ित होकर जब वह रात में अपने बिस्तर पर लेटा तो उसका अंतर्मन बड़ी तेजी से टीसने लगा। वह देर तक छटपटाता रहा, फिर रोने लगा। रोते-रोते उसने अपने मन में कहा, 'चंद्र ठीक कहता है! मैंने नकल की है। मैं लेखक नहीं बन सकता। नहीं बन सकता!'

लेकिन हिंदी-सेवा की प्रतिज्ञा?

स्वीकारोक्ति से दिल का जो बोझ उतरा था, वह प्रतिज्ञा-भंग के डर से फिर उभर आया।

× × ×

कांत निराश होकर भी हतोत्साह नहीं हुआ। उसने प्रतिज्ञा की थी और प्रतिज्ञा का भूत उसके कमजोर दिल पर बुरी तरह हावी था। इसलिए लेखक बनने का एक और तरीका एक दिन दफ्तर में बैठे-बैठे उसे सूझ गया। वह उछल पड़ा और उसने निश्चय किया—मैं आज ही घर जाकर इस तरीके का उपयोग करूँगा।

संध्या को वह घर लौटा तो सीधा अपनी मेज के पास पहुँचा और दराज में से वे सब कागज ढूँढ़ निकाले, जिनपर आर्यसमाज मंदिर में व्याख्यान देने के लिए यह नोट लिख लिया करता था। बहुत देर तक उन्हें छाँटता रहा और फिर रात में उन्हीं की मदद से उसने स्वामी दयानंद सरस्वती पर एक लेख लिख डाला। यद्यपि लिखते समय उसे कई बार काट-छाँट करनी पड़ी थी, कई बार उठकर वह कमरे में टहला था, क्योंकि उसे एक प्रसिद्ध नेता के कुछ शब्द याद नहीं आ रहे थे। फिर भी उसने निश्चय किया था कि वह किसी भी पत्रिका या किसी भी पुस्तक की जरा भी मदद नहीं लेगा। उसने अपने इस व्रत का पूरा पालन किया। परिणाम यह हुआ कि लेख लंबा नहीं बन सका, परंतु उसे संतोष था। वह लेख उसका अपना था, भले ही वह सुंदर न हो। उसने एक बात और की। उस लेख को लिखकर किसी को नहीं दिखाया। सीधे एक पत्र के संपादक के पास भेज दिया।

एक, दो, पाँच! पूरे सात दिन बीत गए। वह रोज डाक देखता था, परंतु उसे

संपादक की चिट्ठी नहीं मिलती थी। वह बार-बार पोस्टमैन से पूछता, 'कोई पत्र और भी है?'

उत्तर मिलता, 'जी नहीं!'

दिन फिर बीते—आठ, नौ, दस, पंद्रह…

पोस्टमैन ने उसे ठीक पंद्रहवें दिन एक पत्र दिया, जो दूध के समान सफेद और घी के समान चिकना था। उसने अचरज से उसे देखा। 'यह तो संपादक का पत्र है!' वह चौंककर बोल उठा।

'संपादक का पत्र! संपादक का पत्र!! कांत, तुम्हारे नाम संपादक का पत्र!'

धुंध उमड़ी और आँखों में छा गई। पत्र एक बार में पढ़ा नहीं गया। फिर कोशिश की, लिखा था—

'प्रिय महोदय!

आपका लेख मिला। हम चाहते हैं कि उसमें कुछ संशोधन करके रजत-जयंती के अवसर पर निकलनेवाले अपने विशेषांक में छापें। विलंब तो होगा, पर लेख उसी अवसर के योग्य है।

भवदीय,

संपादक'

'छापना चाहते हैं! रजत-जयंती के अवसर पर…! मेरा लेख रजत-जयंती अंक में छपेगा!' उसे जैसे विश्वास नहीं हो रहा था। वह तब दफ्तर में अपनी कुरसी पर बैठा था। उसके चारों ओर शोर मचा हुआ था, क्योंकि वह वेतन बाँटने का दिन था। लोग एक-दूसरे से आगे बढ़ जाना चाहते थे और नाटा एकाउंटेंट उन्हें बुरी तरह डपट रहा था। कांत शीघ्रता से उठा और उसके पास पहुँचा, 'लाइए! मैं कुछ आपकी मदद कर सकता हूँ?'

एकाउंटेंट गद्‌गद हुआ, 'ओह, शुक्रिया! मिस्टर कांत! तुम बड़े अच्छे हो।'

कांत ने मन में ही कहा, 'अच्छा तो हूँ ही। मेरा लेख जो पत्रिका में छपेगा! वह भी विशेषांक में!'

एकाउंटेंट कह रहा था, 'देखो तो इन लोगों को! जरा सब्र नहीं है। पैसे का मामला है। कम हो गए तो इनके बाप का क्या जाएगा?'

कांत ने कहा, 'आप पैसे सँभालिए, मैं अँगूठे लगवाता हूँ।'

'हाँ, हाँ! यह ठीक है। मैं तुम्हारा कृतज्ञ हूँ।'

कांत ने रजिस्टर उठाया और पुकारा, 'रमजान, बुद्धू, लाला, मँगलू, गोपी, चलो! एक-एक करके चलो, हाँ…।'

वे लोग नाम सुनकर ऐसे टूटे, जैसे बरसात में टिड्डे बल्ब पर टूटते हैं।

× × ×

कांत घर लौटा। मन खुशी से भर रहा था। सामने चंद्र आ गया। और दिन दोनों एक-दूसरे से कन्नी काटकर निकल जाते थे, पर आज कांत हँस पड़ा। चंद्र ने उसे देखा, वह मुसकराया। बोला, 'बड़ी हँसी आ रही है!'

कांत सहसा नम्र हुआ, 'चंद्र!'

'कहो!'

'मैं उस दिन के लिए लज्जित हूँ।'

चंद्र मुसकराया, 'तुम भी बड़े वैसे निकले! जरा सी बात का बुरा मान गए!'

कांत बोला, 'तुमने कहा ही ऐसे था। अब देखो यह पत्र!'

चंद्र ने पत्र ले लिया। पढ़ा और नम्र स्वर में बोला, 'मैं जानता हूँ, कांत! तुम एक दिन बड़े आदमी होंगे। वह तो मजाक की बात थी।'

'नहीं चंद्र! उस दिन वास्तव में तुम्हारी बात में बहुत कुछ सचाई थी। यद्यपि मैं ऐसा करना नहीं चाहता था और जानबूझकर किया भी नहीं था, फिर भी वह कहानी मेरी नहीं थी।'

चंद्र ने शांत स्वर में कहा, 'कांत! शुरू में ऐसा ही होता है। माँ के पेट से सीखकर कौन निकलता है? तुम मेहनती हो, प्रतिभाशाली हो। आज नहीं तो कल, एक दिन चमकोगे। तब हम भी कह सकेंगे कि हमारा भी एक साथी है, जिसकी पूजा दुनिया करती है···।'

कहते-कहते चंद्र के मुख पर स्निग्धता उभर आई। उसने कांत को प्रेम भरी दृष्टि से देखा। कांत का मन खुशी से भर उठा। यद्यपि ऊपर से वह लजा गया था, परंतु अंदर से उसे बहुत सुख पहुँचा और ढाढ़स भी, जो भविष्य की मादक कल्पनाओं से भरपूर था।

□

(सन् १९४७)

रहस्य

धीरे-धीरे कांत ने आँखें खोलीं। यद्यपि उसका बदन अभी तक दर्द कर रहा था, तो भी उसका मन बहुत शांत था। वह महसूस कर रहा था, जैसे उसका जीवन लौट आया है और उसे मरने का कोई डर नहीं है। शांत क्षणों में वह मृत्यु से बिलकुल नहीं डरता। वह मानता है, जीवन से बढ़कर मौत मनुष्य की शुभचिंतक है, परंतु अशांति में बहुत कम मनुष्य ऐसे हैं, जो शांत क्षणों की मान्यता पर विश्वास रख पाते हैं। कांत भी नहीं रख पाया, परंतु उसके हक में एक बात थी और वह बात काफी वजन रखती थी। वह बीमार था ऐसा कि क्षण-क्षण में मौत की डरावनी सूरत उसके सामने नाचने लगती थी और उस वक्त उसके पास सहानुभूति के दो शब्द कहनेवाला भी कोई नहीं था। केवल उसका छोटा भाई था, जो उससे भी अधिक डरा हुआ था और सच तो यह है कि उसका डर ही कांत का एकमात्र ढाढ़स था। अगर वह न होता तो वह एक बार दिल खोलकर खूब रोता, उसके बाद फिर चाहे कुछ हुआ होता, चाहे उसके प्राण तक चले गए होते, पर—छोटा भाई है, उसे विकल देखकर बहुत दुःखी होगा, यही एक बात उसके दिमाग से नहीं निकली थी।

वैसे, पड़ोस में सब जानते थे कि कांत बीमार है। कुछ लोग आकर हालचाल पूछ जाते हैं। एक प्रेम सज्जन कभी-कभी बाजार का काम करने के लिए भी तैयार थे, परंतु काम कैसे कराया जाता है, कांत ने यह नहीं सीखा। वस्तुतः वह लोगों से बहुत कम मिलता था और इसीलिए, जैसा होता है, वे लोग भी उसके पास बहुत कम आते थे। जो आते थे, वे दूर के थे और उनके पास आने का कोई-न-कोई कारण होता था, परंतु आज जैसे ही उसने आँखें खोलीं, उसने देखा—उसके मकान के सामने रहनेवाली वृद्धा उसके सामने खड़ी है। उसे जागते देख वह हमदर्दी से भरकर बोली, 'कहो बेटा! कैसी तबीयत है?' और कहते-कहते पास

आकर कांत का माथा देखा, फिर हाथ देखा और बोली, 'ना बेटा! तुझे तो अभी बुखार है।'

कांत ने धीरे से कहा, 'पहले से कम है, चाची।'

चाची बोली, 'तू माँ को क्यों नहीं बुला लेता? क्या कर रही है वहाँ? ना बाबा, पत्थर का हिया है उसका। इतनी बीमारी और पास कोई नहीं। वैसे ही डर लगता है।'

कांत कष्ट में भी मुसकराया, कहा, 'चाची! डर क्या है?'

'ना बेटा! डर तो लगता ही है। अपने किस दिन के लिए होते हैं? चिट्ठी लिखी है?'

'जी हाँ।'

'मेरी समझ में तो तार देना चाहिए था। शाम तक आ जाती। अपना अपना ही होता है। दूसरे क्या कर सकते हैं, आए और हाल पूछ कर गए। किसे पड़ी है, जो अपना घर छोड़कर दूसरे के पड़ेगा!'

'जी···!'

'मैं झूठ नहीं कहती, घर-घर मिट्टी के चूल्हे हैं। सब अपने को चाहते हैं।'

कांत का मन बोलने को नहीं कह रहा था, पर वह मना भी नहीं कर सकता था। उसने धीरे से कहा, 'जी, आप सच कह रही हैं।'

चाची मुसकराई, बोली, 'कोई बात हो तो मुझसे कह देना। बूढ़ी हूँ, वहाँ न पड़ी, यहाँ पड़ रही। सच जानना, तेरी बात सोच-सोचकर जी को बड़ा दुःख होता है। इतना बड़ा हो गया, अकेला पड़ा रहता है। विवाह भी तो नहीं किया। अपनी बहू होती तो दस काम करती।'

कांत ने कोई जवाब नहीं दिया। मुसकराकर रह गया। चाची कहती रही, 'दुनिया है, न जाने क्या-क्या सोचती है?'

और फिर एकदम विश्वस्त की भाँति नीचे झुककर धीरे से कहा, 'कल मोहनकृष्ण की बहू आई थी?'

'हाँ।'

'क्यों?'

'वैसे ही, पता लगा होगा, हाल पूछने चली आई।'

'ना भइया! तू समझदार है। देखभालकर काम करना चाहिए। किस-किस की जबान पकड़ी जाती है! रमेश की माँ कह रही थी कि कल कांत के पास मोहनकृष्ण की बहू आई थी, रात बीते गई। मुझे तो बुरा लगा सुनकर।'

कांत पर इस बात का कोई विशेष असर नहीं हुआ। वह जानता था कि वे क्या कहना चाहती हैं। इसलिए सुनकर उसने इतना ही कहा, 'चाची! मैंने उसे कई बार पढ़ाया है। मोहन मेरा मित्र था। उसी के नाते आई थी। मैंने नहीं बुलाया। अब आएगी तो मना कर दूँगा।'

चाची शीघ्रता से बोली, 'मैं जानती हूँ! उसपर विपदा क्या कम पड़ी है, पर औरत औरत है। सफेद चादर पर लगा दाग क्या छिपता है? और फिर, दस मुँह की दस बातें। अपने को बचाकर रखना चाहिए भइया! तेरी तारीफ सब करते हैं। कहते हैं—लड़का सोने का है! और ऐसा क्या काम है? मैं कर दूँगी, देवी है और माँ को तार दे दे। फिर कब काम आएगी? और सौ बातों की एक बात, विवाह कर ले। अपनी लुगाई जितनी मुहब्बत करती है, जितना उसपर जोर होता है, उतना और किसपर हो सकता है?'

और चाची उठी। जाते-जाते बोली, 'तेरे भइया को भेजूँ क्या?'

कांत ने धीरे से कहा, 'नहीं चाची! देवी है, दवा ले आएगा। तबीयत मेरी सुधर रही है।'

चाची चली गई, कुछ देर बाद देवी भी स्कूल चला गया। वह फिर अकेला रह गया। उसे लग रहा था कि उसका ज्वर धीरे-धीरे बढ़ रहा है। उसे पाँच-छह दिनों से बुखार आ रहा था, साथ ही पेट में दर्द था। वह समझता था, जैसा सदा होता है, आठ-दस दिनों में सब ठीक हो जाएगा, परंतु इस बार ऐसा हुआ कि रोग घटने के बजाय बढ़ने लगा। परसों रात में उसके पेट में इतना दर्द उठा कि वह तड़प उठा। उसने देर तक पेट को दाबा, दवा खाई, पर शांति नहीं पड़ी। देवी को जगाया, कहा, 'आग जलाकर मेरा पेट सेंक दे।' परंतु आग जले-जले उसके दस्त शुरू हो गए! वह काँप उठा, क्या होगा अब? देवी भी घबराया। बेचारा कभी माथा थामता, कभी पानी लाता और कांत···।

हठात् कांत को कुछ याद आया, बोला, 'प्याज होगा। उसका अर्क ले आ।' देवी नीचे दौड़ा और कांत साँस लेने को रुका। उसने छाती को जोर से दबा लिया और आँखें बंद करके लेट गया। सघन, निस्तब्ध रात्रि, रोग का भयानक प्रकोप और माँ की अनुपस्थिति! कांत का हृदय फटने लगा, वह रो पड़ा। क्या होगा···? और उबकाई फिर आई; पर तभी हाथ में प्याली लिये देवी ने वहाँ प्रवेश किया। कांत एक साँस में सब अर्क पी गया। क्षण बीते जैसे प्राण लौटे, छाती बँधी। वह फिर नेत्र मूँदकर लेट गया। दूसरे ही क्षण उसे लगा, उसका बदन तवे की तरह तप रहा है···।

वह रात धीरे-धीरे बीत गई। सदा की भाँति प्रभात आया, दुनिया जागी और

काम में लगी। कांत उसी तरह शिथिल, संज्ञाहीन पड़ा रहा। न उसे दिन का ज्ञान था, न रात का। उसे यह भी पता नहीं था कि वह है भी या नहीं। धूम्राच्छादित-स्वप्निल-माया प्रदेशों की तरह कुछ चित्र उसके सामने उठते थे और वह आँखें फाड़-फाड़कर देखता था, जैसे कुछ खोजना चाहता हो, पर क्या? यह वह स्वयं ही नहीं जानता था! वास्तव में वह न सोता था, न जागता था। वह गहरी मूर्च्छा में था। उसी मूर्च्छा में उसे लगा, जैसे भयानक अंधेरी रात बीत रही है, प्रभात की सुनहरी किरणें धरती को मुखरित करती हुई चारों ओर फैल गई हैं, प्रकाश मंद-मंद गति से मुसकराता हुआ आ पहुँचा है। वायु की हलकी लहरें मदहोशी का गीत गाने लगी हैं और उसके अंग-अंग में जैसे प्राण लौट रहे हैं, जैसे मीठी मादकता, उसे कँपाती हुई उसके रक्त के साथ नाड़ियों में फैल रही है··· ! वह काँपा, यह क्या है? यह मादक सिहरन, यह प्राणदायक स्पर्श, मीठा और प्यारा, जैसे वह जीवन-सरोवर में डूब रहा है, उसके पैर, हाथ, उसकी छाती, उसका मुख, नाक, आँखें, मस्तक—सब डूब गए और डूबकर ही जैसे वह जी उठा···वह फिर काँपा। उस कंपन में माधुर्य था, उसका हृदय आलोड़ित होने लगा। उसे लगा कि उसका ताप शांत हो रहा है। उसकी आँखें खुलने लगी हैं और उसका स्वर फूट रहा है—माँ आ··· !

आँखें खुल गईं। उसने देखा, वह अपने कमरे में लेटा है, द्वार खुले हैं और उनसे आकर मनोरम प्रकाश वहाँ बिखर गया है और कोई धीरे-धीरे उसका माथा सहला रहा है। क्या माँ आ गई···आँखें आप-ही-आप ऊपर उठीं और उठकर रह गईं। उसके सामने चिर-परिचित मुखड़ा था—सुंदर, शांत और गंभीर! वह क्षणभर बोल नहीं सका, उसे देखता रहा और वह हाथ फेरती रही। केवल एक बार उसका हाथ काँपा, पर स्थिर होकर वह फिर सहलाने लगी। क्षण भर बाद जब प्रभाव शांत हुआ तो कांत धीरे-धीरे फुसफुसाया, 'तुम आई हो, कमला!'

'कैसा जी है?'

'देख रही हो।'

'कहलाया क्यों नहीं? इतना गैर समझते थे?'

कांत नहीं बोला। कमला ने फिर कहा, 'आज अचानक देवी मिल गया था। पूछने पर उसने बताया, नहीं तो मुझे क्या पता लगता?'

'जरूरत ही क्या थी?'

'हाँ! जरूरत तो कुछ नहीं थी। बात केवल इतनी थी कि मैं तुम्हें दुनिया के दूसरे आदमियों की तरह नहीं समझती हूँ।'

कांत जैसे काँपा। उसने आँखें उठाकर देखा और धीरे-धीरे अपना हाथ

उसके हाथ पर रख दिया, पर दबाना चाहकर भी दबा न सका। कमला ने कोई विरोध नहीं किया, बल्कि उसके हाथ पर अपना दूसरा हाथ रखकर दबा दिया और दबाए रही। कांत उसी तरह लेटा रहा। उसकी आँखें डबडबा आईं, परंतु उसने उन्हें पोंछने की चेष्टा नहीं की। उस अवस्था में उसे बहुत सुख मिल रहा था और वह उस सुख को खोना नहीं चाहता था। जेठ की तपती दोपहरी में तपे हुए मुसाफिर को शीतल वायु का झोंका जितनी शांति देता है या माघ-पूस की जमा देनेवाले शीत में ठिठुरता हुआ मुसाफिर आग को देखकर जो सुख पाता है, वही सुख आज कांत को मिला था। कंगाल की तरह उस सभी को वह दिल में बटोर लेना चाहता था। कभी-कभी उसे डर लगता था कि वह कहीं स्वप्न न हो, वह कहीं मात्र कल्पना ही न साबित हो। उसके हृदय की यह निर्बलता यद्यपि स्थायी नहीं थी, परंतु रोग के कारण उसकी मेधा-शक्ति क्षीण हो गई थी, इसीलिए वह अस्थिर हो उठा था…।

सहसा जीने से आहट हुई। देवी बाहर से लौट आया। कांत ने चौंककर अपना हाथ खींच लिया। कमला बिना झिझक के उसी तरह शांत मन बैठी रही। देवी ने आकर शीशी चुपचाप मेज पर रख दी और कहा, 'भइया! डॉक्टर ने कहा है, वे एक घंटे में आएँगे।' कांत ने कुछ जवाब नहीं दिया। वह समझ गया था कि डॉक्टर को बुलाने की सलाह कमला की है।

वह उठी और बोली, 'दवा क्या अभी देनी होगी?'

'नहीं! कहा है, एक खुराक दवा अभी देनी है।'

'और…।'

'और तो कुछ नहीं कहा।'

'तुम्हें स्कूल जाना है?'

'जैसा कहो।'

'आज मत जाओ। जरा यहाँ बैठो। मैं नीचे देखती हूँ। दूध ले आए हो न?'

'जी हाँ।'

कमला चुपचाप नीचे गई और डॉक्टर के आने तक उसने कई बार ऊपर-नीचे चक्कर लगाए। देवी से पूछकर कांत का बिस्तर बदला, कपड़े बदले। कमरे को धो डाला और फिर देवी के लिए खाना बनाया। घर जैसे चमक उठा और कांत को लगा, जैसे उसका आधा रोग दूर हो गया है। उसका मन एक भीगी खुशी से भर उठा। मनुष्य की शक्ति कितनी बोदी है? सहानुभूति और प्रेम के बिना उसका कोई मूल्य नहीं है। इस दुनिया में कोई उसका है, मात्र यह भावना, यह अपनापन वास्तविक हो उठता है, तो मनुष्य पूरी दुनिया को चुनौती देने के लिए तैयार हो जाता

है। उसे लगा कि उसके सब दु:ख मिट गए हैं और वह दुनिया का सबसे भाग्यशाली तथा सबसे सुखी मनुष्य है···। और इसी कमला को लेकर चाची उसे उलाहना देने आई है, 'सुन रे बेटा! उसका यहाँ आना ठीक नहीं है। कल दुनिया क्या कहेगी? किसी का मुँह नहीं पकड़ा जाता।'

वह जानता था, चाची का क्या मतलब है। मीठी भाषा सत्य की कड़वाहट को दूर नहीं कर सकती। वह कहना चाहती थी, 'कमला दुश्चरित्रा है। उससे संपर्क रखना बुरा है। कमला चरित्रहीन है।' ये शब्द कांत के मस्तिष्क में धुआँ बनकर घुट गए। उस धुएँ ने उसके दिल को भी कड़वा बना दिया। वह फुसफुसाया, क्या कमला सचमुच चरित्रहीना है? उसने धीरे से करवट बदली और शून्य में ताकने लगा, पर विचार क्या उसे शांत रहने देते थे? वे बिना बुलाए आए और बोले, तुम जानते हो, पहले-पहल जब तुम कुछ दिनों के लिए कमला को पढ़ाने गए थे, तब वह कितनी भोली और कितनी सच्ची थी! उसके भोलेपन से तुम कितने आकर्षित हुए थे! तुमने चाहा था कि तुम सदा उसके पास रहो, पर तुम्हारा स्वप्न उसने एक शब्द में भंग कर दिया था और उसी कमला ने विवाह के बाद आग्रहपूर्वक तुम्हें फिर पढ़ाने के लिए बुला भेजा। तब वह कितनी बदल गई थी? भोली बालिका अब एक चंचल, परंतु उदार युवती बन चुकी है। वह जीवन से खेलना जानती थी, परंतु यह भी जानती थी कि खेल की एक मर्यादा है। वह तुम्हें प्यार करती थी; उसी तरह, जिस तरह एक मित्र अपने मित्र को और एक बहन अपने भाई को करती है। उसने तुम्हें यह भी बताया था कि वह तुम्हें शुरू से ही प्रेम करती थी···पर भाग्य की बात, एक दिन शहर में दंगा हुआ और शैतानों ने उसके पति की हत्या कर डाली। वह विधवा हो गई, उसका भाग्य फूट गया। तब तुमने और तुम्हारे साथी चंद्र ने उसकी कितनी सहायता की! तुम बहुधंधी थे। राजनीतिक कार्यकर्ता होने के कारण चंद्र के पास समय का अभाव नहीं था, लेकिन विपत्ति अकेली नहीं आती। पति के बाद कमला का एकमात्र पुत्र भी चल बसा, फिर उसकी सास भी जीवित न रह सकी। कमला अकेली रह गई। संसार उसके लिए शून्य था, पर उस शून्य में दो प्रकाश-स्तंभ थे, जो उसे मार्ग सुझा रहे थे, तुम और चंद्र। तुमने हृदय को शक्ति दी, पर चंद्र ने अँगुली पकड़कर राह दिखाई। कमला मरकर भी जी उठी। यही बात दुनिया को खटकी, वह अनाथ है, पर प्रसन्न है, शांत है, जी रही है, आखिर क्यों? 'क्यों' का उत्तर ढूँढ़ना मुश्किल नहीं था। तुम और चंद्र मौजूद थे। बस, कमला को चरित्रहीना घोषित कर दिया गया। चंद्र और तुम पुरुष थे, क्षम्य थे, पर कमला नारी थी। नारी को क्षमा नहीं मिल सकती। वह आदिशक्ति है, इसलिए वही समाज के

कोप का कारण बनी…।

ये विचार अपनी कहानी इतनी तीव्रता से कह रहे थे कि कांत अपने-आपको वश में न रख सका। वह उत्तेजित हो उठा, क्रोध से उसका मुँह तमतमा आया। वह फुसफुसाया, कमला दुश्चरित्रा है, क्योंकि वह विपत्ति में भी हँसती है, क्योंकि वह आपदाओं के सामने नहीं झुकी। उसे याद आया, एक दिन उसी ने कमला से कहा था, 'सुनो कमला! इतने बड़े संसार में हमारा-तुम्हारा मूल्य ही क्या है? तुम रोओगी, दुनिया तुम्हारे आँसू पोंछने के लिए नहीं रुकेगी। तब उसके साथ चलने में हमारा कल्याण है। और जब चलना है तो गर्व से सिर उठाकर चलना चाहिए। अच्छी भावना तुम्हारा एकमात्र अवलंब है। उसके रहते हुए किसी भी तरह तुम्हारा नाश हो जाता है तो तुम्हें चिंता नहीं करनी चाहिए। आखिर तुम मर भी गई, तो दुनिया का क्या बिगड़ जाएगा! वह तो एक अंतहीन क्रम है।'

आज उसे खुशी थी, कमला इस रहस्य को समझ गई थी और इसका कारण थे वे दोनों—कांत और चंद्र। विशेषकर चंद्र, क्योंकि कांत महसूस करता था, बावजूद सब बातों के, उसमें एक प्रकार की झिझक थी और चंद्र शांत होकर भी जो कुछ करता था, खुले दिल से करता था। कांत नहीं जानता था कि कमला किसे अधिक प्रेम करती थी, परंतु वह यह अवश्य जानता था कि उसका सुख कहाँ है…?

मन में इस विचार के आते ही उसका दिल भर आया, आँखें गीली हो गईं और तभी आँसुओं के कारण धुँधली दृष्टि से उसने देखा, कमला उसके सामने खड़ी है। देखकर वह चौंक पड़ा और चाहा कि मुसकराए, पर कमला सीधी उसके सिरहाने आ बैठी और माथे पर हाथ फेरती-फेरती बोली, 'रो रहे हो?'

'नहीं कमला!'

'तो ये आँसू!'

कांत ने मुसकराकर कहा, 'ये आँसू बड़े पवित्र हैं। किसी की वीरता की याद करते समय मेरा हृदय उसको प्रेम देने के लिए उमड़ पड़ा था।'

कमला भी मुसकराई, 'कौन है वह भाग्यशाली? शायद चंद्र।'

'नहीं!'

'तो!'

'बूझो।'

कमला ने शांत भाव से हँसते हुए कहा, 'तुम्हारे सामने बुद्धि का प्रयोग करूँ, चाहकर भी इतनी स्पर्धा मुझमें पैदा नहीं होती।'

कांत बोला, 'तो हुआ, मैं तुम्हें कायर बनाता हूँ।'

'कायर नहीं, विनीत कहो, कांत! विनीत वही होता है जो शक्तिशाली है।'

'कमला!'

'कहो, कांत, वह भाग्यशाली कौन है?'

'सुनोगी?'

'हाँ।'

'तो सुनो, वह तुम हो।'

कमला काँपी, 'मैं…।'

'हाँ तुम! तुम्हारी कहानी याद करते-करते मेरी आँखें भर आई थीं।'

'लेकिन मेरी कहानी याद करने का कारण क्या था?'

'वह भी बताता हूँ। तुम्हारे आने से पहले सामनेवाली चाची आई थीं। कहती थीं, कमला दुश्चरित्रा है। उसे मना कर दो, वह तुम्हारे पास न आए!' कहकर कांत ने कमला को देखा, वह उसी तरह शांत भाव से सिर दबा रही थी। क्षण भर बाद जैसे कुछ हुआ ही नहीं, बोली, 'अब तुम्हारी तबीयत कैसी है?'

'कल से ठीक है।'

'माँ कब आ रही हैं?'

'आज संध्या तक आशा है?'

'तब ठीक है, मैं जा रही हूँ।'

कांत बड़ी तेजी से चौंका। उसने घबराकर कहा, 'पर कमला! मैंने तो तुम्हें जाने के लिए नहीं कहा। मैं तो तुम्हें…!'

सहसा कमला ने अपना हाथ कांत के मुँह पर रख दिया और मुसकराती हुई बोली, 'आगे कुछ मत कहना, कांत! तुमने कैसे समझ लिया कि तुम्हारे कह देने पर भी कमला तुम्हारे पास से चली जाएगी,' और फिर हँसकर कहा, 'तुम सदा मेरे मास्टरजी बने रहना चाहते हो, लालची कहीं के। पर सुनो, गुरु गुड़ ही रहे, चेला चीनी बन गए वाली बात हो गई है।' कहते-कहते कमला खिलखिलाकर हँसी और कांत को कुछ कहने का अवसर न देकर फिर बोली, 'बात यह है, चंद्र का पत्र आया था। उसे दो वर्ष की जेल हो गई है।'

कांत ने चौंककर कहा, 'दो वर्ष…।'

'हाँ, दो वर्ष की सख्त कैद की सजा हुई है। लिखा है, तुम जाकर आश्रम सँभाल लो।'

'बस?'

'हाँ। बस, इतना ही लिखा है।'

‘और तुम जा रही हो?’

‘न जाऊँ?’

कांत ने फिर कमला की ओर देखा, वह उसी तरह स्थिर थी। उसने कहा, ‘अगर मना करूँ तो रुक जाओगी?’

‘मना करके देखो।’

‘कमला!’

कमला ने कहा, ‘मास्टरजी! जिसने इतने दिन तुम्हारे चरणों के समीप शिक्षा पाई है, वह क्या इतना बुद्धू रहेगा कि तुम्हें भी न पहचान सके? तुम मना नहीं कर सकते!’

कांत धक् से रह गया। उसके पूरे जीवन की जमा-पूँजी, उसका सारा सत्य, सारा रहस्य क्षण भर में कमला ने खोलकर रख दिया। आज उसके ऊपर का सारा आवरण छिन्न-भिन्न होकर दूर जा पड़ा। वह उस थके हुए यात्री की तरह, जो मंजिल पर आकर देखता है कि वापस लौटने में ही उसका कल्याण है, काँप उठा। उसकी आँखें भर आईं। उसने उन्हें पोंछा नहीं। कमला भी चुपचाप बैठी रही। तनिक शांत होकर कांत बोला, ‘कमला, जाओ। जाने में ही तुम्हारा कल्याण है, पर मैं तुमसे एक बात कहना चाहता हूँ, मानोगी?’

‘कहो तो।’

‘चंद्र जब छूटकर आए तो तुम उससे विवाह कर लेना।’

जैसे भूकंप आ गया, कमरा हिला, छतें हिलीं, वायुमंडल हिला, कहकर कांत हिला, सुनकर कमला हिली। जब शांति हुई तो कमला का हाथ कांत के माथे पर रखा हुआ था और उसकी आँखों से बहती हुई आँसुओं की धारा अँगुलियों के छिद्रों में से होकर कांत के आँसुओं में जा मिली थी।

□

एकमात्र रास्ता

प्रबोध ने बैठक में आकर पाया कि जो सज्जन आए हैं, वह उसके पूर्व परिचित बड़े बाबू हैं। अवकाश प्राप्त हैं। जब तक वे रहे, क्लर्क सदा उनसे विद्रोह करते रहे, लेकिन अब वे उन्हीं के अधिकारों के लिए लड़ने को सदा प्रस्तुत रहते हैं। नया अधिकारी उनकी दृष्टि में अत्याचारी है। दो वर्ष पूर्व ही अवकाश-ग्रहण किया है। गौर वर्ण, यौवन के ढलते-ढलते बाल श्वेत हो गए थे, उसी तरह श्वेत हैं। शरीर इकहरा है, नाक सीधी, आँखों में चिरंतन मुसकान। वह प्रेम की प्रतीक हैं या घृणा की, इसपर अकसर लोगों में मतभेद रहता है। प्रबोध ने हँसकर कहा, 'आज आपने कैसे कृपा की?'

वे मुसकराए, 'छुट्टी थी, सो मिलने चला आया।'

'जी हाँ। छुट्टी है, लेकिन मुझे तो दफ्तर जाना होगा।'

'क्या वाहियात बात है। तुम लोग विद्रोह क्यों नहीं करते? जमाना कितना बदल गया है। मैंने तीस वर्ष हेडक्लर्की की है। काम होने पर स्वयं दफ्तर जाता रहा, लेकिन आज्ञा देकर किसी और को नहीं बुलाया। यह तो तुम लोगों का स्नेह था कि स्वयं ही आ जाते थे।'

प्रबोध मन-ही-मन मुसकराया। सोचा—जो जीवन भर क्लर्कों से लड़ता रहा, वह क्या सचमुच उन बातों को भूल गया है या जानबूझकर अपने को छिपाना चाहता है? लेकिन जाने दो। ये कड़वी बातें हैं। सदा मीठा ही बोलना चाहिए। सो मुसकराकर कहा, 'आपकी बात और थी। आप दूसरों के दुःख-दर्द को समझते थे।'

बाबूजी गद्गद हो उठे, एक क्षण दोनों मौन बैठे रहे। जैसे तूफान की प्रतीक्षा हो। एकाएक् बाबूजी ने कहना शुरू किया, 'मैंने तुम्हारे बहुत से भाषण सुने हैं। कैसी प्यारी और मीठी भाषा है तुम्हारी। विचार भी कितने पवित्र हैं। क्यों बेटा,

तुम्हारी उम्र क्या होगी?'

'जी, यही चौबीसवाँ चल रहा है।'

'विवाह नहीं किया क्या?'

'जी, अभी तो···'

'न, न बेटा। तुम्हें अब विवाह कर लेना चाहिए। मैं इसीलिए आया हूँ···।'

कहकर उन्होंने प्रबोध की ओर देखा। उसकी मुसकराहट कुछ और गहरा आई। उसने धीरे-धीरे कहना शुरू किया, 'जी, बात यह है···'

एकाएक बात काटकर बाबूजी बोल उठे, 'जानता हूँ। जैसी लड़की तुम चाहते हो, वह ठीक वैसी ही है। सुशिक्षित, सभ्य, सदाचारिणी और गृह-कार्य में दक्ष। दो वर्ष पूर्व बेचारी की माँ मर गई थी। तब से घर का भार उसीपर है। पिता ने फिर विवाह कर लिया है। इसलिए भाई-बहनों को भी वही देखती है, मानो वही उनकी माँ है।···'

सहसा रुककर उन्होंने एक बार प्रबोध की ओर देखा। फिर बोले, 'सुंदर है, रंग तनिक साँवला है, परंतु लगती है, जैसे लक्ष्मी हो। और बेटा, नारी का सौंदर्य तो लज्जा है।'

प्रबोध ने सबकुछ सुना। फिर सदा की तरह अभ्यस्त स्वर में कहा, 'बात यह है जी···'

'कहो।'

'मैं अभी विवाह करना नहीं चाहता।'

मधुर कंठ से वह बोले, 'मैं जानता हूँ। तुमपर भार है। तुम अपने भाई को पढ़ाना चाहते हो। परमात्मा तुम्हारी मनोकामना पूरी करे, परंतु बेटा, यह भी देखना है कि तुम्हारी आयु बीती जा रही है।'

प्रबोध ने प्रतिवाद किया, 'जी, अभी आयु क्या है? आजकल तो···'

बाबूजी की आँखों की मुसकान जैसे एकाएक झुँझलाहट में परिवर्तित हो गई। वह कुछ कहते, इससे पहले प्रबोध का छोटा भाई दो गिलासों में सिकंजबीन ले आया।

बाबूजी जैसे इस कार्यक्रम के अभ्यस्त थे। गिलास हाथ में लेकर बोले, 'तुम आजकल की बात कहते हो। आजकल तो न जाने क्या हो गया है। लोग सिकंजबीन पीते हैं, पर नजला नहीं होता। मेरा लड़का बरसात में दही पीता है और उसमें आम का रस मिलाकर खाता है। हमारे वक्त में जिस दिन घर में आम आते थे, उस दिन दही जमता तक नहीं था।'

प्रबोध मुसकाया, कहा, 'जहाँ आज हिमालय है, वहाँ किसी दिन समुद्र था।'

वह बोले, 'ईश्वर की माया है, बेटा। जो वे चाहते हैं, वही होता है। जब वे चाहेंगे, तभी तुम्हारा विवाह होगा। स्वामी दयानंद लिख गए हैं—प्रारब्ध से पुरुषार्थ बड़ा होता है। पुरुषार्थ करना मनुष्य का काम है, फल देना भगवान् के हाथ में है। लड़की सुयोग्या है। सोचता हूँ कि तुमसे अधिक योग्य लड़का और कहाँ मिलेगा।'

प्रशंसा से प्रबोध पिघल जाता है, इसीलिए नम्रतापूर्वक कहा, 'जी, मैं कृतज्ञ हूँ, पर मैं अभी विवाह नहीं करूँगा। यह निश्चित है।'

उनका मुँह सहसा पीत वर्ण हो आया। उठने लगे, लड़खड़ाए, फिर कहा, 'बड़ी आशा लेकर आया था, पर तुम्हारा विश्वास नहीं तोड़ना चाहता। लड़की का विवाह होना है, हो जाएगा।…'

उनकी वाणी में क्रोध था, करुणा थी, परंतु दोनों का स्रोत एक ही था। इसीलिए उस विफलता के आवेश में वे तुरत चले गए।

एक माह बीत गया। उस दिन वह बहुत देर से दफ्तर से लौटा था। खाने-पीने का प्रबंध करने का उत्साह तनिक भी नहीं था। सोचा कि आज होटल में ही खा लेना ठीक रहेगा। उठा, तभी किसी ने पुकारा। वे ही थे। अंदर आकर बोले, 'देखता हूँ, बहुत देर से आते हो। अत्याचार की एक सीमा होती है। उनकी दृष्टि में हमारे जीवन का कोई मूल्य ही नहीं। तुम साहसी हो, जो उस नरक में रहकर भी देश की सेवा करते हो।'

प्रबोध मुसकराया, 'जी, देश की सेवा क्या, मन बहलाता हूँ।'

वे बोले, 'जिनका मन देश की सेवा में बहलता है, वे महान् हैं। नहीं तो अनेक युवक हैं, जो पूरा जीवन शतरंज और ताश में बिता देते हैं। वे जीवन को सिगरेट के एक कश से अधिक महत्त्व नहीं देते। काम मैंने भी बहुत किया है, लेकिन मैंने समय को सदा पहचाना है। वे क्षण कभी भी व्यर्थ नहीं खोए, जिनमें जीवन का सुख सुरक्षित किया जाता है।'

प्रबोध बोला नहीं, सोचता रहा। व्यक्ति इतना छल क्यों करता है? तभी वे बोल उठे, 'बेटा, तुमने उस बारे में सोचा? वही मेरे मित्र की सुंदर लड़की…'

'ओह! वह बात। जी, मैंने आपसे कहा था न। मैं विवश हूँ। अभी विवाह नहीं कर सकता।'

आज वे रंचमात्र भी नहीं झिझके। बोले, 'जानता हूँ और कहूँगा, मुझे तुमपर गर्व है। मैं तुम्हारे पास कभी न आता, यदि…'

वह क्षण भर रुके। दृष्टि उठाकर प्रबोध को देखा। प्रबोध एकाएक बोला, 'सिकंजबीन पीएँगे आप?'

अनसुना करके वह बोले, 'एक विशेष प्रस्ताव लेकर आज मैं तुम्हारे पास आया हूँ। तुम्हारे जैसे साहसी और दृढ़निश्चयी युवक ही उस प्रस्ताव को स्वीकार कर सकते हैं।'

'विवाह के अतिरिक्त…'

'सुनो तो। वह लड़की सुंदर और शिक्षित होने के अतिरिक्त लेखिका भी है।'

'जी, तब तो बहुत अच्छी बात है।'

'लेकिन उसकी माँ…'

'उसकी माँ…?'

'हाँ,' उन्होंने धीरे से कहा, मानो अपने से बोलते हों, 'उसकी माँ विवाहिता नहीं थी।'

प्रबोध आपादमस्तक सिहर उठा। सँभलने में कई क्षण लग गए। फिर बोला, 'उससे क्या होता है? विवाह लड़की से करना है, माँ से नहीं। कमल कीचड़ से पैदा होता है। इसी कारण क्या कोई उसे हेय समझता है?'

यह सुनकर उनकी आँखों में एक कलुष रेखा उठी और फिर मिट गई। वह मुसकराने लगे। बोले, 'निस्संदेह बेटा, तुमने मर्म की बात कही है। दूसरे लोग इतने उदार कहाँ! वे कुल को देखते हैं और देखते हैं कुलीनता। उसके पास कुछ भी नहीं है। इसीलिए कहता हूँ…'

प्रबोध को सहसा जवाब न सूझा। वे और भी आशान्वित हो उठे। बोले, 'तो तुम उसे स्वीकार करोगे। वह अनाथ है, परंतु तुम्हारे ही शब्दों में रत्न सदा अनाथ होता है।'

प्रबोध के मन को जैसे झंझा ने झकझोर दिया। झुंड-के-झुंड असंख्य विचार उसके मन में घुस आए। उसने एकाएक सोचा, तो क्या मैं…

और उसके सामने एक सुंदर कन्या का चित्र उभर आया। उसके मुख पर दिव्य आभा थी। आँखों में करुणा का प्रकाश था। दृष्टि झुकाए जैसे नाखून से धरती को कुरेद रही हो। वह काँप उठा। इतनी करुणा, इतनी निरीहता, छिः-छिः नारी इतनी अवश क्यों, दया की पात्री क्यों? नहीं, नहीं, वह दया नहीं करेगा…।

फिर सहसा उसकी दृष्टि बाबूजी से टकरा गई। वह मुसकरा रहे थे। उसे अच्छा नहीं लगा। दृढ़ होकर उसने कहा, 'मैं सोचना चाहूँगा। विवाह के बारे में मेरी

निश्चित धारणाएँ हैं। आवेश में आकर उनकी अवहेलना नहीं करूँगा।'

वे जैसे आकाश से गिरे हों। विवश से बोले, 'करनी भी नहीं चाहिए, परंतु मैं कहता था। यह तो···'

प्रबोध ने तुरत उत्तर दिया, 'क्षमा कीजिए। मैं किसीपर दया नहीं करना चाहता। कम-से-कम विवाह में दया की तनिक भी गुंजाइश नहीं है।'

जैसे वज्र गिरा हो। वह स्तब्ध रह गए। मुख विवर्ण हो आया। कई क्षण अपलक प्रबोध को देखते रहे। फिर बोले, 'मुझे तुमसे बड़ी आशाएँ थीं। तुम क्रांति की बातें करते हो, परंतु नहीं जानता था कि तुम भी औरों की तरह ही हो।'

उनकी वाणी में तलखी उमड़ आई थी। वह लड़खड़ाते हुए उठे, दो क्षण किवाड़ थामे खड़े रहे। फिर एक झटके के साथ बाहर चले गए। प्रबोध ने उन्हें जाते हुए देखा और तीव्र स्वर में बोल उठा, 'दया, ऊँहूँ। जो दया के पात्र हैं, उन्हें मर जाना चाहिए।'

× × ×

उस रात स्वप्न में प्रबोध ने देखा, बाबूजी उस लड़की को लेकर आए हैं। कह रहे हैं—तुम्हें इससे विवाह करना ही होगा। देखो तो, यह कितनी सुंदर है···।

नहीं, नहीं। वह विवाह नहीं करेगा···लेकिन जैसे किसी ने धीरे से कहा हो, लड़की सचमुच सुंदर है।···ओह, उसने गरदन को झटका दिया। उसका दिल तूफान की गति से धक-धक कर रहा था। कुछ सोच नहीं पा रहा था। तभी सहसा उसकी आँखें खुल गईं। देखा कि दिन निकल आया है और बाहर बाबूजी पुकार रहे हैं। क्रुद्ध स्वर में वह चीख उठा—मेरे पीछे ऐसे पड़ा है, जैसे मैंने कोई पाप किया हो।

लेकिन जब वे अंदर आए तो उसने पाया कि वे एक ही रात में वृद्ध हो उठे हैं। मुख की श्यामता गहरा आई है और आँखों में वेदना छलक रही है। अत्यंत विनम्र स्वर में उन्होंने कहा, 'फिर आने के लिए क्षमा चाहता हूँ। क्या करूँ? कल मेरा लड़का बिना कुछ कहे कहीं चला गया है। मैं तुमसे कुछ निजी बातें कहने आया हूँ···।'

इस क्षण में प्रबोध ने बहुत कुछ पाया, और समझा, लेकिन वह सहसा कोई उत्तर नहीं दे सका। तब तक वह कुरसी पर बैठ गए थे। दीर्घ निःश्वास लेकर बोले, 'चाहकर भी कल मैं तुमसे साफ-साफ बातें नहीं कर सका। तुम मेरे बेटे के समान हो। तुम्हारे पास सहानुभूति है। शायद मुझे समझ सकोगे···।'

वे क्षण भर रुके। नेत्रों की तरलता कुछ गहरी हुई, होंठ फ़ड़फड़ाए। प्रबोध का मन तब न जाने कैसा हो आया। उसके अंतर में एक गुलझट उभर आई थी,

इसलिए वह अभी नहीं बोला। उन्होंने कहा, 'कल जिस लड़की के लिए मैं आया था, वह मेरी ही बेटी है।'

जैसे भूकंप आया हो। प्रबोध चीख उठा, 'आपकी बेटी है…।'

'हाँ, वह मेरी बेटी है। पत्नी का देहांत हो जाने पर मेरे मित्र दूसरी शादी के लिए बहुत आग्रही हो उठे। उनकी आयु काफी थी। तीन बच्चे थे। आसानी से कोई भी उन्हें लड़की देने के लिए तैयार नहीं था। तब बीच में पड़कर मैंने ही उनका विवाह चंद्रा की माँ से करवा दिया था। वह विधवा थी…।'

प्रबोध एकाएक बोल उठा, 'आपने तो कहा था कि वह अविवाहिता थी।'

'मैंने झूठ कहा था। मैं तुम्हारे अंतर में सहानुभूति जगाना चाहता था, लेकिन पहले मैं अपनी बात कह लूँ। चंद्रा की माँ इस विवाह से पूर्व मेरी प्रेमिका रही है। वह मेरे गाँव की ही थी, परंतु जाति एक न होने के कारण हमारा विवाह नहीं हो सका था और जिस पुरुष के साथ उसका विवाह हुआ, उसको वह कभी प्रेम नहीं कर सकी। हम दोनों मिलते रहे। यौवन का तूफ़ान था और विवेक यौवन का दुश्मन होता है। परिणाम यह हुआ कि चंद्रा ने जन्म लिया। विवाहिता थी, इसलिए इस बात को हमारे अतिरिक्त और कोई नहीं जान सका। फिर चंद्रा के जन्म से पूर्व ही वह विधवा हो गई। पति-कुल में कोई नहीं था। इसलिए उसे फिर पिता के घर आकर रहना पड़ा, लेकिन अब वह बदल चुकी थी। उसे मुझसे नफरत तो नहीं हुई थी, लेकिन वह फिर कभी मेरे पास आई भी नहीं। उसने मुझसे स्पष्ट कहा था—मैं तुमसे प्रेम करती हूँ। चंद्रा उसी प्रेम की प्रतीक है। बस, अब और कुछ नहीं चाहती।

मेरा विवाह हो चुका था। फिर नौकरी पर मुझे दूर चले जाना पड़ा। सो हम एक-दूसरे को भूलने लगे। उसने प्राण खपाकर चंद्रा का पालन-पोषण किया, लेकिन एक बार भी वह मेरे द्वार पर हाथ फैलाने नहीं आई। और यों ही सात वर्ष बीत गए। अचानक जब मेरे उन मित्र को दूसरी पत्नी की आवश्यकता हुई, तब मुझे उसकी याद आई। उन दोनों का यह नया परिणय सुखद ही हुआ। उसे चार बच्चे हुए। और जब उसकी मृत्यु हुई तो चंद्रा पंद्रह वर्ष की हो चुकी थी। मरने से पूर्व उसने मुझसे एक ही बात कही थी—चंद्रा का विवाह कहाँ होना चाहिए, इसकी चिंता तुम्हें करनी होगी…।'

वे सहसा रुके। कंठ अवरुद्ध हो आया। जैसे अपने से कहते हों, 'जीवन में एक ही याचना मुझसे उसने की थी…'

प्रबोध जड़वत् सबकुछ सुनता रहा। अंतर में क्रोध, करुणा और घृणा—सभी उमड़े। कहने को बहुत कुछ उठा, पर वह मौन ही बैठा रहा। अब भी वे ही

बोले, 'लेकिन मेरी कहानी यहीं समाप्त नहीं होती। यही बात होती तो मुझे यह रहस्य खोलने की कोई आवश्यकता नहीं थी।'

प्रबोध सहसा सिहर उठा, 'अभी और भी कुछ शेष है?'

'हाँ, मेरा बड़ा लड़का चंद्रा से विवाह करना चाहता है।' कहकर वह सिहर उठे। प्रबोध यंत्रवत् अस्फुट स्वर में इतना ही बोला, 'आपका लड़का।...आपने उसे ये बातें बता दी हैं?'

'नहीं। इतना साहस मुझमें नहीं है।'

'तब।'

'तब यही कि तुम उससे विवाह कर लो।'

प्रबोध संज्ञाहीन हतप्रभ शून्य में ताकता रहा। कई क्षण इसी तरह बीत गए। फिर सहसा दृढ़ता से बोला, 'नहीं। मैं उससे विवाह नहीं करूँगा।'

उन्होंने उसे देखा। काँपने लगे। उसने धीमे पकड़कर मानो समझाते हुए कहा, 'उससे विवाह कर सकता तो मुझे बड़ी खुशी होती, लेकिन...लेकिन...वह आपके लड़के से प्रेम करती है। वह नहीं जानती कि उसके पिता आप हैं। तब क्या यह अच्छा नहीं होगा कि वह उस बात को कभी न जाने।'

सुनकर वे पुरइन के पत्ते की तरह काँपे। नेत्र विस्फारित कर मूर्तिवत् प्रबोध की ओर देखने लगे। उसी समय किसी ने नीचे से पुकारा, 'बाबूजी।'

वे जैसे पागल हो उठे हों। उन्होंने कहा, 'कौन, रमेश? क्या है बेटा?'

रमेश तब तक वहाँ आ गया था। एकदम बोला, 'बाबूजी, भैया का पता लग गया। वह दिल्ली में है। तार आया है।'

उन्होंने झपटकर तार ले लिया। पढ़ने के बाद वह उनके शिथिल हाथों से छूटकर धरती पर गिर पड़ा और साथ ही गिरे पड़े बाबूजी। प्रबोध इतना ही सुन सका। उन्होंने अस्फुट स्वर में कहा, 'मैं मरना चाहता हूँ, मरना चाहता हूँ।'

रमेश घबराकर उनपर झुकता हुआ बोला, 'समझ में नहीं आता कि पिताजी इस विवाह का विरोध क्यों करते हैं? आजकल जात-पात को कौन पूछता है?'

उस ओर ध्यान दिए बिना प्रबोध ने तार पढ़ा—सुरेश यहाँ आया है और उसने चंद्रा से विवाह के लिए रजिस्ट्रेशन ऑफिस में प्रार्थना-पत्र भेज दिया है। आशीर्वाद भेजिए।

□

अगम-अथाह

स्वतंत्रता-प्राप्ति के कुछ पूर्व से लेकर कुछ बाद तक जो नरमेध-यज्ञ भारत में हुआ, उसको मैंने बहुत पास से देखा है। उसी की एक झलक इस कहानी में है। अपनी ओर से मैंने इसमें बहुत कम कहा है।

गाड़ी ने सीटी दी तो रमेश ने राहत की साँस खींची। तभी सहसा एक वृद्ध व्यक्ति ने खिड़की के पास आकर कहा, 'मुझे अंदर आ जाने दीजिए।'

जैसे उन्होंने ततैया के छत्ते में हाथ डाल दिया। एक साथ अनेक क्रुद्ध आँखें उनकी ओर उठीं। सौभाग्य से यह सतयुग नहीं था; नहीं तो विश्वामित्र या दुर्वासा की तरह वे उस वृद्ध को वहीं भस्म कर देते। हुआ यह कि रमेश के मित्र ने चुपचाप दरवाजा खोल दिया। वृद्ध हाँफते-हाँफते अंदर घुस आए—घुस आए, क्योंकि अनेक नवयुवकों ने उनको बाहर फेंक देने की पूरी-पूरी कोशिश की थी। आ गए तो देखा—उनकी देह काँप रही है, चेहरा झुर्रियों से भरा हुआ है और आँखों में ऐसा कुछ है कि न देखते बनता है, न दृष्टि हटाने को जी करता है। आँखें ऐसे बंद होती हैं कि हरहराकर फिर खुल जाती हैं। फिर तो हृदय में धड़कन ही नहीं होती; ऐसा लगता है, जैसे कोई उसे आरी से चीरने लगा है।

गाड़ी धीरे-धीरे गति पा रही थी और दूसरे लोगों का ध्यान उस वृद्ध की ओर बढ़ चला था। वे भी, जो किसी गहरे वाद-विवाद में व्यस्त थे, धीरे-धीरे फुसफुसाते और फिर चुप होकर उन्हें देखने लगते। वे दयनीय और करुण, पाखाने के पास खड़े थे। सामने की बर्थ पर जो एक अधेड़ सज्जन बैठे थे, वे वृद्ध की ओर एकटक देख रहे थे। सहसा वे पीछे खिसके, बोले, 'आप यहाँ बैठ जाइए।'

वृद्ध चौंके, 'जी!'

'आप यहाँ बैठ जाइए।'

वृद्ध ने ऐसे देखा, जैसे स्वयं पानी-पानी हो चले हों; फिर बैठते-बैठते कहा, 'भगवान् तुम्हें सुखी रखे, भइया।'

अधेड़ व्यक्ति ने फिर पूछा, 'आप कहाँ जा रहे हैं?'

'कहाँ जा रहा हूँ?' जैसे किसी ने वृद्ध के अंतर्मन पर चोट की थी। एक क्षण ऊपर देखा, कहा, 'क्या बताऊँ भइया! जहाँ भी भाग्य ले जाएगा, जाऊँगा।'

कहते-कहते झुर्रियों में एक हलका कंपन हुआ। होंठ हिले, पलकें मुँद सी गईं। खुलीं तो उनमें पानी नहीं था, हलकी चिपचिपाहट थी। उस व्यक्ति के पास एक युवक बैठा था। वह बोल उठा, 'आप दिल्ली में रहते हैं?'

'हाँ बेटा!'

'कोई दुःख है आपको?'

तब तक एक और अधेड़ व्यक्ति का ध्यान उधर खिंच गया। वे बोले, 'शायद आपका कोई रिश्तेदार खो गया है? आजकल गुमशुदगी की घटनाएँ बहुत हो रही हैं।'

'जी, शायद वह आपका बेटा है?' तीसरे आदमी ने कहा।

रमेश ने एक बार उन आदमियों को देखा, फिर उस वृद्ध को। फिर उन आदमियों को देखा और फिर उस वृद्ध को। तभी वृद्ध बोले, 'हाँ बेटा, तुम ठीक कहते हो। मेरा बेटा खो गया है।'

'मैंने कहा था न,' अधेड़ सज्जन बोले, 'वह तो आपकी सूरत ही कह रही है। बेटे का दर्द अलग ही होता है।'

'क्यों जी, दिल्ली में था?'

'जी हाँ!'

'कित्ता बड़ा था जी?'

'सोलह वर्ष का था।'

डिब्बे की एकमात्र स्त्री ने अपने बच्चे को गोद में अंदर खींचकर साड़ी का पल्ला ओढ़ा दिया। ऊपर की बर्थ पर लेटे हुए महाराष्ट्रीय सज्जन ने अब नीचे झाँका। शोर आप-ही-आप बुदबुदाहट में बदल चुका था। एक व्यक्ति ने पूछा, 'क्यों जी, कैसे चला गया था?'

'जी, स्कूल गया था।'

'और फिर लौटकर नहीं आया। मेरे एक दोस्त हैं, उनका भी लड़का स्कूल गया था, आज तक नहीं लौटा।'

सुनकर वृद्ध कुछ अस्पष्ट स्वर में बुदबुदाए, पर प्रश्नकर्ता ने फिर प्रश्न किया, 'कितने दिन हो गए जी?'

'यही दो महीने से कुछ ज्यादा।'

'दो महीने? तब तो दिल्ली में बड़ी मार-काट मची हुई थी।'

वृद्ध ने गहरी साँस खींची, कहा, 'तभी की बात है। स्कूल में इम्तहान हो रहे थे। अचानक कुछ लोगों ने हमला कर दिया।'

'मुसलमानों ने किया होगा।' महाराष्ट्रीय सज्जन बोल उठे।

'जी नहीं।'

'तो?'

'आप समझ लीजिए। उन लोगों ने एक जाति के सभी लड़कों को मार डाला।'

'सबको?'

'जी हाँ।'

अवाक्-अपलक यात्रियों ने एक-दूसरे को देखा। सबके मन भय और वेदना के धुएँ से घुट रहे थे। एक व्यक्ति ने पूछा, 'कितने होंगे जी?'

इसका जवाब दिया रमेश के मित्र ने, 'कितने थे, यह कभी कोई नहीं जान सकेगा और जानने का महत्त्व ही कितना है!'

'पर आपका बेटा क्या…?' ट्रंक पर बैठे हुए युवक ने सकुचाते हुए पूछा।

वृद्ध के नयन फिर चिपचिपा रहे थे। बोझिल वाणी में कहा, 'कहते हैं, वह डरकर कहीं भाग गया।'

'जी हाँ, हिंदू, हिंदू को नहीं मार सकता।'

'अजी, कुछ न पूछो, आजकल तो…!'

'आज की बात नहीं है। आज मुसलमान हैं कहाँ?'

'हैं क्यों नहीं?'

रमेश के मित्र हँस पड़े, 'मुसलमान अब हिंदुस्थान में नहीं हैं, मेरे दोस्त! जो मुसलमाननुमा सूरतें दिखाई देती हैं, वे उनकी लाशें हैं, चलती-फिरती लाशें।'

और यह कहकर वे और भी जोर से हँसे। वह हँसी डिब्बेवालों को बहुत बुरी लगी, जैसे कोई मरघट में हँस पड़ा हो। महाराष्ट्रीय सज्जन ने कहा, 'आप पाकिस्तान की बात नहीं सोचते? वहाँ तो एक भी हिंदू नहीं बचा है।'

'नहीं बचा है तो अच्छा है; तड़पना तो नहीं पड़ेगा।'

नीचे बैठे हुए अधेड़ व्यक्ति ने उधर ध्यान न देकर फिर पूछा, 'क्यों जी, कुछ अता-पता लगा?'

'जी हाँ, सुना है, वह कराची चला गया है। वहाँ से जो लोग बंबई आए हैं, उनसे पता लगा है कि वह भी शायद बंबई आ गया है, वहीं जा रहा हूँ।'

रमेश के पीछे जो व्यक्ति बैठे थे, उन्होंने धीरे से कहा, 'बात समझ में नहीं आती। स्कूल से भागकर लड़का घर क्यों नहीं आया? कराची क्यों गया और कैसे गया?'

रमेश सबकी बातें सुन रहा था, परंतु बोलता नहीं था, क्योंकि उसकी दृष्टि बार-बार वृद्ध सज्जन पर जा अटकती थी। वह सोचने लगता था—उस दिन सवेरे जब इनका बेटा स्कूल में परीक्षा देने गया होगा, तो क्या इन्होंने सोचा होगा कि वह अब नहीं लौटेगा? उसकी माँ ने प्यार से उसे दही और लड्डू खिलाया होगा। कहा होगा, 'बेटा, परचे अच्छे करना और देख, सीधा घर आना! आजकल बुरे दिन हैं।' और फिर खिलता हुआ बेटा स्कूल गया होगा और फिर संध्या को जब वह बेटे की राह देख रही होगी, तब उसने वह दर्दनाक खबर सुनी होगी। तब···

रमेश काँपा। उसने सिर को झटका दिया। उसके नयन भर आए। उसने वृद्ध को देखा—वे उसी तरह कह रहे थे, 'उसे घूमने का बहुत शौक था। उम्र भी चंचल थी। उसे वे लोग भगाकर ले गए।'

'आपने अखबारों में निकलवाया है?'

'जी हाँ। अखबारों में भी निकलवाया है। रेडियो से भी एलान हुआ है, पर आप जानते हैं, वहाँ हमारे अखबार नहीं भेजे जाते, न कोई रेडियो सुनता है।'

'जी हाँ, सबकुछ गड़बड़-ही-गड़बड़ है।'

रमेश का मस्तिष्क घूम-फिरकर फिर वहीं आ गया। खबर देनेवाले ने कहा होगा—स्कूल में कत्ले-आम मच गया। सब बच्चे मार डाले गए। तब हतभागिनी सी उसकी माँ के हृदय से एक तेज चीख निकली होगी और अपने बच्चे को देखने के लिए पागल सी आतुर वह बाहर भागी होगी। किसी ने कहा होगा, ठहरो बीवी! वहाँ खतरा है। अभी इंतजार करो। और उसने इंतजार किया होगा। शायद अब तक कर रही है। अभी भी वह अपने दरवाजे से बाहर झाँककर उस चिरपरिचित मार्ग को देखती होगी, जिसपर उसका बेटा आता-जाता रहा होगा।

रमेश के लिए सोचना असंभव सा हो गया। वह दिल्ली में रहता था। उसने उस घटना की चर्चा सुनी थी, पर उससे अधिक नहीं, जितनी वह आज सुन रहा था। तभी सहसा उसके मित्र ने कहा, 'सामान उठा लो, रमेश! हम यहीं उतरेंगे।'

गाड़ी धीमी पड़ने लगी और शोर बढ़ चला। रमेश ने ऊपर से होल्डॉल उतार लिया। फिर उस वृद्ध को देखा—उस धकापेल में वे उसी तरह शून्य में ताकते हुए बैठे थे। वह नीचे उतर गया। उतर गया तो जैसे होश आया, परंतु वृद्ध की झुर्रियों और चिपचिपाहट से पूर्ण दृष्टि वह नहीं भुला सका। वे उमड़-घुमड़कर

विचारों का तूफान पैदा करती ही रहीं। कई दिनों बाद जब लौटकर दिल्ली आना हुआ, तब भी कभी-कभी बिजली की तरह वह मूर्ति उसके नेत्रों में कौंध आती थी। उन्हीं दिनों अचानक एक पुराने मित्र मिल गए। कई बार उनका निमंत्रण आ चुका था। वास्तव में उनकी पत्नी का बड़ा आग्रह था। रमेश उन्हें 'भाभी' कहता था। वे कार में बैठाकर उसे घर पर ले गईं। चाय का वक्त था। बिना पुकारे नौकर मेज पर सामान जुटा गया और भाभी चाय तैयार करने लगीं। मित्र किसी जमाने में कॉलेज के प्रोफेसर थे। कांग्रेस-आंदोलन में बहुत दिन जेल काटी। अब शरणार्थी-विभाग में कोई बड़ा सा पद उन्हें मिला था; इसलिए यह स्वाभाविक था कि 'सब रास्ते रोम को जाते हैं' वाली कहावत के अनुसार चर्चा हर कहीं होकर शरणार्थियों की समस्या पर आ अटकती थी। बातों-बातों में रमेश उन वृद्ध की चर्चा कर बैठा। अचरज में मित्र ने मुसकराकर कहा, 'मैं उन्हें जानता हूँ।'

रमेश ने पूछा, 'क्या वे आपके पास आए थे?'

'कई बार आए हैं। उनको पूरा यकीन है कि उनका लड़का कहीं-न-कहीं जिंदा है।'

'पर क्या यह सच हो सकता है?'

'असंभव। यह उसी दिन मारा गया होगा।'

'पर वह तो हिंदू था।'

मित्र मुसकराए, 'मौत जाति नहीं पूछती। और वह तो सामूहिक वध था; बहुत मुमकिन है, हत्यारे उसे न पहचान सके हों।'

'शायद।'

'और नहीं तो वह कहाँ जाता?'

'पर उसकी लाश!'

बात काटकर मित्र ने कहा, 'ऐसे मौकों पर जो कुछ होता है, वह क्या बताना होगा? कौन कह सकता है, कितनी लाशें उन्होंने जला या दबा नहीं दी होंगी? तब तो गिनती कम करने का प्रश्न होता है।'

भाभी ने प्याला ठक् से मेज पर रख दिया और करुणा से उद्वेलित होकर अंग्रेजी में कहा, 'आदमी कितना बर्बर हो गया है!'

मित्र हँसे, बोले, 'आदमी वास्तव में बर्बर ही है। कौन कह सकता है, मैं कब तुम्हारा गला नहीं घोंट दूँगा। कम-से-कम मुझे तो इसमें कुछ असंभव नहीं लगता। और फिर, इधर जो कुछ हम देख चुके हैं, वह तो संभावना को प्रमाणित करनेवाला है। हाँ, कुछ लोग मानते हैं कि एक दिन मनुष्य शारीरिक बल की तरह

बौद्धिक बल का परित्याग कर सम्मिलित जीवन को प्राप्त करेगा, पर जब तक बुद्धि है, बर्बरता से छूटने का कोई उपाय नही है।'

रमेश ने चाय का घूँट भरा और फिर कहा, 'भविष्य में क्या होगा, इसपर विचार करने से इतना लाभ नहीं है, जितना वर्तमान पर विचार करने से। मैं कहता हूँ, वे क्यों नहीं मान लेते कि उनका लड़का अब दुनिया में नहीं रहा। इस दुःख को स्वीकार किए बिना क्या उन्हें शांति मिलेगी?'

'दुःख तो यही है,' मित्र बोले, 'उन्होंने इस दुःख को स्वीकार नहीं किया है। विधि के इस दान का तिरस्कार ही उन्हें साल रहा है।'

भाभी ने पूछा, 'तुम इसे विधि का दान कहते हो?'

'कोई चिंता नहीं,' वे बोले, 'तब इसे व्यक्ति का दान कह सकती हो।'

रमेश ने सिगरेट जलाई और दियासलाई को बुझाते हुए कहा, 'तो तुम उन्हें समझाते क्यों नहीं?'

'समझाना चाहता हूँ,' मित्र ने धुएँ के उठते हुए बादलों के उस पार ध्यान से देखा, 'पर उनकी आँखें देखकर मेरा कलेजा मुँह को आने लगता है। कुछ कहने को मन नहीं करता। बुद्धि बहुतेरा जोर लगाती है, पर उनकी दृष्टि—रमेश, मैं तुमसे क्या कहूँ—सब विचारों को पाश-पाश कर देती है। तब मैं सोचता हूँ, आज यदि मुझमें नारद की शक्ति होती तो अपने तपोबल से, राजा के बेटे की तरह, उनके बेटे की आत्मा को बुलाकर दिखाता कि जिसे वे अपना बेटा समझे थे, वह उनका दुश्मन था। तभी तो बुढ़ापे में तड़पाकर चला गया!'

रमेश ने उसका प्रतिवाद करना चाहा, पर तभी देखा, कोई अंदर चला आ रहा है, लेकिन यह देखकर कि साहब अकेले नहीं हैं, वह ठिठक गया। न जाने क्या हुआ, दूसरे ही क्षण रमेश चौंककर बोल उठा, 'अरे, ये तो वही वृद्ध हैं!'

मित्र मुड़े, 'कौन?' और खड़े होकर कहा, 'आइए, चले आइए। ये मेरे मित्र हैं।'

आज उनके वेश में इतना ही परिवर्तन था कि हजामत बढ़ गई थी और उसने उनके मुख की भयंकरता को और भी गहरा कर दिया था। वे बैठ गए तो मित्र ने कहा, 'चाय पिएँगे?'

एक फीकी सी मुसकराहट झुर्रियों में उठी और वहीं खो भी गई, बोले, 'चाय पिऊँगा, पर पहले मेरी बात सुन लो। मुझे निश्चित रूप से पता लगा है कि किशोर मुलतान कैंप में है।'

'जी, मुलतान?' मित्र विस्मित-चकित बोल उठे।

'जी, हाँ, मुलतान कैंप में। बंबई में एक सज्जन मिल गए थे। वे सिंध से आए थे। मैंने उन्हें हुलिया बताया। ठीक उसी तरह का एक लड़का उन्होंने मुलतान कैंप में देखा था। वही रंग, वही आँखें, वही कपड़े। नीला निकर, सफेद कमीज, नीली धारी की जुराबें और काला जूता। माथे पर दाहिनी ओर चोट का निशान भी उन्होंने बताया। यह भी कि वह अंग्रेजी बोलना पसंद करता है और शरारती है।'

रमेश ने देखा—कहते-कहते वृद्ध की आँखें ऐसे चमकीं, जैसे घोर अंधकार में रह-रहकर जुगनू उठता है। मित्र ने साहस करके पूछा, 'पर वह मुलतान कैसे जा सकता है?'

उन्होंने दृढ़ता से कहा, 'वह मुझसे अकसर मुलतान जाने की बात कहा करता था। सच तो यह है, उसे पंजाब बड़ा प्यारा था। जान पड़ता है, वह जान बचाने के लिए स्कूल से भाग गया। स्टेशन पास था। कोई गाड़ी जाती होगी, उसी में बैठकर चला गया।'

'हो सकता है।'

'जी हाँ, यही हुआ है।'

'तो फिर?'

'तो आप कृपा करके मुलतान कैंप के इंचार्ज को लिख दें। जरा अच्छी तरह लिखें। आपकी दया से उसका पता लग गया तो···'

आँसू न जाने कहाँ रुके थे। झुर्रियों में अटक-अटककर बहने लगे। रुँधे गले से उन्होंने अपनी बात जारी रखी, 'आपने मुझपर बहुत मेहरबानियाँ की हैं। मैं उन्हें नहीं भूल सकता। एक बार और कोशिश करके देखिए। उसकी माँ को पूरा यकीन है कि वह मुलतान कैंप में है।'

और फिर सदा की तरह जेब से एक चिट्ठी निकालकर उन्होंने कहा, 'उसकी माँ ने यह चिट्ठी लिखी है। आप यह भी कैंप इंचार्ज को लिख दें कि वह उसे समझा दे कि बेटा, तुम्हारी माँ तुम्हारी याद में तड़प रही है। तुम इसी वक्त चले आओ; नहीं तो हम दोनों मर जाएँगे।'

एक बार फिर कुरते की जेब में हाथ डालकर कई नोट निकाले और बोले, 'किशोर की माँ ने कहा है, पैसों की चिंता न करें। जो कुछ है, उसीका है।'

मित्र की अवस्था बड़ी विषम थी। वे एकटक अपने नीचे धरती को देख रहे थे, वह न हिलती थी, न डुलती थी। नोटों की बात सुनकर उन्होंने दृष्टि उठाई और कहा, 'इन्हें आप रखिए। पता लगने पर यदि जरूरत हुई तो मैं मँगवा लूँगा। और देखिए, आप अपना खयाल कीजिए। क्या हालत हो गई है! आपको अब समझ

लेना चाहिए…।'

बात काटकर उन्होंने कहा, 'मैं सब समझता हूँ। न समझता तो क्या अब तक जीता रहता, पर किशोर की माँ की बात और है। खाट से लग गई है। हर वक्त दरवाजे पर आँखें गड़ाए बैठी रहती है। कोई वक्त-वेवक्त दरवाजा खटखटाता है तो चिल्लाकर कहती है—देखो तो कौन है? शायद किशोर है!'

फिर जैसे वे कहीं खो गए; जैसे कंठ भावों के उन्मेष में जकड़ा गया। कई क्षण शून्य में ताका और सन्नाटा गहर-गहरकर सबके दिलों को कचोटता रहा। उन्होंने ही कहा, 'आप मेरी चिंता न करें। आप बहुत अच्छे हैं, बहुत अच्छे! बस, आप उन्हें लिख दें। बहुत-बहुत विनती करके लिख दें कि अपना काम है। समझें कि वे अपना ही बेटा ढूँढ़ रहे हैं।'

और अपनी डबडबाई आँखों को कुहनी से पोंछकर वे उठे, 'तो मैं जाऊँ? आप लिखेंगे?'

'जरूर लिखूँगा और हो सका तो मैं आपके जाने का प्रबंध भी कर दूँगा।'

वे मुड़े। श्वास फूलने लगी, जैसे कोई संपदा मिली हो, कहा, 'सच?'

'देखिए, कोशिश करूँगा। चाय पीजिए।'

रमेश एकटक उनके मुख को देख रहा था। उन झुर्रियों में शिशु की सरलता उमड़ रही थी और वे दयनीय तथा डरावनी आँखें एक मधुर प्रकाश से भर उठी थीं, जैसे वे किसी सुहाने स्पर्श का अनुभव कर रहे थे। उन्होंने कहा, 'पिऊँगा, एक दिन आप सब लोगों के साथ अपने घर बैठकर पिऊँगा। तब तक किशोर भी आ जाएगा। वह दिन अब दूर नहीं है। मैं जानता हूँ, वह मुलतान कैंप में है, क्योंकि आज जब घर से यहाँ आने के लिए मैं चला था, तो मैंने रास्ते में एक मुर्दा देखा था।'

अंतिम बात उन्होंने बड़े धीरे से कही और कहकर शिशु की तरह हँस पड़े। रमेश से देखा नहीं गया। उसने मुँह फेर लिया और वे जिस तरह आए थे, उसी तरह चले गए। चाय ठंडी हो गई थी और साथ ही उन दोनों के दिल भी। भाभी भी अंदर चली गई थीं। कुछ देर उन्हीं से बातें करके रमेश लौट आया। उसका मन और भी अशांत हो गया। उसने सोचा—यह कैसा अप्राकृतिक जीवन है। इस छलना का अंत होना चाहिए, अवश्य होना ही चाहिए।

बुद्धि जब सोचती है तो उसके पास रास्तों की कमी नहीं रहती। रमेश को आखिर एक राह दिखाई दी। एक दिन बड़े तड़के उठकर उसने वृद्ध के घर जाने का निश्चय कर डाला। जो कुछ हुआ, वह बुरा था; पर उस बुरेपन को संपदा की तरह सहेजकर रखना तो निरा पागलपन ही नहीं, देश के साथ विश्वासघात भी है। उन्हें

साफ-साफ कहना होगा—तुम्हारा बेटा मर चुका है और केवल तुम्हारा बेटा ही नहीं मरा, असंख्य माँ-बापों ने अपनी गोदी के लाल गँवाकर आजादी पाई है। माँ के बंधन काटने के लिए संतान को प्राण होम करने ही पड़ते हैं। मौत आजादी का पारितोषिक है। इसके लिए तुम्हें गर्वित होना चाहिए।

बहुत ढूँढ़ने पर उसे घर मिला। एक पंचायती मकान में उनका कमरा था। कुछ कंपन सा हुआ। वैसे, सर्दी के दिन थे। ऊपर कपड़े लाद लेने पर भी वायु ने त्वचा पर दस्तक दी, तो पता लगा कि वह खुला पड़ा है; गिरते-गिरते बचा। तनिक सा खोलकर झाँकना चाहा। तभी सुना, कोई बोल रहा है। ठिठककर सुनने लगा। स्वर नारी का था। लगा, थका होकर भी उसमें प्रार्थना का आवेग है। सुना, 'अच्छा, अब उठो भी। क्या दफ्तर नहीं जाओगे?'

जवाब मिला, 'नहीं।'

'क्यों?'

'क्योंकि यह सब झूठ है!'

'सुनो तो।'

'कुछ नहीं किशोर की माँ! अब कब तक हम इस भुलावे में पड़े रहेंगे? कब तक झूठ-मूठ मन को बहलाते रहेंगे? किशोर अब नहीं लौटेगा। वह वहाँ पहुँच चुका है, जहाँ से कोई नहीं लौटता और जहाँ...'

आगे के शब्द कंठावरोध में खो गए। रुदन से फूटी हुई उसाँस ही रमेश सुन सका, परंतु नारी का स्वर और भी दृढ़ था। उसने कहा, 'तुम तो यूँ ही दुःखी होते हो जी! भगवान् की माया कौन जानता है! हमारे गाँव के गोविंद पंडित का बेटा सात साल बाद लौटा था। और सुनो तो, मैंने आज सवेरे एक सपना देखा है कि किशोर तुम्हारे पीछे-पीछे दरवाजा खोलकर अंदर आया है। उसने नीला निकर, सफेद कमीज, नीली धारी की जुराबें और काला जूता पहना है। कह रहा है—माँ, मैंने आज का परचा बहुत अच्छा किया है, बहुत अच्छा! और तुम जानते हो, सवेरे का सपना हमेशा सच्चा होता है। लो उठो, मैंने चाय बना ली है। पीकर बड़े बाबू के पास हो आओ। देर हो गई तो वे दफ्तर चले जाएँगे। उठो। उठो भी!'

उसके बाद क्या हुआ, यह जाने बिना रमेश वहाँ से सीधा अपने घर लौट आया। उसे लगा, उस वृद्ध दंपत्ति का स्वप्न भंग करने के लिए उसे जिस हिम्मत की जरूरत थी, उसे प्राप्त करने के लिए अभी उसे बहुत परिश्रम करना होगा।

□

(सन् १९४८)

मार्ग में

रात्रि का पहला पहर था। जंगल में ठंडी हवा फर्राटे से चल रही थी। उसीसे उलझकर पत्ते तेजी से फड़फड़ाते और फिर हिलते रहते; वैसे, चारों ओर सन्नाटा था। चाँद उग आया था और शरत्कालीन आसमान नीले प्रकाश से भरा पड़ा था। धरती की छाती पर चाँदनी इस तरह चिपक रही थी, जैसे सुकुमार शिशु माँ की छाती से चिपककर मुसकरा उठता है। ऐसे समय में एक युवक खेतों के बीच से जाती हुई टेढ़ी-मेढ़ी पगडंडी पर तेजी से आगे बढ़ रहा था। उसे वातावरण में कोई दिलचस्पी नहीं थी। शीत से उसकी नसें तड़कने लगी थीं और वह थककर चूर हो रहा था। उसके कंधों पर बँधे हुए दोनों फौजी थैले उसकी छाती पर दो बड़े-बड़े पत्थरों की तरह मालूम हो रहे थे। इसीलिए वह रह-रहकर सामने देखने लगता था। वहाँ दरख्तों के झुरमुट के पीछे गाँव के कच्चे मकान थे, जो अभी नजर से दूर थे। इसलिए उसके दर्द में कोई कमी नहीं पड़ी थी। इसका एक और भी कारण था। वह इस गाँव में किसी को नहीं जानता था। वह किसके पास जाकर ठहरेगा? तब दुनिया बड़ी तेजी से पलट रही थी। अन्न-वस्त्र की समस्या ने आचरण-व्यवहार के मूल्यों में गहरा परिवर्तन कर दिया था।

सहसा वह चौंक उठा। एक लड़खड़ाती, परंतु तीखी आवाज उसके कानों से आकर टकराई। वह आवाज गालियों और झिड़कियों से भरी हुई थी और कहीं पास से आ रही थी। उसने दृष्टि उठाकर देखा—बाईं ओर अरहर के खेत से एक बुढ़िया एक लड़के को घसीटती हुई ला रही है। वह इतनी तेजी से गालियाँ दे रही थी कि बात को समझना असंभव था। उसका चेहरा झुर्रियों और गड्ढों से भरा हुआ था और चाँदनी रात में उसकी हड्डियाँ साफ-साफ नजर आ रही थीं। उसके वस्त्र फटे हुए थे और पैर नंगे। इसी तरह वह लड़का बुरी तरह चीख रहा था। उसके

शरीर पर वस्त्र थे, फिर भी वह गंदा और दयनीय लगता था।

इन्हें देखकर वह ठिठक गया और उसे देखकर बुढ़िया एकदम चुप हो गई। एक क्षण दोनों ने एक-दूसरे को देखा और फिर बुढ़िया बोली—

'परदेसी हो?'

'हाँ।'

'किसके यहाँ जाना है?'

उसने जवाब दिया, 'मुझे आगे जाना है। मैं यहाँ किसी को नहीं जानता। रात भर पंचायत घर में ठहरूँगा।' और फिर बच्चे की ओर मुड़कर कहा, 'यह क्यों रो रहा है?'

बुढ़िया गुस्से से भरकर बोली, 'इसकी तकदीर में रोना लिखा है, इसलिए रो रहा है। इतनी रात हो गई और ऐसी हवा चल रही है, पर यह घर जाने का नाम नहीं लेता। डर भी नहीं लगता मरे को। किसी दिन भेड़िया उठाकर ले गया तो? और ले जाए, मुझे क्या पड़ी है? मेरी जान बचेगी। इस उम्र में परमात्मा ने यह बला मेरे पीछे लगा दी है। उठाता भी तो नहीं इसे। भला यह भी कोई बात है, रोज-रोज यहाँ आओ! इतनी सर्दी, जंगल और इतनी रात! घर में दस काम हैं। कौन बैठा है जो खिला देगा। दर-दर भीख माँगता फिरेगा। और आजकल तो कोई भीख भी नहीं देता।'

बुढ़िया की वाणी का सतत प्रवाह बंद होनेवाला नहीं था। बालक का रोना अलबत्ता अब सिसकियों में पलट चुका था। उसने एक बार फिर उन्हें देखा। कहा, 'बड़ा निडर लड़का है! क्या उम्र है इसकी?'

'है पाँचेक साल का। इसकी माँ जब मरी थी तो तीन साल का था। उसे गोली खाए डेढ़ बरस हो गया।'

उसने अचकचाकर पूछा, 'इसकी माँ ने गोली खाई थी, कैसे?'

'कैसे क्या? खेत में घास छील रही थी। गोली आकर लग गई। उसे ही क्या, जाने किस-किसको लगी थी, पर इसकी माँ ने तो पानी भी नहीं माँगा। फौज क्या कम थी? पूरे गाँव में भर गई थी। जिसे चाहा, लूटा; जिसे चाहा, मार डाला। जवान बहू-बेटी तो उनकी आँखों का काँटा बन गई थीं। पूछो मत बेटा···और बेटा, गाँववाले क्या कम थे। उन्होंने भी सब तार काट दिए, खंभे उखाड़ डाले और जो सरकारी आदमी थे, सबको मारकर भगा दिया। रेल तक छीन ली थी, कहते थे—गांधी बाबा का हुक्म है। अंग्रेजी राज मिट चुका है।···मेरा बेटा भी उन्हीं में था।'

'तुम्हारा बेटा?'

'हाँ, मेरा बेटा भी गोली से मारा गया। उसने तार काटे थे। न जाने दिमाग में क्या समा गया था। उछल-उछलकर इन तारों में झूला करता था। जितने जवान छोकरे थे! बस, उनका यही पेशा था—तार काटना, खंभे उखाड़ना, पुल तोड़ना···और बस, इसी में एक दिन गोली खाकर मर गया। भागा भी तो नहीं। कई छोकरे भागकर बच गए, पर वह··· ।'

कहते-कहते बुढ़िया की आँखें भर आईं, गला रुँध गया। उसने बच्चे को अपने पास खींच लिया। फिर बोली, 'भला कोई बात है। इसकी माँ बेचारी क्या इन कामों को जानती थी? बेचारी गरीब औरत घास खोदकर पेट पालती थी। उसे एक यही लड़का था। बाप पहले ही मर चुका था।'

उसका मन एक गहरे विषाद और एक गहरी करुणा से भर रहा था। उसकी थकान मिट गई थी। कम-से-कम उसका ध्यान अपनी ओर नहीं था। वह तीव्रता से बुढ़िया और उसके बच्चे की बात सोचने लगा था। उसने कहा, 'तो इसका बाप भी मर गया? उसे भी गोली लगी थी?'

'नहीं बेटा। यह तो बीमार था। गोली इसकी माँ को लगी थी।'

वह अचकचाया, 'पर तुमने कहा था, तुम्हारे बेटे को गोली लगी थी।'

'हाँ, मेरे बेटे को गोली लगी थी, पर इसका बाप बीमार था।'

'इसका बाप तुम्हारा बेटा नहीं था?'

'नहीं।'

'यह तुम्हारा पोता नहीं है?'

'नहीं।'

गाँव पास आ गया था और हवा की तेजी साँय-साँय में पलटने लगी थी। उसको यह कहानी बड़ी रहस्यमयी लगी। बुढ़िया कहती रही, 'इसका बाप बहुत बीमार रहकर मरा। इसकी माँ घास छीलने गई, तो फिर नहीं लौटी। फौज ने उसे गोली से मार डाला। मेरा बेटा भी तभी मरा था। कई दिनों के बाद जब मैं कस्बे से लौटी, तो ऐसी ही रात पड़ गई थी। उस खेत के पास आकर सुना—कोई सुबक-सुबककर रो रहा है। एक बार तो मैं डर गई। फिर मुड़कर देखा, तो यह लड़का बैठा था। इसके बदन पर कोई कपड़ा नहीं था और रो-रोकर इसने आँखें सुजा ली थीं। मुझसे देखा नहीं गया।'

बीच में टोककर वह बोल उठा, 'और तब तुम इसे अपने साथ ले गई?'

'और क्या करती! मेरा बेटा मर गया था और मैं अकेली थी। बेटे के पीछे मेरा मन रो-रो पड़ता है, पर जब इसे देखती हूँ, तो जैसे कोई घाव पर मरहम लगा

देता है। लेकिन बेटे, डेढ़ साल हो गया, यह इस जगह को नहीं भूला। जैसे ही साँझ होती है, रोज यहाँ आ जाता है।'

'रोज?'

'हाँ।'

'रोता है?'

'पहले रोता था, पर अब चुपचाप बैठा रहता है।'

'वैसे, तुमसे हिल-मिल गया है?'

'हाँ, दिन भर मेरे पास रहता है।'

'और रहेगा भी?'

बुढ़िया ने अचरज से उसे देखा, 'रहेगा नहीं तो कहाँ जाएगा? कौन इसे पालेगा? बेचारा मासूम बच्चा! उन्होंने इसकी माँ को मार डाला और मेरे बेटे को खा गए। इसे माँ चाहिए और मुझे···!'

वे अब गाँव में प्रवेश कर चुके थे और कुत्ते भौंकने लगे थे। बुढ़िया यहीं रुक गई और अपनी ही बात काटकर बोली, 'यह मेरी झोंपड़ी है। रात में यहीं ठहर जा। अब कहाँ जाएगा?'

उसने एक बार उस घर को देखा, जो बुढ़िया की तरह थका हुआ और कंकाल था। फिर बिना कुछ कहे उसके पीछे-पीछे वह अंदर चला गया। अंदर जा रहा था, तो सहसा एक बार मन में उठा—वह जाग रहा है अथवा कोई स्वप्न है?

□

समस्या

कमल ने एक बार फिर उस पत्र को पढ़ा, पहले भी कई बार पढ़ चुका था…

…आपकी सभी बातें पूरी हो चुकी हैं। अब तो यही अच्छा है, हम मिलकर संबंध को पक्का कर लें। आपका पत्र आते ही मैं सेवा में उपस्थित हो जाऊँगा। शांता मेरे साथ ही आएगी। आवश्यकता पड़ने पर आपकी दीदी उसे देख सकती हैं।

आप दोनों योग्य हैं। समय बहुत आगे बढ़ गया है। आप यदि शांता से मिलकर कोई रास्ता ढूँढ़ सके, तो मुझे प्रसन्नता ही होगी। मैं मानता हूँ कि विवाह-शादी के संबंध में अब बूढ़ों को बहुत कम दखल देना चाहिए। माँगने पर ही उनकी राय का मूल्य है।

उत्तर लौटती डाक से मिले तो सुभीता रहेगा।

पत्र पढ़कर कमल कुछ मुसकराया। इसका जवाब वह दे चुका है। इसका अर्थ इतना ही है—'समझदारी के लिए कृतज्ञ हूँ। आने को आपका घर है। शीघ्र ही अंतिम निर्णय करने की चेष्टा कर रहा हूँ।'

तभी नीचे से खाँसी का स्वर तेज हुआ। जान पड़ा, दादी पड़ोस से गेहूँ पीसकर लौट आई है, साथ में राजू है, कमल की एकमात्र संतान। दीदी का स्वभाव है, खाँसती है—और बोलती है—'न पीसूँ तो क्या करूँ? राशन में जो आटा मिला है, वह तो निरा रेत है।'

राजू ने पूछा, 'बुआ! आटे में रेत कौन मिलाता है?'

'मिलाता कौन? सरकार आटा देती है, वही मिलाती है। धीरे-धीरे जहर देकर मारने से तो अच्छा है कि एक बार ही तेज जहर देकर खत्म कर दे।'

'तो फिर तुम गेहूँ कहाँ से ले आई?' राजू ने तर्क किया।

'लाती कहाँ से? रुपए के सेर के हिसाब से दो सेर गेहूँ तेरे लिए हरदत्त के

घर से मँगा लिये थे। न जाने क्या हो रहा है? कहा करते थे, सुराज होने पर दूध-घी की नदियाँ बहेंगी, पर अब तो पेट में डालने के लिए दाने भी नहीं मिलते…'

कमल ने सुन लिया, परंतु उसका ध्यान दूसरी ओर था। ये शब्द एक कंपन सा पैदा करके रह गए। विचार आगे बढ़े। शांता आ रही है। वे लोग आज आ सकते हैं। उसे शांता से मिलकर बहुत प्रसन्नता होगी और वह उससे खुलकर बातें करेगा। वैसे भी, उसका जीवन सार्वजनिक जीवन रहा है। गोपनीय उसके पास कुछ नहीं है। विवाह वह करना चाहता है। थोथे आदर्शों में उसे बहुत विश्वास नहीं है। जब तक स्वातंत्र्य-युद्ध चला, उसे विवाह के लिए अवकाश नहीं था, पर अब तो देश स्वतंत्र हो चुका है और बापू के बलिदान ने रक्तपात को भी समाप्त कर दिया है। अब तो उनके सामने एक ही समस्या है—अच्छे नागरिक बनकर स्वतंत्रता की रक्षा करना। और इसमें विवाह कोई बाधा नहीं डालता। वैसे भी, वह क्रांतिकारी विवाह होगा, क्योंकि शांता न उसके प्रांत की रहनेवाली है, न वह ब्राह्मण है और न कुमारी। कमल विधुर है तो वह विधवा है। कमल जीवन भर राष्ट्र की सेवा करता रहा है, तो उसने भी पिता से विद्रोह करके स्वाधीनता के युद्ध में योगदान किया है…

वह चौंका। नीचे का स्वर फिर तेज हो रहा था। उसका मन ग्लानि से भरने लगा, पर कान बरबस शब्दों पर जा अटके। दीदी दूधवाले से कह रही थी, 'आखिर तुम्हें हो क्या गया है? निरा सफेद पानी है। हम पैसे नहीं देते क्या?'

दूधवाले ने जवाब दिया, 'जैसे पैसे देते हो, वैसा ही दूध मिलता है। अच्छा दूध पीना है तो अच्छा पैसा खर्च करो।'

'यानी हम कम पैसे देते हैं?'

'बीबीजी, आप दस आने सेरवाला दूध लेती हैं। यह तो सबसे सस्ता दूध है।'

'और?' स्वर में गहरा अचरज था और खाँसी तेज हो उठी थी।

'और तो बारह आने सेर, चौदह आने सेर, रुपए सेर, यहाँ तक कि सवा रुपए सेर तक का दूध हमारी दुकान पर है। जितना गुड़ डालो, उतना ही मीठा होता है। जितने पैसे देंगी, उतना ही गाढ़ा दूध मिलेगा।'

दीदी खाँसते-खाँसते पागल हो उठी। कमल उनका जवाब नहीं सुन सका, पर यह बात नई नहीं थी। अभी परसों दीदी ने उससे कहा था, 'इससे अच्छा तो पानी लेना है।'

'हाँ दीदी! विशुद्ध जल से पवित्र और कुछ नहीं है।'

दीदी खीज उठी थी, 'तू तो बहस करता है। और जल पी लेने से शरीर

कितने दिन चलेगा? फिर, राजू को दूध नहीं मिलेगा तो कैसे होगा?'

कमल ने हँसकर जवाब दिया था, 'दीदी! तुमने तो महाभारत पढ़ी है। वीरता में अर्जुन के बाद अश्वत्थामा का नाम आता है। बचपन में बेचारे को पीने के लिए दूध के स्थान पर आटे का घोल मिला था। राजू को तो दूध का काफी अंश मिला है।'

दीदी ने तलखी से कहा था, 'चल, परे हट। हमेशा खिल्ली उड़ाता रहता है। अरे, जिस सुराज के लिए तूने पूरा परिवार गला दिया, उसमें पेट भर खाने-पीने को भी नहीं मिलता।'

'दीदी,' कमल ने काँपकर कहा था, 'पेड़ लगाते ही फल नहीं टपक पड़ते। एक दिन सबकुछ ठीक होगा।'

तब तो कमल ने दीदी को जवाब दे दिया था, पर उसके बाद उसका अपना मन तर्क पर तर्क करने लगा था, 'कुछ भी हो, जनता तो स्वराज का अर्थ यही मानती है कि चीज पहले से सस्ती है या नहीं। अनाज और कपड़ा उन्हें आसानी से मिल जाता है या नहीं। उनके जीवन का स्तर पहले से ऊँचा उठा या नहीं। वह सरकार की कठिनाइयों को नहीं समझती। वह योजनाओं को भी नहीं समझती। वह तो उन्हीं बातों को समझती है, जो उसके आज के जीवन को सुलझाती है…'

तभी राजू ने आकर कहा, 'पिताजी, आप मेरी किताबें क्यों नहीं लाए?'

कमल चौंककर बोला, 'तुम्हारी किताबें! भई, बाजार में मिली ही नहीं।'

'मिली नहीं, कैसे सब लड़के ले आए हैं?'

'कहाँ से लाए हैं?'

'एक मास्टर देते हैं।'

'तो तुम भी ले आओ।'

'ले तो आता,' राजू ने कुछ सोचकर कहा, 'पर पिताजी! वे छपी कीमत से दुगुनी कीमत माँगते हैं।'

कमल ने अचरज से राजू को देखा, 'दुगुनी कीमत क्यों?'

'पिताजी, मैंने स्वयं देखा है। किताब पर तेरह आने दाम छपा था, पर मास्टरजी माँगते हैं डेढ़ रुपया।' राजू पूर्ण आत्मविश्वास से बोल रहा था। उसने कहा, 'अगर कल किताबें नहीं मिलीं तो मास्टरजी मारेंगे।'

'कल मैं स्कूल चलूँगा, अच्छा।'

'अच्छा।'

राजू को संतोष हो गया, परंतु कमल का मन गहरे विषाद से उमड़-घुमड़

उठा—चारों तरफ यही गड़बड़ है। सब कहीं अराजकता फैली है। नैतिक मूल्य कहीं कोई कीमत नहीं रखते। आखिर क्यों? आखिर ये नेता लोग क्या कर रहे हैं? क्या ये अपनी जनता को नहीं जानते अथवा बाबा तुलसीदास के शब्दों में 'प्रभुता पाई काहू मद नाहीं।' वाली बात है···सोचकर उसे और भी क्लेश हुआ। और यही क्लेश उसे ठीक-ठीक निर्णय नहीं करने देता। लोग उसे आदर्शवादी कहकर उसका मजाक उड़ाते हैं, पर वह रात के सन्नाटे में बड़ी गंभीरता से सोचता है, 'क्या सचमुच हम स्वतंत्र हैं? क्या सचमुच राजनीतिक स्वतंत्रता ही मनुष्य का ध्येय है।' सड़क पर चलते प्रत्येक आदमी से सुकरात की तरह वह पूछना चाहता है, 'क्या तुमने स्वतंत्रता के अर्थ जान लिये हैं? क्या तुम··· ?'

वह फिर काँपा। जीने में तेज खड़खड़ हुई। कोई सज्जन तेजी से चढ़ आए। देखा—पाठकजी हैं। ऊपर से नीचे तक शुद्ध खद्दर से युक्त और मुसकराते हुए। आते ही कमल को गले से लगा लिया। बोले, 'भई, माफ करना, घर से तो कल आया था, परंतु काम इतना अधिक था कि अवकाश नहीं मिला।'

'ऐसा क्या काम था?'

'अजी, क्या होता? ससुर मजिस्ट्रेट से कुछ कहा-सुनी हो गई थी। साले अब भी अकड़ते हैं।'

'अच्छा।'

'जी हाँ। मामूली बात थी। नायब तहसीलदारों की कुछ जगहें खाली हुई थीं। मैंने उसे कुछ नाम सुझाए थे, मगर ससुर ने उसमें से एक भी नहीं माना।'

'तो···।'

'तो क्या भइयाजी। हम कच्ची गोली खेले हैं? बहुत सी बातें हैं। शिकायतों की एक लंबी लिस्ट बना लाया हूँ। गाँव भर के हस्ताक्षर हैं। देखता हूँ, बच्चाजी कहाँ जाते हैं। साजी तीन बार जेल क्या इसीलिए काटी थी···'

कमल को लगा—कहीं ओर-छोर नहीं, कहीं ठौर-ठिकाना नहीं। सारा चक्कर ही ऊटपटाँग है। पाठक फिर बोला, 'यार, तुम तो राजधानी में रहते हो। गहरे होंगे।'

'गहरे थे कब नहीं?'

'अजी, तब की बात छोड़ो।'

'पाठक भइया। हम तो तब भी बादशाह थे, अब भी हैं।'

पाठक हँसे, कहा, 'चाय तो आ रही होगी। दीदी ने देख लिया था।'

उसका कहना ठीक था। दीदी ऐसे अवसर नहीं चूकती। आतिथ्य में उसे

रस आता है। इसलिए जब वे दोनों गांधीजी पर चर्चा कर रहें थे, दीदी ने हलवा और चाय की ट्रे लेकर वहाँ प्रवेश किया। उसने पाठक के अंतिम शब्द सुन लिये थे, इसीलिए इससे पहले कि पाठक उसे प्रणाम करे, वह बोली, 'आज गांधीजी होते तो हिंदू रहते या न रहते, पर लोगों को रोटी-कपड़ा जरूर मिलता। भूख न मिटी तो हिंदू होकर कोई क्या करेगा?'

और कहकर रुकी नहीं, चली गई। यह पाठक के मुँह पर करारा तमाचा था। वह तिलमिला उठा, लेकिन वैसे उसकी हँसी फूट पड़ी, बोला, 'भइयाजी ने दीदी को खूब राजनीति पढ़ाई है।'

कमल ने रस लेकर कहा, 'आज भी क्या किसी को यह बात पढ़ानी पड़ेगी।'

'पर भइयाजी। अपने को तो लगता है कि गांधीजी जिस एकता और मानवता का मंत्र जपा करते थे, वह आकाश-पुष्प की तरह सदा रहेगी।'

कमल को सुनकर लगा, गांधीजी वास्तव में मर गए हैं। फिर भी उसने कहा, 'पाठक! भारत का पिछला इतिहास तो बताता है कि भेद रहते भी एक होने की कला में हम पारंगत थे।'

पाठक ने लापरवाही से कहा, 'होंगे, पर आज तो सब लोग यही कहते हैं कि हिंदू राष्ट्र की नींव पर ही देश का भविष्य निर्भर है, पर छोड़ो भी इन बातों को। हिंदू या अहिंदू, हमें तो आजादी चाहिए और यह हर वक्त की बहस मुझे अच्छी नहीं लगती। आखिर तूने क्या सोचा है? स्वतंत्र तो हम हो ही गए हैं, विवाह कब कराएगा?'

'विवाह!' कमल हठात् चौंका।

'और क्या? जीवन भर आंदोलन ही करता रहेगा!'

'क्यों?'

'क्यों क्या? स्वतंत्रता-प्राप्ति के बाद जनता और नेता में दूरी इतनी बढ़ गई है कि दिल में दर्द उठता है।'

पाठक ने खिलखिलाकर कहा, 'भइयाजी। इस अंतर-वंतर की चिंता मत करो। चुपचाप विवाह करके गिरस्ती चलाओ। दीदी कितने दिन गाड़ी खींचेगी? सबकुछ तो गला दिया स्वतंत्रता की खातिर। अब कुछ भोगो भी तो। सच कहता हूँ, जेल के उन दिनों की बात याद आती है, जब तुम्हारी पत्नी की मृत्यु का तार पहुँचा था। अब भी दर्द उठता है। क्या दिन थे वे? ओह, तुम संज्ञाहीन पड़े थे और जेल का डॉक्टर पिकनिक की तैयारी में मस्त था।'

कमल के अंतस्तल के तार जैसे झनझना उठे। जैसे सबकुछ गीला हो गया। बोला, 'मेरी भावुकता के लिए वह अपनी जिंदगी को बंदी क्यों करता? मैं उसे तनिक भी दोष नहीं दे सकता।'

'लेकिन उस मुलतान जेल के जेलर को तुम क्या कहोगे, जिसने तुम्हारे पुत्र की मृत्यु का तार तीन माह तक दबाए रखा था…'

क्षण भर के लिए कमल अब ध्यानावस्थित हो उठा। उसकी चेतना उसे एक बार फिर मुलतान जेल में खींच ले गई। वह उस समय शांत था। यद्यपि उसका दिल, पेट में होनवाले वायु के दर्द की भाँति ही टीस उठता था, परंतु उस जेलर के सामने आने पर वह सदा अट्टहास करने लगता था। जेलर ने एक दिन पूछा था, 'तुम्हारा नाम कमल कुमार मिश्र है?'

'जी हाँ।'

'तुम्हें मेरी सलाह है, ज्यादा हँसना पागलपन की निशानी है।'

'और आप मुझे क्या समझते हैं?'

'खैर, जनाब, मैं जो कुछ समझता हूँ समझता ही हूँ, पर यह जान लीजिए कि मैंने बड़े-बड़े पागल ठीक कर दिए हैं।'

'आपकी कृपा के लिए जन्म भर कृतज्ञ रहूँगा।'

सुनकर जेलर लाल-पीला हो उठा। उसकी बड़ी-बड़ी खूँखार आँखें और भी भयानक हो गईं, परंतु जैसे ही दृष्टि मिली, अग्निपिंड पर मानो मेघ बरस पड़े। वह भारी कदम रखता हुआ चला गया।

ध्यान खुला तो सुना, पाठक कह रहा था, 'न जाने साला अब कहाँ है? जरूर कहीं शरणार्थी कैंप में सड़ रहा होगा। इन लोगों की करतूतों से ही पंजाब बँटा है। अगर अब कहीं उसे देख लूँ तो भइयाजी, सच कहता हूँ, साले का गला घोंट दूँ और फिर पूछूँ, कहिए, जेलर साहब! अब आप मुझे क्या सलाह देते हैं?'

दर्द में भी कमल मुसकरा दिया, बोला, 'तब तो वह यही कहेगा, माना कि तुम जीत गए, पर आखिर तुमने भी वही रास्ता पकड़ा, जिसपर मैं चला करता था।'

'क्या, क्या,' पाठक ने हठात् चौंकते हुए पूछा, 'तुम मुझे भी जेलर के समक्ष रखना चाहते हो? क्या पापी को दंड देना पाप है? भइयाजी! मैं तुम्हें ठीक सलाह देता हूँ। तुम विवाह कर लो। भाभी जब मस्तिष्क में ब्राह्मी तेल की मालिश करेगी, तब तुम्हारी बुद्धि ठिकाने पर आएगी। अभी तो लगता है, गांधीजी की आत्मा जैसे तुम्हारे ही शरीर में आकर रहने लगी है।'

इस बेतुकी बात पर कमल खिलखिलाकर हँस पड़ा। इससे पहले कि

वह जवाब दे, दीदी आकर एक पत्र दे गई। बंद लिफाफा था। अक्षर यद्यपि सुंदर थे, फिर भी अपरिचित थे। कई क्षण उन्हें देखता रहा। पाठक ने पूछा, 'किसका पत्र है?'

'पता नहीं।'

'अवश्य ही कोई परिचित प्रेमिका है।'

'शायद।' कमल ने पत्र खोल डाला। खोलते-खोलते हाथ कुछ काँपे। दो-तीन बार उलट-पलटकर देखा। नीचे लिखा था—'विनीता शांता।'

'शांता,' वह काँपा। काँपता ही रहा—शांता ने पत्र लिखा है। क्या लिखा है? परीक्षाफल का तार पाकर जैसे विद्यार्थी कई क्षण शुभ-अशुभ के बारे में ही सोचता रहता है, उसी तरह वह भी पढ़ने से पहले कुछ गुनगुनाया, फिर पढ़ा। लिखा था—

'मैं नहीं जानती कि आपको क्या कहकर संबोधित करूँ। पत्र लिखने की कोई बात थी भी नहीं। पिताजी ने मुझे आपका अंतिम पत्र दिया था। कहा भी था, चाहो तो इसका उत्तर लिख सकती हो। पढ़ने पर पता लगा, आपकी समस्याएँ तो अनंत हैं। जनता और नेता—दोनों की कमजोरियाँ आपको त्रस्त किए हुए हैं। इसी असंतोष में से संघर्ष और फिर संघर्ष में से जीवन का उदय होता है। इसलिए आपकी भावनाओं पर किसी को भी गर्व हो सकता है, फिर मेरी बात तो और भी स्पष्ट है।

अपने विवाह की बात पिताजी से मैंने स्वयं कही थी। यह उनकी उदारता है, उन्होंने मेरा मत न मानते हुए भी मुझे स्वतंत्रता दी। आज तो वे यहाँ तक कहते हैं कि तुम दोनों समझदार हो। जैसा उचित समझो, अपना मार्ग खोज लो। इसीलिए मैंने सोचा था कि जब विवाह करना है तो आपसे मिल लूँ, पर इसी बीच यह पत्र हाथ में आ गया। आपको बहुत कुछ पहचान गई हूँ। कहूँ, मेरा रास्ता भी वही है। मैं भी अपने देश की नवजात स्वतंत्रता की रक्षा करना चाहती हूँ और वर्तमान अवस्था को देखकर मेरा भी हृदय काँपता है, पर यह सबकुछ देख-सुनकर भी मन में एक प्रश्न उठता है—क्या दूसरों की जिन कमजोरियों के कारण हमारा मन दुःखी होता है, वे कमजोरियाँ हमारे अंदर नहीं हैं? कहीं दूसरों की कमजोरियों की चिंता करते-करते हम स्वयं भी तो उन्हीं कमजोरियों का शिकार नहीं हो गए हैं? अकसर यही हो जाता है।'

मेरा विनम्र मत यही है कि जिन बातों से हम दुःखी होते हैं, यदि वे हमारे अंदर नहीं हैं तो हमें निस्संकोच अपने मार्ग पर बढ़ चलना चाहिए। वे गलतियाँ हम

न करें, यही क्या कम है? अपने को भूलकर दूसरों की चिंता करना अकसर पथभ्रष्ट कर देता है।

शायद मैं अपना मनोभाव शब्दों में ठीक-ठीक आपको नहीं समझा सकी, पर मैं समझती हूँ, उसकी भावना को समझना आपके लिए असंभव नहीं है।

विनीता,

शांता।'

पत्र पढ़ लिया तो नदी की तरंगों की भाँति हृदय में हिलोरें उठने लगीं, पर वह आगे सोचे, इससे पूर्व पाठक ने पत्र छीनकर एक साँस में पढ़ डाला। समझ में नहीं आया। फिर पढ़ा और विस्फारित नेत्रों से बोला, 'तो ये बातें हैं, भइयाजी? आप इतना आगे बढ़ गए हैं, मगर भइया साब! भाभी हैं ज्ञानवती। अभी से ब्राह्मी तेल की मालिश शुरू कर चुकी हैं। अभी जाकर दीदी को सुनाता हूँ।'

और फिर शीघ्रता से नीचे जाने के लिए उठा, लेकिन दहलीज पर आकर फिर बोला—भइयाजी, एक बात है। गांधीजी की आत्मा कुछ उधर भी उतरी है। एक योगीराज कह रहे थे, बापू की आत्मा अभी काम कर रही है। सो भई, लगता है कि बापू की शिक्षा फिर से प्राप्त करने के लिए मुझे भी तुम दोनों का शिष्यत्व स्वीकार करना होगा। इसलिए मैं तुम्हें आज ही हाथ जोड़कर प्रणाम करता हूँ, 'गुरुदेव! अपने इस शिष्य को न भूल जाना' कहते-कहते हाथों को जोड़कर और फिर माथे तक ले जाकर पाठक ने इस प्रकार शीश झुकाया कि कमल हँसते-हँसते लोट-पोट हो गया।

□

(सन् १९४८)

मेरा वतन

उसने सदा की भाँति तहमद लगा लिया था और फैज ओढ़ ली थी। उसका मन कभी-कभी साइकिल के ब्रेक की तरह तेजी से झटका देता था, परंतु पैर यंत्रवत् आगे बढ़ते चले जा रहे थे। यद्यपि इस शक्ति-प्रयोग के कारण वह बेतरह काँप उठता था, पर उसकी गति पर अंकुश नहीं लगता था। देखनेवालों के लिए वह एक अर्द्ध-विक्षिप्त से अधिक समझदार नहीं था। वे अकसर उसका मजाक उड़ाना चाहते थे। वे कहकहे लगाते और ऊँचे स्वर में गालियाँ निकालते; पर जैसे ही उसकी दृष्टि उठती—न जाने उन निरीह, भावहीन, फटी-फटी आँखों में क्या होता था—वे सहम जाते; सोडा वाटर के तूफान की तरह उठनेवाले कहकहे मर जाते और वह नजर दिल की अंदरुनी बस्ती के शोले की तरह सुलगती हुई फिर नीचे झुक जाती। वे फुसफुसाते, 'जरूर इसका सबकुछ लुट गया है' ...'इसके रिश्तेदार मारे गए हैं'...'नहीं, नहीं' ऐसा लगता है कि काफिरों ने इसके बच्चों को इसी के सामने आग में भून दिया है या भालों की नोंक पर टिकाकर तब तक घुमाया है, जब तक उनकी चीख-पुकार बिल्ली की मिमियाहट से चिड़िया के बच्चे की चीं-चीं में पलटती हुई खत्म नहीं हो गई है।'

'और यह सब देखता रहा है।'

'हाँ! यह देखता रहा है। वही खौफ इसकी आँखों में उतर आया है। उसी खौफ ने इसके रोम-रोम को जकड़ लिया है। वह खौफ इसके लहू में इतना घुल-मिल गया है कि इसे देखकर डर लगता है।'

'डर,' किसी ने कहा था, 'इसकी आँखों में मौत की तसवीर है, वह मौत जो कत्ल, खूँरेजी और फाँसी का निजाम सँभालती है।'

एक बार एक राह चले दर्दमंद ने एक दुकानदार से पूछा, 'यह कौन है?'

दुकानदार ने जवाब दिया, 'मुसीबतजदा है, जनाब। अमृतसर में रहता था। काफिरों ने सबकुछ लूटकर इसके बीवी-बच्चों को आग में फूँक दिया।'

'जिंदा?' राहगीर के मुँह से अचानक निकल गया।

दुकानदार हँसा, 'जनाब, किस दुनिया में रहते हैं? वह दिन बीत गए, जब आग काफिरों के मुरदों को जलाती थी। अब तो वह जिंदों को ही जलाती है।'

राहगीर ने तब कड़वी भाषा में काफिरों को वह सुनाई कि दुकानदार ने खुश होकर उसे बैठ जाने के लिए कहा। उसे जाने की जल्दी थी, फिर भी जरा सा बैठकर उसने कहा, 'कोई बड़ा आदमी जान पड़ता है।'

'जी हाँ! वकील था, हाईकोर्ट का बड़ा वकील। लाखों रुपयों की जायदाद छोड़ आया है।'

'अच्छा जी!'

'जनाब! क्या पूछते हैं? आदमी आसानी से पागल नहीं होता। दिल पर चोट लगती है, तभी वह टूटता है, पर जब एक बार टूट जाता है तो फिर नहीं जुड़ता। आजकल चारों तरफ यही कहानी है। मेरा घर का मकान नहीं था, लेकिन दुकान में सामान इतना था कि तीन मकान बन सकते थे।'

'जी हाँ,' राहगीर ने सदय होकर कहा, 'आप ठीक कहते हैं, पर आपके बाल-बच्चे तो ठीक-ठाक आ गए हैं?'

'जी हाँ! खुदा का फजल है। मैंने उन्हें पहले ही भेज दिया था। जो पीछे रह गए थे, उनकी न पूछिए। रोना आता है। खुदा गारत करे हिंदुस्थान को···!'

राहगीर उठा। उसने बात काटकर इतना ही कहा, 'देख लेना, एक दिन वह गारत होकर रहेगा। खुदा के घर में देर है, पर अंधेर नहीं।'

और वह चला गया, परंतु उस अर्द्ध-विक्षिप्त के क्रम में कोई अंतर नहीं पड़ा। वह उसी तरह धीरे-धीरे बाजारों में से गुजरता, शरणार्थियों की भीड़ के धक्के खाता, परंतु उस ओर देखता नहीं। उसकी दृष्टि तो आस-पास की दुकानों और मकानों पर जा अटकती थी। अटकती ही नहीं, चिपक जाती थी। जैसे मिकनातीस लोहे को खींच लेता है; वैसे ही वे बेजुबाँ इमारतें, जो जगह-जगह पर खंडहर की शक्ल में बदल चुकी थीं, उसकी नजर और नजर के साथ उसके मन, बुद्धि, चित्त और अहंकार—सभी को अपनी ओर खींच लेती थीं और फिर उसे जो कुछ याद आता, वह उसे तलवे से होकर सिर में निकल जानेवाली सूली की तरह काटता हुआ, उसके दिल के कोने में जा बैठता था। इसी कारण वह आज तक मर नहीं सका था, केवल सिसकियाँ भरता रहता था—वे सिसकियाँ, जिनमें न शब्द थे, न

आँसू। वे सूखी हिचकियों की तरह उसे बेजान किए हुए थीं।

सहसा उसने देखा—वह अपने मकान के सामने आ गया है। उसके अपने दादा ने उसे बनाया था। उसके ऊपरवाले कमरे में उसके पिता का जन्म हुआ था। उसी कमरे में उसने आँखें खोलीं थीं और उसी कमरे में उसके बच्चे ने पहली बार प्रकाश-किरण का स्पर्श पाया था। उस मकान के कण-कण में उसके जीवन का इतिहास अंकित था। उसे फिर बहुत सी कहानियाँ याद आने लगीं। वह तब उन कहानियों में इतना डूब गया था कि उसे परिस्थिति का तनिक भी ध्यान नहीं रहा। वह जीने पर चढ़ने के लिए आगे बढ़ा और जैसा वह सदा करता था, उसने घंटी पर हाथ डाला। बेजान घंटी शोर मचाने लगी और तभी उसकी नींद टूट गई। उसने अपने चारों ओर देखा। वहाँ सब एक ही तरह के आदमी नहीं थे। वे सब एक ही जबान नहीं बोलते थे। फिर भी उनमें ऐसा कुछ था, जो उन्हें एक कर रहा था और वह इस अलेके में अपने लिए कोई जगह नहीं पाता था। उसने तेजी से आगे बढ़ जाना चाहा, पर तभी ऊपर से एक व्यक्ति उतर आया। उसने ढीला पाजामा और कुरता पहना था, कहा, 'कहिए जनाब।'

वह अचकचाया, 'जी!'

'जनाब किसे पूछते थे?'

'जी, मैं पूछता था कि मकान खाली है?'

ढीले पाजामावाले व्यक्ति ने उसे ऐसे देखा, जैसे वह कोई चोर या उठाईगीर हो। फिर मुँह बनाकर तसल्ली से जवाब दिया, 'जनाब! तशरीफ ले जाइए, वरन्...' आगे उसने क्या कहा, यह सुनने के लिए वह नहीं रुका, बढ़ता चला गया। उसकी गति में तूफान भर उठा, उसके मस्तिष्क में बवंडर उठ खड़ा हुआ और उसका चिंतन गति की चट्टान पर टकराकर पाश-पाश हो गया। उसे जब होश आया तो वह अनारकली से लेकर माल तक का समूचा बाजार लाँघ चुका था। वह बहुत दूर निकल गया था। यहाँ आकर वह काँपा। एक टीस ने उसे कुरेद डाला, जैसे बढ़ई ने पेंच में पेचकश डालकर पूरी शक्ति के साथ उसे घुमाना शुरू कर दिया हो। हाईकोर्ट की शानदार इमारत उसके सामने थी। वह दृष्टि गड़ाकर उसके कंगूरों को देखने लगा। उसने बरामदे की कल्पना की। उसे याद आया—वह कहाँ बैठता था, वह कौन से कपड़े पहनता था। तभी उसका हाथ सिर पर गया, जैसे उसने साँप को छुआ। उसने उसी क्षण हाथ खींच लिया, पर मोहक स्वप्नों ने उसकी रंगीन दुनिया की रँगीनी को उसी तरह बनाए रखा। वह तब इस दुनिया में इतना डूब चुका था कि बाहर की जो वास्तविक दुनिया है, वह उसके लिए मृगतृष्णा बन गई थी। उसने

अपने पैरों के नीचे की धरती को ध्यान से देखा, देखता रहा। सिनेमा की तसवीरों की तरह अतीत की एक दुनिया, एक शानदार दुनिया उसके अंतस्तल पर उतर आई। वह इसी धरती पर चला करता था। उसके आगे-पीछे उसे नमस्कार करते, सलाम करते बहुत से आदमी आते और जाते थे। दूसरे वकील हाथ मिलाकर शिष्टाचार प्रदर्शित करते और…

विचारों के हनुमान ने समुद्र पार करने के लिए छलाँग लगाई—उसका ध्यान जज के कमरे में जा पहुँचा। जब वह अपने केस में बहस शुरू करता था तो कमरे में सन्नाटा छा जाता था। केवल उसकी वाणी की प्रतिध्वनि गूँजा करती थी, केवल 'मी लॉर्ड' शब्द बार-बार उठा और 'मी लॉर्ड' कलम रखकर उसकी बात सुनते…

हनुमान फिर कूदे और वह अब बार एसोसिएशन के कमरे में आ गया था। इसमें न जाने कितने कहकहे उसने लगाए थे, कितनी बार राजनीति पर उत्तेजित कर देनेवाली बहसें की थीं, वहीं बैठकर उसने महापुरुषों को अनेक बार श्रद्धांजलियाँ भेंट की थीं और विदा तथा स्वागत के खेल खेले थे।

वह अब उस कुरसी के बारे में सोचने लगा, जिसपर वह बैठा करता था। तब उसे कमरे की दीवारों के साथ-साथ दरवाजे के पायदान की याद भी आ गई और वह पायदान को देखने के लिए आतुर हो उठा। वह सबकुछ भूलकर झूमता हुआ आगे बढ़ा, पर तभी जैसे किसी ने उसे कचोट लिया। उसने देखा कि लॉन की हरी घास मिट्टी में समा गई है। रास्ते बंद हैं, केवल डरावनी आँखोंवाले सैनिक मशीनगन सँभाले, हेलमेट पहने तैयार खड़े हैं, ताकि कोई आगे बढ़े और वे शूट कर दें। उसने हरी वर्दीवाले होमगार्डों को भी देखा और पाया कि राइफल थामे पठान लोग जब मन में उठता है, फायर कर देते हैं। वे मानो छड़ी के स्थान पर राइफल का प्रयोग करते हैं और उनके लिए जीवन की पवित्रता बंदूक की गोली की सफलता पर निर्भर करती है। उसे स्वयं जीवन की पवित्रता से अधिक मोह नहीं था। वह खंडहरों के लिए आँसू भी नहीं बहाता था। उसने अग्नि की लपटों को अपनी आँखों से उठते देखा था। उसे तब खांडव वन की याद आ गई थी, जिनकी नींव पर वैभवशाली और कलामय नगर इंद्रप्रस्थ का निर्माण हुआ था। तो क्या इस महानाश की नींव पर भी किसी गौरव-गरिमामय कलाकृति का निर्माण होगा? इंद्रप्रस्थ की उस कला के कारण महाभारत संभव हुआ, जिसने इस अभागे देश के मदोन्मत्त, किंतु जर्जर शौर्य को सदा के लिए समाप्त कर दिया। क्या आज फिर वही कहानी दोहराई जानेवाली है?

एक दिन उसने अपने बड़े बेटे से कहा था, 'जिंदगी न जाने क्या-क्या खेल

खेलती है। वह तो बहुरूपिया है, पर दूसरी दुनिया बनाते हमें देर नहीं लगती। परमात्मा ने मिट्टी इसलिए बनाई है कि हम उसमें से सोना पैदा करें।'

बेटा बाप का सच्चा उत्तराधिकारी था। उसने परिवार को एक छोटे से कस्बे में छोड़ा और स्वयं आगे बढ़ गया। वह अपनी उजड़ी हुई दुनिया को फिर से बसा लेना चाहता था, पर तभी अचानक छोटे भाई का तार मिला। लिखा था, 'पिताजी न जाने कहाँ चले गए।'

तार पढ़कर बड़ा भाई अचरज से काँप उठा। वह घर लौटा और पिता की खोज करने लगा। उसने मित्रों को लिखा, रेडियो पर समाचार भेजे, अखबारों में विज्ञापन निकलवाए। सबकुछ किया, पर वह यह नहीं समझ सका कि आखिर वे कहाँ गए और क्यों गए? वह इसी उधेड़बुन में था कि एक दिन सवेरे-सवेरे देखा, वे चले आ रहे हैं—शांत, निर्द्वंद्व और निर्मुक्त।

'आप कहाँ चले गए थे?' प्रथम भावोद्रेक समाप्त होने पर पुत्र ने पूछा।

शांत मन से पिता ने उत्तर दिया, 'लाहौर।'

'लाहौर!' पुत्र हठात् काँप उठा, 'आप लाहौर गए थे?'

'हाँ'

'कैसे?'

पिता बोले, 'रेल में बैठकर गया था, रेल में बैठकर आया हूँ।'

'पर आप वहाँ क्यों गए थे?'

'क्यों गया था?' जैसे उसकी नींद टूटी। उसने अपने आपको सँभालते हुए कहा, 'वैसे ही, देखने के लिए चला गया था।'

और आगे की बहस से बचने के लिए वह उठकर चला गया। उसके बाद उसने इस बारे में किसी भी प्रश्न का जवाब देने से इनकार कर दिया। उसके पुत्रों ने पिता के इस परिवर्तन को देखा, पर न तो वे उन्हें समझा सकते थे, न उनपर क्रोध कर सकते थे, क्योंकि वे दुनिया के दूसरे काम सदा की भाँति करते रहते थे। हाँ, पंजाब की बात चलती तो आह भरकर कह देते थे, 'गया पंजाब! पंजाब अब कहाँ है?' पुत्र फिर काम पर लौट गए और वे भी घर की व्यवस्था करने लगे। इस बीच में वे एक दिन फिर लाहौर चले गए, परंतु इससे पहले कि उनके पुत्र इसको जान सके, वे लौट भी आए। पत्नी ने पूछा, 'आखिर क्या बात है?'

'कुछ नहीं।'

'कुछ नहीं कैसे? आखिर आप वहाँ क्यों जाते हैं?'

तब कई क्षण चुप रहने के बाद उन्होंने धीरे से कहा, 'क्यों जाता हूँ?

इसलिए कि वह मेरा वतन है। मैं वहाँ पैदा हुआ हूँ। वहाँ की मिट्टी में मेरी जिंदगी का राज छिपा है। वहाँ की हवा में मेरे जीवन की कहानी लिखी हुई है।'

पत्नी की आँखें भर आईं, बोली, 'पर अब क्या, अब तो सबकुछ गया।'

'हाँ, सबकुछ गया।' उन्होंने कहा, 'मैं जानता हूँ, अब कुछ नहीं हो सकता, पर न जाने क्या होता है, उसकी याद आते ही मैं स्वयं को भूल जाता हूँ और मेरा वतन मिकनातीस की तरह मुझे अपनी ओर खींच लेता है।' उनकी आँखें भर आईं।

करुण स्वर में पत्नी ने कहा, 'नहीं-नहीं, आपको अपने मन को सँभालना चाहिए। जो कुछ चला गया, उसका दुःख तो जिंदगी भर सालता रहेगा। भाग्य में यही लिखा था, पर अब जानबूझकर आग में कूदने से क्या लाभ?'

'हाँ, अब तो जो कुछ बचा है, उसी को सहेजकर गाड़ी खींचना ठीक है।' उसने पत्नी से कहा और फिर जी-जान से नए कार्य-क्षेत्र में जुट गया। उसने फिर वकालत का चोगा पहन लिया। उसका नाम फिर 'बार एसोसिएशन' में गूँजने लगा। उसने अपनी जिंदगी को भूलने का पूरा-पूरा प्रयत्न किया। और शीघ्र ही वह अपने काम में इतना डूब गया कि देखनेवाले दाँतों के तले अंगुली दबाकर कहने लगे, 'इन लोगों में कितना जीवट है! सहस्रों वर्षों में अनेक पीढ़ियों ने अपने को खपाकर जिस दुनिया का निर्माण किया था, वह क्षण भर में राख का ढेर हो गई। बिना आँसू बहाए उसी तरह की दुनिया ये लोग क्षणों में ही बना देना चाहते हैं।'

उनका अचरज ठीक था। तंबुओं और कैंपों के आसपास, सड़कों के किनारे, राह से दूर भूत-प्रेतों के चिरपरिचित अड्डों में, उजड़े गाँवों में, खोले और खादर में, जहाँ भी मनुष्य की शक्ति कुंठित हो चुकी थी, वहीं ये लोग पहुँच जाते थे और पादरी के नास्तिक मित्र की तरह नरक को स्वर्ग में बदल देते थे। उन लोगों ने मानो कसम खाई थी कि धरती असीम है, शक्ति असीम है, फिर निराशा कहाँ रह सकती है?

ठीक उसी समय, जब उसका बड़ा पुत्र अपनी नई दुकान का मुहूर्त करनेवाला था, उसे एक बार फिर छोटे भाई का तार मिला, 'पिताजी पाँच दिनों से लापता हैं।' पढ़कर वह क्रुद्ध हो उठा। तार के टुकड़े-टुकड़े करके उसने दूर फेंक दिए और चिनचिनाया, 'वे नहीं मानते तो उन्हें अपने किए का फल भोगना चाहिए। वे अवश्य ही लाहौर गए हैं।' उसका अनुमान सच था। जिस समय वे इस प्रकार चिंतित हो रहे थे, उसी समय लाहौर के एक दुकानदार ने एक अर्द्ध-विक्षिप्त व्यक्ति, जो तहमद लगाए, फैज कैप ओढ़े, फटी-फटी आँखों से चारों ओर देखता हुआ घूम रहा था, को पुकारा, 'शेख साहब! सुनिए तो। बहुत दिनों के बाद

दिखाई दिए, कहाँ चले गए थे?'

उस अर्द्ध-विक्षिप्त पुरुष ने थकी हुई आवाज में जवाब दिया, 'मैं अमृतसर चला गया था।'

'क्या?' दुकानदार ने आँखें फाड़कर कहा, 'अमृतसर!'

'हाँ, अमृतसर गया था। अमृतसर मेरा वतन है।'

दुकानदार की आँखें क्रोध से चमक उठीं, बोला, 'मैं जानता हूँ। अमृतसर में साढ़े तीन लाख मुसलमान रहते थे, पर आज एक भी नहीं है।'

'हाँ,' उसने कहा, 'वहाँ आज एक भी मुसलमान नहीं है।'

'काफिरों ने सबको भगा दिया, पर हमने भी कसर नहीं छोड़ी। आज लाहौर में एक भी हिंदू या सिख नहीं है और कभी होगा भी नहीं।'

वह हँसा, उसकी आँखें चमकने लगीं। उनमें एक ऐसा रंग उठा कि जो बे-रंग था और वह हँसता चला गया, हँसता चला गया, 'वतन, धरती, मुहब्बत, सब छोटी-छोटी बातें हैं?—सबसे बड़ा मजहब है, दीन है, खुदा का दीन। जिस धरती पर खुदा का बंदा रहता है, जिस धरती पर खुदा का नाम लिया जाता है, वह मेरा वतन है, वही मेरी धरती है और वही मेरी मुहब्बत है।'

दुकानदार ने धीरे से अपने दूसरे साथी से कहा, 'आदमी जब होश खो बैठता है, तो कितनी सच्ची बात कहत्ता है!'

साथी ने जवाब दिया, 'जनाब! तब उसकी जबान से खुदा बोलता है।'

'बेशक,' उसने कहा, और मुड़कर उस अर्द्ध-विक्षिप्त से बोला, 'शेख साहब! आपको घर मिला?'

'सब मेरे ही घर हैं।'

दुकानदार मुसकराया, 'लेकिन शेख साहब! जरा बैठिए तो, अमृतसर में किसी ने आपको पहचाना नहीं।'

वह ठहाका मारकर हँसा, 'तीन महीने जेल में रहकर लौटा हूँ।'

'सच?'

'हाँ, हाँ,' उसने आँखें मटकाकर कहा।

'तुम जीवट के आदमी हो।'

तब दुकानदार ने खुश होकर रोटी और कवाब मँगाकर उसे दिया। उन्हें पल्ले में लापरवाही से बाँधकर और एक टुकड़े को चबाता हुआ वह आगे बढ़ गया।

दुकानदार ने कहा, 'अजीब आदमी है। किसी दिन लखपति था, आज फाकामस्त है।'

'खुदा अपने बंदों का खूब इम्तहान लेता है।'

'जन्नत ऐसे को ही मिलती है।'

'जी हाँ। हिम्मत भी खूब है। जानबूझकर आग में जा कूदा।'

'वतन की याद ऐसी ही होती है,' उसके साथी, जो दिल्ली का रहनेवाला था, ने कहा, 'अब भी जब मुझे दिल्ली की याद आती है, तब दिल भर आता है।'

और वह आगे बढ़ रहा था। माल पर भीड़ बढ़ रही थी। कारें भी कम नहीं थीं और अंग्रेज, ऐंग्लो-इंडियन तथा ईसाई नारियाँ पूर्ववत् खरीदारी कर रही थीं। फिर भी उसे लगा कि वह माल, जो उसने देखी थी, यह नहीं है। शरीर कुछ वैसा ही था, पर उसकी आत्मा झुलस रही है, लेकिन यह भी उसकी दृष्टि का दोष था। कम-से-कम वे, जो वहाँ घूम रहे थे, उनका ध्यान आत्मा की ओर नहीं था।

एकाएक वह पीछे मुड़ा। उसे रास्ता पूछने की जरूरत नहीं थी। बैल की तरह उसके पैर डगर को पहचानते थे। आँखें इधर-उधर देख रही थीं। वह अपने रास्ते पर बिना डगमगाए बढ़ रहे थे, और विश्वविद्यालय की आलीशान इमारत एक बार फिर सामने आ रही थी। उसने नुमाइश की ओर एक दृष्टि डाली, फिर बुलनर के बूत की तरफ से होकर वह अंदर चला गया। उसे किसी ने नहीं रोका और वह लॉ कॉलेज के सामने निकल आया। उस समय उसका दिल एक गहरी हूक से टीसने लगा था। कभी वह इस कॉलेज में पढ़ा करता था···वह काँपा, उसे याद आया, उसने इस कॉलेज में पढ़ाया भी है··· वह फिर काँपा। हूक फिर उठी। उसकी आँखें भर आईं। उसने मुँह फिरा लिया। सामने वह रास्ता था, जो उसे दयानंद कॉलेज ले जा सकता था। एक दिन पंजाब विश्वविद्यालय, दयानंद विश्वविद्यालय कहलाता था···।

तब एक भीड़ उसके पास से निकल गई। वे प्रायः सभी शरणार्थी थे—बे-घर और बे-जर, लेकिन उन्हें देखकर उसका दिल पिघला नहीं, कड़वा हो उठा। उसने चिल्लाकर उन्हें गालियाँ देनी चाहीं। तभी पास से जानेवाले दो व्यक्ति उसे देखकर ठिठक गए। एक ने रुककर उसे ध्यान से देखा, दृष्टि मिली, वह सिहर उठा। सर्दी गहरी हो रही थी और कपड़े कम थे। वह तेजी से आगे बढ़ा। वह जल्दी-से-जल्दी कॉलेज-कैंप में पहुँच जाना चाहता था। उन दो व्यक्तियों में से एक ने, जिसने उसे पहचाना था, दूसरे से कहा, 'मैं इसको जानता हूँ।'

'कौन है?'

'हिंदू।'

साथी अचकचाया, 'हिंदू?'

'हाँ, हिंदू! लाहौर का एक मशहूर वकील…' और कहते-कहते उसने ओवरकोट की जेब में से पिस्तौल निकाल ली। वह आगे बढ़ा, उसने कहा, 'जरूर यह मुखबिरी करने आया है।'

उसके बाद गोली चली। एक हलचल, एक खटपट सी मची। देखा, एक व्यक्ति चलता-चलता लड़खड़ाया और गिर पड़ा। पुलिस ने उसे देखकर भी अनदेखा कर दिया, परंतु जो अनेक व्यक्ति उसपर झुक गए थे, उनमें से एक ने पहचाना और काँपकर पुकारा, 'मिस्टर पुरी! तुम! तुम यहाँ, ऐसे…!'

मिस्टर पुरी ने आँखें खोलीं, उनका मुख श्वेत हो गया था और उसपर मौत की छाया पड़ रही थी। उन्होंने पुकारनेवाले को देखा और धीरे से कहा, 'हसन…हसन…!'

आँखें फिर मिच गईं। हसन ने चिल्लाकर सैनिक से कहा, 'जल्दी करो। टैक्सी लाओ। मेयो अस्पताल चलना है, अभी…!'

भीड़ बढ़ती आ रही थी। फौज, पुंलिस और होमगार्ड, सबने उसे घेर लिया। हसन, जो उसका साथी था, जिसके साथ वह पढ़ा था, जिसके साथ उसने साथी और प्रतिद्वंद्वी बनकर अनेक मुकदमे लड़े थे, वह अब उसे अचरज से देख रहा था। उसने एक बार झुककर कहा, 'तुम यहाँ इस तरह क्यों आए, मिस्टर पुरी?'

मिस्टर पुरी ने एक बार फिर आँखें खोलीं। वे फुसफुसाए, 'मैं यहाँ क्यों आया? मैं यहाँ से जा ही कहाँ सकता हूँ? यह मेरा वतन है, हसन! मेरा वतन…!'

□

(सन् १९४८)

देशद्रोही

कार्तिक की मीठी-मीठी सर्दी, गंगा का किनारा और मीलों तक फैला हुआ अपार जनसमूह—खेलता-खाता और तरह-तरह की रंगीनियों में मस्त। उनमें कुछ वे थे, जो मुक्ति चाहते थे; कुछ वे थे, जिनकी दृष्टि में 'मुक्ति' का अर्थ प्यास बुझाना था। प्यार क्या है—इसपर न वे एकमत थे न और कोई हो सकता है।

मुक्ति के इस व्यापार में कुछ लोग सभा-समितियों का आयोजन करना पसंद करते हैं। वहाँ भी हुआ। प्रदर्शन और अपार जनसमूह। किसी भी सभा के दो मुख्य आधार हैं, फिर उन सबका मुख्य उद्देश्य भी मुक्ति होता है, इसीलिए वहाँ का वातावरण अनेक ओजस्वी वक्ताओं की वाणी से गरम रहता था और उनके बाँटे हुए परचे हवा में उड़ा करते थे। जनता उसपर ऐसे टूटती थी, जैसे मांस पर चील। वह उन्हें जोर-जोर से पढ़ती और फिर उनपर बहस करने लगती। उनमें कुछ ऐसे लोग भी थे, जो चुपचाप उनपर खाने की चीजें रखकर खाया करते थे।

उन सभाओं में सबसे सुंदर नहीं तो कम-से-कम सबसे महत्त्वपूर्ण रंगमंच जाट महासभा का था, क्योंकि एलान करनेवाला ऊँचे स्वर में चिल्लाता फिर रहा था, 'भाइयो! आज शाम को जाट महासभा के रंगमंच पर बड़े ओजस्वी भाषण और बड़ी सुंदर कविताएँ होंगी और आपको बताया जाएगा कि मुसलमानों ने पूर्वी बंगाल में अपनी माँ-बेटियों पर कैसे-कैसे जुल्म ढाए हैं।'

सुनकर लोगों का कौतूहल जाग उठा और वे सभा से बहुत पहले रंगमंच पर जा डटे। देखा—वहाँ सबकुछ सजा हुआ, स्वच्छ और सोना-सोना है, पर डायस अभी खाली है, न सभापति, न वक्ता और न कवि। केवल एक व्यक्ति जल्दी-जल्दी उछल-कूदकर ध्वनि-विस्तारक यंत्र को इधर से उधर, उधर से इधर कर रहा है। कभी-कभी बोलने लगता, 'भाइयो! आप सुनते हैं, तो हाथ उठाइए...'

कुछ हाथ उठाते हैं···ठीक है। आप सुनते हैं।···आप शांति से बैठिए। सभापति आ रहे हैं··· ।

रास्ते पर पुलिस के कुछ सिपाही वर्दी पहनकर अकड़े खड़े हैं और कभी किसी को धमकाने लगते हैं। डायस भरने लगती है, 'ये कौन हैं?···ये अमुक शास्त्री हैं। ये···ये अमुक राव बहादुर हैं।···आप?'

'आप नहीं जानते। आप श्रीयुत्···'

'अच्छा, आप हैं···'

और सभापति आ विराजते हैं। डायस पर लोग खड़े होते हैं। तालियाँ पिटती हैं। उनके गले में फूलों की माला पहनाई जाती है। वे बैठते हैं और काम आरंभ होता है। सबसे पहले एक पिचके हुए मुँहवाला लड़का खड़ा होता है और कविता पढ़ता है। धीरे-धीर रंग पलटता है। पिचका मुँह शोले उगलता है। जनता उत्साह से भरकर तालियाँ पीटती है। दूसरा वक्ता सभा का परिचय देता है। जनता के कुछ आदमी उठते हैं और जाते हैं। तभी सभापति एलान करते हैं, 'भाइयो! अब पंडितप्रवर श्री···भाषण देंगे।'

सभा में कोलाहल होता है। जनता फुसफुसाती है। शेरवानी, तंग पाजामा पहने एक सुंदर युवक, जो अब प्रौढ़ होनेवाला है, खड़ा होता है। एक बार सबको देखता है, फिर गंभीर होकर बोलना शुरू कर देता है। बोलते-बोलते वह तीव्र होता है, 'मुझे अचरज होता है कि आप क्षत्रिय हैं। आपकी नाड़ियों में राम और कृष्ण, भीम और अर्जुन का रक्त बह रहा है। आप अपने को हिंदू जाति का रक्षक मानते हैं, परंतु क्या आप नहीं जानते कि इसी धरती पर, इसी देश में आपकी जाति को, नारियों को, आपकी माँ-बहनों को उन्होंने अपमानित किया है। उन पाकिस्तान बनानेवालों ने पूर्वी बंगाल में आपकी औरतों का अपहरण किया है। उनकी आँखों के सामने उनके पतियों की हत्या की है और उनका सतीत्व नष्ट कर डाला है। उनके घर जला दिए हैं, सड़कों को उनकी लाशों से पाट दिया है। वे स्वच्छंद थे, उन्हें कोई रोकनेवाला नहीं था, क्योंकि सरकार उनकी थी, पर आप भी क्या उनके थे···'

जनता में से कड़ी आवाजें उठती हैं, 'नहीं, नहीं···'

'तब आपका खून क्यों जम गया है? आप चुपचाप क्यों देख रहे हैं? आपके पवित्र देश में, गंगा और जमुना के देश में वे लोग पाकिस्तान बनाने की धमकी दे रहे हैं और बता रहे हैं कि पाकिस्तान कैसे होगा और आप आमोद-प्रमोद में व्यस्त हैं। आपके कानों में करुण गुहार जा रही है, पर आप सुनने से इनकार कर

रहे हैं। आपकी आँखों के आगे आपकी माँ-बहनों का सतीत्व लुटता है, पर आप देखने से इनकार कर देते हैं…'

पंडितजी के मुँह से शब्द ऐसे निकल रहे थे, जैसे ज्वालामुखी से लावा निकलता है—चारों ओर फैलता हुआ और सबकुछ जला देने को आतुर। स्तब्ध पत्थर की तरह बैठी थी जनता, पर अंदर क्रोध उफन रहा था और आँखें धधक रही थीं। रह-रहकर उनकी भुजाएँ फड़क उठती थीं और पंडितजी कह रहे थे, 'प्रतिज्ञा करो कि तुम इस दुष्टता और बदमाशी का नाश करोगे। तुम उनसे अपनी माँ-बहनों के अपमान का बदला लोगे…'

जनता बदले के लिए उत्सुक थी। उनका भाग्य! अचानक कहीं विस्फोट हुआ और चिनगारियाँ चारों ओर बिखर पड़ीं। भगदड़ मचने लगी। वातावरण एक अद्भुत चीत्कार से गूँज उठा, 'मारो, मारो…भागो, भागो…क्या है?…कहाँ है…वह…मारो साले को—हिंदुस्थान जिंदाबाद…हिंदुस्थान एक है…हिंदुस्थान हमारा है…'

रुककर एक साहसी ने पूछा, 'क्या हुआ?'

'दंगा।'

'कैसा दंगा?'

'हिंदू-मुसलमान लड़ पड़े…'

'हिंदू असंख्य और मुसलमान मुट्ठी भर, क्या मारना, क्या मरना?'

उन्होंने पूछा, 'आखिर कैसे हुआ?'

'सुना कि कार्नीवाल में एक मुसलमान ने एक जाट नारी को छेड़ दिया।'

'छेड़ दिया…'

'जी हाँ, उस स्त्री ने मौत के कुएँ को देखकर पूछा—यह क्या है?'

जवाब मिला, 'यह मौत का कुआँ है, हिंदुओं की मौत का…' और कहकर कहनेवाला मुसकरा दिया। उस मुसकराहट में न जाने क्या था। स्त्री चिल्ला उठी और फिर बादल जो भरे थे, बरस पड़े। वे ऐसे बरसे कि चारों ओर आग-ही-आग दिखाई देने लगी। क्षण भर में पार्टी बनी, टोली बनी—दीवानों की टोली, जो गाते थे, नाचते थे और मारते थे…

पुलिस ने देखा—मौत है। उसने आगे बढ़ने से इनकार कर दिया और पीछे हटकर अंदर जा बैठी। वह मौत से नहीं लड़ती। मौत से लड़नेवालों को गिरफ्तार करती है। गिरफ्तारी होती है युद्ध के बाद। इसलिए वे शांत रहे और मरनेवाले मरते रहे, उनमें पुरुष थे, स्त्रियाँ थीं और बच्चे थे।

एक बंधु ने विरोध किया, 'औरतों को मत मारो।'

जवाब मिला, 'मूर्ख! औरतें ज्यादा खतरनाक हैं, क्योंकि वे पुरुषों को जन्म देती हैं।'

उसने तर्क किया, 'इसीलिए तो वे अबध्य हैं, उन्हें अपने घर ले चलो।'

जवाब मिला, 'तुम बुद्धिमान हो। वे पत्नी बनने के लिए हैं, हम उनकी कद्र करेंगे।'

इस तरह जो भाग सकते थे, वे भाग गए। बाकी चुन-चुनकर मार डाले गए। नारियाँ गंगा-स्नान के बाद हिंदू बना ली गईं।

जो विवाह के महत्त्व को समझती थीं, उन्हें पति मिला; जो दृढ़ रहीं, उन्हें मौत मिली···

और दीवानों की टोली दिग्विजय के लिए चल पड़ी। वे प्रसन्न थे। वे गद्गद थे। उनके सामने लंबा मार्ग था—आकाश की तरह प्रशस्त और मुक्त। न पुलिस थी, न फौज। वे थे और थी उनकी प्यारी धूप। वे गाते थे और झूमते थे। उन्होंने विजय की शराब पी थी। उनमें युवक थे, अधेड़ थे। वे लाठियों, बल्लमों और छुरों से लैस थे। वे हवा में ऊँचे हाथ हिला-हिलाकर चिल्लाते थे—

'हिंदुस्थान जिंदाबाद!'

'हिंदुस्थान हिंदुओं का है!'

'कांग्रेस की जय!'

'पाकिस्तान मुर्दाबाद।'

उनके कानों में अभी तक वे शब्द गूँज रहे थे, 'उन्होंने हमारी माँ-बहनों की इज्जत उतारी है। उन्होंने मार्गों को हमारे भाइयों की लाशों से पाट दिया है···'

वे मन मसोसकर रह गए, क्योंकि मुट्ठी भर मुसलमानों की लाशों से मार्ग कैसे पट सकता था!

'और सबूत···'

'हाँ,' वे खिलखिला उठे, 'उन्हें जलाकर हमने सबूत मिटा दिया।'

फिर भी उनके हाथ खुजला रहे थे और वे दुश्मन की टोह में निकल पड़े थे। सामने शहर था—तंग और गंदा। इसी में उनके दुश्मन रहते थे, जिनका उन्हें नाश करना था···

'यह मसजिद है, इनमें छोटे-छोटे बच्चे पढ़ते हैं।'

'आह, बच्चे···'

किसी ने विरोध किया, 'ये मासूम बच्चे हैं, इन्हें मत मारो।'

जवाब मिला, 'मूर्ख! साँप का बच्चा साँप से अधिक जहरीला होता है। बड़े

होकर ये ही तुम्हारी माँ-बहनों की इज्जत उतारेंगे।' और टोली अंदर घुसती चली गई। मासूम बच्चों ने खूँखार आँखों को देखा। वे सहमे, सकपकाए और फिर कसाई के खाँड़े के नीचे खड़े हुए मेमनों की तरह तड़पकर रह गए। उन्होंने किसी का भेजा निकाला, किसी का पेट चीर डाला, किसी को छत से नीचे धकेल दिया। वातावरण एक अजीब बिलबिलाहट से भर गया, जो पत्थर दिल को पाला करने की शक्ति रखता था, पर वे थे मुसकराते और मंद-मंद स्वर से गाते—

'हिंदुस्थान हमारा है।'

और फिर सहसा चिल्ला उठते-

'हिंदुस्थान जिंदाबाद।'

'पाकिस्तान मुर्दाबाद।'

'भाइयो! शाबाश! आगे बढ़ो।'

कुछ विरोध होता है। जमकर लड़ाई होती है, लाठियाँ बजती हैं। गाड़ियाँ उलट दी जाती हैं। ऊपर से गोलों की आवाज आती है।

और कुछ आगे बढ़ते हैं। नारे लगते हैं, 'म्लेच्छों का नाश कर दो, ये देश के दुश्मन हैं!' गोली छूटती है। दोपहर की धूप म्लान होने लगती है। भीड़ विरोधियों को कुचलकर शहर में घुस जाती है। वहाँ मौत का सन्नाटा है, सुनसान और उजड़ा हुआ, पर शीघ्र ही नारों की आवाजों, लाठियों की खट-खट और भीतर के क्रंदन से गलियाँ महाकलरव से भर जाती हैं। वे दीवाने बंद घरों की छतों पर, जो अकसर फूस से ढकी हैं, लाठियों के सहारे चढ़ जाते हैं और अंदर कूद पड़ते हैं। कुछ खट-खट, कुछ रोने की पुकार, कुछ आकुल व्यथित गुहार और फिर शांति···

'आगे बढ़ो दोस्तो, आगे···'

भीड़ बढ़ती है और बँट जाती है। कुछ स्थानीय लोग उनमें आ मिलते हैं। गुप्त मंत्रणा होती है···

एक पूछ बैठता है, 'डॉक्टर खान कहाँ रहता है?'

जवाब में कई आदमी फुसफुसाते हैं। भीड़ उन्मत्त हो आगे बढ़ती है। वह उन्मत्तता रघु, पांडव, सिकंदर और चंगेज खाँ की दिग्विजय की उन्मत्तता से किसी कदर कम नहीं है। वह पुराने रोमनों या यूनान या तुर्कों की यूरोप-विजय से अधिक महत्त्वपूर्ण है। शायद उस विजय से भी अधिक महत्त्वपूर्ण है, जो मित्र देशों को धुरी देशों पर मिली थी··· ?

× × ×

पार्टी के नेता ने आगे बढ़कर डॉक्टर अस्थाना के दरवाजे पर दस्तक दी और

आनेवाले की राह देखने लगा। किवाड़ खुलने की आवाज हुई और एक अधेड़ सज्जन ने सिर निकालकर पूछा, 'जी! कहिए।'

पूछनेवाला शांत था और निर्भीक भी। पार्टी के नेता ने कहा, 'आप डॉक्टर अस्थाना हैं?'

'जी हाँ, हुक्म।'

'जानते हैं, डॉक्टर खान कहाँ हैं?'

'जी नहीं।'

'बिलकुल नहीं?'

'जी! मैंने उन्हें कई दिनों से नहीं देखा। वे मेले में गए थे।'

'वे तुम्हारे दोस्त हैं?'

'जी! जी हाँ, पर मुसलमान और हिंदू की क्या दोस्ती।'

पार्टी का नेता मुसकराता है, 'आपका धन्यवाद।'

वह मुड़कर सबसे कहता है, 'भाइयो! वह यहाँ नहीं है। मेले में मर गया। ठीक है, आगे चलो।'

भीड़ लौटती है। डॉक्टर आँखें मीच लेता है। उसका रोम-रोम किसी उद्वेग से सिहर उठता है। अंदर दुआ के लिए झुके हुए माथे और झुक जाते हैं।

'हम बच गए?' एक आवाज धीरे से पूछती है।

'शायद!'

डॉक्टर आगे कुछ नहीं बोलता। चुपचाप अपने सामने खड़े व्यक्ति को देखता है और फिर देखता है सामने के कमरे को, जो इनसानों से ठसा पड़ा है; जो अपने ही आँसुओं और अपनी ही आहों से घुट रहे हैं।

'सब ठीक होगा...' वह फुसफुसाता है। उसकी आँखें आँसुओं से तर हो उठती हैं।

पूछनेवाला व्यक्ति मुसकराकर कहता है, 'मेरे दोस्त...(वह बोल नहीं सकता)।'

चुप।

'कैसी आवाज है?'

चुप...

कोई दरवाजा खटखटा रहा है। डॉक्टर लौटता है। सामने वे ही लोग फिर खड़े हैं। उसने मुसकराकर पूछा, 'मैं आपकी क्या सेवा कर सकता हूँ?'

'डॉक्टर साहब।'

'जी!'

'हम फिर पूछते हैं, डॉक्टर खान कहाँ हैं?'

'जी, मैंने कहा न, मैं नहीं जानता।' (वह बाहर आ जाता है और ठीक दरवाजे के आगे खड़ा हो जाता है।)

'आप जानते हैं।'

'जी नहीं।'

'तो हम जानते हैं। वे सपरिवार आपके मेहमान हैं।'

'जी नहीं, आपको गलत खबर मिली है, घर में मेरा परिवार है।'

'सच!'

'जी?'

'हम देख सकते हैं?'

'जी!'

'हम आपका घर देखना चाहते हैं।'

'आप मेरे घर में जाएँगे!'

'क्या डर है?'

'जी नहीं, आप मेरे घर में नहीं जा सकते।'

'डॉक्टर साहब!'

'मैं ठीक कहता हूँ।'

'हम जाएँगे।'

'जी नहीं।'

नेता मुड़ता है और भीड़ को संकेत करता है। भीड़ आगे बढ़ती है और उसे एक ओर हटाकर अंदर घुसना चाहती है। डॉक्टर अड़ जाता है, 'जब तक मैं जिंदा हूँ, तुम अंदर नहीं जा सकते।' भीड़ की क्रोधाग्नि में ये शब्द घी के समान पड़ते हैं। वह प्रज्वलित हो उठती है।

जो आगे हैं, वे कहते हैं, 'तो पहले तुम ही मरो।'

लाठियाँ उठीं, लाठियाँ गिरीं, छुरे चमके, एक गहरी चीख उठी, शांत और दृढ़ डॉक्टर धरती की छाती पर लेट गया। उसका सिर फट गया है, सीने पर छुरे का घाव है, हाथ की अंगुलियाँ टूट गई हैं। वह सिर के बल लेटा है और उसका मुँह खून से लाल है। कई आदमी अंदर घुसते-घुसते घृणा से उसपर थूक देते हैं, 'विश्वासघाती! देशद्रोही!'

और अंदर महाकलरव! मुर्गों का बिलबिलाना या गाय का डकराना, एक गहरा क्रंदन, एक करुण याचना, क्रोध और घृणा से भरी भयानक हँसी, लाठियों की

आवाज, एक हलका संघर्ष, उठता और गिरता हुआ चीत्कार। फिर धीरे-धीरे शांति। वे गिनते हैं, 'एक दो···पाँच···दस···बीस···तीस···पैंतीस।'

पूरी पैंतीस लाशें···

घर का चौक, कमरे की छतें, जीने की पैड़ियाँ, सब खून से लाल हो जाती हैं। जगह-जगह मांस के लोथड़े, उलटी-सीधी लाशें पड़ी हैं। आदमी, औरत और बच्चों की लाशें···

सहसा एक कोने से कोई लाश कराह उठती है, 'या खुदा···'

'अरे, कोई जिंदा है।'

'जिंदा है? कौन है? किधर है?'

'उधर! ऊपर! मारो साले को।'

और दूसरे क्षण छुरा सीने को चीर देता है। लहू बहकर धरती को लाल करता है और भीड़ गाती हुई बाहर आती है। जाते-जाते वे फिर डॉक्टर को देखते हैं और घृणा से थूक देते हैं। एक कहता है, 'यह देशद्रोही है।'

दूसरा कहता है, 'यह विश्वासघाती है' और कहकर वह ठोकर लगाता है···

'भाइयो! आगे बढ़ो! हमें अभी बहुत काम करने हैं।'

भीड़ आगे बढ़ती है। बाहर फिर सन्नाटा छाने लगता है। दूर भीड़ के नारों की आवाज उठती और गिरती है और जलते हुए मकानों से प्रज्वलित होती हुई भयानक आग चमकती हुई धूप पर अपनी काली-डरावनी छाया फेंकती है···

और कुछ दूरी पर पवित्र गंगा समुद्र में लय हो जाने के लिए बढ़ी जा रही है, शांत निर्द्वंद्व और अबाध···

और डॉक्टर उसी तरह रक्त से लथपथ अपने दरवाजे पर पड़ा है—शांत, निर्द्वंद्व और मुक्त।

वह पैंतीस लाशों का प्रहरी है···

वह देशद्रोही है···।

वह अकेला है और भगवती चाहती है साठ हजार सगरपुत्र!!!

□

(सन् १९४८)

भूख

'आखिर बात क्या है, इतनी देर हो गई, यह रोना बंद नहीं हो रहा है।'

'बंगाल के इस अकाल के समय और क्या बात हो सकती है? भूख होगी। न जाने कितने लोग हर रोज भूख से दम तोड़ रहे हैं?'

'मैं देख आऊँ?' और उत्तर में प्रमोद ने कहा, 'किस-किसको देखोगे, सुधीर! और देखकर भी क्या करोगे? अगर रोने की आवाज नहीं सुन सकते तो कानों में अंगुली देकर लेट जाओ।'

'लेकिन दिल का क्या करूँ, प्रमोद?'

'ओह, तुम्हारे पास दिल भी है,' कहकर प्रमोद मुसकराया फिर कुछ देर बाद बोला, 'अच्छा, देख आओ और देखने का अभ्यास करो। जो दृश्य बार-बार आँखों के सामने आते हैं, उनमें कोई आकर्षण नहीं रह जाता। प्रतिदिन सड़कों और गलियों में कैमरा लेकर घूमा करो, तब निस्संदेह तुम इन दृश्यों के उस रूप को भूल पाओगे, जो घिनौना और दयनीय है।' सुधीर ने कोई उत्तर नहीं दिया, वह एक दीर्घ नि:श्वास लेकर उठ खड़ा हुआ, उसके चेहरे पर जो भाव आए, उनमें करुणा और क्रोध—दोनों ही थे।

जिधर से रोने की आवाज आ रही थी, सुधीर उधर ही चल पड़ा। एक कमरे से एक नारी के सिसक-सिसककर रोने की आवाज आ रही थी। वह अंदर जाने का साहस न बटोर पाया, पल भर चुपचाप रहा, तभी किवाड़ खोलकर एक सज्जन बाहर आए, सुधीर ने तुरत ही पूछा, 'क्या बात है, महाशय? कौन रो रहा है?'

'मैं यही देखने आया था, परंतु…'

'शायद गृहस्वामी घर में नहीं है?'

'जी, जब मैं आया था, तब तो थे, लेकिन मुझसे यहाँ ठहरने की प्रार्थना

करने के बाद वह कहीं चले गए। शायद डॉक्टर की खोज में गए हों, लेकिन डॉक्टर भी इस समय कुछ नहीं कर सकता···कोई कुछ नहीं कर सकता।' और वह सज्जन चले गए। सुधीर भी इस दम घोंटनेवाले वातावरण से मुक्त होने के लिए प्रमोद के पास लौट आया।

सुधीर को आया देख प्रमोद ने पूछा, 'देख आए?' उत्तर में सुधीर ने कहा, 'नहीं, देख तो नहीं सका, लेकिन भीतर मौत है, कोई सुबोध बाबू नाम के सज्जन रहते हैं, उनका ही कोई परिवारी जन है।'

सुबोध बाबू का नाम सुनते ही, 'क्या सुबोध बाबू के यहाँ···' कहते हुए प्रमोद यकायक उठ बैठा। इसपर सुधीर ने पूछा, 'क्या तुम उन्हें जानते हो?'

'हाँ, कुछ दिनों से जानता हूँ, किताबें बेचते हैं और बेचते-बेचते पढ़ते भी हैं।'

'बस, इतना ही जानते हो या इससे कुछ अधिक?' प्रमोद ने कहा, 'सुनो तो, परसों एक सेठजी के गुमाश्ते आए थे यहाँ, जनगणना करने के लिए। उनके दयालु सेठजी चाहते थे कि मध्य वर्ग के कुछ गरीब गृहस्थों को, जो लोक-लाज के कारण हाथ नहीं फैला सकते, कुछ आर्थिक सहायता दें। सुबोध बाबू के पास जाकर एक गुमाश्ते से पूछा कि आपके घर में कितने प्राणी हैं और आपकी आय कितनी है? यह सुनना था कि सुबोध बाबू का चेहरा तमतमा गया। उन्होंने पूछा कि आप कौन हैं? आपसे यह किसने कहा कि मैं गरीब हूँ और यदि हूँ भी तो आपको मतलब? गुमाश्ते ने उन्हें समझाते हुए कहा, 'महाशय, हमें आपकी स्थायी अमीरी-गरीबी से कोई सरोकार नहीं, हम तो केवल यही चाहते हैं कि इस संकट के समय यदि आपको कुछ आवश्यकता हो तो कुछ सहायता कर दें।'

'इतना सुनना था कि अपमान से सुबोध बाबू के नेत्र रक्तवर्ण हो आए, बोले यह ढोंग यहाँ नहीं चलेगा। अपने सेठजी से जाकर कह दो कि यदि मदद करनी है तो उन लाखों लोगों की कीजिए, जो सड़कों पर तड़प-तड़पकर भूख से मर रहे हैं, और एक क्षण रुककर बोले, तुम्हारे सेठजी के दिल में यह दर्द कैसे पैदा हो गया? तुम्हारे इन सेठों ने ही तो जनता के मुँह से अनाज छीनकर आज उसकी यह दशा कर दी है। पेट भरने के सारे साधन मिटाकर भूख मिटाने का यह ढोंग···कैसी दया है।' सुबोध बाबू के नथुने फड़क उठे और चीखकर बोले, जाओ, भाग जाओ यहाँ से और अपने सेठजी से कह दो कि उनके अन्न को पचाने की शक्ति इनसानों में नहीं है; कुत्ते, कौवे और चींटियों में भले ही हो। सुबोध बाबू की यह बात सुनकर मेरा दिल भर आया कि कितना आत्मसम्मान है इन लोगों में!'

'आत्मसम्मान किसी भी मेहनतकश के जीवन की पहली शर्त होती है, सुबोध बाबू ने ठीक ही किया। मैं कहता हूँ कि आदमी को दान पर जीने का अधिकार ही क्या है? और फिर, दान भी उस व्यक्ति का, जो स्वयं इस भुखमरी के लिए जिम्मेदार है! यदि उनके दिल में दर्द है तो गोदामों के द्वार क्यों नहीं खोल देते, अन्न को ठीक दाम पर क्यों नहीं बेचते...लेकिन वे ऐसा नहीं कर सकते, और यह हमें करना होगा।'

प्रमोद ने कहा, 'क्या हम इस समय सुबोध बाबू के लिए कुछ कर सकते हैं?'

'हाँ, मैं थोड़ी सी होम्योपैथी जानता हूँ। चलो, शायद कुछ कर सकूँ।'

तभी बाहर से दो व्यक्तियों के वार्त्तालाप का स्वर सुनाई दिया। एक कह रहा था, 'महाशय, आपकी कृपा का बदला मैं आजन्म न चुका सकूँगा।' और दूसरा व्यक्ति कह रहा था, 'आप क्या कहते हैं, यह तो आदमी का धर्म है।' पहले व्यक्ति ने प्रतिवाद किया, 'आदमी का कोई धर्म नहीं होता, यदि धर्म होता तो क्या डॉक्टर इस तरह मना कर देता।' तभी प्रमोद ने कहा, 'यही सुबोध बाबू हैं!' और उसने बाहर आकर कहा, 'सुनिए सुबोध बाबू, यह मेरे मित्र सुधीर होम्योपैथी जानते हैं, शायद आपकी कुछ मदद कर सकें।' यह सुनते ही सुबोध बाबू का चेहरा मोम की तरह पिघल गया। अवरुद्ध कंठ से बोले, 'महाशय, यदि आप मेरी माँ के लिए कुछ कर सकें तो मैं बहुत ऋणी होऊँगा।'

सुबोध बाबू के एकमात्र कमरे में लालटेन टिमटिमा रही थी। एक कोने में फर्श पर कोई सोया जान पड़ता था। दूसरे कोने में घर-गृहस्थी का साजो-सामान बिखरा पड़ा था, तीसरे कोने में अँधेरे में उसकी पत्नी थी, जो किसी को आया जानकर पीछे हटकर बैठ गई थी। कमरे के बीचोबीच फर्श पर उनकी वृद्धा भी पड़ी थी। उसके मुँह का पल्ला हटाकर सुबोध ने कातर स्वर में कहा, 'माँ को एक बार बोलने की शक्ति दे सको तो...' आगे बोलने में असमर्थ सुबोध बाबू बच्चे की तरह रो पड़े। सुधीर ने वृद्धा को देखने के बाद सांत्वना देते हुए कहा, 'आप रोएँ नहीं, माँ जिंदा हैं, ठीक हो जाएँगी, कमजोरी की वजह से बेहोश हो गई हैं।'

सुधीर ने वृद्धा के मुँह में कुछ दवाएँ डालीं और नाड़ी की गति देखने लगा। सभी आशा-निराशा के बीच झूल रहे थे। कुछ देर बाद वृद्धा के गले में हलकी सी गड़गड़ाहट सुनकर सुबोध बाबू चिल्ला उठे, 'सचमुच, जीवन लौट रहा है! तुम कितने अच्छे हो!'

सुधीर को यह चिल्लाहट अच्छी न लगी। उसने धीरे से कहा, 'अच्छा हो,

हम लोग चुप रहें, क्योंकि बूढ़े शरीर में जीवन लौटने में देर लग सकती है।'

बात काटकर सुबोध बाबू बोले, 'सुनिए! माँ के मरने की चिंता मुझे नहीं है, आज मौत से बड़ा वरदान और क्या हो सकता है! फिर मैं बहुत दिनों से जानता था कि माँ एक दिन आत्महत्या करेंगी।'

सुधीर के मुँह से निकला, 'आत्महत्या?'

सुबोध बाबू ने कहा, 'हाँ, आत्महत्या! मेरी माँ ने आत्महत्या की है।'

'और आपने जानते हुए भी रोका नहीं?'

उत्तर में सुबोध बाबू ने कहा, 'मैं रोक नहीं सकता था। हाँ, माँ को रोज तिल-तिलकर मौत के समीप खिंचता देख मन मसोसकर रह जाता था।'

सुधीर ने पूछा, 'सुबोध बाबू! आपकी बात समझ में नहीं आई। आप शायद कुछ छिपा रहे हैं।'

सुबोध बाबू घनीभूत पीड़ा में भी मुसकराए और बोले, 'आज कुछ छिपाने की लाज कहाँ है, महाशय!' फिर कुछ देर चुप रहने के बाद बोले, 'मैं आज घूम-घूमकर किताबें बेचता हूँ, पर एक समय मैंने अपने परिवार में बीस जनों की आदर के साथ जीने की व्यवस्था देखी है। उस लंबी कहानी को तो सुनाना ठीक नहीं रहेगा, क्योंकि वह तो आज बंगाल के घर-घर की कहानी है। अस्सी और सौ रुपए मन चावल खरीदने का बूता मुझमें नहीं है। तीन-चार महीने पहले कुछ चावल खरीद लिया था, उन्हीं को रोज तौलता और माँ से पूछता कि कब तक चलेगा। एक दिन माँ ने बताया कि धीरे-धीरे अपनी खुराक कम करते रहें तो शायद कुछ अधिक दिन चल सकता है। माँ ने कहा कि मेरी खुराक कम हो चली है क्योंकि मैं तो बूढ़ी हूँ, अभ्यास करने पर बहू भी कम कर सकती है, आखिर नारी है। हाँ, तुम्हें और सुनील को···मैंने कहा नहीं, कम होगा तो सबका होगा···इसपर माँ बोली, अब बुढ़ापे में मुझे और अधिक दुःख मत दे। मैं अब जाना चाहती हूँ···और फिर मित्रो, इस तरह हमने अपनी खुराक कम कर एक चौथाई भाग बचाना शुरू कर दिया। धीरे-धीरे सुनील को छोड़ हम तीनों आधी खुराक पर आ गए।'

'आधी खुराक? आत्महत्या का कैसा सुयोजित षड्यंत्र!' प्रमोद फुसफुसाया।

सुबोध बाबू ने उसी स्वर में उत्तर दिया, 'प्रमोद बाबू, आप इसे आत्महत्या कह सकते हैं, परंतु इसके पीछे एक जबरदस्त शक्ति थी, जिसे हम आशा कहते हैं, लेकिन यही आशा आज निराशा बन गई है। शस्य श्यामला बंग भूमि पर मौत के बादल मँडरा रहे हैं। पूरा कलकत्ता भूखों और नंगों से पट गया है, बच्चे कौड़ी के मोल बिक रहे हैं, यौवन वेश्याओं के हाट में बिक रहा है, आदमी आदमी के सामने

ही चील और गिद्धों का भोजन बन रहा है—यह सब कहकर मैं आपकी करुणा जाग्रत नहीं करना चाहता। केवल यही बताना चाहता हूँ कि हमारा स्टाक भी आखिर में खत्म हो गया। राशन की दुकान से सेर भर चावल लाना जानते ही हैं, फिर भी रात को दो कितना मुश्किल है। यह तो आप दो बजे जागकर राशन की दुकान पर धरना देना और दूसरे-तीसरे दिन एक सेर चावल ला पाना, यह सब माँ की हिम्मत थी, और सोचता हूँ कि माँ इसीलिए तो संसार में सबसे बड़ी है···लेकिन मेरे मित्रो, मेरी उसी माँ ने आज ऐसा जघन्य दुष्कर्म किया है कि उसके बारे में सोचकर मैं काँप उठता हूँ।' इतना कहकर वह चुप हो गए।

कुछ क्षण की चुप्पी के बाद सुधीर ने पूछा, 'आखिर ऐसा क्या काम किया आपकी माँ ने, जो आपकी आत्मा को इतना दुःख दे रहा है?'

'उसी के बारे में तो मैं माँ से पूछना चाहता हूँ। काश, एक बार वह बोल पाए तो मैं पूछूँ कि क्या सचमुच तुमने भीख माँगी थी माँ···' कहते-कहते सुबोध बाबू की मुखमुद्रा गंभीर हो गई और आगे बोले, 'आज सवेरे जब एक सेर चावल लेकर लौटी तो शायद उसके जीने की आशा अधिक नहीं थी। भीड़ ने उन्हें कुचल डाला था, लेकिन लौटते समय उन्होंने एक युवती को देखा, जिसे शायद कई महीनों से भरपेट भोजन नहीं मिला था। उसकी अंगुली पकड़े एक बालक भी था—एकदम नंगा, कंकाल मात्र। न जाने क्या हुआ कि माँ ने उससे पूछा—चावल लेगी? उस युवती ने कहा, माँ इस बच्चे को ले लो और मुझे एक मुट्ठी चावल दे दो। मैं इसे पाल नहीं सकती, सबको इसी तरह बेच चुकी हूँ, पर पापी पेट की आग···! माँ ने आगे कुछ न सुना और चावल उसके आगे पटक दिए। तभी भिखमंगों की भीड़ ने उन्हें कुचल डाला। उसी संज्ञाहीन अवस्था में उन्हें यहाँ ले आया। तब से दवा जुटाने के प्रयत्न में हूँ, लेकिन कुछ नहीं कर पाया। संध्या के समय अचानक किसी ने मेरा नाम लेकर पुकारा। सेठ का गुमाश्ता था, बोला, सुबोध मित्र की माँ यहीं रहती है? मैंने पूछा कि तुम्हें उनसे क्या काम है तो उसने बताया कि सेठजी ने दस सेर चावल और बीस रुपए भेजे हैं और कहलवाया है कि जल्दी ही आपके लड़के को वह बाहर भेज देंगे। मैंने हतप्रभ होकर पूछा कि मेरी माँ तुम्हारे सेठजी को कैसे जानती हैं? क्या वह वहाँ गई थीं? लेकिन गुमाश्ता कुछ न बता सका। मैं पागल हो उठा, लेकिन माँ तो तब से बेहोश पड़ी है। बड़ी कृपा होगी, अगर आप माँ को एक क्षण के लिए होश में ला दें, ताकि मैं यह पूछ सकूँ कि क्या वह सचमुच सेठ के पास भीख माँगने गई थीं। विश्वास नहीं होता कि जो तिल-तिलकर मरती रही, जो मरते-मरते भी मुँह का ग्रास दूसरों को दे आई, वह कैसे सेठ के सामने गिड़गिड़ा

सकी। कैसे वंश की मर्यादा, कुल की कुलीनता धूल में मिला सकीं!' कहते-कहते सुबोध बाबू की मुट्ठियाँ भिंच गईं, दाँत किटकिटा उठा और उन्होंने प्रमोद से पूछा, 'क्या मैं आशा करूँ कि...'

सुधीर निरंतर नाड़ी की जाँच कर रहा था। धीमे स्वर में बोला, 'खेद है सुबोध बाबू, माँ अब इस लोक में नहीं हैं।'

इतना सुनना था कि सुबोध बाबू हड़बड़ाकर उठ बैठे और दूसरे ही क्षण चीत्कार कर रो उठे। उनकी पत्नी भी सहसा जोर-जोर से रोने लगीं और बच्चा भी चीखकर उठ बैठा। देखते-देखते एक कारुणिक दृश्य उपस्थित हो गया। दोनों मित्र क्षण भर के लिए किंकर्तव्यविमूढ़ हो गए, तभी सहसा सुबोध बाबू ने रुककर कहा, 'आपकी कृपा का जन्म-जन्म आभारी रहूँगा, परंतु दया करके आप इस घटना का जिक्र किसी से न करें।' और इतना कहकर उसने दोनों हाथ जोड़कर इस तरह देखा, जैसे प्राणों की भीख माँग रहे हों।

□

नींव के पत्थर

तब वह स्वाधीनता संग्राम के सेनानियों की सभा से लौट रहे थे। काफी वृद्ध थे, यही कोई अट्ठासी-नवासी के आसपास होंगे, लेकिन उनके चेहरे पर अपूर्व शांति थी। कुछ सोचते हुए चल रहे थे। अचानक राह में पड़े पत्थर से टकरा गए। अगर मैं आगे बढ़कर उन्हें थाम न लेता तो निश्चय ही औंधे मुँह सड़क पर जा गिरते। उन्होंने मेरी ओर कृतज्ञ भाव से देखा और मुसकराए, बोले, 'बहुत-बहुत शुक्रिया, बेटे। तुम मुझे थाम न लेते तो आज मैं बहुत चोट खा जाता…।'

मैंने तुरत उनकी बात काटते हुए विनम्र भाव से कहा, 'कोई बात नहीं, काकाजी! पर काकाजी…'

अनायास मन में उठी बात से मैं स्वयं झिझक गया। उन्होंने अचकचाकर मेरी ओर देखा, 'क्या बात बेटे?'

'कुछ नहीं…बस…आपको इस उम्र में अकेले नहीं घूमना चाहिए।'

न जाने क्या हुआ, उनके चेहरे पर तेजी से कई रंग आए और गए। फिर हँसे, 'यह उम्र और अकेले…हाँ, हाँ तुम ठीक कहते हो, पर बेटे! क्या तुम नहीं जानते कि अकेला चलनेवाला सबसे शक्तिशाली होता है…'

तभी उनके साथी स्कूटर ले आए और वे चले गए, पर जाने से पहले वे मुझे एक बार फिर धन्यवाद देना नहीं भूले थे। एक बात उन्होंने जोर देकर कही थी, 'तुमने मुझे काकाजी कहा, अंकल नहीं, यह मुझे अच्छा लगा।'

उस क्षण तो नहीं, पर बाद में मुझे उनकी इस बात पर बड़ी हँसी आई थी। पुराने वक्त के ये लोग यह क्यों नहीं समझते कि शब्द तो निर्जीव होते हैं, अर्थ तो हम उन्हें देते हैं।

यह बात मात्र एक घटना बनकर रह जाती और मैं इसे भूल जाता, लेकिन

अगले सप्ताह मैंने उन्हें अपने घर पर देखा। वे मेरे पिताजी से किसी स्वतंत्रता सेनानी की पेंशन के बारे में बात करने आए थे। मेरे पिताजी उस विभाग के बड़े अधिकारी थे। मुझे देखकर वे कुछ चौंके, 'तुम यहाँ!'

मैंने उन्हें प्रणाम करते हुए बताया, 'आप जिनसे बात करने आए हैं, वे मेरे पिताजी हैं।'

वे बहुत खुश हुए और पिताजी से उन्होंने उस घटना का जिक्र करते हुए कहा, 'तुम्हारे बेटे ने मुझे काकाजी कहकर पुकारा था, अंकल नहीं। हर शब्द का वातावरण होता है और उस वातावरण का निर्माण करती है उस देश की संस्कृति और प्रकृति।'

पिताजी बहुत प्रभावित हुए थे और खुश भी। और अचरज तो यह है कि मैं भी उस दिन की तरह हँस नहीं सका था।

उसके बाद तो वे पंद्रह-बीस दिनों में एक बार हमारे घर अवश्य आते थे। वैसे तो वे कोई-न-कोई केस लेकर आते थे, पर मैं जानता हूँ कि वे मुझसे मिलने आते थे। मैं स्वयं उनकी बातें सुनने के लिए उत्सुक रहता था। विशेषकर मेरी छोटी बहन अपर्णा, जो बारहवीं कक्षा में पढ़ रही थी, उनसे उनके युग की कहानियाँ सुनने के लिए आतुर रहती थी। एक दिन मेरा सबसे छोटा भाई दौड़ा-दौड़ा उनके पास आया, बोला, 'काकाजी! हमारे मास्टरजी ने कहा है कि उन स्वतंत्रता सेनानियों की कहानियाँ लिखकर लाओ। बताइए न बाबाजी हमें उनकी कहानियाँ...'

तब बड़े-बड़े नेताओं की कहानियाँ रोचक भाषा में लिखवा दी थीं उन्होंने। फिर एकाएक गंभीर होकर कहा था—'मैं तुम्हें एक और कहानी सुनाना चाहता हूँ। उस कहानी के नायक का नाम इतिहास के पन्नों पर कभी लिखा नहीं मिलेगा, क्योंकि ऐसे लोग नींव के अंदर होते हैं, ऊपर नहीं। इतिहास केवल ऊपरवालों का लिखा जाता है।'

उन दिन उन्होंने अपने अटपटे शब्दों में रुक-रुककर जो कहानी सुनाई थी, वही मैं यहाँ लिख रहा हूँ। बीच-बीच में वे कभी इतने भावुक, इतने उत्तेजित हो उठते थे कि शब्द अपनी आवाज खो बैठते थे। उन्होंने बड़े नाटकीय ढंग से अपनी कहानी की शुरुआत की—

जब वे अस्पताल से उसके बेटे की लाश लेकर लौटे तो अँधेरा घिरने लगा था। उसने अंदर आकर कमरे के बीचोबीच पड़े पलंग को हटा दिया। उसके बाद धरती पर बिस्तर बिछाकर बोला, 'मेरे बेटे को यहाँ लिटा दो।'

अचरज से लोगों ने उसे देखा और बिना एक शब्द बोले एक पवित्र वस्तु

की तरह लाश को धरती पर लिटा दिया। फिर उसके दोनों ओर बर्फ की सिल्लियाँ लगा दीं। बड़ी मुश्किल से वे इतना ही कर पाए थे, क्योंकि कर्फ्यू के कारण उस ओर आना-जाना खतरे से खाली नहीं था। कहीं भी किसी भी क्षण गोली चल सकती थी।

फिर भी वे सब कई क्षण मौन खड़े उसके बेटे को देखते रहे। वह सारे समय निर्द्वंद्व और शांत बना रहा, यद्यपि उन लोगों की आंतरिक इच्छा थी कि वे चीखें-चिल्लाएँ और सरकार को कोसें, लेकिन वह गीली चादर से बेटे का मुँह साफ करता रहा। फिर एकाएक बोला, 'अब आप जा सकते हैं।'

उनमें एक जो अपेक्षाकृत युवा था, बोला, 'चाचा! क्या आप आज रात मुझे अपने साथ रहने की इजाजत नहीं देंगे?'

'नहीं।'

'क्यों?'

'क्योंकि मैं अपने बेटे के पास अकेला रहना चाहता हूँ।'

तब बिना एक शब्द बोले वे सब वहाँ से चले गए। सबसे आखिर में जो व्यक्ति जाने के लिए मुड़ा, उसने कहा, 'जिस सरकार की सेवा तुम इतनी ईमानदारी से कर रहे हो, उसी ने तुम्हारे बेगुनाह बेटे को मार डाला।'

उसने कुछ उत्तर नहीं दिया। हाँ, उसकी मुद्रा कुछ अतिरिक्त कठोर हो आई। कई क्षण वह उनके कदमों की डूबती आवाज सुनता रहा, फिर किवाड़ बंद करके बेटे के पास लौट आया। अब वह कमरे में अकेला था। उसका दिल फट रहा था, पर अचरज, वह अब तक रोया नहीं था। सबके सामने आश्चर्यजनक रूप से दृढ़ बना रहा, पर एकांत होते ही वह दृढ़ता जैसे भंग होने लगी। कलेजा मुँह को आने लगा, जैसे वह अब चीख-चीखकर रो उठेगा।

वह भारत सरकार के माल विभाग में एक ऊँचे पद पर काम करता था। उसका बेटा आई.ए.एफ. की परीक्षा की तैयारी कर रहा था। वह प्रतिभाशाली था। उसकी सफलता में किसी को शंका नहीं थी। उसने अपने जीवन में राजनीति में कभी भाग नहीं लिया था। वह तो अपने मित्र से मिलकर लौट रहा था, तभी मदांध गोरों ने उसे गोलियों से भून डाला। मूर्ख। कमीने। वे दोस्त दुश्मन से भी तमीज नहीं कर सके।

सहसा वह चौंक पड़ा। उसने गरदन को झटका दिया। वह विचारों की दुनिया में बहुत दूर चला गया था। उसने सुना कि बाहर दरवाजे पर कोई उसे पुकार रहा है।

वह अचकचाया—इस समय कौन?

वह किसी युवती का स्वर था, 'किवाड़ खोलो, चाचा।'

बाहर सड़क पर बिजली का तेज प्रकाश फैला था। उसी प्रकाश में सैनिक राइफल थामे मार्च करते हुए आते और चले जाते। उस आवाज से चौंककर कुत्ते जोर-जोर से भौंकने लगते और सन्नाटा रो पड़ता। उसने डरते-डरते किवाड़ खोले और यह देखकर चकित रह गया कि उसके सामने एक लड़की खड़ी है। यंत्रवत् वह बुदबुदाया, 'तुम···तुम इस समय यहाँ क्यों आई हो?'

वह उस लड़की को पहचानता था। माँ के साथ वह पड़ोस में ही रहती थी और काफी बदनाम थी। उसके पिता पाँच वर्ष पूर्व एक सांप्रदायिक दंगे में मारे गए थे। तब से माँ-बेटी सूत कातकर या लिफाफे बनाकर जीवन बिता रही थी। उसने उसके प्रश्न का जवाब नहीं दिया। अंदर आकर इतना ही कहा, 'रोशनी नहीं करोगे, चाचा?'

बिना बोले उसने स्विच दबा दिया। कमरा प्रकाश से नहा उठा हो जैसे। उसने देखा कि लड़की बेहद गंभीर है। उसकी आँखों में गहरी वेदना है। उसके हाथ में एक छोटा कटोरदान है।

'क्या है इसमें?'

बिना बोले उसने कटोरदान का ढक्कन हटा दिया। कुछ फूल और जरा सा घिसा हुआ चंदन था उसमें। वह हतप्रभ सा सबकुछ देख रहा था। लड़की ने उसके बेटे के मुँह पर से कपड़ा हटाया और माथे पर चंदन लगा दिया। फिर फूलों को छाती पर बिखेरकर कपड़े को उसी तरह दबा दिया, जैसे हवा लगने के डर से माँ बेटे को ढक देती है। उसके बाद वह पैरों के पास आई। चुपचाप उन्हें छुआ और लौटने के लिए मुड़ी। उसकी आँखें भर आईं थीं और अपने को रोकने की चेष्टा में चेहरा रक्तवर्ण हो आया था। उसने यह सब देखा और न जाने क्यों वह क्रोध से भर उठा। तड़पकर पूछा, 'तुम मेरे बेटे को जानती थी?'

'जी।'

'क्या वह तुम्हारे पास आता-जाता था?'

'जी, इन्हीं के कारण आज हम जीवित हैं। जानती हूँ कि आपको दु:ख हो रहा है' होना ही चाहिए, जैसी हमारी प्रतिष्ठा है, उसको देखते हुए हमारे पास इनका आना निरापद नहीं हो सकता था, पर वास्तव में ये हमारे लिए क्या थे, कोई नहीं जानता। किसी ने जानना चाहा ही नहीं। पिताजी की मृत्यु के बाद हमारे सामने अँधेरा-ही-अँधेरा था। अचानक एक दिन ये हमारे घर आए। माँ को सांत्वना देते

हुए इन्होंने एक बात कही थी, वह मैं कभी नहीं भूल सकती, 'मरना आसान है, जीना मुश्किल और इनसान इस दुनिया में मुश्किल काम करने के लिए आता है।'

उसके मस्तिष्क में क्या कौंधा, वह स्वयं नहीं जानता था। बस, उसके मुँह से इतना ही निकला, 'यह कहा इसने?'

'जी, यही कहा था और यह भी कहा था कि मन में चाह पैदा करो। हाथों में शक्ति स्वयं आएगी। आज भी हम साधनों के अभाव और लांछना की प्रचुरता के बीच जी रहे हैं और जीते रहेंगे—केवल इन्हीं के कारण।'

उसने पूछा था, 'एक बात और बताओगी? क्या मेरा बेटा तुमसे प्रेम करता था?'

'प्रेम बहुत पवित्र होता है, चाचा। उससे भी पवित्र होता है उसी का समानार्थी 'स्नेह'। वही स्नेह हम लोगों के बीच सेतु बना था।'

वह आश्वस्त हुआ। वह नहीं चाहता था कि उसके बेटे का नाम इस चरित्रहीन लड़की से जुड़कर बदनाम हो। उसके मन में एक-दूसरे को काटते परस्पर-विरोधी विचार उठ रहे थे। उसे अपने प्रतिभाशाली बेटे पर नाज था। वह एक दिन बड़ा अफसर बननेवाला था, परंतु सैनिकों ने उसके अरमानों को चूर-चूरकर दिया। उसे लगा कि वह अब बुक्का फाड़कर रो पड़ेगा, पर उसने किंचित् कठोर स्वर में कहा, 'तुम अब जा सकती हो।'

लड़की बोली, 'हाँ, मैं अब जाऊँगी, पर चाचा, आप भाग्यशाली हैं। आपका बेटा सचमुच महान् था। जब तक जिया, शान से जिया और जब मरा तो और भी शान से मरा...'

वह एकाएक झुँझला उठा, 'तुम क्या बक रही हो? वह तो...वह तो धोखे का शिकार हुआ है।'

लड़की हँस पड़ी, बोली, 'चाचा! तुम्हारे बेटे को तुमसे ज्यादा मैं जानती हूँ। उन्होंने जीवन में कभी धोखा नहीं खाया। वह जानबूझकर आग में कूदे थे...'

वह जैसे चीख उठा हो, 'तुम आखिर कहना क्या चाहती हो?'

लड़की कुछ कह पाती, इससे पहले द्वार पर फिर आहट हुई। वह शांत भाव से बोली, 'वे लोग आए हैं। डरो नहीं, वे मित्र हैं। दरवाजा खोल दो।'

हतबुद्धि वह आगे बढ़ा और दरवाजा खोल दिया। दो युवक अंदर आकर खड़े हो गए। उनके हाथ में दो राष्ट्रीय झंडे थे। एक युवक ने आगे बढ़कर शव को एक झंडे से ढक दिया। फिर दोनों मिलकर उसे आहिस्ता-आहिस्ता ठीक करने लगे। उसने अचरज से यह सब देखा। उसकी समझ में कुछ नहीं आ रहा था। उसने

पूछा, 'आप लोग कौन हैं?'

'हम लोग कौन हैं? कोई विशेष व्यक्ति नहीं। देश की आजादी के लिए लड़नेवाले एक दल के साधारण सदस्य हैं हम।'

'पर मेरे बेटे से आपका क्या संबंध है?'

'वही तो हमारा नेता था…'

'क्या…?' वह चीख उठा, 'आप झूठ बोलते हैं।'

एक युवक ने उतने ही शांत स्वर में उत्तर दिया, 'जिन्होंने देश की मुक्ति की कसम खाई है, वे झूठ नहीं बोल सकते, चाचा। मोहन सचमुच हमारा नेता था। आप तो जानते ही हैं कि राजपथ पर चलनेवाले जिन व्यक्तियों के सिर पर गांधी टोपी होती थी, उन्हें गोरे सैनिक पकड़ लेते थे। फिर उनसे कहते थे—टोपी उतारो और उसपर थूको। जिन्हें प्राणों से मोह था, वे ऐसा करते और चुपचाप आगे बढ़ जाते। जो निर्मोही थे, वे टोपी उतारने के स्थान पर अपने प्राणों का विसर्जन कर देते थे। न जाने कितनी टोपियाँ गोरों के बूटों के नीचे कुचली गईं। टोपी देखने में मात्र एक गोल कपड़ा है, पर वह राष्ट्र की अस्मिता का प्रतीक है। अपनी प्रतिष्ठा पर गोरों के बूटों के आघात की आवाज हमने सुनी। हमारा खून खौल उठा। भयंकर आग सुलग रही थी। उस मार्ग पर जाना मृत्यु को गले लगाना था, लेकिन आपके बेटे ने तनिक भी परवाह नहीं की। उस मार्ग पर चलते हुए उसने गोरों की चेतावनी को अनसुना कर दिया। उसने प्राण दे दिए, पर टोपी नहीं उतारी। जिस समय मैंने लाश को उठाया, तब टोपी उसके कुरते के नीचे थी…'

वह पागल होने की स्थिति में आ गया था। वह तो इतना ही जानता था कि मोहन अपने एक मित्र के पास गया था और लौटते समय अचानक उसे गोली लग गई थी। आज साँझ को ही उसने बेटे का शव अस्पताल से प्राप्त किया था और अब ये लोग कहते हैं…

उसने पूछा, 'आपने लाश को उठाया था…?'

'जी हाँ! गोरे सैनिक न जाने कितनी लाशें गायब कर चुके हैं। इसीलिए जान पर खेलकर बिंदा की सहायता से मैं इसे नाले से निकाल लाया और सड़क पर रख दिया, जहाँ से उठाकर सेना की गाड़ी इसे अस्पताल पहुँचा आई। हम इसे तभी घर लाना चाहते थे, पर वैसा करने पर आप संकट में पड़ जाते।

वह निरंतर शून्य में डूबता जा रहा था। उसका बेटा मोहन तो आई.सी.एस. की परीक्षा की तैयारी में जुटा था। उसे इसमें से कभी भी विद्रोह की गंध नहीं आई थी और ये सरकार के दुश्मन कहते हैं कि यह इनका नेता था। इसने देश की प्रतिष्ठा

के लिए प्राणों का विसर्जन हँसते-हँसते किया है।

इसी समये वे युवक मुड़े, 'चलो बिंदा! हम चलें।'

'ठहरो,' वह सहसा शांत स्वर में बोला, 'तुम सच कहते हो, मेरे मोहन ने जानबूझ कर प्राण दिए हैं। सैनिकों ने इसे धोखे से नहीं मारा।'

'जी हाँ। यह धोखे से नहीं मारे गए।'

'यह कब से तुम्हारे साथ था?'

'दो वर्ष पहले, जब हमने अपनी संस्था की नींव रखी थी, तभी से यह हमारा नेता था।'

'तो मुझे धोखा दिया था इसने···'

इससे पहले कि वह गिर पड़ता, बिंदा ने आगे बढ़कर उसे सँभाल लिया। बोलः, 'नहीं, नहीं चाचा। इन्होंने आपको धोखा नहीं दिया। इन्होंने इसलिए आपको नहीं बताया कि आप पर कोई आपत्ति न आ जाए। ये आपको बेहद प्यार करते थे। माँ तो इन्हें किशोरावस्था में छोड़कर चल बसी थीं, आपने ही तो इन्हें पाला था।'

पहले युवक ने कहा, 'मोहन सदा आपकी तारीफ करता था।'

दूसरा युवक, जो अपेक्षाकृत गंभीर था, बोला, 'इसने मुझसे कहा था, मुझे वचन दो कि मेरे पिता को अपना पिता समझोगे।'

वह अब भी परस्परविरोधी चिंताओं में ग्रस्त था। उसने यंत्रवत् इतना ही कहा, 'अब तुम जा सकते हो।'

पहले युवक ने साहस बटोरा, बोला विनम्र स्वर में, 'आप चाहेंगे तो···'

आश्चर्य! इस बार उसने कठोर स्वर में उत्तर दिया, 'मैं अकेले रहना चाहता हूँ···।'

उसके बाद बिना एक शब्द बोले वे तीनों चले गए। अब वह अपने बेटे के शव के पास अकेला था और उसकी नसें तनती जा रही थीं। वह कभी क्रोध में तमतमाकर मुट्ठी भींचता हुआ अन्यायी का सिर कुचलने की मुद्रा में अपने बेटे की लाश पर झुकता। दूसरे ही क्षण जैसे कोई अज्ञात हाथ उसे उसी कठोरता से पीछे खींच लेता और वह दीवार पर बार-बार सिर पटकता हुआ जोर-जोर से रोने लगता।

कभी भयंकर गर्जन-तर्जन के साथ बिजली की गड़गड़ाहट उसे कँपा-कँपा जाती, कभी रिमझिम-रिमझिम वर्षा का संगीत उनके तन-मन को भिगो जाता। कभी वह गर्व से सिर ऊँचा कर बेटे को स्नेहसिक्त दृष्टि से देखता, कभी ग्लानि से भरा उसका मन रो-रो उठता, 'मैं उन्हें क्या जवाब दूँगा? जीवन भर जिनकी सेवा की मैंने, उन्हें ही मेरे बेटे ने शत्रु माना। मैं क्या मुँह दिखाऊँगा उन्हें···

वह रात भर अपने से लड़ता रहा। अपने तन-मन को अपने ही हाथों से रक्तरंजित करता रहा, पर जैसे ही सूरज की पहली किरण ने उसके द्वार पर दस्तक दी, उसने अपने को समेट लिया। वह जानता था कि अब शीघ्र ही शोकातुर मित्रों और संबंधियों से उसका घर भर जाएगा, इसलिए वह शांत मन अपने अध्ययन-कक्ष में गया। सदा की तरह मेज के सामने कुरसी पर बैठकर उसने अपना त्यागपत्र लिखा। बड़े अफसर को अलग से एक पत्र लिखा। लिख चुका तो भीतर आँगन में जाकर अपने पुराने सेवक को पुकारा, 'शंभु! तुम तुरत बड़े साहब के पास जाओ और यह पत्र दे आओ, तुरत···'

जिस नाटकीयता से उन्होंने कहानी शुरू की थी, उसी नाटकीयता से उसे समाप्त करके वे चुप हो गए। हम सब स्तब्ध थे। कई क्षण बोल तक नहीं पाए। सबसे पहले अपर्णा ने उस पवित्र मौन को भंग किया। स्नेह और आदरमिश्रित स्वर में बोली, 'कैसी मार्मिक कहानी है यह, सचमुच पुराने वक्त के लोग बड़े भावुक और आदर्शवादी होते थे, इसीलिए मृत्यु···'

वह क्षण भर रुकी। फिर बोली, 'जिनकी यह कहानी है, उनका नाम तो आपने बताया ही नहीं।'

इसका जवाब दिया मैंने, 'जो इस समय हमारे सामने बैठे हैं, जिन्होंने यह कहानी सुनाई है, वे ही इस कहानी के नायक हैं।'

यह कहकर मैंने और अपर्णा—दोनों ने एक साथ उनकी ओर देखा—वे जैसे समाधिस्थ हों। नेत्र बंद थे और उनसे बहकर दो आँसू उनके झुर्रियों से भरे चेहरे पर मुक्ता-कण की तरह चमक रहे थे।

□

(सन् १९४८)

रायबहादुर की मौत

इन दिनों रायबहादुर अपने बड़े दामाद के पास ठहरे हुए थे और यहीं कल रात उनका देहांत हो गया। वे कई दिनों से बीमार थे। सच तो यह है कि कारबंकल के ऑपरेशन के बाद उनके जीने की आशा नहीं रही थी। इधर चार दिनों से तो वे बिलकुल संज्ञाहीन थे। ऐसा लगता था कि उनके प्राण मंथर गति से बारी-बारी प्रत्येक अंग से विदा हो रहे हैं। कल संध्या को जब बड़े साहब ने उन्हें देखा था, तब उनका दाहिना हाथ और नीचे का होंठ—दोनों धीरे-धीरे स्वचालित यंत्र की भाँति फड़क रहे थे।

आज वह अवशेष भी समाप्त हो गया। रायबहादुर चल बसे। धीरे-धीरे बड़े साहब का आलीशान बंगला आदमियों से भरने लगा। उसमें दफ्तर के बाबू, नगर के छोटे-बड़े ठेकेदार और दूसरे व्यवसायी तथा शोकसूचक काली पट्टी बाँधे बड़े अफसर थे। वे आने पर निहायत अदब और विनम्रता से बड़े साहब से सहानुभूति प्रकट करते और लॉन, बालकनी अथवा ड्राइंग रूम में बैठ जाते या पार्क की पगडंडियों पर घूमने लगते। मैंने रात में रायबहादुर का प्राणांत होते देखा था। उसके पश्चात् मैं घर लौट गया था, इसलिए अब मुझे आने में देर हो गई थी। सच तो यह है कि मैं स्वयं देर करके आया था। तब तक वह विशाल भवन आदमियों से भर चुका था और ऊपर से पवित्र मंत्रध्वनि आ रही थी—

सत नाम, सत नाम, सत नामजी,
वाहे गुरु, वाहे गुरु, वाहे गुरुजी।

तभी मेरे रातवाले साथी ने मुझे देखा। वह मेरे पास आकर बोला, 'बड़े साहब क्या सिख हैं?'

मैंने कहा, 'बड़े साहब बड़े साहब हैं। बड़े आदमियों की तरह वे उदारमना

हैं। मरनेवाले का कल्याण हो, इसलिए उनकी पत्नी ने किसी धर्म-गुरु को बुला भेजा होगा। बुलानेवाला सिख होगा, इसलिए ग्रंथी आए हैं।'

वह मुसकराया, 'मैं जानता हूँ, यही बात होगी, अन्यथा बड़े साहब तो धर्म में विश्वास नहीं करते थे।'

'विश्वास कौन करता है?' मैंने कहा, 'यह तो दुनिया को दिखाने की बात है। इस विशाल जनसमूह को देखो। क्या ये लोग रायबहादुर से प्रेम करते हैं? क्या इन चार दिनों में तुमने जो कुछ देखा है, उससे इसकी कोई तुलना है?'

सहसा उसकी वाणी तलखी से भर उठी। वह बोला, 'ऐसे पापी का इतना शानदार अंत।'

तीसरा साथी, जो अब तक चुपचाप खड़ा था, बोला, 'शानदार अंत! दुश्मन को भी यह अंत नसीब न हो, मेरे दोस्त। नरक और किसे कहते हैं? चार दिनों तक प्राण शरीर से निकलने के लिए तड़पते रहे, यह यातना क्या रौरव नरक की पीड़ा से कम है?'

और फिर क्षण भर भीड़ पर एक दृष्टि डालकर उसने कहा, 'मौत मैंने देखी है। मेरे एक मित्र हैं। एक दिन उसके पिता नल पर स्नान कर रहे थे। साथ-ही-साथ बात भी करते जा रहे थे, परंतु जैसे ही उन्होंने लोटा उठाकर सिर पर पानी डालना चाहा, वाणी बंद हो गई। अचरज से हमने देखा—वह शांत स्तब्ध दीवार के सहारे लुढ़क गए हैं। और उनका मुख इस प्रकार खुला हुआ है, मानो कुछ कहना चाहते हैं। मृत्यु वह थी, शानदार मृत्यु। आई और प्राणों को आलिंगन में बाँधकर ले गई, मानो प्राण उसकी राह देख रहे थे।

धीरे-धीरे कई और मित्र हमारी टोली में आ मिले। वे तरह-तरह की बातें कहने लगे, परंतु उन सबका संबंध रायबहादुर की मौत से ही था। एक साथी बोले, 'इन चार दिनों में ये सब लोग कहाँ थे? कोई भी पास आकर नहीं फटका।'

मैंने कहा, 'विज्ञान के युग में आने की आवश्यकता नहीं होती।'

'क्यों?'

'क्योंकि आना सहानुभूति के लिए होता है और वह टेलीफोन द्वारा बड़ी सरलता से भेजी जा सकती है।'

'और वह प्यारी भी लगती है,' तीसरे मित्र बोले।

'जी हाँ,' दूसरे साथी ने कहा, 'उसी प्रकार, जिस प्रकार नाटक के सामने चलचित्र प्यारा लगता है। परसों रायबहादुर के पास मेरी ड्यूटी थी। तब नहर के बड़े साहब का फोन आया था। वे बड़े कोमल स्वर में कह रहे थे, 'मिसेज गुप्ता,

मुझे आपसे हार्दिक सहानुभूति है।' मिसेज बोली, 'आपकी हमदर्दी के सहारे···।'

उसी तरह कहते रहे, 'मुझे बहुत दुःख है, मिसेज गुप्ता। निस्संदेह मुझे बहुत दुःख है। हम सचमुच कितने असहाय हैं। नहीं, नहीं। बताइए, मैं आपके लिए क्या कर सकता हूँ।'

'मैं यदि मेम साहब होता,' तीसरे बंधु बोले, 'तो उसी क्षण कहता कि आप मेरे लिए मर सकते हैं।'

उनकी बात सुनकर हम हँस पड़े, पर बबूला जैसे ही उठा, वैसे ही पानी पड़ी हुई गरम राख की तरह दब गया। हमने चारों ओर देखा—बहुत सारे गिरोह चुपचाप बातों में व्यस्त हैं और ऊपर से कभी-कभी मंत्र-ध्वनि के साथ रुदन का स्वर भी उठने लगता है। रातवाले मेरे साथी ने उस ओर बिना ध्यान दिए कहा, 'और जानते हो, फोन पर बात करते समय वे क्या करते हैं?'

'क्या करते हैं?'

'वे तब पपी को बड़े प्यार से थपथपाते हैं या रस ले-लेकर शराब की घूँट भरते हैं।'

दूसरे साथी बोले, 'दुःख यही है कि टेलीफोन से केवल शब्द जा सकता है, गंध नहीं। यदि गंध भी जा पाती तो मेम साहब के प्यासे होंठ···।'

वाक्य पूरा होने से पहले ही मेरे साथी फिर मुसकराए, परंतु तब मुझे यह मुसकराहट बड़ी बीभत्स लगी। मैंने चाहा कि तीव्रता से इसका प्रतिवाद करूँ, परंतु शब्द कंठ में आकर अटक गए और मेरी आँखों के आगे रात का दृश्य आपसे आप उभर आया।

खाना खाकर जब मैं कोठी पर लौटा तो रात हो चुकी थी। सब ओर प्रायः अंधकार-ही-अंधकार था। मैंने चुपचाप ड्राइंगरूम का द्वार खोला, देखा—सामने बड़े साहब टहल रहे हैं। वे अकेले थे और निश्चय ही उन्हें ब्रिज पार्टी की याद आ रही थी। वे ब्रिज के प्रसिद्ध खिलाड़ी थे, और प्रतिदिन संध्या के समय उनकी पार्टी जमती थी। उस हा-हू के बीच जब बैरा लोग जिन और सोडे के गिलास लिये इधर-उधर दौड़ा करते थे, वे पाइंट-पर-पाइंट जीतते चले जाते थे। मुझे देखकर वे मुसकराए। बोले, 'तुम आ गए?'

'जी हाँ।'

'धन्यवाद।' उन्होंने कहा और फिर टहलने लगे। मैं अंदर चला गया। रायबहादुर जिस कमरे में लेटे हुए थे, वह अतिथि-गृह था। इसलिए उसमें न विशेष सजावट थी, न विशेष फरनीचर। दरवाजे पर हरे परदे थे और फर्श पर नीली दरी।

शेष सामान में आवश्यकतानुसार मेज, कुरसियाँ, रैक और छोटी टेबल थीं। वे स्प्रिंगदार पलंग पर लेटे थे, जिसपर नरम और मुलायम गद्दे बिछे हुए थे। जब मैंने उन्हें देखा, तो उनके नेत्र अर्द्ध-उन्मीलित थे। नीचे का होंठ बराबर हिल रहा था और उनका दाहिना हाथ रह-रहकर फड़क उठता था। शेष शरीर निर्जीव और शांत था। मैं देर तक उन्हें देखता रहा। मनुष्य से बढ़कर धरती पर कुछ नहीं है, यह मैंने पढ़ा था, पर यह जो मनुष्य मेरे सामने लेटा है, यह।

तभी मेरे एक साथी, जो वहाँ पहले से मौजूद था, ने पीछे से आकर कहा, 'ओ, तुम आ गए निशिकांत?'

मैं मुड़ा, 'जी हाँ। बताइए, मुझे क्या करना होगा।'

'कुछ भी नहीं,' वह बोला, 'केवल बैठकर मृत्यु को आते देखना होगा।'

मैं मुसकराया, 'मृत्यु बड़ी छलिया है। उसे आते किसने देखा है?'

उसने कहा, 'परंतु कांत। रायबहादुर मृत्यु को स्पष्ट देख रहे हैं, उन्होंने प्राणों को दबोच रखा है। तिल-तिलकर मरना यही तो है।'

उसके स्वर में तलखी भरने लगी थी। वह आगे कुछ कहता, परंतु तभी मेम साहब ने वहाँ प्रवेश किया। पतली और कोमलांगी मेम साहब, जो पाउडर की तरह जमा-जमाकर अपनी कीलों को छिपाने में घंटों बरबाद कर देती थीं, मुझे उस समय बड़ी कुरूप जान पड़ीं, लेकिन करुणा के कारण वह कुरूपता दयनीय हो उठी थी। उनकी आँखें कह रही थीं, 'मैं कितनी निर्बल हूँ, मेरा कहीं संबल नहीं।' मुझे उस पुकार से संतोष हुआ। मैंने सहानुभूति से भरकर कहा, 'मेम साहब। आपका दुःख बहुत बड़ा है, परंतु आप शांति रखें। जो होना था, वह तो हो चुका।'

उनकी आँखें उबल रही थीं। रोते-रोते वे बोलीं, 'इन्हें इतना कष्ट क्यों है?'

मेरे साथी ने कहा, 'परमेश्वर की माया कौन जानता है, मेम साहब।'

'ओह परमेश्वर,' वे सुबकने लगीं और फिर सहसा एक क्षण रुककर कहा, 'अब कोई आशा नहीं?'

'नहीं मेम साहब, अब क्या है?'

वे रायबाहदुर के और भी पास आ गईं। वे उस क्षण कितने असहाय थे! एक दिन उन्होंने ही मेम साहब के शरीर का निर्माण किया था। उसी पुरानी जर्जर शक्ति में उनके जीवन का स्रोत था। सृष्टि का यही नियम है। दीये की जोत की तरह जीवन की जोत सदा जलती रहती है। तेल की प्रत्येक बूँद आती है और नष्ट हो जाती है, परंतु जीवन पर उसका प्रभाव नहीं पड़ता।

तब न जाने क्यों इस सत्य के सामने मुझे मेम साहब का रोना अच्छा नहीं

लगा। मैंने उधर से मुँह फेर लिया। मेज पर छोटी-बड़ी शिशियों का एक बेतरतीब ढेर लगा हुआ था। मैं उनके लेबल पर लिखे नाम पढ़ने लगा—कोरामिन, ग्लूकोज, सोलो सैप्टेसीमिया, इंसुलिन इत्यादि।

धीरे-धीरे कमरे में कई और आदमी आ गए। वे चपरासी और दूसरे नौकर थे। वे फर्श पर बैठकर कुछ देर शून्य में ताकते रहे, फिर आपस में बातें करने लगे। सोने से पहले बड़े साहब एक बार अंदर आए, बोले, 'आप लोग चाय पीना पसंद करेंगे?'

मैंने कुछ अचरज से कहा, 'जी नहीं।'

'नहीं, आप चाय पीजिए,' वे बोले, 'मैं बैरा से कहता हूँ। आप रात भर जागेंगे।'

और वे चले गए। कुछ देर बाद बैरा चाय ले आया, बोला, 'बाबूजी! मेम साहब को चाय पिलाकर आया हूँ। सच कहता हूँ, उन्हें देखकर रोना आता है। मना कर रही थीं। मैंने कहा—मेम साहब। आप नहीं पिएँगी तो बाबू लोग भी नहीं पिएँगे। बेचारी को अपने भाई की बड़ी चिंता है। एक अफ्रीका में है, दूसरा मद्रास में मिट्टी से सोना पैदा कर रहा है। बेचारी अकेली बैठी रोया करती हैं। क्या करें, हम लोगों की बीवियों को तो बात करना भी नहीं आता?'

फिर सहसा धीमा पड़कर बोला, 'छोटी बहन सुनकर भी नहीं आई और न मद्रासवाला भाई आया है।'

बैरा बोले चला जा रहा था और चपरासी उसकी बातों में रस ले रहे थे। आखिर उसने मुझसे कहा, 'आप चाय पी लीजिए।'

'नहीं।'

'अजी, पीजिए भी। आपके क्या लगते हैं? उनके अपने तो पास भी नहीं फटकते।'

मैं मुसकराया और चाय का प्याला ले लिया। मैं तब खड़ा था। पास के कमरे में जाकर, जहाँ वस्तुतः चाय पीने का प्रबंध था, मैंने एक घूँट भरा और प्याला मेज पर रखकर लौट आया। कमरे का एक चक्कर लगाकर मैं फिर रायबहादुर को देखने लगा—बच्चों के खिलौने की तरह उनका निचला होंठ और दाहिना हाथ बराबर हिल रहा था। सहसा मुझे लगा कि उनके हाथ का यंत्र धीरे-धीरे बेकार होता जा रहा है। मैंने अपने साथी से कहा, 'देखो मित्र। रायबहादुर कैसी घोर यंत्रणा भोग रहे हैं?'

साथी ने जवाब दिया, 'पाप का यही अंत होता है, कांत।'

मैं मुसकराया, 'बड़े आदमी पाप नहीं किया करते, दोस्त।'

'मैं कुछ नहीं जानता, आप क्या कहना चाहते हैं' मेरे साथी ने तलखी से कहा, 'पर मैं जानता हूँ कि रायबहादुर पापी थे। वे अपने समय के प्रसिद्ध ठेकेदार थे। वे सरकार के लिए नहर ही नहीं खुदवाते थे, कुछ और काम भी करते थे।'

'वह क्या काम था?' मैंने अचरज से पूछा।

वह उठकर मेरे पास आ गया और बोला, 'वे उनके लिए मनोरंजन का साधन भी प्रस्तुत करते थे।'

मेरा कौतूहल बढ़ा। मैंने कहा, 'अर्थात्?'

'नहीं जानते? अंग्रेज़ हिंदुस्थानी लड़की पसंद करते हैं। ठेकेदार साहब उनके पास लड़कियाँ भी भेजते थे।' कहकर वह हँसा, 'बाहरी लड़कियाँ ही नहीं, अपनी लड़कियाँ भी। तभी तो आधा काम करने पर पूरा बिल पास होता था और तभी वे रायबहादुर बने थे।'

कैसी घृणित बात थी। सुनकर मेरा अंतर्मन सिहर उठा, परंतु साथ ही मुझे लगा कि बड़े लोगों के सामाजिक व्यवहार को मेरे साथी ने यह रूप दे दिया है। इसलिए शांत मन से कहा, 'मेरे दोस्त! यह नए युग का फैशन है और आप जानते हैं, फैशन बड़े आदमी किया करते हैं।'

दूसरा साथी, जो अब तक चुपचाप बैठा था, बोला, 'निस्संदेह ऐसा फैशन बड़े आदमी किया करते हैं। इसलिए हम बहुत शीघ्र ही बड़े आदमियों का नाश करनेवाले हैं।'

कहते-कहते उनकी आँखें चमक उठीं, परंतु उस रात मृत्यु के समय मुझे ये बातें अच्छी नहीं लग रही थीं। मैंने विषय बदलने के विचार से उनका ध्यान रायबहादुर के शरीर की ओर आकृष्ट किया, लेकिन मेरी बात काटकर पहले साथी ने कहा, 'अभी आपने पूरी बात नहीं सुनी है।'

'क्या?'

'इनकी छोटी लड़की आत्महत्या करके मरी थी।'

'आत्महत्या, क्यों?'

'क्योंकि वह इनकी इच्छा पूरी नहीं कर सकी। इन्होंने उसे नहर के बड़े अफसर के पास भेजा था। वह सुंदरी थी और साहब सौंदर्य का प्रेमी, परंतु सुंदरी बेटी में तब यकायक न जाने कहाँ से एक बात पैदा हो गई—सौंदर्य मेरा है, मैं उसकी स्वामिनी हूँ; जिसे चाहूँगी, उसे दूँगी।'

वह साथी कहानी कहना जानता था। मेरी उत्सुकता बढ़ी, 'फिर!'

'फिर यह हुआ कि अफसर ने जब उसके सौंदर्य पर आक्रमण किया, तो वह तिलमिला उठी। क्रोध में आकर उसने अफसर को पीट डाला।'

'लड़की ने?'

'जी हाँ। वह आजाद लड़की थी और आजादी का अर्थ जानती थी। पिता ने जब इस घटना का समाचार सुना, तो क्रोध से तमक उठे। उनकी इच्छाशक्ति प्रबल थी, वे उसका अपमान नहीं सह सकते थे। परिणाम यह हुआ कि उन्होंने आवेश में आकर लड़की को जहर दे दिया···।'

'जहर।' मेरे मुँह से निकला, 'तो उसने आत्महत्या नहीं की?'

'हाँ, वास्तव में नहीं की, परंतु दुनिया तो यही जानती है कि विफल प्रेम के कारण ठेकेदार साहब की लड़की जहर खाकर मर गई।'

मैं कुछ जवाब नहीं दे सका। मेरा मन अब आप-ही-आप क्रोध और घृणा से भरा आ रहा था। दूसरे साथी ने फिर तलखी से कहा, 'इन लोगों का जितना जल्दी नाश हो, उतना ही अच्छा है, परंतु ये मरने के बाद भी अपने साए से चिपटे रहते हैं।'

मैंने उसकी ओर बिना देखे जवाब दिया, 'वही साया हमारी कमजोरी है। उसका नाश, रायबहादुर के नाश से अधिक आवश्यक है।'

तब चारों ओर सन्नाटा छाया हुआ था। केवल कभी-कभी कमरे की हवा घूमकर गहर उठती थी और पीछे के जंगल में गीदड़ बोलने लगते थे। मैं उसी तरह खड़ा था। मेरे मन में उठ रहा था कि क्या इसी दिन के लिए रायबहादुर ने वे सब काम किए थे, जिन्हें दुनिया 'घृणित' कहती है? परंतु रायबहादुर उन्हें घृणित नहीं मानते थे। मैंने फिर सोचा—क्या व्यक्ति और समाज की मान्यताएँ इतनी भिन्न हैं?···तब मैंने गरदन को झटका दिया। मैं विचारों के दलदल में नहीं फँसना चाहता था। मैं सामाजिक व्यवहार की स्वतंत्रता स्वीकार करता था, परंतु साथ ही लड़की की भी। इसलिए मैं फिर रायबहादुर के पास आकर खड़ा हो गया। मुझे तब वे बीभत्स भेड़िए की तरह भयानक मालूम देने लगे थे। जान पड़ता था कि उनकी लड़की की आत्मा उनकी कंठ आक्रांत किए हुए थी। मैं उनके ऊपर झुक गया। मैं जानना चाहता था—क्या सचमुच आत्मा है, क्या सचमुच···? सहसा तभी मेरी दृष्टि उनके हाथ पर गई। वह शांत हो चुका था, केवल निचला होंठ फड़क रहा था, परंतु बुझते प्रकाश की तरह वह फड़कन धीमी, और धीमी पड़ रही थी और आँखें भी।

मेरा हृदय काँप उठा—यह है इनसान। यह है अहम् की प्रतिमूर्ति, ऐश्वर्य और विलास की प्रतिष्ठा।

मैंने देखा—वह होंठ भी शांत हो गया है। तो क्या रायबहादुर मर गए?'

मैं एक अप्रत्याशित संतोष से भर उठा। मैंने शीघ्रता से पुकारा, 'दोस्तो। आखिर रायबहादुर मर गए।'

'मर गए?' मेरे साथी चौंक उठे, 'इत्ती जल्दी।'

कमरे में फिर चहल-पहल जागी। बारी-बारी हम सबने रायबहादुर का परीक्षण किया। निश्चित हो गया तो मैं साहब को सूचना देने चला गया। बाहर ठंडी हवा चल रही थी और अंधकार धरती की छाती पर तना बैठा था। मैंने देखा—मुक्त आकाश के नीचे खुली छत पर साहब-दंपती सो रहा है, शांत और निर्द्वंद्व। मेम साहब का चेहरा यद्यपि मुरझा रहा है, परंतु नींद ने उसपर बच्चों की सी बेबसी पैदा कर दी है। सहसा मेरे मन्न में एक प्रश्न उठा—इतनी गहरी नींद। क्यों इन्हें दुःख नहीं है? क्या ये रायबहादुर को जानते थे?

कैसा बेहूदा प्रश्न है? मैं शीघ्रता से बड़े साहब के पास पहुँचा।

उन्हें हिलाकर मैंने कहा, 'वे मर गए।'

परंतु वे नहीं उठे। मैंने फिर हिलाया। वे कुनमुनाए। मैंने कहा, 'सुनिए तो, वे मर गए।'

'क्या?'

'रायबहादुर मर गए।'

उन्होंने आँखें खोलीं। बोले, 'क्या है?'

मैंने कहा, 'रायबहादुर मर गए।'

'तुम्हें विश्वास है कि उनके प्राण निकल चुके हैं?' उन्होंने धीरे से पूछा।

'जी हाँ।'

उन्होंने राहत की साँस ली। बोले, 'अच्छा! तुम जा सकते हो।'

और वे पूर्ववत् सो गए। मैं उन्हें देखता ही रह गया। वे दोनों शांत, निर्द्वंद्व गहरी नींद में सो रहे थे।

यहीं आकर सहसा मैंने सुना, ऊपर गहरा चीत्कार उठा है। वह इतना करुण था कि मेरी आँखें में आँसू भर आए। मैं ही नहीं, और भी बहुत से लोग रूमाल से आँखें पोंछने लगे थे और जल्दी-जल्दी अर्थी की ओर बढ़ रहे थे, जो कीमती दुशाले और सुगंधित पुष्पों से ढकी हुई थी। ग्रंथी लोग धीरे-धीरे बोल रहे थे—

सत नाम, सत नाम, सत नामजी,
वाहे गुरु, वाहे गुरु, वाहे गुरुजी।

वे कंधा देने की प्रतिस्पर्धा में एक-दूसरे से आगे बढ़ जाना चाहते थे और

मैं चुपचाप अपने साथियों के साथ पीछे पड़ गया था। तब सड़क के किनारे जो मकान थे, उनके बंद झरोखे धीरे से खुले और अनेक नर-नारियों ने उनमें से झाँककर उस शानदार शव-यात्रा को देखा। मेरे पीछे से किसी ने करुण और ईर्ष्या भरे स्वर में कहा, 'कितना भाग्यशाली व्यक्ति है।' मैं न जाने क्यों तिलमिला उठा—भाग्यशाली। आखिर सौभाग्य क्या है, आखिर सत्य क्या है? कोई ऐसा माई का लाल है, जो आगे बढ़कर रायबहादुर को निरावरण कर दे और चिल्लाकर कहे—यह पापी था, यह इस सम्मान का अधिकारी नहीं है। क्या इनकी लड़की की आत्मा कहीं से आकर अपने अपमान का बदला नहीं ले सकती?'

आत्मा का ध्यान आते ही मेरी आँखें ऊपर उठीं। वहाँ सदा की तरह निपट नीला आकाश था, जिसमें चीलें उड़ रही थीं।

फिर मैंने अपनी भुजाओं को देखा, उनमें ऐंठन पैदा होने लगी थी और भीड़ आगे बढ़ रही थी। और शब्द उठ रहा था—

सत नाम, सत नाम, सत नामजी,
वाहे गुरु, वाहे गुरु, वाहे गुरुजी।

□

(सन् १९४८)

मैं जिंदा रहूँगा

दावत कभी की समाप्त हो चुकी थी, मेहमान चले गए थे और चाँद निकल आया था। प्राण ने मुक्त हास्य बिखेरते हुए राज की ओर देखा। उसको प्रसन्न करने के लिए वह इसी प्रकार के प्रयत्न किया करता था। उसके लिए वह मसूरी आया था। राज की दृष्टि तब दूर पहाड़ों के बीच, नीचे जानेवाले मार्ग पर अटकी थी। हलकी चाँदनी में वह धुँधला बल खाता मार्ग अतीत की धुँधली रेखाओं को और भी धुँधला कर रहा था। सच तो यह है कि तब वह भूत और भविष्य में उलझी अपने में खोई हुई थी, प्राण के मुक्त हास्य से वह कुछ चौंकी। दृष्टि उठाई। न जाने उसमें क्या था, प्राण काँप उठा, बोला, 'तुम्हारी तबीयत तो ठीक है?'

राज ने उस प्रश्न को अनसुना करके धीरे से कहा, 'आपकी दाहिनी ओर जो युवक बैठा था, उसको आप अच्छी तरह जानते हैं?'

'किसको, वह जो नीला कोट पहने था?'

'हाँ, वही।'

'वह किशन के पास ठहरा हुआ है। किशन की पत्नी नीचे गई थी, इसीलिए मैंने उसे भी यहाँ आने के लिए कह दिया था। क्यों, तुम उसे जानती हो?'

'नहीं-नहीं, मैं वैसे ही पूछ रही थी।'

'मैं समझ गया। वह दिलीप को बहुत प्यार कर रहा था। कुछ लोग बच्चों से बहुत प्रेम करते हैं।'

'हाँ, पर उसका प्रेम 'बहुत' से कुछ अधिक था।'

'क्या मतलब?'

'तुमने तो देखा ही था, दिलीप उनकी गोद से उतरना नहीं चाहता था।'

प्राण ने हँसते हुए कहा, 'बच्चा सबसे अधिक प्यार को पहचानता है।

उसका हृदय शरत् की चाँदनी से भी निर्मल होता है।'

तभी दोनों की दृष्टि सहसा दिलीप की ओर उठ गई, वह पास ही पलंग पर मखमली लिहाफ ओढ़े सोया था। उसके सुनहरे घुँघराले बालों की एक लट मस्तक पर आ गई थी, गौर-वर्ण पर उसकी सुनहरी छाया चंद्रमा के प्रकाश के समान बड़ी मधुर लग रही थी। बच्चा सहसा मुसकराया, राज फुसफुसाई, 'कितना प्यारा है!'

प्राण बोला, 'ऐसा जान पड़ता है कि शैशव को देखकर ही किसी ने प्यार का आविष्कार किया था।'

दोनों की दृष्टि मिली। दोनों समझ गए कि इन निर्दोष उक्तियों के पीछे कोई तूफान उठ रहा है, पर बोला कोई कुछ नहीं। राज ने दिलीप को प्यार से उठाया और अंदर कमरे में ले जाकर लिटा दिया। मार्ग में जब वह कंधे से चिपका हुआ था, तब राज ने उसे तनिक भींच लिया। वह कुनमुनाया, पर पलंग पर लेटते ही शांत हो गया। वह तब कई क्षण खड़ी-खड़ी उसे देखती रही। लगा, जैसे आज से पहले उसने बच्चे को कभी नहीं देखा, पर शीघ्र ही उसका आनंद भंग हो गया। प्राण ने आकर कहा, 'अरे! ऐसे क्या देख रही हो, राज?'

'कुछ नहीं।'

वह हँसा, 'जान पड़ता है, प्यार में भी छूत होती है।'

राज ने वहाँ से हटते हुए धीरे से कहा, 'सुनिए, अपने उन मित्र के मित्र को अब यहाँ कभी न बुलाइए।'

इन शब्दों में प्रार्थना नहीं थी, भय था। प्राण की समझ में नहीं आया। चकित सा बोला, 'क्या मतलब?'

राज ने कुछ जवाब नहीं दिया। वह चुपचाप बाहर चली गई और अपने स्थान पर बैठकर, पहले की भाँति उस बल खाते हुए मार्ग को देखने लगी। नीचे कुलियों का स्वर बंद हो गया। ऊपर बादलों ने सबकुछ अपनी छाया में समेट लिया था। चंद्रमा का प्रकाश भी उसमें इस तरह घुल-मिल गया था कि उनकी भिन्नता रहस्यमयी हो उठी थी। राज को लगा कि बादलों की वह धुंध उसके अंदर भी प्रवेश कर चुकी है और उसकी शांति को लील गई है। सहसा उसकी आँखें भर आईं और वह एक झटके के साथ कुरसी पर लुढ़ककर फूट-फूटकर रोने लगी। प्राण सबकुछ देख रहा था। वह न सकपकाया, न क्रुद्ध हुआ। उसी तरह खड़ा रहकर उस फूटते आवेग को देखता रहा। जब राज के उठते हुए निश्श्वास कम हुए और उसने उठकर आँखें पोंछ डालीं, तब उसने कहा, 'दिल का बोझ उतर गया? आओ, तनिक घूम आएँ।'

राज ने भीगी दृष्टि से उसे देखा। एक क्षण ऐसे ही देखती रही। फिर बोली, 'प्राण, मैं जाना चाहती हूँ।'

'कहाँ?'

'कहीं भी।'

प्राण बोला, 'दुनिया को जानती हो? क्षण भर पहले यहाँ सबकुछ स्पष्ट था, पर अब नहीं है, सबकुछ बादलों की धुंध में खो गया है।'

'मैं भी इस धुंध में खो जाना चाहती हूँ।'

प्राण ने दोनों हाथ हवा में हिलाए और गंभीर होकर कहा, 'तुम्हारी इच्छा! तुम्हें किसी ने बाँधा नहीं है, जा सकती हो।'

राज उठी नहीं, उसी तरह बैठी रही और सोचती रही। रात आकर चली गई, उसका सोचना कम नहीं हुआ, बल्कि और भी गहरा हो उठा। उसने दिन भर दिलीप को अपने से अलग नहीं किया। स्वयं ले जाकर माल पर झूले में झूला लाई। स्वयं घुमाने ले गई और फिर खिला-पिलाकर स्वयं सुलाया भी। बहुत देर तक लोरी सुनाई, थपथपाया, सहलाया। वह सो गया, तो रोई और रोते-रोते बाहर बदामदे में जाकर अपने स्थान पर बैठ गई। वही चंद्रमा का धुँधला प्रकाश, वही बादलों की धुंध, वही प्रकृति की भाँति ऊपर अपूर्व शांति और अंदर तूफान की गरज। प्राण ने आज राज को कुछ भी न कहने का प्रण कर लिया था। वह उसकी किसी इच्छा में बाधा नहीं बना। अब भी जब वह दृष्टि गड़ाए उस बल खाते मार्ग को ढूँढ़ने की विफल चेष्टा कर रही थी, तब वह कुरसी की पीठ पर हाथ रखे खड़ा था। तभी लगा कि कोई जीने पर आ रहा है। राज एकाएक बोल उठी, 'वे आ गए।'

'कौन?'

'आपके मित्र के मित्र।'

वाक्य पूरा भी न हो पाया था कि वे मित्र बरामदे में आते हुए दिखाई दिए। प्राण ने देखा—वे अकेले नहीं हैं, उनके साथ एक पुरुष तथा एक नारी भी हैं, दोनों सभ्य लगते हैं। नारी विशेष सुंदर है, पर इस समय वे अतिशय गंभीर हैं। उनकी आँखें बताती हैं कि वे व्यग्र भी हैं। प्राण उन्हें देखकर काँपा तो, पर आगे बढ़कर उसने उनका स्वागत किया। मुसकराकर बोला, 'आइए, आइए, नमस्ते! किशोर नहीं आए?'

'जी, किशोर नहीं आ सके।'

'बैठिए, आइए, आप इधर आइए।'

बैठ चुके तो प्राण ने अपरिचितों की ओर देखकर पूछा, 'आपका परिचय!'

'यह मेरी बहन है और यह बहनोई।'

'ओह!' प्राण मुसकराया, हाथ जोड़े, दृष्टि मिली, जैसे कुछ हिला हो, फिर भी सँभलकर बोला, 'आप आजकल कहाँ रहते हैं?'

मित्र ने दीर्घ नि:श्वास लेकर कहा, 'कहाँ रहते? विधाता ने ऐस उखाड़ा है कि कहीं जमते नहीं बनता।'

प्राण बोला, 'हाँ भाई! वह तो जैसा हुआ, सभी जानते हैं, पर उसकी चर्चा किससे करें!' और फिर मुड़कर राज, जो बुत बनी बैठी थी, से कहा, 'अरे भई, चाय-वाय तो देखो।'

मित्र एकदम बोले, 'नहीं, नहीं, चाय के लिए कष्ट न करें। ये तो एक बहुत आवश्यक काम से आए हैं।'

प्राण बोला, 'कहिए।'

मित्र कुछ झिझके। प्राण ने कहा, 'शायद एकांत चाहिए।'

'जी।'

'आइए, उधर बैठेंगे।'

वह उठा और कोने में पड़ी हुई एक कुरसी पर जा बैठा। मित्र भी पास की दूसरी कुरसी पर बैठ गए। एक क्षण रुककर बोले, 'क्षमा कीजिए, आपसे एक प्रश्न पूछना चाहता हूँ। है तो वह बेहूदा ही।'

'कोई बात नहीं,' प्राण मुसकराया, 'प्रश्न पूछना कभी बेहूदा नहीं होता।'

मित्र ने एकदम सकपकाकर पूछा, 'दिलीप आपका लड़का है?'

प्राण का हृदय धक्-धक् कर उठा। ओह, यह बात थी। उसने अपने को सँभाला और निश्चित स्वर में कहा, 'जी हाँ! आज तो वह मेरा ही है।'

'आज तो?'

'जी हाँ, वह सदा मेरा नहीं था।'

'सच?'

'जी हाँ, काफिले के साथ लौटते समय राज ने उसे पाया था।'

'क्या,' मित्र हर्ष और अचरज से काँप उठे, 'कहाँ पाया था?'

'लाहौर के पास एक खेत में।'

'प्राण बाबू! आप नहीं जानते, यह बच्चा मेरी बहन का है। मैं इसे देखते ही पहचान गया था। ओह प्राण बाबू! आप नहीं जानते, उनकी क्या हालत हुई' और उछलकर उसने पुकारा, 'भाई साब! रमेश मिल गया।' और फिर प्राण को देखकर कहा, 'आप प्रमाण चाहते हैं? मेरे पास उसके फोटो हैं। यह देखिए।'

और उसने जेब से कई फोटो निकालकर सकपकाए हुए प्राण को चकित कर दिया। क्षण भर में वहाँ का दृश्य पलट गया। रमेश के माता-पिता पागल हो उठे। माँ ने तड़पकर कहा, 'कहाँ है? रमेश कहाँ है?'

राज ने कुछ नहीं देखा। वह शीघ्रता से अंदर गई और दिलीप को छाती से चिपकाकर फफक उठी। दूसरे ही क्षण वे सब उसके चारों ओर इकट्ठे हो गए। वे सब उद्विग्न थे, पर प्राण अब भी शांत था। उसने धीरे से कहा, 'राज, दिलीप की माँ आ गई है।'

'उसकी माँ,' राज ने फफकते हुए कहा, 'तुम सब चले जाओ। तुम यहाँ क्यों आए? दिलीप मेरा है। मैं उसकी माँ हूँ।'

दिलीप (रमेश) की माँ रोती हुई बोली, 'सचमुच! माँ तुम्हीं हो। तुमने उसे पुनर्जन्म दिया है।'

सुनकर राज काँप उठी। उसने दृष्टि उठाकर पहली बार उस माँ को देखा और देखती रह गई। तब तक दिलीप जाग चुका था और उस चिल्ल-पों में घबराकर, किसी भी शर्त पर, राज की गोद से उतरने के लिए तैयार नहीं था। वह नवागंतुकों को देखता और चीख पड़ता।

साल भर पहले जब राज ने उसे पाया था, तब वह पूरे एक वर्ष का भी नहीं था। उस समय लोग प्राण के भय से भाग रहे थे। मनुष्य मनुष्य का रक्त उलीचने में होड़ ले रहा था। नारी का सम्मान और शिशु का शैशव—सब पराभूत हो चुके थे। मनुष्य का मनुष्यत्व ही नष्ट हो चुका था। भागते मनुष्यों पर राह के मनुष्य टूट पड़ते और लाशों के ढेर लगा देते, रक्त बहता और उसके साथ ही बह जाती मानवता। ऐसी ही एक ट्रेन में राज भी थी। हमला होने पर जब वह संज्ञाहीन सी अज्ञात दिशा की ओर भागी, तो एक बर्थ के नीचे से अपने सामान के भुलावे में वह जो कुछ उठाकर ले गई, वही बाद में दिलीप बन गया। यह एक अद्भुत बात थी। अपनी अंतिम संपत्ति खोकर उसने एक शिशु को पाया, जो उस रक्त-वर्षा के बीच बेखबर सोया हुआ था। उसने कैंप में आकर जब उस बालक को देखा तो अनायास ही उसके मुँह से निकला, 'मेरे पति और मेरे दोनों बच्चों को मुझसे छीनकर आपने यह कैसा दान दिया है, मेरे प्रभु!'

लेकिन अब अधिक सोचने का अवसर नहीं था। वह भारत की ओर दौड़ी। मार्ग में वे अवसर आए, जब उसे अपने और उस बच्चे के बीच किसी एक को चुनना था, पर हर बार वह प्राणों पर खेलकर उसे बचा लेने में सफल हुई। जिस बालक को उससे छीनने में मौत भी विफल रही, वही अब कुछ क्षणों में उससे

अलग हो जाएगा, क्योंकि वह उसका नहीं था, क्योंकि वह उसकी माँ नहीं थी। 'नहीं-नहीं, दिलीप उसका है।'

और वह फफक-फफककर रोने लगी। प्राण ने और भी पास आकर धीरे से शांत स्वर में कहा, 'राज! माँ बनने से भी एक बड़ा सौभाग्य होता है और वह है किसी के मातृत्व की रक्षा।'

'नहीं, नहीं,' वह उसी तरह बोली, 'मैं वह सौभाग्य नहीं चाहती।'

'सौभाग्य तुम्हारे न चाहने से वापस नहीं लौट सकता, राज; पर हाँ! तुम चाहो तो सौभाग्य को दुर्भाग्य में पलट सकती हो।'

राज सहसा प्राण की ओर देखकर बोली, 'तुम कहते हो कि मैं इसे दे दूँ?'

'मैं कुछ नहीं कहता। वह उन्हीं का है। तुम उनका खोया लाल उन्हें सौंप रही हो, इस कर्तव्य में जो सुख है, उससे बड़ा सौभाग्य और क्या होगा? उस सौभाग्य को क्षणिक कायरता के वश में होकर ठुकराओ नहीं, राज!' राज ने एक बार और प्राण की ओर देखा, फिर धीरे-धीरे अपने हाथ आगे बढ़ाए और दिलीप को उसकी माँ की गोद में दे दिया। उसके हाथ काँप रहे थे, होंठ काँप रहे थे। जैसे ही दिलीप को उसकी माँ ने छाती से चिपकाया, राज ने रोते हुए चिल्लाकर कहा, 'जाओ! तुम सब चले जाओ, अभी इसी वक्त।'

प्राण ने कोई प्रतिवाद नहीं किया, बल्कि जीने तक उनको छोड़ने आया। उन लोगों ने बहुत कुछ कहना चाहा, पर उसने कुछ नहीं सुना। बोला, 'मुझे विश्वास है कि बच्चा आपका है। वह आपको मिल गया। आपका सा सौभाग्य सबको प्राप्त हो, लेकिन मेरी एक प्रार्थना है।'

'जी, कहिए, हमें आपकी हर बात स्वीकार है।'

प्राण ने बिना सुने कहा, 'कृपाकर अब आप लोग इधर न आएँ।'

वे चौंके, 'क्या?'

'जी, आपकी बड़ी कृपा होगी।'

'पर सुनिए तो…'

प्राण ने कुछ न सुना और अगले दिन मसूरी को प्रणाम करके आगे बढ़ गया। राज की अवस्था मुर्दे जैसी थी। वह पीली पड़ गई थी। उसके नेत्र सूज गए थे। प्राण ने उस क्षण के बाद फिर एक शब्द भी ऐसा नहीं कहा, जो उसे दिलीप की याद दिला सके, लेकिन याद क्या दिलाने से आती है! वह तो अंतर में सोते की भाँति उफनती है; राज के अंतर में भी उफनती रही। उसी उफान को शांत करने के लिए प्राण मसूरी से लखनऊ आया। वहाँ से कलकत्ता और फिर मद्रास होता हुआ

दिल्ली लौट आया। दिन बीत गए, महीने भी आए और चले गए। समय की सहायता पाकर राज दिलीप को भूलने लगी। प्राण ने फिर व्यापार में ध्यान लगाया, पर साथ ही उसके मन में एक आकांक्षा बनी रही, वह राज को फिर शिशु की अठखेलियों में खोया देखना चाहता था। वह कई बार अनाथालय और शिशु-गृह गया, पर किसी बच्चे को घर न ला सका। जैसे ही वह आगे बढ़ता, कोई अंदर से बोल उठता, 'न जाने कौन कब आकर इसका भी माँ-बाप होने का दावा कर बैठे।'

और वह लौट आता। इसके अलावा बच्चे की चर्चा चलने पर राज को दुःख होता था। कभी-कभी तो दौरा भी पड़ जाता था। वह अब एकांतप्रिय, सुस्त और अंतर्मुखी हो चली थी। प्राण जानता था कि यह प्रभाव अस्थायी है। अंतर का आवेग इस आवरण को बहुत शीघ्र उतार फेंकेगा। नारियल की जड़ें जहाँ हैं। उसके विपरीत फल कहाँ प्रकट होता है। वह एक दिन किसी बच्चे को घर ले आएगा और कौन जानता है, तब तक···

वह इसी उधेड़बुन में था। तभी एक दिन उसने होटल से लौटते समय देखा कि एक व्यक्ति उन्हें घूर-घूरकर देख रहा है। उसने कुछ विशेष ध्यान नहीं दिया। लोग देखा ही करते हैं। आज के युग का यह फैशन है। उसके पड़ोस में एक सज्जन रहते हैं। जब-तब अवसर पाकर छत की दीवार से झाँककर राज को देखा करते हैं। राज ने कई बार उनकी इस हरकत की शिकायत भी की थी, लेकिन अगले दिन, फिर तीसरे दिन, चौथे दिन, यहाँ तक कि प्रतिदिन वही व्यक्ति उसी तरह उनका पीछा करने लगा। अब प्राण को यह बुरा लगा। उसने समझा कि इसमें कोई रहस्य है, क्योंकि वह व्यक्ति राज के सामने कभी नहीं पड़ता था और न राज ने अब तक उसे देखा था। कम-से-कम वह इस बात को नहीं जानता था। यही सबकुछ सोचकर प्राण ने उस व्यक्ति से मिलना चाहा। एक दिन वह अकेला ही होटल आया और उसने उस व्यक्ति को पूर्वतः अपने स्थान पर देखा। प्राण ने सीधे जाकर उसके कंधे पर हाथ रख दिया। वह व्यक्ति एकदम काँप उठा, बोला, 'क्या है?'

प्राण ने शांत भाव से कहा, 'यही तो मैं आपसे पूछने आया हूँ।'

अचरज से वह व्यक्ति जिस तरह काँपा, उसी तरह एकदम दृढ़ होकर बोला, 'तो आप समझ गए? क्षमा करिए, मैं स्वयं आपसे बात करनेवाला था।'

'अब तक क्यों नहीं कर सके?'

उसने उसी तरह कहा, 'क्योंकि मैं पूर्ण आश्वस्त नहीं था और आप जानते हैं, आज के युग में ऐसी-वैसी बातें करना मौत को बुलाना है।'

प्राण उसकी वाणी से आश्वस्त तो हुआ, पर उसका हृदय धक्-धक्कर

उठा, उसने कहा, 'आप ठीक कहते हैं, पर अब आप निस्संकोच होकर जो चाहें, कह सकते हैं।'

वह बोला, 'बात ऐसी ही है। आप बुरा न मानिए।'

'आप कहिए।'

वह तनिक झिझका, फिर शीघ्रता से बोला, 'आपके साथ जो नारी रहती हैं, वह आपकी कौन हैं?'

'आपका मतलब?'

'जी…'

प्राण सँभला, बोला, 'वह मेरी सबकुछ है और कुछ भी नहीं है।'

'जी, मैं पूछ रहा था कि क्या वह आपकी पत्नी हैं?'

'मेरी पत्नी…'

'जी।'

'नहीं।'

'नहीं?'

'जी हाँ।'

'आप सच कह रहे हैं?' उसकी वाणी में अचरज ही नहीं, हर्ष भी था।

'जी हाँ! मैं सच कह रहा हूँ। अग्नि को साक्षी मान कर मैंने कभी उससे विवाह नहीं किया है।'

'फिर?'

'लाहौर से जब मैं भागा था, तब मार्ग में एक शिशु के साथ उसे मैंने संज्ञाहीन अवस्था में एक खेत में पाया था।'

'तब आप उसे अपने साथ ले आए?'

'जी हाँ।'

'फिर क्या हुआ?'

'होता क्या? तब से वह मेरे साथ है।'

'लोग उसे आपकी पत्नी समझते हैं।'

'यह तो स्वाभाविक है। पुरुष के साथ इस तरह जो नारी रहती है, वह पत्नी ही होगी, इससे आगे आज का आदमी क्या सोच सकता है, पर आप ये सब बातें क्यों पूछते हैं? क्या आप उसे जानते हैं?'

'जी,' वह काँपा, बोला, 'वह…वह मेरी पत्नी है।'

'आपकी पत्नी?' प्राण सिहर उठा।

'जी।'

'और आप उसे चोरों की भाँति ताका करते हैं?'

अब उसका मुँह पीला पड़ गया और नेत्र झुक गए, पर दूसरे ही क्षण न जाने क्या हुआ, उसने एक झटके के साथ गरदन ऊँची की, बोला, 'उसका एक कारण है। मैं उसे छिपाऊँगा नहीं। उन मुसीबत के क्षणों में मैं उसकी रक्षा नहीं कर सका।'

प्राण न जाने क्यों हँस पड़ा, 'छोड़कर भाग गए थे। अकसर ऐसा हुआ है।'

'भागा तो नहीं था, पर प्राणों पर खेलकर उस तक आ नहीं सका।'

'वह जानती है?'

'नहीं कह सकता।'

'आपको भय है कि वह जानती होगी?'

'भय तो नहीं, पर ग्लानि अवश्य है।'

प्राण के मन को जैसे कोई धीरे-धीरे छुरी से चीरने लगा हो, पर ऊपर से वह उसी तरह शांत स्वर में बोला, 'तो राज आपकी पत्नी है, सच?'

उस व्यक्ति ने रुँधे कंठ से कहा, 'कैसे कहूँ? मैंने उसको ढूँढ़ने के लिए क्या नहीं किया? सभी कैंपों में, रेडियो स्टेशन में, पुलिस में—सभी जगह उसकी रिपोर्ट मौजूद है।'

प्राण बोला, 'आप उसे ले जाने के लिए तैयार हैं?'

वह झिझका नहीं, कहा, 'जी, इसीलिए तो रुका हूँ।'

'आपको किसी प्रकार का संकोच नहीं है?'

'संकोच?' उसने कहा, 'संकोच करके मैं अपने पापों को और नहीं बढ़ाना चाहता। महात्माजी…'

'तो फिर आइए,' प्राण ने उसकी बात काटते हुए कहा, 'मेरे साथ चलिए।'

'अभी?'

'इसी वक्त। आप कहाँ रहते हैं?'

'जालंधर।'

'काम करते हैं?'

'जी हाँ। मुझे स्कूल में नौकरी मिल गई है?'

'आपके दोनों बच्चे तो मारे गए थे?'

'जी, एक बच गया था।'

'सच?'

'जी, वह मेरे पास है।'

प्राण का मन अचानक हर्ष से खिल उठा। शीघ्रता से बोला, 'तो सुनिए, राज घर पर है। आप उसे अपने साथ ले जाइए। मैं पत्र लिख देता हूँ।'

'आप नहीं चलेंगे?'

'जी नहीं, मैं बाहर जा रहा हूँ। लखनऊ में एक आवश्यक कार्य है। तीन-चार दिनों में लौटूँगा, आप उसे ले जाइएगा, कहिएगा कि उसका पुत्र जीवित है। मुझे देखकर वह दु:खी होगा। समझे न!'

'समझ गया।'

'आप भाग्यवान् हैं। मैं आपको बधाई दे रहा हूँ और आपके साहस की प्रशंसा कर रहा हूँ।'

कृतज्ञ, अनुगृहीत वह व्यक्ति कुछ जवाब दे, इससे पहले प्राण ने एक परचा उसके हाथ में थमाया और बिजली की भाँति गायब हो गया।

पत्र में लिखा था—

'राज!

बहादुर लोग गलती कर सकते हैं, पर धोखा देना उनकी प्रकृति के विरुद्ध है। फिर भी दो शब्द मुझे तुम्हारे पास लाने के लिए पर्याप्त हैं। प्रयत्न करना कि उनकी आवश्यकता न पड़े। मुझे जानती हो, मरने तक जीता रहूँगा।

—प्राण'

वह व्यक्ति ठगा सा बहुत देर तक वहीं खड़ा रहा। कंगाल की फटी झोली में कोई रत्न डाल गया हो, ऐसी उसकी हालत थी, पर जन्म से तो वह कंगाल नहीं था। अत: साहस ने उसे धोखा नहीं दिया और वह प्राण के बताए मार्ग पर चल पड़ा।

पूरे पंद्रह दिन बाद प्राण लौटा। जब तक उसने द्वार को नहीं देखा, उसके प्राण सकते में आते रहे। जब देखा कि द्वार बंद है और उसका चिरपरिचित ताला लगा है तो उसके प्राण तेजी से काँपे। किवाड़ खोलकर वह ऊपर चढ़ता ही चला गया। आगे कुछ नहीं देखा, देख ही नहीं सका। पालना पड़ा था; उससे ठोकर लगी और वह पलंग की पट्टी से जा टकराया। मुख से एक आह निकली। माथे में दर्द का अनुभव हुआ। खून निकल आया था। उसने हाथ से चोट को सहलाया। आँखों ने तभी खून देखा, फिर पालना देखा, फिर पलंग देखा, फिर घर देखा। सब कहीं मौन का राज था। प्रत्येक वस्तु पूर्वत: अपने स्थान पर सुरक्षित थी। प्राण के मन में उठा कि पुकारे—'राज!'

पर वह काँपा—राज कहाँ है? राज तो चली गई। राज का पति आया था।

राज का पुत्र जीवित है। सुख भी कैसा छल करता है। जा-जाकर लौट आता है। राज का पति मिला, पुत्र मिला, दिलीप को माँ-बाप मिले। और मुझे···मुझे क्या मिला?

उसने गरदन को जोर से झटका दिया। फुसफुसाया—ओह, मैं कायर हो चला। मुझे तो वह मिला, जो किसी को नहीं मिला।

तभी सहसा पास की छत पर खटखट हुई। राज को घूरनेवाले पड़ोसी ने उधर झाँका। प्राण को देखा, तो गंभीर होकर बोला, 'आप आ गए?'

'जी हाँ।'

'कहाँ चले गए थे?'

'लखनऊ।'

'बहुत आवश्यक कार्य था क्या? आपके पीछे तो मुझे खेद है···'

'जी, क्या?'

'आपकी पत्नी···'

'मेरी पत्नी?'

'जी, मुझे डर है कि वह किसी के साथ चली गई।'

'चली गई? सच! आपने देखा था?'

'प्राण बाबू! मैं तो पहले ही जानता था, उसका व्यवहार ऐसा ही था। लगभग पंद्रह दिन हुए, आपके पीछे एक व्यक्ति आया था। पहले तो देखते ही आपकी पत्नी ने उसे डाँटा।'

'आपने सुना?'

'जी हाँ। मैं यहीं था। शोर सुनकर देखा, वह क्रुद्ध होकर चिल्ला रही है—जाओ, चले जाओ, तुम्हें किसने बुलाया था? तुम क्यों आए? मैं उन्हें पुकारूँ?'

'सच, ऐसा कहा?'

'जी हाँ।'

'फिर?'

'फिर क्या, प्राण बाबू! वे बाबू साहब बड़े ढीठ निकले, गए नहीं। एक पत्र आपकी पत्नी को दिया, फिर हाथ जोड़े, पैरों पर पड़ गए।'

'क्या यह सब आपने देखा था?'

'जी हाँ, बिलकुल देखा था।'

'फिर?'

'फिर वे पैरों पर पड़ गए, पर आपकी पत्नी रोती रही। तभी अचानक उसने न जाने क्या कहा! वह काँपकर वहीं गिर पड़ी। फिर तो उसने, क्या कहूँ, लाज

लगती है, जी में तो आया कि कूदकर उसका गला घोंट दूँ, पर मैं रुक गया। दूसरे का मामला है। सोचा कि आप आते ही होंगे। रात तक राह देखी, पर आप नहीं आए। सवेरे उठकर देखा, तो वे दोनों लापता थे।'

'उसी रात चले गए?'

'जी हाँ।'

प्राण ने साँस खींची, 'तो वे सच्चे थे, बिलकुल सच्चे।'

पड़ोसी ने कहा, 'क्या?'

'जी हाँ, उन्होंने वही किया, जो उन्हें करना चाहिए था।' और फिर अचरज से बुत बने पड़ोसी की ओर देखकर बोला, 'वह व्यक्ति राज के पति थे।'

'राज के पति?' चकित पड़ोसी और भी अकचकाया।

'जी हाँ, पंजाब से भागते हुए हम लोगों के साथ जो कुछ हुआ, वह तो आप जानते ही हैं। राज को मैंने लाशों के ढेर में से उठाया था। वह तब जानती थी कि उसके पति मर गए हैं, इसीलिए वह मेरे साथ रहने लगी।'

पड़ोसी अभी तक अकचका रहा था, बोला, 'आपके साथ रहने पर भी उन्हें राज को ले जाने में संकोच नहीं हुआ।'

प्राण ने कहा, 'सो तो आपने देखा ही था।'

वह क्या कहे, फिर भी ठगा सा बोला, 'आपका अपना परिवार कहाँ है?'

'भागते समय मेरी पत्नी और माँ-बाप दरिया में बह गए थे। बच्चे एक-एक करके रास्ते में सो गए।'

'भाई साहब,' लगा, जैसे पड़ोसी चीख पड़ेंगे, पर वे बोल भी न सके। उनका मुँह खुला-का-खुला रह गया और दृष्टि स्थिर हो गई।

□

(सन् १९४९)

ऑपरेशन

डॉ. नागेश उस दिन बड़ी उलझन में पड़ गए। वह सिविल अस्पताल के प्रसिद्ध सर्जन थे। कहते हैं कि उनका हाथ लगने पर रोगी की चीख-पुकार उसी प्रकार शांत हो जाती थी, जिस प्रकार माँ को देखते ही शिशु का क्रंदन बंद हो जाता है। जितना भयंकर ऑपरेशन होता था, उतनी ही मधुर उनकी मुसकान होती थी। कह सकते हैं कि उनकी हँसी कठिन परीक्षा के अवसर पर फूटती थी, पर उस दिन जैसे सलवटें खुलने के स्थान पर और गहरी हो उठीं। जैसे-जैसे वह प्यार के हाथों से उन्हें दूर करने की कोशिश करते थे, वैसे-वैसे और भी मुखर हो आती थीं।

वह तब काम समाप्त करके लौटने की बात सोच रहे थे। कई दिनों से उन्हें कोई बड़ा ऑपरेशन नहीं करना पड़ा था। छोटे-मोटे ऑपरेशन उनके सहकारी कर लेते थे, इसलिए अकसर उनकी छुट्टी रहती थी, लेकिन उस दिन जैसे ही उन्होंने लौटने की बात अपने सहकारी से कही, दूसरे साथी ने आकर कहा, 'डॉक्टर! शीघ्र आइए।'

डॉक्टर ने पूछा, 'क्यों, क्या है?'

'एक अद्‌भुत केस है।'

'ऑपरेशन का?'

'जी हाँ।'

'कोई घायल है?'

'जी नहीं, वह पूर्ण स्वस्थ है।'

'तो···?'

'वह चाहता है कि मस्तिष्क का ऑपरेशन कर दिया जाए।'

वह चल रहे थे और बातें कर रहे थे। मस्तिष्क के ऑपरेशन की बात

सुनकर वह हठात् ठिठके, पूछा, 'क्या तुम ठीक कह रहे हो?'

साथी ने उसी स्वाभाविकता से कहा, 'देखने में उसे कोई रोग नहीं जान पड़ता। वह एक साधारण स्वस्थ आदमी है, सुशिक्षित है और देश की स्वतंत्रता के लिए जेल हो आया है।'

'संभवतः पागल है?'

'शायद! उसकी बातों से मन पर यही असर पड़ता है, पर कभी-कभी वह इस प्रकार बातें करता है कि उसे पागल मानते दुःख होता है।'

डॉ. नागेश मुसकराए, बोले, 'तब वह निस्संदेह पागल है। दुःख तो सदा पागलपन पर ही होता है।'

और वह मंत्रणा-भवन के द्वार पर आ गए। साथी ने आगे बढ़कर किवाड़ खोले। डॉ. नागेश ने देखा—सामने कुरसी पर बैठा हुआ एक व्यक्ति उठकर खड़ा हो गया है। वह एक साधारण व्यक्ति है। चाल-ढाल बताती है कि वह सुसंस्कृत है। वह मुसकराया भी और तब तक नहीं बैठा, जब तक डॉ. नागेश अपनी कुरसी पर नहीं पहुँच गए। यद्यपि उसकी आँखें कुछ अस्वाभाविक रूप से चंचल थीं, पर वह बोलने के लिए विशेष उत्सुक नहीं था। उसकी पोशाक श्वेत खद्दर की थी। गांधी टोपी, कुरता और पाजामा। पैरों में सैंडिल थी और जेब में कोई पेन, जिसे एकदम पहचानना कठिन था। डॉ. नागेश ने सीधे प्रश्न किया, 'जी, कहिए, क्या आज्ञा है?'

उत्तर मिला, 'आपकी कृपा है!'

'आप मुझसे मिलना चाहते थे?'

'जी···जी हाँ!'

'मैं उपस्थित हूँ।'

वह झिझका नहीं, बोला, 'जी, बात यह है कि मैं अपने मस्तिष्क का ऑपरेशन करवाना चाहता हूँ।'

'मस्तिष्क का···'

'जी हाँ, देखिए यहाँ पर,' उसने अपनी टोपी उतारकर मेज पर रख दी और दाहिने हाथ से गरदन के पृष्ठ भाग को दबाते हुए कहा, 'देखिए, यहाँ पर बहुत तेज दर्द होता है। फिर धीरे-धीरे ऊपर तक चला जाता है।'

डॉक्टर ने वहीं बैठे-बैठे पूछा, 'हमेशा होता है?'

'जी, आरंभ में तो कभी-कभी होता था, पर अब प्रायः सदा ही होता रहता है। कभी-कभी तो इतना तीव्र होता है कि तिलमिला उठता हूँ।'

'इस समय कैसा है?'

'इस समय तीव्रता नहीं है। होती तो मैं यहाँ नहीं बैठ पाता।'

'उसके होने का क्या कोई विशेष समय है?'

'कुछ निश्चित नहीं, पर बहुत देर तक एकांत में रहने पर अथवा बहुत बातचीत के बाद या रात्रि के समय अकसर हो जाता है।'

'आप तनिक लेटेंगे?' डॉ. नागेश ने कहा और वह स्वयं भी उठकर उसके पास आ गए, पूछा, 'आपका शुभ नाम?'

'संत कुमार।' उसने लेटते हुए उत्तर दिया। डॉक्टर ने उसके सिर को दबाया। दर्द के स्थान का अच्छी तरह परीक्षण किया। पूछते रहे, 'हाँ, तो संत कुमारजी, यहाँ पर दर्द बहुत होता है?'

'जी हाँ, यही तो मनुष्यता का स्थान है।'

'क्या…?'

'जी हाँ, यहाँ वे गुण जन्म लेते हैं, जिनसे मनुष्यता का निर्माण होता है।'

डॉक्टर हँसे, 'आप तो काफी ज्ञानी जान पड़ते हैं।'

'डॉक्टर साहब,' संत कुमार ने उत्सुकता से कहा, 'प्रेम, सौहार्द, सहानुभूति, करुणा आदि गुणों का स्थान यही है। यहीं से ऊपर जाकर वे उन ज्ञानतंतुओं का निर्माण करते हैं, जो मनुष्य को बुद्धि प्रदान करते हैं।'

'निस्संदेह!' डॉक्टर ने प्रशंसा के स्वर में कहा, पूछा, 'जब दर्द उठता है तो कैसा लगता है?'

'तब डॉक्टर साहब, ऐसा लगता है कि मस्तिष्क में कनखजूरा घुस बैठा है। उसके पंजों की जकड़ मैं स्पष्ट अनुभव करता हूँ। फिर तो जैसे ग्लानि से हृदय टीसने लगता है। जी करता है कि सिर दीवार पर दे मारूँ या किसी का गला घोंट दूँ।'

'और…?'

'और कभी-कभी रोने लगता हूँ, हिचकियाँ बँध जाती हैं।'

'ऐसा ही होता है,' डॉक्टर ने गंभीर होकर कहा और फिर धीरे-धीरे सिर दबाते हुए एक नस को पकड़ा, उसे दबाया, पूछा, 'कैसा लग रहा है?'

लेकिन उत्तर में डॉक्टर ने देखा—संत कुमार की मुट्ठियाँ भिंच रही हैं। हाथ ऐंठने लगे हैं। शिराएँ उभर आई हैं, देखते-देखते उसने सिर को एक झटके के साथ डॉक्टर के हाथों से छुड़ा लिया और उठ बैठा। उसकी पुतलियाँ तीव्रता से घूमने लगीं। डॉक्टर ने शीघ्रता से अपने सहकारी को पुकारा, 'डॉक्टर कुमार, अभी सुई लगानी होगी, जल्दी करो, और नर्स, तुम मिक्सचर ले आओ।'

कुल पाँच-सात मिनट में यह सब हो गया। संत कुमार कई क्षणों तक एक थके यात्री की भाँति बेबस लेटा रहा। फिर एकाएक उठ बैठा। वह शिथिल था, पर उसकी आँखें शांत थीं। उसने डॉक्टर को तनिक अचंभे से देखा, फिर आँखें मलीं। डॉक्टर ने धीरे से कहा, 'अब आपकी तबीयत कैसी है?'

वह फुसफुसाया, 'आपने अभी तक मेरे मस्तिष्क का ऑपरेशन नहीं किया?'

डॉक्टर ने कहा, 'अभी नहीं, अभी तो मुझे तैयारी करनी होगी, पर विश्वास रखिए, करूँगा अवश्य।'

ऐसा लगा कि संत कुमार को विश्वास नहीं हुआ। तब अनुभवी डॉक्टर बोले, 'क्या आप अस्पताल में रहना पसंद करेंगे?'

'अवश्य!' रोगी ने सहसा चहकते हुए कहा।

डॉक्टर को इस विचित्र रोगी में दिलचस्पी थी। उसने अपने सहकारी को उचित प्रबंध करने के लिए कहा। और जाते हुए बोले, 'रात में कोई परिवर्तन हो तो मुझे तुरत सूचना मिलनी चाहिए।'

फिर वह घर चले गए, परंतु रोगी उनके मस्तिष्क से नहीं जा सका। अपनी पत्नी से उसका वर्णन करते हुए वे बोले, 'मुझे विश्वास है कि इस व्यक्ति को कोई गहरा सदमा पहुँचा है।'

'हो सकता है।'

'और सदमा भी ऐसा है, जिसके लिए वह अपने को दोषी मानता है।'

'ऐसी क्या बात है?'

'कुछ समझ में नहीं आता। वह युवक नहीं है, अधेड़ है। हो सकता है कि वह किसी विधवा का धन हड़प गया हो।'

पत्नी ने पूछा, 'क्या उसकी आँखों में क्रूरता झलकती है?'

'यही तो बात है। उसकी आँखों में क्रूरता नहीं, बल्कि भय और ग्लानि का अद्‌भुत सम्मिश्रण है।'

'तो,' पत्नी ने कहा, 'हो सकता है, वह अपराध भूल से हो गया हो।'

डॉक्टर बोले, 'मैंने दुनिया देखी है। मैं जानता हूँ कि वह पश्चात्ताप की आग में जल रहा है। उसने कोई भयंकर पाप किया है। कभी-कभी तो उसकी आँखें इतनी निस्तेज हो जाती हैं कि दिल पर चोट लगती है...'

वह अभी अपना वाक्य पूरा भी नहीं कर पाए थे कि बाहर से नौकर ने आकर कहा, 'डॉ. कुमार आए हैं।'

उनका माथा ठनका। वह शीघ्रता से बाहर आए। कुमार ने उन्हें बताया,

'नया रोगी पागल हो गया है।'

डॉक्टर जैसे थे, वैसे ही चल पड़े। जब वे अस्पताल पहुँचे तो उस रोगी को एकांत कमरे में ले जाया जा चुका था। उस निस्तब्ध रात्रि में उन्होंने दूर से ही उसकी तीव्र वेदनामयी वाणी को सुना। वह कह रहा था, 'मैं पागल नहीं हूँ। नहीं, मैं पागल नहीं हूँ। मैं बिलकुल होश में हूँ और मैं सोच-समझकर कहता हूँ कि मैंने महात्मा गांधी की हत्या की है।'

डॉ. नागेश ने हठात् आकाश में विद्युत् का अपूर्व प्रकाश देखा। वह सिहर उठे। कई क्षणों तक आगे बढ़ने के भ्रम में जहाँ के तहाँ खड़े रहे; स्वर उसी तरह उठ रहा था, 'क्या तुम मेरी बात पर विश्वास नहीं करते? तुम ऐसे क्यों देख रहे हो? अहा हा हा, तुम सोच रहे हो कि गांधीजी को मारनेवाला गोडसे है। उसने अपना दोष स्वीकार कर लिया है। अहा हा हा, तुम सब मूर्ख हो…'

ठीक इसी समय डॉक्टर ने उस कमरे में प्रवेश किया। उनके आते ही नर्स और डॉ. कुमार एक ओर हट गए। रोगी ने उन्हें देखा। वह मुसकराया, 'तुम आ गए? मैं तुम्हारी राह देख रहा था। तुम समझदार हो। ये लोग मेरी बात मानते ही नहीं।'

डॉ. नागेश ने चुपचाप उसके पास जाकर सिर पर हाथ रखा, सहलाया, फिर प्यार से थपथपाकर बोले, 'ये लोग तुम्हारी बात नहीं समझ सकते। तुम मुझसे कहो, क्या चाहते हो?'

न जाने क्या हुआ! कहाँ तो वह हुंकार रहा था, कहाँ वाणी उच्छ्‌वसित हो उठी। बोला, 'मैंने महात्मा गांधी की हत्या की है। मैंने उन्हें मारा है…' कहते-कहते वह फूट पड़ा। दूसरे ही क्षण उसकी हिचकियाँ बँध गईं। डॉक्टर का हृदय एक साथ करुणा, अचरज और भय से विह्वल हो आया। उन्होंने कुमार को संकेत किया कि वे इंजेक्शन ले आएँ। फिर रोगी से बोले, 'संत कुमार, तुम वीर पुरुष हो, ऐसे नहीं रोया करते। देखो, मैं तुम्हारी बात पर विश्वास करता हूँ।'

संत कुमार ने दृष्टि उठाकर पूछा, 'तुम मेरी बात पर विश्वास करते हो?'

'हाँ!'

जैसे शिशु ने रंगीन गुब्बारा पाया हो, वह हर्ष से भरकर बोला, 'तुम समझदार हो। तुम गोडसे को हत्यारा नहीं मानते। हत्यारा मैं हूँ। वह मेरा दूत है, मेरा हाथ है, मैं मस्तिष्क हूँ। हाथ कभी अपने-आप काम नहीं करता। जानते हो?'

डॉक्टर ने यंत्रवत् अपने को चौंकाते हुए कहा, 'हाँ, मैं जानता हूँ कि हाथ अपने आप कुछ नहीं करते। वे सदा मस्तिष्क की आज्ञा मानते हैं।'

'निस्संदेह! हाथ सदा मस्तिष्क की आज्ञा मानते हैं। मेरे मस्तिष्क ने जब

बार-बार हाथों से कहा—वह गलत है। वह हमें विनाश की ओर ले जा रहा है। वह हमें नष्ट कर देगा, तब…तब…'

उसका स्वर फिर बदला। वह क्रोध से काँपने लगा। बोला, 'तब हाथों ने मस्तिष्क की वेदना को समझा। और आज्ञाकारी सेवक की भाँति उसकी वेदना दूर करने के लिए आगे बढ़े…'

'ठीक है, ऐसा होना ही था,' डॉक्टर नागेश ने यंत्रवत् कहा, और फिर गरदन को झटका दिया। उन्हें लगा, जैसे वह स्वयं संज्ञा खो रहे हैं और एक ऐसे मनोजगत् में पहुँच गए हैं, जहाँ सघन अंधकार में एक ज्योति चमक उठी है। रोगी रो रहा था और कह रहा था, 'और उस आज्ञाकारी ने एक दिन अपने स्वामी को प्रसन्न करने के लिए महात्माजी को मार डाला। उस निर्दयी को तनिक भी दया नहीं आई। आती कैसे? वह तो यंत्र था। दोष तो मस्तिष्क का था…'

वह सहसा तीव्र हुआ, 'हाँ, दोष मेरे मस्तिष्क का था। मेरे मस्तिष्क ने उसे पथभ्रष्ट किया, उसे उत्तेजित किया, और इस प्रकार शांति के उस स्रोत का गला घोंट दिया। डॉक्टर, उसने अपने जन्मदाता को ही मार डाला…'

डॉक्टर सहसा कुछ न कह सके। वे सोच रहे थे—यह पागल है अथवा कोई ऋषि। यह एक ऐसे सत्य का उद्घाटन कर रहा है, जो गोपनीय होकर भी असत्य नहीं है। कहते हैं, पागल की अंतर्दृष्टि खुल जाती है।

रोगी सिसक रहा था। उसने अपना सिर दोनों हाथों से पकड़ रखा था। उसके घुटने मुड़ रहे थे। वह सिकुड़कर गेंद की तरह बन गया था। डॉ. कुमार ने फिर सुई लगाई। अचरज, इस बार वह हिला तक नहीं और देखते-देखते कुछ क्षणों में वह शिथिल होकर बिस्तर पर गिर पड़ा। वह रह-रहकर सुबक उठता था। फुसफुसाने लगता था, 'उस महात्मा ने मुझे जो शक्ति जीने के लिए दी थी, उससे मैंने उसी के प्राणों पर डाका डाला…'

बुत की तरह बैठे हुए डॉ. नागेश को तब सहसा भस्मासुर की कहानी याद आ गई। किसी के सिर पर हाथ रखकर जला देने का वर उसने शिव से पाया था और सबसे पहले उन्हीं को जला देने के लिए वह दौड़ा। विष्णु न होते तो शायद वह शिव को भस्म कर देता, पर आह, इस बार जब भस्मासुर शिव को भस्म करने दौड़ा तो वे भागे नहीं, उसके हाथ से भस्म हो गए, मानो अपने शरीर के साथ उन्होंने मानव के पापों को भी भस्म करना चाहा हो।

डॉक्टर को अचरज हुआ कि उनके भीतर भी ज्ञान है। जैसे इस रोगी ने उनके ज्ञान-चक्षु खोल दिए हैं, पर वह स्वयं तो संज्ञाहीन सा उसी प्रकार लेटा था।

रह-रहकर उसके होंठ फड़क उठते थे, जैसे वह स्वप्न में बड़बड़ाने लगता हो। डॉक्टर ने नर्स के सिवा सबको चले जाने के लिए कह दिया। स्वयं वे उसके पास जाकर बैठे। तब रात गहरी हो चली थी। शून्य में तनिक सी भी ध्वनि गहरा उठती थी। कहते हैं, शून्य सहस्रों जिह्वाओं से बोलता है, विशेषकर मृत्यु के आँगन का शून्य। उनका मस्तिष्क विचारों के तूफान से गूँजने लगा, पर वे सब ओर से ध्यान हटाकर रोगी की उच्छ्वसित वाणी सुनने लगे। वह रह-रहकर बोल उठता था, 'जिस समय वह मानवता की प्राण-प्रतिष्ठा के लिए प्राणों को होम कर रहा था, उस समय मैंने अपने प्राणों की रक्षा के लिए हिंसा का स्वर उठाया। उस समय मैंने गीता के कृष्ण की दुहाई दी और शस्त्र-बल का प्रचार किया। जिस समय वह दुश्मन को दोस्त बनाने में लगा हुआ था, उस समय मैंने लोगों को दुश्मन पर हमला बोल देने के लिए उकसाया—यह सब मैंने किया, मैं, जो अपने को उसका शिष्य, उसका साथी कहता था…'

उसकी फुसफुसाहट धीमी पड़ती जा रही थी। डॉक्टर और भी पास खिंच आए। सोचने लगे—यह आदमी क्या है? जीवन की समस्त शक्ति लगाकर पहले क्षण वह एक तथ्य का प्रतिपादन करता है, परंतु दूसरे ही क्षण उसे पता लगता है कि जिस भूमि पर खड़ा था, वह बिलकुल कच्ची थी। वह केवल सन के छूछे गोले छोड़ रहा था।

'कायर,' डॉक्टर ने तीव्रता से कहा और तभी संत कुमार बड़बड़ाया, 'मैं कायर था और वह वीर। कायर हत्या करता है, वीर जीवन देता है।'

डॉक्टर को न जाने क्या हुआ! पुकारा, 'संत कुमार!'

संत कुमार उसी तरह बड़बड़ा रहा था।

डॉक्टर ने फिर पुकारा, 'संत कुमार! सुनो!'

उत्तर में नर्स शीघ्रता से आई, बोली, 'क्या है डॉक्टर?'

डॉक्टर चौंके। धीरे से कहा, 'कुछ नहीं।'

फिर कुछ क्षण सन्नाटा छाया रहा। डॉक्टर के मन में उमड़-उमड़कर कुछ विचार उठ रहे थे। उन्हीं को रोगी पर प्रकट करना चाहते थे, पर वह तो संज्ञाहीन था। इसलिए कागज उठाकर वह लिखने लगे, 'व्यक्ति का अस्तित्व काम में है। गांधी अपने काम के कारण गांधी था। वह मर गया, पर उसका काम अभी नहीं मरा। व्यक्ति की भाँति उसके प्राण तुरत नहीं निकले। यदि कोई अपने प्राण खपाकर उसके काम की रक्षा करे तो गांधी फिर जी उठेगा; उसी प्रकार, जिस प्रकार एक दिन ईसा जी उठे थे!' लिख लिया तो स्वयं कई बार फुसफुसाकर उसे पढ़ा, फिर

झुककर यंत्रवत् रोगी के कान के पास ले जाकर पढ़ने लगे, पर रोगी में अब कोई चेतना नहीं थी। उसकी फुसफुसाहट समाप्त हो चुकी थी। वह प्रगाढ़ निद्रा में सो गया था। डॉक्टर उठे, उन्होंने अपने को सँभाला, उनकी चेतना लौटी। उन्होंने रोगी का परीक्षण किया। उन्हें लगा कि अब वहाँ उनके रहने की आवश्यकता नहीं है। इसलिए वह उठे और नर्स से कहा, 'सिस्टर, रोगी अब सवेरे से पहले नहीं जागेगा, फिर भी कोई बात हो तो मुझे सूचना दी जाए।'

'बहुत अच्छा!'

'और देखो, जब वह जागे तो यह पत्र उसे दे देना।'

'जी, दे दूँगी।'

उसके बाद डॉक्टर चले गए। जैसा उनका अनुमान था, रोगी सूर्य के प्रकाश के साथ ही जागा। वह कई क्षण दृष्टि घुमाता रहा, फिर साश्चर्य पूछा, 'मैं कहाँ हूँ?'

नर्स ने उत्तर दिया, 'आप अस्पताल में हैं।'

'मैं अस्पताल में हूँ! अस्पताल में क्यों?'

तभी नर्स ने डॉक्टर का परचा उसे दिया। उसने एक बार नर्स को देखा, फिर परचे को। उसे पढ़ा और रख दिया, पर दूसरे ही क्षण उसे फिर उठाया और पढ़ा। फिर एकदम नर्स से पूछा, 'क्या मैं जा सकता हूँ?'

नर्स सकपकाई, परंतु उसे पागल समझकर कहा, 'हाँ, आप अवश्य जा सकते हैं।'

'तो फिर ठीक है,' यह कहकर वह उठ बैठा। बहुत देर तक बैठा रहा, देखता रहा, फिर खड़ा होकर बाहर जाने लगा। नर्स ने घबराकर पूछा, 'आप कहाँ जा रहे हैं?'

'क्यों? अपने घर।'

'नहीं, नहीं, आप बीमार हैं...'

वह स्वस्थ व्यक्ति की भाँति हँसा, बोला, 'डरो नहीं, मैं बिलकुल ठीक हूँ।'

'फिर भी डॉक्टर से पूछे बिना आप नहीं जा सकेंगे!'

तभी डॉक्टर ने वहाँ प्रवेश किया। रोगी को खड़े देखकर वह मुसकराए, 'अहा संत कुमारजी, क्या हाल है?'

संत कुमार ने कहा, 'आपकी कृपा है डॉक्टर साहब, मैं घर जा रहा हूँ।'

'अभी?'

'जी हाँ!'

'आप पूर्ण स्वस्थ हैं?'

'जी हाँ! स्वस्थ होने के मार्ग का मुझे पता लग गया है।'

'ओह, इतना शीघ्र,' डॉक्टर ने हँसकर कहा। फिर बोले, 'अभी ठहरो, चाय पीकर जाना।'

पर संत कुमार रुका नहीं, चला गया। जाते समय उसने डॉक्टर की ओर ऐसी कृतज्ञतापूर्ण दृष्टि से देखा कि वह सकपकाकर रह गए, कुछ कह न सके। जाने के बाद ही उन्हें होश आया, पर अब वह पूर्ण शांत थे। आज उन्होंने शल्य चिकित्सा में एक अद्‌भुत प्रयोग किया था। प्रतिदिन वह शरीर को चीरा करते थे, पर आज उन्होंने शरीर की चेतना को चीरा था और वह भी आशातीत सफलता के साथ। यही उनका सुख था, पर यही दुःख भी था, क्योंकि जो सफलता आसानी से मिल जाती है, वह आसानी से चली भी जाती है।

उनका यह भय ठीक निकला। एक दिन डूबते सूर्य के प्रकाश में उन्होंने उसी भयावह मूर्ति को फिर देखा। तब वह अस्पताल से लौटकर कपड़े बदल रहे थे। तभी सुना, कोई करुण स्वर में पुकार रहा है, 'डॉक्टर साहब! डॉक्टर साहब!'

डॉक्टर साहब चौंके। नौकर से कहा, 'देखो, कौन है?'

नौकर ने आकर बताया, 'जी, कोई पागल जान पड़ता है।'

उनका माथा ठनका। आकर देखा तो संत कुमार सशरीर उपस्थित थे, पूछा, 'कहिए, क्या हाल है?'

संत कुमार ने उत्तर दिया, 'डॉक्टर साहब! मेरे मस्तिष्क में फिर तीव्र पीड़ा होने लगी है। कृपया उसे चीर दीजिए।'

इस बार वह विक्षिप्त कम, दयनीय अधिक थे। डॉक्टर क्षण भर कुछ नहीं बोले। तब बड़ी विनम्रता से हाथ जोड़कर उसने कहा, 'डॉक्टर! आप चिंता मत करिए, ऑपरेशन कर दीजिए। बड़ी कृपा होगी।'

डॉक्टर बोले, 'ऑपरेशन तो अस्पताल में ही हो सकता है।'

'तो मैं वहीं आऊँगा। कब आऊँ?'

'जब आप चाहें!'

'तो मैं कल दोपहर में आऊँगा।'

और फिर बिना कुछ कहे वह नम्रतापूर्वक उठे और प्रणाम करके चले गए। चले गए तो डॉक्टर को होश आया। शीघ्रता से फोन पर आए। कई डॉक्टरों से उन्होंने मंत्रणा की और कल दोपहर को आने के लिए कहा। उन लोगों को भी इस विचित्र रोगी में दिलचस्पी थी, इसलिए वे अगले दिन दोपहर को ठीक समय पर

अस्पताल में आ उपस्थित हुए। धीरे-धीरे दोपहर बीतने लगा और डॉक्टर नागेश का भय बढ़ने लगा। इसी समय नर्स ने आकर कहा, 'डॉक्टर! जल्दी चलिए।'

'क्यों? क्या वह आ गया?'

'जी हाँ, पर…'

'पर क्या?'

'वह बुरी तरह घायल है।'

'ओह, क्या उसने अपना सिर फोड़ लिया?'

'जी नहीं,' उसके साथ आनेवाले व्यक्ति ने बताया, 'उनके पड़ोस में एक मुसलमान के मकान को लेकर कई दिनों से झगड़ा चल रहा था। एक स्थानीय समृद्ध व्यक्ति उसे घेरे हुए थे, पर शरणार्थी कहते थे कि वह मकान उन्हें मिलना चाहिए। इसी बात पर आज झगड़ा बढ़ गया। दोनों दल लाठियाँ ले आए। संत कुमार को पता लगा तो वे हाथ जोड़कर दोनों दलों से शांति की प्रार्थना करने लगे। कहा, 'आगे चलकर मकान किसी को मिले, पर आज उसमें शरणार्थी ही रह सकते हैं। इसपर वे सज्जन बिगड़ उठे। झगड़ा यहाँ तक बढ़ा कि लाठियाँ चल गईं। संत कुमार से नहीं रहा गया। वे बीच में जा खड़े हुए और जो लाठियाँ एक-दूसरे की हत्या करने के लिए उठी थीं, एक साथ उनके सिर पर पड़ीं।'

वे घायल के पास आ गए थे। डॉ. नागेश का हृदय करुणा और आदर से द्रवीभूत हो रहा था। उन्होंने देखा—रक्त से लथपथ संत कुमार सामने लेटे हैं। उनका शरीर शिथिल है, पर नेत्रों में अद्‍भुत शांति झलक उठी है। दृष्टि मिली तो वह मुसकराए। संकेत से डॉक्टर को पास बुलाया, कहा, 'मैं व्यर्थ ही भटक रहा था। आप तो यह ऑपरेशन सौ जन्म में भी नहीं कर सकते थे। मेरे भाग्य अच्छे थे कि आज अचानक ही मुझे मेरे डॉक्टर के दर्शन हो गए। उस दिन आपने संकेत तो किया था, पर मैं ठीक से समझ न सका। आज समझा हूँ।'

वह बोल रहे थे और डॉ. नागेश अपलक ध्यानस्थ की भाँति उनको देख रहे थे; पर तभी सहसा उनकी दृष्टि काँपी, सकपकाकर कहा, 'डॉ. कुमार, शीघ्रता करो, इन्हें रूम नं. पाँच में ले चलो! जल्दी…'

संत कुमार ने जाते-जाते उसी तरह कहा, 'डरो नहीं डॉक्टर! मैं जिऊँगा। गांधीजी को पुनर्जीवित करने के लिए मुझे अभी बहुत दिन जीना होगा।'

□

(सन् १९४९)

नाग-फाँस

सुशील की माँ अकसर कहा करती थी और अकसर क्या, अब तो कहने के लिए उसके पास एकमात्र यही कहानी शेष रह गई थी। लंबी साँस खींचकर गर्व और वेदना-भरे स्वर में वह कहती, 'भगवान् की कृपा से उसने चौदह पुत्रों को जन्म दिया था।'

सुननेवालियों की आँखों में कौतूहल साकार हो उठता। कोई वाचाल पूछ बैठी, 'चौदह पुत्र! पर माँजी, अब तो केवल दो हैं।'

'हाँ बेटी! देखने के लिए ये ही दो हैं। वैसे, मेरे चार बेटे दिसावर रहते हैं।'

'अच्छा, कमाने के लिए गए हैं?'

'हाँ, कमाते ही होंगे।'

'क्यों, कुछ भेजते नहीं?'

'भेजना! उन्होंने तो जाकर इधर देखा भी नहीं।'

'हाय रे! कैसे बेटे हैं,' वह वाचाल नारी काँप उठती, 'पर माँजी, तुम्हें उनका पता तो होगा?'

सुशील की माँ उसी सहज वेदना-भरे स्वर में बोलती, 'पता बताया ही नहीं तो कैसे जान सकती हूँ। वे चारों तो ऐसे गए, जैसे थे ही नहीं।'

'शेष?'

'राम को प्यारे हुए।'

'ओह…'

'क्या बताऊँ बेटी! ये दो बच्चे हैं। कुशल का स्वभाव भी ऐसा ही था—कई बार भागने को हुआ, पर उसपर मैंने बड़ी मिन्नतें मानीं, जात बोली, चढ़ावे चढ़ाए, तब कहीं जाकर देवी की कृपा से रुका है।'

इसपर प्राय: सभी नारियाँ उसे एक ही सलाह देतीं, 'कुशल का विवाह कर दो, माँजी! विवाह का बंधन आदमी को बड़ा प्यारा लगता है। आजकल देर से विवाह करने की रीति चल पड़ी है। इस कारण भी सत्ता हाथ से निकल जाती है।'

सुशील की माँ ने भी यह बात सोच रखी थी। उसके चारों बेटे सगाई कराने से पहले ही भाग गए थे। इसलिए कुशल की सगाई के लिए धूमधाम शुरू हुई। और एक दिन धूप सी गोरी लड़की देखकर उसे तिलक चढ़ा दिया गया। फिर लगन आया और विवाह की तिथि निश्चित हो गई। कुशल ने एक बार भी आपत्ति नहीं की, बल्कि सब काम प्रसन्नचित्त करता रहा। सुशील की माँ को त्रिलोक का राज मिला। उसने सुशील के पिता से कहा, 'यह दिन बड़े पुण्य से देखने को मिला है। मैं मन की निकालकर रहूँगी।'

लाला चंद्रसेन निम्न मध्यवर्ग के व्यक्ति थे। यही वर्ग अकसर महापुरुषों को जन्म देता है। यही वर्ग बड़ी-बड़ी आशाओं और आकांक्षाओं को लेकर जन्म लेता है, परंतु साधन के अभाव में घुटी हुई तमन्नाओं का मजार बनकर रह जाता है। यही है संघर्षों की क्रीड़ा-भूमि और यहीं पर आदमी समझ से संपर्क स्थापित करता है। लाला चंद्रसेन भी समझदार थे और इसी समझदारी को आगे बढ़ाने के लिए उनके पुत्रों ने घर की संकुचित दीवारें तोड़कर खुले विश्व में आश्रय लिया था। पुत्रों के जाने का दर्द उन्हें भी था, पर वे पुरुष थे, पिता थे। पत्नी की बात सुनकर वे हँसे, 'मैं कब मना करता हूँ।'

सच तो यह है कि उनके भीतर भी आकांक्षाएँ आग्रह कर रही थीं। पहला विवाह है; ऐसा हो, जिसे सब याद रखें। इसलिए उन्होंने बढ़िया अंग्रेजी बाजे का ऑर्डर दिया। भोज की व्यवस्था देश की हालत को देखते हुए सीमित थी, परंतु जितनी थी, उससे बड़े-बड़े धनियों को ईर्ष्या हो सकती थी। मोटी तश्तरी में बड़ी-बड़ी आठ मिठाइयाँ। पूरे पाव-भर तोल की नमकीन तश्तरी। डालडा के युग में उन्होंने गाँव-गाँव घूमकर घी इकट्ठा किया था। वे कहते, 'या तो करो नहीं या करो तो ऐसा करो कि याद आती रहे।'

भोज का दिन आया। सबकुछ तैयार था। केवल साग बनने थे और कचौरियाँ उतरनी थीं। मुँह अंधेरे से ही हलवाइयों ने शोर मचाया। अंदर से और भी वेग से हलदी चढ़ाने का कोलाहल उठा। लालाजी ने आकर कहा, 'अरे भई! क्या देर है? मसाला निकालो और सबको साग काटने के लिए बैठा दो।'

उतने ही वेग से सुशील की माँ चीखी, 'अजी, कुशल को भेजो, हलदी चढ़ानी है।'

'ओ हो, भाई, कितनी देर है?'

'देर कुशल की है। उसे भेजो, बस।'

'कुशल कहाँ है?' 'कुशल यहाँ था,' 'कुशल वहाँ होगा' क्षण भर में एक और गगनभेदी कोलाहल उठा। ऐसा कि हलदी और हलवाई की आवाज उसमें डूबकर रह गई। उसी में डूब गया कुशल। बहुत देर बाद पता लग पाया कि पिछली रात ही वह कहीं चला गया। उसके बिस्तर पर एक पत्र पाया गया था। पढ़ने से पूर्व ही माँ समझ गई कि कुशल भी भाइयों की राह का राही बना। वह रोई नहीं, एक आँसू भी नहीं आया आँखों में। लोगों ने कहा, 'ढूँढ़ो।'

लाला चंद्रसेन धीरे से बोले, 'व्यर्थ है।'

'क्यों?'

'जो रहना नहीं चाहता, उसे रोकने की चेष्टा करना उसे और खोना है।'

सुनकर सब स्तब्ध हो आए। वे जैसे अपने से बोलते हों, 'मैंने गलती की जो उसे बाँधना चाहा। उसे कहता—बेटा! तू भी जा, दुनिया को देख, पहचान। मेरा जो कर्तव्य था, वह मैंने यथाशक्ति पूरा कर दिया। पाल-पोसकर तुझे सोचने-समझने योग्य बना दिया।'

सुशील की माँ ने यह सब सुना तो तड़प उठी, बोली, 'आखिर वे तुम्हारे ही बेटे तो हैं।'

'मेरे?' वे हँसे, 'मेरा तो मैं भी नहीं हूँ। वे क्या होते!'

बहस आगे बढ़ी और आँसुओं की अबाध गति में उसका अंत हुआ। अंत हुआ—यह कहना गलत है। अंतिम छोर की तरह उनका सबसे छोटा बेटा सुशील अभी शेष था। पंद्रह वर्ष का वह सुंदर बालक सेब की तरह लाल और फूल की तरह खिला हुआ था। उसकी हँसी में सुगंध थी, पर बड़े भाई के तिलक के दिन उसे जो ज्वर चढ़ा था, वह उतरने से बराबर इनकार कर रहा था। विवाह में लगे हुए परिवार में उसे कोई बहुत महत्त्व नहीं दिया गया, पर अब जब हलदी और हलवाई की बात फैलकर मिट गई तो माँ ने सुशील की पट्टी का सहारा लिया। देखा—संध्या होते-होते उसका सेब सा लाल मुख अंगार सा दहक उठा है। आँखें मुँदी जा रही हैं।

तब पछाड़ खाकर माँ ने डॉक्टर का दामन पकड़ा, 'डॉक्टर, मेरा सबकुछ ले लो, पर इसे बचा दो।'

सांत्वना भरे स्वर में डॉक्टर बोला, 'घबराइए नहीं। बुखार है। वक्त पर उतरेगा।'

‘उतर जाएगा?’ पागल सी माँ ने पूछा।

‘हाँ, हाँ!’

‘कब?’

‘यही सात-आठ दिनों में।’

लेकिन आठ क्या, अठाइस दिन बीत जाने पर भी बुखार ने जाने का नाम नहीं लिया। एक बार बीच में लगा कि बुखार टूट चला है, पर तीसरे दिन ही उसने दूने वेग से आक्रमण कर दिया। माँ रोते-रोते संज्ञाहीन हो गई। डॉक्टर मनुष्य था, उसने माँ की करुणा को समझा। बोला, ‘माँ! यह बुखार इकहत्तर दिनों तक चलता रह सकता है। इसकी दवा कुछ नहीं होती। रोगी केवल देखभाल से ठीक होता है।’

माँ ने कहा, ‘आप जैसे कहते हैं, वैसे ही मैं करती हूँ।’

‘ठीक है। अभी और करते जाइए। आज-कल में बुखार टूटने ही वाला है। प्रसन्न रहिए और रोगी को प्रसन्न रखिए। जानता हूँ कि यह कठिन है, पर यह भी जानता हूँ कि बेटे के लिए आप सबकुछ कर सकती हैं। चार-पाँच दिनों की बात है।’

डॉक्टर ने ठीक कहा था। पाँचवें दिन बुखार टूट गया। सुशील तन से जितना स्वस्थ था, मन से उतना ही दृढ़ था। रंग लौटते देर न लगी। माँ का मन खिल उठा। पिता की भी चिंता कम हुई। सुशील ने बीमारी में ही पिता से प्रतिज्ञा करवा ली थी कि स्वस्थ हो जाने पर उसे कॉलेज भेजेंगे। सो अच्छा होते-होते एक दिन उसने कहा, ‘पिताजी, कॉलेज खुलने में एक सप्ताह रह गया है, मेरी फीस भेज दो।’

पिता ने जवाब दिया, ‘कल शहर जाकर मैं सब ठीक कर आऊँगा।’

तब माँ ने धीरे से इतना ही कहा, ‘बेटा! पहले ठीक तो हो जा, फिर जाने की बात सोचना।’

सुशील मुसकराया, ‘माँ! तुम सदा शंका करती रहती हो। मैं अब बिलकुल ठीक हूँ। देखना, अगले सप्ताह कॉलेज जाऊँगा। डॉक्टर से पूछ कर देखो…’

डॉक्टर ने हँसते हुए उसका अनुमोदन किया, ‘हाँ, हाँ, तुम बिलकुल ठीक होकर एक सप्ताह में शहर जा सकोगे, परंतु भोजन का विशेष ध्यान रखना होगा।’

‘जी, मैं वही खाता हूँ, जो आप बताते हैं।’

‘तुम सचमुच एक आदर्श रोगी हो। तभी तो बार-बार रोग को पछाड़कर अच्छे हो जाते हो। हाँ, कल मैं तुम्हारे लिए टॉनिक लाऊँगा।’

यह कहकर डॉक्टर उठे। फिर एकाएक बोले, ‘पर सुशील! अब बुखार को न्योता न दे बैठना, समझे। शरीर के शत्रु से ऐसी मित्रता ठीक नहीं है।’

बात हँसाने के लिए कही गई थी, सब हँस पड़े, पर अगले दिन सवेरा होते न होते सुशील अचानक जाड़े से काँपने लगा। ज्वर का आक्रमण हो चुका था, तापमान देखा तो एक सौ पाँच! चिंतातुर डॉक्टर ने बहुत देर तक गंभीरता से जाँच की, कहा, 'इस बार टाइफाइड के साथ मलेरिया भी है।'

शांत-गंभीर पिता ने उत्तेजित होकर पूछा, 'डॉक्टर, आखिर यह क्या है?'

डॉक्टर ने पिता के कंधे को थपथपाया, 'चिंता न करें। सबकुछ ठीक होगा। दुःख इतना ही है कि सुशील महाशय अगले सप्ताह कॉलेज नहीं जा सकेंगे।'

लगभग संज्ञाहीन होने पर भी कॉलेज का नाम सुनते ही उसने आँखें खोल दीं। बोला, 'मैं कॉलेज अवश्य जाऊँगा। पाँच-छह दिनों की देर हो जाएगी तो क्या होगा? पिताजी! आप मेरी फीस अवश्य भेज दीजिए।'

पिता ने कहा, 'भेज दूँगा, पर तुम्हें अपना ध्यान रखना चाहिए।'

सुशील ने नहीं सुना। वह बोला, 'पिताजी! मैं डॉक्टर बनूँगा।'

'अवश्य बनना।'

लेकिन हुआ यह कि वह दिन-पर-दिन दुर्बल होता चला गया। सुइयों से उसका शरीर बिंध गया, कड़वी-तीखी दवाइयों से वह चिड़चिड़ा हो आया, तो भी इक्कीस दिनों के बाद जब उसका ज्वर उतरा तो उसने यही कहा, 'दीवाली के बाद मैं कॉलेज जाऊँगा।'

'बेशक तुम जा सकोगे।' डॉक्टर ने कहा।

पिता गर्व से बोले, 'परीक्षाफल शानदार है तुम्हारा। प्रिंसिपल ने विश्वास दिलाया है कि तुम सब कमी पूरी कर लोगे।'

डॉक्टर ने विजयी खिलाड़ी के स्वर में कहा, 'विश्वास में अद्‍भुत शक्ति होती है, सुशील! मैंने बड़े-बड़े रोगियों को विश्वास के बल पर अच्छे होते देखा है।'

यही विश्वास सुशील की ढाल बन गया। वह जिस तेजी से स्वास्थ्य-लाभ कर रहा था, उसे देखे बिना विश्वास नहीं हो सकता। बस, हर समय यही रट लगी रहती थी, 'मैं कॉलेज जाऊँगा। मैं डॉक्टर बनूँगा।'

माँ कहती, 'डॉक्टर बनकर तू कहाँ जाएगा?'

'यहीं रहूँगा, माँ।'

'इसी कस्बे में?'

'हाँ, माँ! पास में कई गाँव हैं। वहाँ के लोगों की सेहत की देखभाल करना हमारा फर्ज है। लोगों की सेहत ठीक नहीं रहेगी तो देश की उन्नति कैसे होगी!'

माँ सहसा काँपकर बोल उठती, 'देश की चिंता करने से पहले अपने को तो देख।'

सुशील मुसकराता, 'मैं ही देश हूँ, माँ!'

माँ अकचकाती, चौंकती, 'आखिर तुम ये बातें कहाँ से सीखते हो?'

'तुमसे।'

'मुझसे?'

'हाँ, तुम माँ हो। तुमने ही हमारा निर्माण किया है।'

तब माँ हर्ष से फूलती, चिंता से दुबलाती, देर तक एकांत में बैठकर सोचती—ये मेरे बेटे हैं, इनमें मेरा रक्त है, पर मुझे तो ये बात आती ही नहीं। फिर मुझसे ये कैसे सीखते हैं? सीखते हैं तो मुझे छोड़कर क्यों चले जाते हैं? क्या सुशील भी चला जाएगा···क्या सुशील भी···सुशील, जो मेरी आखिरी संतान है, मेरी आखिरी आशा है···

वह काँपी···सिहर-सिहर उठी···तभी किसी ने जैसे कहीं भीतर से पुकारा—सुशील में एक अंतर है। वह सोचता नहीं, बोलता है···

हाँ, वह सोचता नहीं, बोलता है, पर बोलता तो वैसी ही बातें है···देश···आदमी···कर्तव्य और न जाने क्या-क्या···

उस रात वह देर तक यही दिवास्वप्न देखती रही। सवेरे उठी तो देखा—सुशील चादर ताने लेटा है।

पुकारा, 'सुशील!'

सुशील नहीं बोला। सशंक आकर उसने चादर के भीतर हाथ डाला, तो जैसे अंगार से छू गया हो। वह काँपकर पीछे हट गई और भर्राए स्वर में कहा, 'सुशील! सुशील!'

सुशील चौंककर क्षीण स्वर में बोला, 'क्या है?'

'जी कैसा है, बेटा?'

'शरीर जल रहा है। छाती में दर्द है। रात में शीत लगा था।'

'छाती में दर्द,' माँ पागल सी उसके पिता के पास दौड़ी, 'देखिए तो, सुशील को खूब बुखार चढ़ा है। छाती में दर्द है।'

जैसे वज्र गिरा हो। पिता एकदम बोले, 'क्या?'

'बुखार।'

'बुखार! बुखार किसको है?'

माँ ने किंचित् तेज होकर कहा, 'जल्दी जाकर डॉक्टर को बुलाइए। सुशील

को छाती में दर्द है और बुखार भी तेज है।'

डॉक्टर आया। जाँच-पड़ताल के बाद उसने कहा, 'निमोनिया है।'

'निमोनिया!' पिता स्तब्ध रह गए।

'निमोनिया!' माँ को जैसे विश्वास नहीं आया।

फिर कई क्षण कोई किसी से नहीं बोला। आखिर डॉक्टर ने शिकायत के स्वर में कहा, 'मैं कहता हूँ, क्या आप इसका बिलकुल ध्यान नहीं रख सकते? इसे सर्दी लगी है।'

रुँधे स्वर में माँ ने उत्तर दिया, 'डॉक्टर! रात को बार-बार उठकर मैं उसे कपड़ा ओढ़ाती हूँ।'

'दवा कौन देता है?'

'मैं देती हूँ।'

'ठीक समय पर?'

'आप सुशील से पूछ लीजिए।'

डॉक्टर ने दोनों हाथ हवा में हिलाए, कहा, 'कुछ समझ में नहीं आता। जैसे ही रोगी स्वास्थ्य-लाभ करता है, रोग उसे फिर आ दबोचता है। अच्छा, मैं पेंसीलीन की सुई लगाता हूँ।'

कई दिनों तक डॉक्टर हर चार घंटे के बाद सुइयाँ लगाता रहा। उन दिनों बेहोश सी माँ ने न जाने कितनी निद्राहीन रातें बेटे के बिस्तर के पास बैठकर काटीं। ऐसी देखभाल की कि सब अश-अश कर उठे। पड़ोसियों ने कहा, 'माँ ऐसा न करेगी तो कौन करेगा और फिर वह माँ, जिसके बेटे एक के बाद एक उसे छोड़कर चले गए हों।'

'हाँ जी! वह तो जान भी दे दे तो थोड़ी है उसके लिए।'

'जान ही तो वह दे रही है।'

'बेचारी ने पिछले जन्म में न जाने क्या पाप किए थे!'

'पाप क्या जी, आजकल की तो औलाद ही निराली है। कहते हैं, बेटा माँ-बाप का नहीं होता, देश का होता है।'

'हाँ जी! यही बात है। कोई पूछे उनसे कि तुम्हें पाल-पोसकर किसने बड़ा किया है, देश ने या माँ ने? तुम्हारे गूह-मूत किसने उठाए हैं, देश ने या माँ ने?'

उनमें कुछ युवतियाँ भी थीं। एक युवती शहर में रहकर पढ़ी थी, वह बोली, 'मैं और तो कुछ नहीं, इतना ही जानती हूँ कि आदमी होता देश के लिए ही है।'

जैसे यह युद्ध की चुनौती थी। फिर तो घंटों क्या, दिनों यही चर्चा घर-घर और गली-गली का विषय बनी रही। यहाँ तक कि सुशील फिर अच्छा होने लगा, पर देश और आदमी के रिश्ते का कोई निर्णय नहीं हो सका। आखिर डॉक्टर ने एक दिन सुशील के पिता को बुलाकर कहा, 'इस बार सुशील की देखभाल विशेष रूप से करनी होगी। यदि अब रोग ने आक्रमण कर दिया तो…'

डॉक्टर ने जान-बूझकर वाक्य पूरा नहीं किया। लाला चंद्रसेन बोले, 'जानता हूँ डॉक्टर, जानता हूँ।'

'यही समय है, जब रोग आक्रमण करता है।'

'जी, हमने पूरी तैयारी कर ली है। बारी-बारी से रात को जागने का प्रोग्राम है, उसकी एक ममेरी बहन को भी बुला भेजा है।'

क्षण भर डॉक्टर ने शून्य से दृष्टिपात करके कहा, 'दो-चार दिन मैं भी रहना चाहूँगा।'

'आप?'

'हाँ, मैं।'

करुण स्वर में लाला चंद्रसेन बोले, 'डॉक्टर! आपने क्या नहीं किया! सुशील बार-बार मौत के मुँह में जाकर आपकी कृपा से ही लौटा है। आप अब…'

डॉक्टर ने रोक दिया, 'मैं रोगी का अध्ययन करना चाहता हूँ।'

'जी।'

'और वह भी कुछ दूर से।'

'आपका मतलब?'

'मतलब यह है कि मैं आपके कमरे में रहकर सुशील की देखभाल करूँगा, और हाँ, यह बात किसी से कहिए नहीं। माँ से भी नहीं।'

लालाजी का सिर पहले तो चकरा उठा, पर गर्व भी कम नहीं हुआ। घर आकर यह बात वे सुशील की माँ से कहते-कहते तनिक ही बचे। 'आज डॉक्टर कहते थे…' इतना कहकर जैसे उन्हें होश आया। चुप हो गए।

सुशील की माँ बोली, 'डॉक्टर क्या कहते थे?'

'यही,' उन्होंने कुछ याद करते हुए कहा, 'कि मैं आज गाँव जा रहा हूँ। लौटकर रात के समय सुशील को देखूँगा।'

फिर करुण स्वर में बोले, 'कितना भला डॉक्टर है!'

'भगवान् का रूप है,' माँ गद्गद होकर बोली, 'हमें तो वही जिला रहा है।'

'उसने यह बात सच्चे मन से कही थी। पति-पत्नी तब देर तक भले

आदमियों की चर्चा करते रहे। फिर दिन बीत गया। थके हुए जीवन को सहलाने के लिए रात आ पहुँची। अंधकार में दृष्टि नहीं है, पर शांति अवश्य है। उसी शांत वातावरण में डॉक्टर आए। सुशील को गुदगुदाया, हँसाया, दवा बताई और लौट गए, परंतु अपने घर नहीं, पास के कमरे में। लाला चंद्रसेन वहीं रहे, माँ भी वहीं थी, सुशील को नींद आ गई। माँ ने लैंप बुझा दिया, दीया जलता रहा। उसका धुँधला, पर शीतल प्रकाश तन-मन—दोनों को सुखकारी लग रहा था। कुछ देर में लाला चंद्रसेन उठे, बोले, 'जब तुम सोने लगो तो मुझे पुकार लेना।'

और वे भी चले गए। धीरे-धीरे चारों ओर शांति छा गई। सुशील के पास बैठी माँ की पलकें भारी हुईं और फिर झुक गईं, पर डॉक्टर की आँखों में नींद नहीं थी। वे कभी कुरसी पर बैठे रहते, कभी टहलते, कभी धीरे से खिड़की में से देख लेते। लालाली उत्सुक हो उन्हें देखते और पूछ बैठते, 'डॉक्टर! कोई बात देखी?'

डॉक्टर मुसकराता, 'आप चिंता न करें।'

और फिर सन्नाटा, किसी के खँखारने और चलने का शब्द, दूर कहीं गीदड़ों की हू-हा, और फिर मौन। डॉक्टर की धीमी पदचाप, फिर एकाएक कहीं कुत्तों का भौं-भौं। घड़ी ने दो बजा दिए। तभी सहसा डॉक्टर चौंक उठे। उन्होंने धीरे से लालाजी को जगाया, 'बोलिए नहीं। चुपचाप मेरे पीछे खिड़की के पास चले आइए।'

'क्या है?'

'आ जाइए, चुपचाप!'

दोनों ने हतप्रभ देखा—धुँधले प्रकाश में एक मूर्ति धीरे-धीरे सुशील की खाट के पास पहुँची है। उसने कई क्षण चुपचाप सुशील के मुख को देखा, फिर चूमा, फिर धीरे-धीरे काँपते हाथों से चादर उतार दी। सुशील एक बार खाँसा, फिर पैरों को पेट में समेट लिया। छाया-मूर्ति पीछे हटी। मेज पर दवा की शीशी रखी थी, उसे उठाया और चिलमची में फेंक दिया।

चित्रलिखित सा डॉक्टर बोला, 'देखा?'

चंद्रसेन तड़पे, 'डॉक्टर! यह तो सुशील की माँ है।'

'हाँ, आइए।'

'डॉक्टर, मैं···मैं···'

'आइए।'

डॉक्टर ने आगे बढ़कर सहज भाव से किवाड़ खोले और सुशील के कमरे में चले आए। छाया ने सहसा मुड़कर देखा, उसके मुँह से एक चीख

निकली, 'आप···आप···'

और वह तीव्र वेग से काँपती हुई पीछे हटी, हटती गई, काँपती गई और फिर लड़खड़ाकर गिर पड़ी। लाला चंद्रसेन उधर दौड़े, इधर डॉक्टर ने सबसे पहले खिड़की बंद की। फिर सुशील को कपड़ा ओढ़ाया। तब सुशील की माँ की ओर झुके। वह बेहोशी में बड़बड़ा रही थी—सुशील अच्छा हो रहा है···वह कॉलेज जाएगा—डॉक्टर बनेगा···और फिर नहीं लौटेगा···उसके भाई भी नहीं लौटे थे···नहीं-नहीं, वह शहर नहीं जा सकता···वह मुझे नहीं छोड़ सकता···

डॉक्टर ने सुना, पिता ने सुना, दोनों ने एक-दूसरे को देखा। पिता सिर से पैर तक सिहर उठे, मुँह से इतना ही निकला, 'डॉक्टर!'

डॉक्टर ने गंभीर स्वर में कहा, 'मुझे यही डर था।'

'माँ का स्नेह पुत्र का काल बना हुआ है, डॉक्टर!'

सहसा डॉक्टर का स्वर कठोर हो उठा, उन्होंने कहा, 'स्नेह नहीं, यह मनुष्य का स्वार्थ है, जो प्रतिक्षण मनुष्यता की हत्या करता रहता है।'

पिता ने इस बार कोई उत्तर नहीं दिया। माँ का स्वर निरंतर शिथिल हो रहा था, इतना कि मात्र फुसफुसाहट शेष रही थी और सुशील सो रहा था—शांत, निर्द्वंद्व।

□

(सन् १९४९)

दफ्तर का एक दिन

चपरासी चला गया, तब कहीं कांत बाहर आया। ऊपर जाकर कपड़े बदले, फिर दूध पिया। नौ बज चुके थे, उसे दफ्तर की शीघ्रता थी। घर में ताला लगाकर उसने दफ्तर की राह ली। वहाँ तब तक बहुत से बाबू आ गए थे। वार्षिक पड़ताल के दिन थे। इसीलिए सब ओर हलचल थी। बड़े बाबू ने उसे देखा तो पुकार लिया, 'कांत बाबू। इधर आना।'

'जी।'

वे मुसकराए, 'अरे भई! अकेले होकर भी इतनी देर कर देते हो?'

कांत भी मुसकराया, 'जी, तभी तो सब काम करने पड़ते हैं!'

'तो विवाह कर डालो।'

कांत और भी मुसकराया, 'जी, सोचता तो हूँ।'

तभी छोटे बाबू ने पुकारा, 'बाबू निशिकांत। स्टाफ की फाइल भेजो।'

जवाब दिया बड़े बाबू ने, 'अरे भई, आकर दफ्तरी से ले लो।' और कांत से कहा, 'बैठो भाई। तुमसे एक बात कहनी है।'

कांत को बड़ा अचरज हुआ। बड़े बाबू दफ्तर में और फिर जाँच के दिनों में ऐसी बातें बहुत कम करते थे। वह चुपचाप उनके पास बैठ गया। बड़े बाबू ने मेज पर झुककर धीरे से कहा, 'मिनिस्टर साहब का जवाब आ गया है।'

सुनकर कांत को सहसा हँसी आने लगी। वह सबकुछ जानता था। फिर भी उसने कहा, 'जी, क्या?'

'उसमें तुम्हारा जिक्र ही नहीं है।'

'तो इसका मतलब है, मैं यही रहूँगा।'

'और क्या। भई, बड़े दुष्ट हैं ये लोग। यह तो मैं बैठा हूँ। कोई और

होता तो…'

'जी हाँ! कोई और होता तो शायद निकलता, नहीं तो बदली अवश्य होती।'

'वह तो हो ही जाती, पर तुम जानते हो कि यह क्यों हुआ?'

'क्यों?'

'बड़े साहब स्वयं मंत्री से मिले थे। मंत्री उनसे बहुत प्रसन्न हैं। वैसे तो भाई उसका राज्य है। अपना प्रभुत्व सभी जमाते हैं। बनिया, ब्राह्मण, जैनी—सभी यही करते हैं। फिर भी जाटों में एक बात है—पुराने आदमियों को ये लोग नहीं छोड़ेंगे। यह हमारी सबसे बड़ी विजय है।'

'जी हाँ, सो तो है।'

और कहकर बड़े बाबू शीघ्रता से ड्राफ्ट लिखने लगे। कांत कई क्षण बैठा रहा, परंतु जब उठकर अपने कमरे की ओर बढ़ा तो बड़े बाबू ने कहा, 'ठहरो।'

'जी।'

'भई, वह बटाई-काश्त वाली फाइल नहीं मिल रही है। देखना, मेरी फाइलों में तो नहीं है। और ढूँढ़ते वक्त कुछ और आवश्यक केस मिले तो बता देना। इतना काम है कि बस…'

अब कांत का अंतर्मन क्रोध से काँप उठा। बड़े बाबू सदा इसी तरह तंग करते रहते हैं। कभी नियम से काम नहीं करते। जब नहीं होता तो क्यों सबका भार सँभालते हैं? कायर हैं, काम लेना नहीं जानते। जो काम करता है, उसी को दबाते हैं, आदि…लेकिन यह क्रोध उसकी रक्षा नहीं कर सका। वह चुपचाप उनकी फाइल देखने लगा। बटाई का केस उसी में था। उसे निकालकर बड़े बाबू के आगे रखा। देखकर वे बोले, 'ओ, यह यहाँ था। मैं जानता था, तभी तो तुम्हें कहा था। अब भाई, इस केस का सारा पत्र-व्यवहार अंकित कर दो…'

तभी वेतन बाबू ने आकर कहा, 'कांत बाबू! ऑडिटर आपको बुलाते हैं।'

'क्यों?'

'कर्मचारियों की नियुक्ति की मंजूरी देखना चाहते हैं।'

'वह तो तुम दिखा सकते हो।'

'मुझे कुछ पता नहीं?'

'कैसे पता नहीं, तालिका लो और ढूँढ़ो।'

वेतन बाबू ने ध्यान नहीं दिया; मुड़ चला। कांत को क्रोध आ गया। उसने कहा, 'मैं नहीं आऊँगा। मैं चपरासी नहीं हूँ; केवल फाइल भिजवा सकता हूँ।'

वह मुड़ा तो छोटे बाबू आए, 'अरे भाई कांत। रिसर्च अफसर की स्कीम तो समझाना।'

'मैं समझाऊँ?'

छोटे बाबू विनम्र थे, बोले, 'अरे भई, क्रोध क्यों करते हो! तुम्हें सब पता है। ऑडिटर कुछ प्रश्न पूछते हैं।'

वे गए। स्टार बाबू ने आकर धीरे से कहा, 'कांत बाबू। भई, दया करके क्रय-विक्रय की फाइल तो निकलवा दो!'

'अभी लो।'

'और सरकार के स्वीकृति-पत्र भी।'

'सब तैयार हैं।'

'धन्यवाद कांत। धन्यवाद। तुम बहुत अच्छे हो।'

कांत मुसकराया। चपरासी ने शीघ्रता से आकर कहा, 'बड़े साहब सलाम करते हैं।'

'मुझे?'

'जी हाँ।'

'क्यों?'

'मेम साहब आई हैं।'

कांत तुरत अंदर चला गया। साहब मेम साहब से बातें कर रहे थे। उसने हाथ जोड़कर नमस्ते किया। मेम साहब बोलीं, 'अच्छे हो कांत बाबू?'

'आपकी कृपा है,' उसने गद्‌गद होकर कहा।

साहब बोले, 'हाँ, जरा बैंक चले जाओ। मेम साहब का ड्राफ्ट है। पाँच हजार रुपए लाने हैं, तुम्हारे नाम लिख देता हूँ।'

'जी, लिख दीजिए।'

साहब हँसकर बोले, 'भाग तो नहीं जाओगे?'

कांत मुसकराया, 'नहीं सा'ब। और वैसे, यह रुपए की जाति पर निर्भर है।'

मेम साहब हँस पड़ीं—साहब ने कांत के नाम प्रमाण-पत्र लिख दिया। वह मुड़ा। मेम साहब बोलीं, 'देखो कांत बाबू। रास्ते में एक बड़ा सा जनरल स्टोर है। वहाँ पूछते आना कि जिन आई या नहीं?'

'और ह्विस्की भी?' साहब ने कहा, 'आ गई हो तो लेते आना।'

कांत ने आकर सब बातें बड़े बाबू से कहीं। वे बोले, 'जाना ही पड़ेगा।'

तब बारह बज रहे थे। वह अपनी मेज पर नहीं जा सकता था। सारी डाक

उसी तरह पड़ी थी। उसने माथा ठोंक लिया, आज रात में देर तक बैठना पड़ेगा।

तभी पोस्टमैन ने आकर उसे दो पत्रिकाएँ और एक कार्ड दिया। शीघ्रता से उसने कार्ड पढ़ा; लिखा था—'मैं कहीं नहीं जा रही हूँ, वहीं लौटूँगी।'—कमला।

बस, ये ही शब्द थे। न संबोधन था, न अंतिम शब्द। कांत ने कई बार कार्ड को उलट-पुलटकर देखा। गाँव के डाकघर में वह २६ जुलाई को डाला गया था और उसके नगर की मुहर २९ तारीख की थी। सबकुछ देख चुका तो मन में उठा—कमला एक जटिल पहेली बनती जा रही थी। कोई नहीं जानता कि वर्षा ऋतु के रहस्यमय आकाश की भाँति उसकी कब क्या अवस्था हो सकती है। मनुष्य के लिए क्या यह अवस्था ठीक है, विशेषकर नारी के लिए… ? तभी उसे ध्यान आया—नारी स्वयं रहस्यमयी है। वह जानता था कि इस बार यहाँ कमला का आना आसान नहीं है। वातावरण विक्षुब्ध है। वह समाज के लिए दुराचारिणी है। ऐसी अवस्था में क्या वह यहाँ आकर समाज के सामने खड़ी हो सकेगी या एक क्षुद्रातिक्षुद्र तिनके के समान महासागर के प्रवाह में बह जाएगी?

कांत विद्रोह से भरने लगा—मनुष्य की वास्तविकता का रहस्य इसी प्रकार के वातावरण में खुलता है। उसकी शक्ति, उसका सत्य, कितने गहरे हैं—यह वह यहीं तो जान सकता है। कमला आकर इस वितंडावाद का सामना करती है तो उसका साहस ठीक ही है।

सोचकर अनायास ही उसका मन प्रसन्न हो उठा। तभी देखा—सामने बैंक का विशाल भवन है। विचारों का तार टूट गया। पत्र एक बार फिर पढ़ा, 'मैं कहीं नहीं जा रही हूँ, वहीं लौटूँगी'—कमला। ठीक, उसे लौटना ही चाहिए। वह शीघ्रता से अंदर चला गया और जब एक घंटा बाद वह फिर उस रास्ते से लौटा तो उसकी जेब में पाँच हजार रुपए के नोट पड़े हुए थे और उसकी बगल में ह्विस्की की दो बोतलें थीं। तब सहसा मस्तिष्क में उठा—क्यों न कमला को लेकर कहीं भाग चलूँ, जहाँ न जनता हो, न अपवाद, और न रहस्य। लेकिन दूसरा क्षण आया कि वह ग्लानि से भर उठा—कायर संसार से भाग जाना चाहता है। तुझसे तो कमला, जो असहाय है, कितनी शक्तिशाली है। वह निडर और निर्भीक बनकर फिर कर्मभूमि में लौट रही है और तू सशक्त होकर भी डरता है!

उसने स्वयं तर्क किया, लेकिन मैं भी तो कमला के लिए भाग जाना चाहता हूँ।'

'यानी आप उसे मुसीबत में डालना चाहते हैं?'

वह सहसा काँप उठा। उसने तीव्रता से अपनी गरदन को झटका दिया और

शीघ्रता से दफ्तर की ओर बढ़ चला। एक मित्र उधर ही आ रहे थे, बोले, 'अरे कांत! इस समय किधर?'

'देख नहीं रहे।' कहकर कांत ने बगल की बोतल को हिलाया। मित्र मुसकराए, 'तो ये रंग हैं?'

'इसमें हानि क्या है। यह भी सोमरस है। सहस्रों वर्षों की घोर तपस्या के बाद देवताओं ने इसका आविष्कार किया था। इसके लिए देवता मनुष्य का दास बनता है।'

मित्र रसिक थे, बोले, 'आज देवता व मनुष्य—दोनों इसके दास बने हैं।'

'यह तो स्वाभाविक है,' कांत ने कहा, 'जिसे तुम प्रेम करते हो, उसकी दासता स्वीकार करने में ही जीवन का कल्याण है।'

मित्र ने पूछा, 'दासता क्या बहुत अच्छी चीज है?'

उत्तर में कांत ने पूछा, 'किसी का हो जाना क्या अच्छा है?'

'किसी का होना और दासता क्या एक बात है?'

'निस्संदेह; मनुष्य भगवान् का होना चाहता है। वह व्यापार को अपना बना लेना चाहता है। क्या यह दासता नहीं है?'

'ये तो है।'

'है तो फिर सोमरस की दासता क्या बुरी है। वह धरती पर स्वर्ग-सुख का निर्माण करती है।' कहकर उसने मित्र को देखा, फिर हँस पड़ा, 'तो क्या खयाल है? घर चलकर सोमरस का पान किया जाए? विश्वास रखिए, जेब में पाँच हजार रुपए हैं।'

मित्र कुछ सकपकाए। बोले, 'अर्थात् स्वर्ग जाने का पूरा प्रबंध है।'

'बाद में कहाँ जाना होगा, पुरुष इस बात की चिंता नहीं करते।'

मित्र ने धीरे से कहा, 'कांत! आज तुम्हें अवश्य कोई शुभ समाचार मिला है, तभी तुम्हारा आनंद बहा-बहा पड़ता है।'

कांत सहसा काँपा, 'सच!'

'और नहीं तो क्या!'

'जान नहीं पड़ा। शायद कोई मिलनेवाला हो। कहते हैं, आनेवाली घटनाओं का साया पहले ही पड़ जाता है।' कहकर वह हँसा। उसने बोतलों को खनखनाया, बोला, 'अच्छा मित्र! मेरा स्वर्ग तो आ गया है। मैं चला।'

कांत दफ्तर की ओर मुड़ा और मित्र नगर की ओर।

मेम साहब उसकी राह देख रही थीं। पुकारा, 'मि. कांत! ले आए!'

'जी।' और उसने ह्विस्की की बोतलें मेज पर रख दीं। फिर नोट निकालकर गिने और मेम साहब को दे दिए। मेम साहब कृतज्ञ होकर बोलीं, 'धन्यवाद, कांत।' फिर उन्होंने पुकारा, 'गंगाराम! प्रसाद ले आओ।'

'प्रसाद?'

'आज मंगल है न?'

गंगाराम एक प्लेट में दस लड्डू ले आया था। उन्हें अपने रूमाल में बाँधते हुए कांत सोचने लगा, ह्विस्की के पैग और मंगल के प्रसाद में ज्यामिति का कौन सा नियम एकता स्थापित करता है?

तभी मन में उठा—भय। भय से भागने के लिए मनुष्य आनंद की खोज करता है और भय ही उसे भगवान् की शरण में ले जाता है।

वह अपने विभाग में प्रवेश कर चुका था और अनायास ही एक लड्डू खाने लगा था, परंतु उसके सामने खड़े हुए नाटे एकाउंटेंट क्रोध से तमतमा रहे थे। तेजी से पूछा, 'तुम कहाँ गए थे?'

'लड्डू खाने गया था। आप भी खाइए।'

'कांत बाबू, यह दफ्तर है।'

'जी, मैं इसे दफ्तर समझता हूँ।'

'आपको अपने स्थान पर रहना चाहिए। आप सरकारी नौकर हैं।'

कांत उसी तरह मुसकरा रहा था, बोला, 'सरकारी नौकरी लड्डू खाने से मना नहीं करती।'

नाटे बाबू तमतमा उठे, 'मि. कांत! होश में बातें करिए।'

कांत ने कहा, 'आप तो व्यर्थ में नाराज हो रहे हैं। लीजिए, पहले लड्डू खाइए।'

'शट अप...'

बात इतनी तेजी से कही गई थी कि बड़े बाबू और फिर सब लोग धीरे-धीरे वहाँ आ गए। बड़े बाबू ने पूछा, 'क्या बात है, कांत?'

कांत अब भी हँस रहा था, बोला, 'जी, मैं इनको लड्डू खिला रहा हूँ और ये कहते हैं कि सरकारी नौकर लड्डू नहीं खा सकता।'

उन लोगों ने बरबस अपनी हँसी रोकी। बड़े बाबू ने पूछा, 'लड्डू कहाँ से लाए हो?'

कांत ने जवाब दिया, 'मेम साहब ने मंगल का प्रसाद बाँटा है, वहीं से लाया हूँ।'

'ओ, तो आप बड़े साहब के कमरे में गए थे?'

'जी हाँ, और बैंक भी।'

नाटे एकाउंटेंट ने क्रुद्ध आँखों से कांत को देखा, कहा, 'तो तुमने मुझे बताया क्यों नहीं?'

'श्रीमान्, बता रहा था, पर आप तो आगे सुने बिना क्रुद्ध हो गए।'

'आपको पहले यह कहना चाहिए था कि आप साहब के काम से गए थे।'

'ऊहूँ,' कांत गंभीरता से मुसकराया, 'उस समय मैं लड्डू खा रहा था और तब यही पहला काम था।'

इतना कहकर वह अपने स्थान की ओर बढ़ गया। बड़े बाबू ने सहसा मुड़कर तेजी से कहा, 'अरे, अरे, लड्डू कहाँ ले चले?'

'सरकारी नौकर लड्डू नहीं खा सकते।'

'ऐसी की तैसी में गए सरकारी नौकर। इधर ला।'

और फिर रूमाल उसके हाथ में से लेकर उन्होंने सबसे पहले एक लड्डू स्वयं खाया, और फिर नाटे बाबू की ओर मुड़े, 'खाइए।'

नाटे बाबू हँस पड़े। कांत ने ताली पीटी, 'हियर, हियर।'

फिर उसने पास आकर कहा, 'आओ दोस्त! अब बताओ, मुझे क्या करना होगा। घर में कोई नहीं है। रात भर बैठ सकता हूँ। इतना क्रोध मत किया करो। साली नौकरी हमारी मालिक थोड़े ही है।'

एकाउंटेंट ने प्रसन्न और लज्जित होकर कहा, 'क्या बताऊँ कांत। इस नौकरी ने तंग कर दिया है, मनुष्यता तो छोड़ी ही नहीं।'

कांत बोला, 'सच कहते हो, जी में उठता है, इसे आज लात मार दूँ।'

'लात तो मैं भी मार दूँ, पर उसके बाद?'

कांत ने धीरे से कहा, 'क्या आपको अपने ऊपर इतना भी विश्वास नहीं है; और अगर कुछ नहीं भी बनता है तो क्या दुनिया नष्ट हो जाएगी?'

'मैं तो हो जाऊँगा,' एकाउंटेंट ने कहा।

कांत मुसकराया, 'पर भाई साहब, आपके नष्ट होने पर दुनिया का क्या बिगड़ेगा? मनुष्य तो इसी तरह जिंदा रहेगा। आपके साहस से उसे लाभ ही मिलेगा।'

एकाउंटेंट दफ्तर का प्रतिभा-संपन्न व्यक्ति था, पर जीवन में वह दूसरों से भिन्न नहीं था। वह कांत की बात नहीं समझ सका। उसने कहा, 'दुनिया मुझसे है। मैं मर गया तो मुझे दुनिया से क्या? मुझे पहले अपने लिए सुख चाहिए, अपने जीने के लिए साधन चाहिए।'

हाय रे! अज्ञात कितना गहरा है—कांत ने सोचा और वह चुपचाप काम में लग गया। उसके सामने बहुत सी फाइलें पड़ी थीं और डाक का ढेर लगा हुआ था। उसने उन्हें छाँटा, फिर सदा की भाँति टिप्पणी लिखने लगा। धीरे-धीरे वह तन्मय हो उठा, इतना कि उसे समय का ज्ञान भी न रहा। जब उसे होश आया तो देखा—सामने वेतन बाबू खड़े थे। वे कह रहे थे, 'कांत! क्या घर नहीं चलोगे? सात बज चुके हैं।'

'सात!' कांत ने चकित होकर दृष्टि उठाई। दीवार घड़ी में सात बजे थे।

वह उठा, अँगड़ाई ली, बड़े बाबू अभी बैठे थे और एकाउंटेंट भी। उसने अपने कागज सँभाले और दफ्तरी को पुकारा, 'राम सिंह। कमरा बंद करो। मैं जा रहा हूँ।'

एकाउंटेंट ने कहा, 'मैं भी चलता हूँ, ठहरो।'

बड़े बाबू बोले, 'और मैं भी चलता हूँ। काम क्या समाप्त हो सकता है?'

'जी हाँ! वह समाप्त हो जाए तो फिर हमारी क्या आवश्यकता है?'

'कहते तो तुम ठीक हो। व्यर्थ ही हमें इतना मोह है।'

एकाउंटेंट ने कहा, 'बिलकुल व्यर्थ है। एक दिन चले जाएँगे। कोई पूछेगा भी नहीं। कांत ठीक कहा करता है कि हम अपने को यूँ ही इतना महत्त्व देते हैं।'

बड़े बाबू दराज को ताला लगा रहे थे, बोले, 'यह हमारी कमजोरी है और कमजोरी कनखजूरे की तरह होती है। पैर गड़ा देती है तो हटाती नहीं।'

यह ज्ञान सत्य था, पर सत्य को पी जाने की शक्ति उनमें नहीं थी। उनका सत्य थकान की भित्ति पर पनपता था। इसीलिए कच्ची दार्शनिकता की तरह सवेरा होते-होते वह ढह जाता था।

□

(सन् १९५०)

जीवन-दीप

संघमित्रा ने अशोक के सामने अपनी दुर्बलता को एक क्षण के लिए भी प्रकट नहीं होने दिया, तब भी नहीं, जब अपने स्वभाव के अनुसार अशोक ने कलिंगकुमार को सूर्योदय से पूर्व प्राण-दंड दिए जाने की आज्ञा दी, लेकिन एक बात वह स्पष्ट रूप से देख रही थी कि कई दिनों से अशोक के स्वभाव में परिवर्तन होता आ रहा है। रक्त-पिपासु अब रक्त से कुछ भय खाने लगा है। अपने हाथों को रक्त से सना देखकर वह रह-रहकर चौंक उठता है। विशेषकर कलिंगकुमार को मृत्यु-दंड देने के बाद तो उसके मस्तिष्क की अवस्था बहुत विचित्र हो गई है…

यही सोचती-सोचती संघमित्रा कुछ आत्मविभोर सी हो उठी। कलिंगकुमार का नाम मस्तिष्क में आते ही स्मृति के कुछ बंद द्वार खुल गए। पुरानी बातें हृदय-पटल पर उभर आईं। तब सुंदरी संघमित्रा का अरुणाभावाला मुख रक्तिम हो उठा, प्रेम की पीड़ा से नयन मदिर हो आए, उच्छ्वासों ने वक्ष-स्थल को आलोड़ित कर दिया। कुमार की मूर्ति पृथ्वी और आकाश को घेरकर उसके सामने खड़ी हो गई…प्रशस्त ललाट, उन्नत वक्षस्थल, किंचित् श्यामल वर्ण, अदम्य विश्वास से पूर्ण नयन और आजानबाहु, एक साथ रक्षा और दंड के प्रतीक। उस दिन सिंह का आखेट करते समय स्वयं सम्राट् ने कहा था, 'कुमार! तुम्हारा हस्तलाघव देखकर हम प्रसन्न हुए, तुम वीर हो!' कुमार ने तब किंचित् मुसकराहट से मस्तक नवाते हुए उत्तर दिया था, 'मगध सम्राट् का हृदय विशाल है।'

तब संघमित्रा का रोम-रोम जैसे उद्वेलित हो उठा था। उसने अपने नयनों में समस्त तृष्णा संचित करके कुमार को देखा था; ऐसे, जैसे उसे अपने अंतस में सँजो लेगी। एकांत पाकर जब उसने स्वयं कुमार की वीरता को सराहा था, तब वह यौवन का प्रतीक, मदिर हास्य बिखेरता हुआ बोला, 'राजकुमारी! मुझे खुशी है कि

मगध के लोग वीरों का सम्मान करना जानते हैं।'

राजकुमारी ने उत्तर दिया, 'वे स्वयं वीर जो हैं।'

'और सुंदर भी।'

'सुंदर?'

'हाँ।'

'सच?'

'क्या तुम्हें साक्षी देना होगा? अपने को ही देखो। तुम्हारे नयन शरत् की ज्योत्स्ना को लजाते हैं। तुम्हारा हास्य हिम-शिखर के प्रभात से अधिक मनोरम है। तुम्हारी वाणी में मलय का संगीत है और तुम्हारी गति में यौवन का नृत्य!'

और यह कहकर राजकुमार हँस पड़ा था। संघमित्रा तब जैसे सुध-बुध खोकर प्रेमल मूर्ति सी उसे देखती ही रह गई थी। आज भी वह खोई-खोई सी हो गई। सोचने लगी, 'यह सब क्या है? यह आकर्षण क्यों है? हृदय में यह धड़कन कैसी है? यह स्पंदन किसका है?'

तब किसी ने कहा था, 'यह प्रेम है।'

'प्रेम?'

संघमित्रा सहसा जाग उठी, 'प्रेम! वह शत्रु से प्रेम करती है। शत्रु उसके हृदय-सिंहासन पर आ बैठा है। शत्रु···उसके भाई का शत्रु! उसके राजा का शत्रु! उसके देश का शत्रु···!' वह जैसे रो पड़ेगी। क्षण भर पूर्व जो अशोक के सामने दृढ़ और स्थिर थी, वही अब प्रेम की ऊष्मा के कारण मोम की भाँति पिघल चली। वह कुमार से प्रेम करती है। उसने महामात्य से कहा था, 'कुमार के साथ वही व्यवहार होना चाहिए, जो एक वीर पुरुष के साथ होता है।' ठीक है, उसने महामात्य से यह सब कहा था, परंतु उसका अर्थ झुकना नहीं था। नहीं, उसने भइया के सामने अपनी दुर्बलता को तनिक भी प्रकट नहीं होने दिया था···

इसी क्षण न जाने क्या हुआ? उसके अंतस में बैठा हुआ कोई अट्टहास कर उठा, 'संघमित्रा! अपने को इतना धोखा मत दो। निस्संदेह तुमने अशोक से सीधी दया की प्रार्थना नहीं की, परंतु जब तुमने उनसे यह कहा था, 'सम्राट्, भूलिए नहीं, हृदय की विशालता का नाम ही शौर्य है—तब उसका आशय यही था—कुमार को क्षमा कर दो।'

जैसे भूचाल आया हो, संघमित्रा ने तीव्रता से गरदन को झटका दिया। वह गिरते-गिरते बची, पर दूसरे ही क्षण उसने कहा, 'हाँ! मैं कुमार को बचाना चाहती हूँ। मैं उससे प्रेम करती हूँ। मैं उसे बचाऊँगी, अवश्य बचाऊँगी। भइया स्वयं बड़े

दु:खी हैं। कुमार के व्यवहार ने उन्हें आलोड़ित कर दिया है। वह मुझसे कह रहे थे कि क्या शस्त्र के अतिरिक्त किसी का वध करने की कोई और भी रीति होती है?' क्या इससे स्पष्ट नहीं है कि भइया स्वयं कुमार को मारना नहीं चाहते। हाँ, वह उसे मारना नहीं चाहते? मैं इस दुर्बलता से लाभ उठाऊँगी और कुमार को बचाऊँगी। कलिंग की रणभूमि से उठते हुए चीत्कार ने भइया के वज्र-हृदय को हिला दिया है। मैं अब उन्हें और नहीं गिरने दूँगी। कलिंग के नाश के ऊपर नए कलिंग का निर्माण होगा। कलिंग फिर जिएगा और उसके साथ जिएगा मेरा प्रिय कुमार···

संघमित्रा इस समय बड़ी तीव्रता से आगे बढ़े जा रही थी। वह भूल गई थी कि उसने गायिका भेजने की बात सम्राट् से कही थी। नहीं, नहीं, वह भूली नहीं थी। वह सबकुछ जानती थी। वह अशोक को संगीत-माधुरी में डुबो देना नहीं चाहती थी। वह उसके भीतर पश्चात्ताप की आग को धधका देना चाहती थी। वह जानती थी कि पश्चात्ताप बढ़ेगा, तभी कुमार को अशोक क्षमा कर सकेगा। प्राण-दंड की आज्ञा पाकर कुमार ने उनसे कहा था, 'बस, यही तुम्हारी वीरता है! यही तुम्हारा शौर्य है! इसी बूते पर सम्राट् बने हो! एक बंदी का सिर नहीं झुका सके! खोपड़ियों को ठुकराने के लिए तो कुत्ते भी श्मशान में घूमा करते हैं, लेकिन वह मानवों का मार्ग नहीं है।' इस बात ने अशोक को बहुत ही विचलित कर दिया है, फिर भिक्षु-श्रेष्ठ उपगुप्त भी सम्राट् के पास गए हैं। महेंद्र भइया भी आ पहुँचे हैं। क्या ये सब उन्हें मानवता के मार्ग पर नहीं ले आएँगे? नहीं, नहीं, वे अवश्य सफल होंगे। हो सकता है कि कुछ देर हो जाए। इसीलिए मैं कुमार के पास रहना चाहती हूँ, जिससे आवश्यकता पड़े तो चंडगिरी को कुछ देर रोक सकूँ।

तब रात बहुत गहरी हो चुकी थी। छावनी में गहन अंधकार छा रहा था। आकाश में जो प्रकाश था, उसने धरती की ओर से नयन मूँद लिये थे। रह-रहकर पहरुए की पुकार दूसरी पुकारों को दबा देती थी। राजकुमारी ने इसी समय उस शिविर के गुप्त-द्वार पर आहट की, जिसमें कलिंगकुमार बंदी था। आहट पाकर चंडगिरी ने अंदर से पूछा, 'कौन?'

'संघमित्रा।'

चंडगिरी बाहर आकर बोला, 'देवी, इस समय?'

'हाँ, चंडगिरी! राजकुमार से कुछ बातें करनी हैं।'

'आवश्यक?'

'अति आवश्यक।'

'महाराज···'

बात काटकर संघमित्रा ने कहा, 'महाराज एकांत में हैं। मैं अभी गायिका को भेजकर आ रही हूँ।'

चंडगिरी ने क्षण भर सोचा, फिर वह संघमित्रा को अंदर ले गया। भीतर जाकर संघमित्रा बोली, 'बाहर बैठो, चंडगिरी! भिक्षु उपगुप्त आएँ तो उन्हें आने देना।'

'भिक्षु यहाँ आएँगे?'

'हाँ चंडगिरी! सम्राट् जो न कर सके, उसे भिक्षु करना चाहते हैं।'

चंडगिरी क्षण भर सोचता रहा। बाद में बोला, 'दंड तो स्थिर है।'

'हाँ, जब तक सम्राट् उसे बदल न दें, तब तक वह स्थिर है।'

चंडगिरी ने अब कुछ नहीं कहा। वह बाहर जा बैठा। संघमित्रा प्रकोष्ठ का द्वार खोलकर अंदर पहुँची। वहाँ दीपक का मंद प्रकाश मानो सिमटकर बैठा था और कलिंगकुमार की छाया प्रकोष्ठ की एक भित्ति पर ऐसे पड़ रही थी, जैसे किसी कुशल चित्रकार ने विश्वास को चित्रित किया हो। आहट पाकर छाया हिली। कुमार ने दृष्टि उठाकर देखा, देखता ही रहा। द्वार पर संघमित्रा निहारती ही रही। कई क्षण इसी अंतर्द्वंद्व में बीते, मानो युग बीते। बाद में कुमार ने दृढ़, मगर मधुर स्वर में कहा, 'बंदी कलिंगकुमार देवि संघमित्रा को प्रणाम करता है।'

संघमित्रा अब भी नहीं बोली, काँपकर रह गई। कुमार ने फिर कहा, 'कोई आज्ञा है?'

संघमित्रा मौन ही रही।

कुमार कहते रहे, 'भाई जो नहीं कर सका, वह क्या बहन करने आई है?'

संघमित्रा ने अब दो पग धरे और बोली, 'तो कुमार, मुझे पहचानते हैं?'

कुमार हँसा, 'देवि! कलिंगकुमार की स्मृति इतनी क्षीण नहीं है कि वह अपने शत्रु को भी न पहचान सके!'

'शत्रु!' संघमित्रा काँप उठी।

'तुम्हें शंका है? कलिंग-भूमि को कलिंग-पुत्रों के रक्त से प्लावित करनेवाले अत्याचारी अशोक की पुत्री क्या मित्र हो सकती है?'

'हो सकती है!' संघमित्रा ने एकदम स्वयं को चकित करते हुए कह दिया।

राजकुमार पहली बार काँपा, पर दूसरे ही क्षण सुस्थिर होकर बोला, 'देवि पुरानी बातें याद कर रही हैं।'

'बात कभी पुरानी नहीं होती, कुमार। स्मृति उसे सदा नया रखती है।'

'तुम शायद ठीक कहती हो, परंतु बात पुरानी न होने पर भी उसका प्रभाव बदल जाता है।'

'नहीं कुमार, प्रभाव भी नहीं बदलता। वह केवल अपने से अधिक शक्तिशाली प्रभाव के पीछे छिप जाता है।'

कुमार हँसा, बोला, 'शब्दों का यह माया-जाल नारी को ही शोभा देता है।'

संघमित्रा और भी पास आ गई थी, बोली, 'शब्दों का मायाजाल भावना की भित्ति पर उठता है, कुमार। तुमने कुछ देर पहले भइया से कहा था—बस, यही तुम्हारी वीरता है! यही तुम्हारा शौर्य है! इसी बूते पर सम्राट् बने हो! एक बंदी का सिर नहीं झुका सके! खोपड़ियों को ठुकराने के लिए तो कुत्ते भी श्मशान में घूमा करते हैं, यह मानवों का मार्ग नहीं है। इसके पीछे भी भावना की शक्ति थी।'

'नहीं···' कुमार ने कहा, 'उसके पीछे नग्न सत्य था।'

संघमित्रा अप्रतिभ नहीं हुई। बोली, 'कुमार! अंडा स्वयं जीव नहीं होता, पर उसके अंतस में जीव समाया रहता है। नग्न सत्य और भावना की यही स्थिति होती है। भावना मनुष्य का वह बल है, जो उसे कभी क्लांत नहीं होने देता।'

कुमार ऐसे हँसा, जैसे कुछ छिपाना चाहता हो, बोला, 'देखता हूँ देवि, संघमित्रा ने भी अपने भाई की भाँति न हारने का प्रण किया है।'

संघमित्रा ने शीघ्रता से कहा, 'मैं प्रण में विश्वास नहीं करती। मैं उत्तर चाहती हूँ।'

कुमार ने दृष्टि उठाई। कुछ कहते-कहते रुका। फिर सुस्थिर स्वर में बोला, 'उत्तर देना कोई कठिन काम नहीं है, देवि। कठिन काम है आश्वस्त करना। और फिर, तुम्हें यह नहीं भूलना चाहिए कि बंदी के जीवन की घड़ियाँ गिनी हुई हैं।'

संघमित्रा ने सहसा धीरे से कहा, 'उन्हीं घड़ियों की सीमा तोड़ने आई हूँ।'

'तुम्हारा आशय?'

'मैं तुमसे तुम्हारे प्राण का दान माँग रही हूँ, कुमार!'

कुमार अट्टहास कर उठा, 'मुझसे! खूब! देवि तर्क करने की भाँति नाट्य-कला में भी प्रवीण जान पड़ती हैं, तभी अपने पिता के पास न जाकर मेरे पास आई हैं।'

संघमित्रा उसी प्रकार शांत स्वर में बोली, 'पिताजी के पास जाकर क्या करती? वह प्राण ले सकते हैं, दे नहीं सकते। दे तुम ही सकते हो।'

'तो तुम कहना चाहती हो···' कुमार ने किंचित् तीव्रता से कहा, 'मैं तुम्हारे भइया के पास जाकर क्षमा माँगूँ? उनकी अधीनता स्वीकार करूँ?'

'नहीं, नहीं···' संघमित्रा ने शीघ्रता से कहा, 'मैं यह कभी चाह ही नहीं सकती।'

'तो क्या कहती हो?'

'मैं कहती हूँ कि सम्राट् यदि तुम्हारी मुक्ति का आदेश दें, तो तुम उसे स्वीकार कर लेना।'

'मगध का क्रूर सम्राट् मेरी मुक्ति का आदेश देगा!'

'हो सकता है।'

'पर क्यों? कैसे?'

'क्यों और कैसे जानने की इतनी चिंता मत करो, कुमार। मनुष्य कब क्या कर बैठेगा, कौन जानता है? मगध-सम्राट् की मानसिक स्थिति इस समय ऐसी है कि मेरे कहने पर वह तुम्हें क्षमा कर सकते हैं।'

'तुम! तुम मेरी मुक्ति की प्रार्थना करोगी!'

'आज्ञा दो, तो।'

'पर क्यों?'

तब राजकुमारी काँप उठी। तभी दीपक की लौ भी काँपी। कुमार की छाया भी हिली, जैसे हलका सा भूकंप हुआ हो। एक क्षण बाद राजकुमारी ने दृष्टि उठाकर कहा, 'नहीं जानते?'

'शायद…'

संघमित्रा क्या कहे? मौन, आत्मविभोर, खोई-खोई सी वह खड़ी रह गई। फिर जैसे एक गहरा उच्छ्वास उठा। वह जैसे अपने आपसे बोली, 'ओह निष्ठुर कुमार! आखेट के बाद की वह रात भूल गए! भूल गए वे बातें…!'

'कुमारी कुछ सोच रही हैं,' कुमार ने धीरे से कहा।

संघमित्रा ने अब भी कोई उत्तर नहीं दिया। वह जैसे अपने अंतर की वाणी सुन रही थी। कोई कह रहा था, 'तुम अब भी कुमार से प्रेम करती हो। महानाश के बीच भी तुम्हारी प्रणय-ज्वाला मंद नहीं पड़ी। रक्त-प्लावन ने भी तुम्हारी प्रणय-पिपासा को शांत नहीं किया…'

वह जैसे तड़प उठी। एक बार कुमार को देखा और फिर जैसे दृढ़ स्वर में अपने मन को ही सुनाने लगी, 'प्रणय यदि प्रणय है तो उसे संसार की कोई भी शक्ति विमुख नहीं कर सकती। नारी जिसे एक बार प्यार करती है, उसके हाथों अपना रक्त उलीचे जाने पर भी उसे प्यार करती रहती है, पर वह प्यार होना चाहिए, प्रणय होना चाहिए।'

यह सोचते-सोचते वह कुछ ऐसी स्थिति में जा पहुँची, जहाँ व्यक्ति होता भी है और नहीं भी होता। वह अपने लिए नहीं थी, पर कुमार के लिए उसका रूप

जैसे प्रेमल ज्योति की तरह भासमान हो उठा। उसे लगा, जैसे कुमारी के नेत्रों से झरता हुआ एक परम शांत, परम उज्ज्वल प्रकाश उसकी ओर बहा आ रहा है और उसका स्पर्श जैसे उसके रोम-रोम को ऐसे सहला रहा है, जैसे क्लांत बदन को कोई मधुर चाप से सहलाता है, जैसे झंझा के झुलसे हुए को मलयानिल दुलारती है। उस क्षण उसे लगा, जैसे संघमित्रा वहाँ नहीं है, वह उसके नेत्रों से होती हुई उसके अंतस में समा गई है। वह सहसा उच्छ्वासित स्वर में चीख उठा, 'कुमारी! तुम कहाँ हो?'

इसके साथ ही इधर संघमित्रा भी उसी कंपित स्वर में पुकार उठी, 'कुमार!'

तब कुमार जागकर भी कई क्षण काँपता रहा। उसकी छाया हिलती रही। तब संघमित्रा ने मृदुल हँसी हँसकर कहा, 'डर गए, कुमार!'

'हाँ कुमारी! युद्ध-भूमि में महाप्रलय देखकर भी जो नहीं डरा, पिता को भूलुंठित देखकर भी जिसने आह तक नहीं की, सम्राट् अशोक की भृकुटि भी जिसकी दृष्टि को नहीं झुका सकी, वही कुमार इस क्षण डर गया।'

संघमित्रा फिर हँस पड़ी, 'कुमार वीर हैं। उन्हें कौन डरा सकता है?'

कुमार ने शीघ्रता से उत्तर दिया, 'दया!'

'दया!' कुमारी सहसा काँपी।

'हाँ कुमारी, मुझे डर है कि कहीं तुम्हारी वर्तमान स्थिति मेरी प्राण-रक्षा का कारण न हो।'

'तो···तो तुम जानते हो···लेकिन मैं पूछती हूँ, ऐसा होगा तो क्या यह बुरा होगा?'

'मगध-सम्राट् ने मेरा सिर काट डालने की आज्ञा दी है, कुमारी। मैं उस आज्ञा का सम्मान करूँगा। कुछ क्षण बाद जब मनमोहिनी उषा जागरण का संगीत अलापती हुई आकाश से उतरेगी, तब उसी के साथ मेरी मृत्यु भी मेरा आलिंगन करने आएगी···'

उसी क्षण द्वार पर आहट हुई। चंडगिरी ने कहा, 'देवि! क्षमा करें, उन्हें देर हो चुकी है।'

संघमित्रा ने याचना की, 'थोड़ा और ठहरो, चंडगिरी! बात पूरी नहीं हुई।'

'देवि की जैसी आज्ञा!'

चंडगिरी के पद-चाप मिटते-न-मिटते कुमार ने घृणा से कहा, 'संघमित्रा स्वार्थ के लिए इतनी झुकती है!'

'लक्ष्य प्राप्त करने के लिए कुछ भी करना चातुर्य कहलाता है, कुमार।'

'पर मैं ऐसे चातुर्य से घृणा करता हूँ, देवि। मैं अपना मस्तक कभी नहीं झुका सकता, कभी नहीं। मैं मर सकता हूँ, पर किसी की दया का भिखारी नहीं बन सकता।'

संघमित्रा ने आह भरकर कहा, 'कुमार! तभी तो मैं तुम्हें प्रेम करती हूँ।'

ये शब्द इतने उच्छ्वासित स्वर में कहे गए थे कि कुमार क्षण भर के लिए उसे देखता ही रह गया और फिर बोला तो उसके स्वर में तीव्रता नहीं थी। उसने उच्छ्वासित स्वर में कहा, 'कुमारी!'

कुमारी जैसे रहस्य-उन्मुक्त हो जाने से काँपती हुई खड़ी रह गई। कुमार ने क्षण भर मौन रहकर सुस्थिर स्वर में कहा, 'कुमारी! तुम जानती हो, मैं बंदी हूँ।'

'कुमार! मैं तुम्हें मुक्त करा सकती हूँ—अभी, इसी क्षण!'

'नहीं कुमारी, नहीं! मैं मगध-सम्राट् की दया नहीं चाहता।'

'दया नहीं, कुमार! वह पश्चात्ताप होगा। सम्राट् तुम्हारे आने के बाद से पश्चात्ताप की आग में जल रहे हैं। मैंने चंडगिरी से इसीलिए समय माँगा है। तुम्हारी पुक्ति का संदेश आनेवाला है। भिक्षु उपगुप्त सम्राट् के पास गए हैं।'

'भिक्षु उपगुप्त सम्राट् के पास गए हैं?'

'हाँ, कुमार! पर वह तुम्हारे प्राणों का दान माँगने नहीं गए हैं। वह केवल तुमसे बातें करने की अनुमति माँगने गए हैं। हाँ! मैं चाहती तो तभी आँचल फैलाकर सम्राट् से तुम्हें माँग लेती, पर…पर…'

'पर?'

'पर मैं तुम्हें अपमानित करना नहीं चाहती थी।'

'मैं तुम्हारा आशय नहीं समझा, देवि!'

'आशय स्पष्ट है, कुमार। तुम्हारी भाँति मैं भी समझती थी कि तुम पर मैं दया करूँ—यह तुम्हारा अपमान होगा। मैंने सम्राट् से तुम्हारे लिए एक शब्द भी नहीं कहा, पर दूसरी ओर उनके भीतर पश्चात्ताप की आग धधकाने में भी कुछ नहीं उठा रखा। मैं भिक्षु उपगुप्त की आज्ञा…'

'क्या? क्या तुम भिक्षु उपगुप्त से मिली थी?'

'वह मेरे होनेवाले गुरु हैं।'

'राजकुमारी!'

'ठीक है, कुमार।'

'तो तुम यहाँ तक पहुँच गई! मुझे बचाने के लिए तुमने इतना कुछ कर डाला!'

'तुम्हें नहीं, कुमार; अपने को बचाने के लिए, स्वार्थ के लिए।'

'ठीक कहती हो, देवि। यह स्वार्थ ही है। सबकुछ स्वार्थ है। इस स्वार्थ से कोई भी अछूता नहीं है। मैं भी नहीं हूँ। मेरा देश-प्रेम, मेरी वीरता, सब स्वार्थ है, परंतु देवि! मेरा स्वार्थ अभी पूरा नहीं हुआ है। सम्राट् का पश्चात्ताप भी अभी तल पर है। उसे अंतस की गहराई में जाने के लिए अभी और चोट खाने की आवश्यकता है। विनाश के संपूर्ण हुए बिना निर्माण असंभव है।'

'क्या अभी और विनाश होना शेष है?'

'बहुत शेष है, देवि!'

'क्या कहते हो?'

'ठीक कहता हूँ। अभी मेरा वध शेष है, तुम्हारा हृदय टूटना शेष है और अशोक को अपने पश्चात्ताप से उत्पन्न दी गई आज्ञा का उल्लंघन देखना शेष है।'

पागल सी संघमित्रा बोली, 'क्या कहते हो?'

तभी चंडगिरी ने आकर कहा, 'देवि! सम्राट् के आज्ञापालन की वेला आ पहुँची है।'

कुमार उस ओर कान किए बिना बोलता रहा, 'मैं ठीक कहता हूँ, देवि संघमित्रा! मैं तुम्हें प्रेम करता हूँ, अपने जीवन से बढ़कर प्रेम करता हूँ। तुमसे भी अधिक अपने देश को प्रेम करता हूँ। उससे भी अधिक मैं मनुष्य को प्रेम करता हूँ; पर मनुष्य तो आज सोया हुआ है। उसे जगाने के लिए अभी और बलिदान की जरूरत है। कलिंगकुमार प्रणय से नहीं डरता, नारी से नहीं डरता, संघमित्रा! यदि तुमने मुझे प्रेम किया है तो समझ लो कि तुम्हारा प्रियतम कलिंग के रक्त-यज्ञ में अपने रक्त की पूर्णाहुति देकर उसे संपूर्ण करना चाहता है। यदि तुम मुझे प्रेम करती हो तो मैं तुम्हें निमंत्रण देता हूँ कि तुम भी इस यज्ञ में आहुति दो। अपने प्रणय का बलिदान करो। कलिंग नारियों के रोदन में अपना रोदन मिला दो, जिससे धरती-अंबर काँप उठें, महानाश पूर्ण हो जाए और महतिनिशा के बाद उषा का उदय हो...'

तब जैसे बिजली कौंधी। कुमार तड़प उठा और उसने विमूढ़ से खड़े चंडगिरी की कटार निकाल ली, और इससे पूर्व कि कुमारी झपटे, उसे अपने वक्ष-स्थल में भोंककर धरती पर गिर पड़ा। बोला, 'संघमित्रा! जितना चाहे प्यार कर लो, मैं अब जीत गया। तुम्हारे प्रियतम को हत्यारे के हाथ नहीं छू सके।'

हत्भागिनी सी संघमित्रा दौड़कर कुमार की छाती के पास गिर पड़ी, चीत्कार तो क्या, मुख से अस्फुट स्वर तक न निकल सका। क्षण आए, क्षण गए, उसने जैसे अब कटार को देखा तो गिड़गिड़ाई, 'चंडगिरी, चंडगिरी...'

विमूढ़ से चंडगिरी ने कटार बाहर खींच ली। रक्त बहकर संघमित्रा के ऊपर आया, पर उसे देखने के लिए चंडगिरी रुका नहीं, बाहर भागा। यह सब पलक मारते ही हो गया। उसे बाहर जाते देखकर संघमित्रा जागी। तड़पकर बोली, 'चंडगिरी! कटार मुझे दो! यह कटार मुझे दो!'

उसी समय शिथिल होते हुए कुमार ने उसका आँचल पकड़कर कहा, 'प्रणय-वेला में छोड़कर जा रही हो! मेरे सामने बैठो, ताकि तुम्हें देखते-देखते जाऊँ जिससे जन्म-जन्म तुम्हें पा सकूँ। प्रणय कभी कायर नहीं होता और बलिदान से नई मानवता जागती है, संघमित्रा! तुम्हें जीना होगा।'

आगे शब्द शिथिल होने लगे। संघमित्रा ने अब उठने की चेष्टा नहीं की। उसने कुमार के सिर को अपनी गोद में रख लिया और मंद पड़ते उन तेजस्वी नेत्रों को अपलक देखने लगी। तभी द्वार पर फिर आहट हुई। तेजी से भिक्षु उपगुप्त के साथ कुमार महेंद्र ने बाहर से ही बोलते हुए भीतर प्रवेश किया। 'संघमित्रा! सम्राट् ने कुमार को क्षमा कर दिया। कुमार अब स्वतंत्र हैं। उनका देश स्वतंत्र है…'

बोल चुका तो नीचे देखा। नेत्रों के आगे की धरती डोल उठी, 'क्या! क्या चंडगिरी दो क्षण भी नहीं रुक सका?'

वहीं बैठे-बैठे संघमित्रा बोली, 'चंडगिरी को कुछ नहीं करना पड़ा। सम्राट् की दया की बात सुनने से पूर्व ही कुमार ने अपने प्राणों का अंत कर डाला।'

'तो कुमार ने आत्महत्या की!' विमूढ़ से महेंद्र ने कहा।

'नहीं… !' भिक्षु ने सुस्थिर स्वर में कहा, 'कुमार ने इस रक्त-यज्ञ में पूर्णाहुति दी है। इसने मेरा मार्ग प्रशस्त कर दिया। अब मनुष्यता जागेगी, अवश्य जागेगी।'

संभवत: ये ही शब्द सुनने के लिए कुमार के नेत्र अभी तक खुले थे। भिक्षु के बोलते-बोलते वे मुँद गए।

□

अमूल्य रत्न

रक्षाबंधन का पर्व होने पर भी उस दिन विश्वनाथ का चित्त बहुत अशांत था। इसका क्या कारण था, यह वह स्पष्ट नहीं जान पा रहा था।

वह सवेरे से किसी वस्तु की तलाश में था। वह उसे नहीं मिल रही थी। उसने अलमारी, बक्स, सूटकेस, मेज की दराजें—सभी कुछ देख डाला, पर उसकी इच्छित वस्तु नहीं मिली। वह सोचने लगा कि उसकी स्मृति इतनी दुर्बल क्यों हो गई है। तभी सहसा उसे याद आया—कुछ लेख और पत्र अटैची में भी तो रखे हैं···।

बस, उसने अटैची को ढूँढ़ निकाला और व्यग्रता से उसका सामान टटोलने लगा। टटोलते-टटोलते उसके हाथ में एक लिफाफा आ गया। वह जैसे हर्ष से भर उठा—यह लिफाफा।···इसमें क्या है···क्या है, जैसे वह उसे पहचान रहा था, जैसे उसे कुछ याद आ रहा था।

यह सब पलक मारते हो गया, क्योंकि दूसरे ही क्षण उसने उसे खोल लिया था और उसके हाथ में तिरंगे खद्दर की एक राखी थी···।

यह राखी···जैसे वह एक इतिहास की पुस्तक थी। उसके पृष्ठ इतनी तेजी से खुलने शुरू हुए कि वह काँप उठा। झुँझलाया सा वह बोला, 'क्या वाहियात बात है। मनुष्य इतना मोहग्रस्त क्यों है? क्यों मैंने इस राखी को आज तक सँजोकर रखा है? नहीं, नहीं, मैं इसे नहीं रखूँगा। एक बात थी, जो हो गई। वह हमेशा मुझे क्यों जकड़े रहे? मुझे अपंग क्यों बनाए रहे···'

यह सोचते-सोचते उसने चाहा कि वह उस राखी को उठाकर रद्दी की टोकरी में फेंक दे···सहसा उसे लगा—कोई कमरे में आ गया है और शांत मधुर स्वर में कह रहा है, 'यह राखी मैं इसलिए नहीं बाँध रही हूँ कि मैं तुमसे रक्षा की याचना करती हूँ, बल्कि इसलिए बाँध रही हूँ कि तुम अपने वचन की रक्षा कर सको।'

विश्वनाथ काँप उठा। दृष्टि उठाकर देखा, कहीं कोई नहीं है। उसका हाथ रुक गया। उसने राखी को बड़े ध्यान से देखा। स्मृति के पन्ने बड़ी तेजी से हवा में उड़े। उन पन्नों में अनेक सुंदर और रहस्यमय चित्र थे। उन चित्रों में मादकता थी, सजीवता थी और था एक संदेश—

बहुत पुरानी बात थी। विश्वनाथ तब अविवाहित था, पर विवाह की बात चल रही थी। तभी उसके सहपाठी नरेश का पत्र आया—'परिस्थितियों ने हमें एक-दूसरे से बहुत दूर फेंक दिया है। डाकघर इस सीमा को कब तक छोटा करता रहेगा। कभी-कभी तो तुम्हें आना ही चाहिए। बड़ा अच्छा अवसर है। साहित्य सम्मेलन, संगीत सम्मेलन, इतिहास परिषद् आदि कई परिषदें हो रही हैं। तुम्हें इनमें रुचि है। नीरजा संगीत सम्मेलन में सरोद ड्यूट में भाग ले रही है। तुम सितार के प्रेमी हो। इसलिए सोचो मत, चले आओ।'

और वह चला गया। उसने आशा के प्रतिकूल संगीत सम्मेलन में पूरे मन से भाग लिया। उसने सितार पर ही संगीत का प्रदर्शन नहीं किया, बल्कि सरोद ड्यूट में नीरजा के साथ भी भाग लिया। यह आश्चर्यजनक बात थी कि वे इतनी जल्दी एक-दूसरे को समझ गए थे। विश्वनाथ वैसे तो कई बार नीरजा के साथ सरोद बजा चुका था, पर इन बातों को बहुत वर्ष बीत चुके थे। तब वह सीख रही थी, पर आज उसकी प्रगति देखकर विश्वनाथ प्रशंसा से भर उठा। जिस बात ने उसे विशेष प्रभावित किया था, वह था उसका आत्मविश्वास। तीन बार सरोद का तार टूटा और सहस्रों व्यक्तियों की सभा में नीरजा ने उसे परम शांति से ठीक किया और संगीत के रस को खंडित नहीं होने दिया। एक बार तो विश्वनाथ उसे देखता ही रह गया था। वह तन्मयता, वह आत्मविभोरता, और वह आत्मविश्वास···

इसी संगीत-समीक्षा में एक सप्ताह के स्थान पर एक माह बीत गया, पर विश्वनाथ दिल्ली नहीं लौट सका। कभी वे पिकनिक पर जाते, कभी गोष्ठियों में, कभी किसी मित्र परिवार में और कभी एकांत क्षणों में नरेश की लाइब्रेरी उनका विश्राम-स्थल बन जाती। यहाँ बैठकर वे संगीत को भूलकर जीवन की बातें करने लगे। वे दोनों निर्भीक और स्पष्ट वक्ता थे; इतने स्पष्ट कि कभी-कभी नरेश भी चकित रह जाता। विश्वनाथ को याद है कि एक दिन जब वह जाने की चर्चा कर रहा था तो नीरजा ने उससे पूछा, 'क्या अब नहीं रुक सकोगे?'

विश्वनाथ ने एक क्षण नीरजा की आँखों में झाँका, फिर धीरे से पूछा, 'मेरे जाने से उन्हें दुःख होता है?'

'होता है।'

'क्यों?'

'क्योंकि मैं तुम्हें प्रेम करने लगी हूँ।'

'नीरू···।'

'नीरू झूठ नहीं बोलती।'

इसके बाद कई क्षणों तक वहाँ सन्नाटा छाया रहा।

स्पष्टवादी बहुधा अपनी ही स्पष्टता से अप्रतिम रहते हैं। अंत में विश्वनाथ ने यह पूछकर उस मौन को तोड़ा, 'तुम मुझसे प्रेम करती हो या अपने से?'

कैसा अजीब प्रश्न है? नीरजा एक क्षण चकित सी देखती रह गई। विश्वनाथ ने मुसकराकर कहा, 'नहीं समझी?'

तभी जैसे बिजली कौंधी। नीरू विजय से मुसकराई, 'हाँ, समझ गई। तुमने अपनी कहानी 'मुक्ता' में लिखा है—प्रेम पूँजी सहेजता नहीं, बिखेरता है। मैं सहमत हूँ तुमसे।'

'सहमत होकर भी कह सकती हो—तुम मुझसे प्रेम करती हो?'

'आज तो ऐसा ही है।'

'और कल कैसा होगा?'

'कल आने पर जानूँगी।'

'तो उसे आ लेने दो। अब तक के लिए अच्छा है···'

बात बीच में काट दी नीरजा ने। दृढ़ स्वर में बोली, 'हाँ, मुझे अभी बहुत से कल देखने हैं। उसके बाद ही मैं प्रेम की परख कर पाऊँगी।'

विश्वनाथ ने इस बार नीरू को सचमुच देखा। बोला, 'नीरू, ऐसा लगता है कि जैसे मुझे भी तुमसे प्रेम हो गया है।'

तब दोनों अट्टहास कर उठे थे, पर आज विश्वनाथ को वह घटना स्वप्नवत् लग रही है, क्योंकि उसके दो दिन बाद रक्षाबंधन का त्योहार था। सदा की तरह नीरू ने नरेश के हाथ में राखी बाँधी थी। तब अनायास ही विश्वनाथ के मुँह से निकल गया, 'काश, मेरी भी एक बहन होती!'

कहकर उसने जीभ काट ली थी, पर अघटित घट गया था। नीरू की माँ वहीं खड़ी थी, बोली, 'अरे, तो इसमें क्या है। नीरू तेरी भी बहन है। ला तो नीरू, एक राखी।'

नीरू काँपी थी, पर प्रकट में वह बिलकुल नहीं झिझकी, राखी लेकर आगे बढ़ी। बोली, 'बढ़ाओ हाथ।'

विश्वनाथ ने यांत्रिक अल्हड़ता से कहा, 'एक बात है कि मैं किसी की रक्षा

करने में विश्वास नहीं करता।'

नीरू ने उसी क्षण जवाब दिया, 'तुमने यह कैसे समझ लिया कि मैं तुमसे अपनी रक्षा करवाना चाहती हूँ। तुम अपने वचन की रक्षा कर सको, यही मेरी कामना है।'

विश्वनाथ उस दिन भी अप्रतिभ हो उठा था, आज भी अप्रतिभ था। उसने मुट्ठी खोलकर राखी को देखा और फिर एक बार वही थकी हुई हँसी हँसा। उसके कुछ दिन बाद उसे नीरू का पत्र मिला था। उसमें लिखा था—

'...तुम्हारी बात ठीक निकली। आज मैं समझ सकी हूँ कि उस दिन तुम्हारे रहते मैंने तुमसे जो प्रेम की बात कही थी, उसमें भावुकता अधिक थी। आज तुम्हारे स्थान पर एक और व्यक्ति आ बैठा है। क्यों ऐसा हुआ, यह बताना अनावश्यक है, पर हुआ—यह एक तथ्य है। तथ्य सत्य नहीं होता, पर बहुधा हम उस तथ्य के शिकार हो जाते हैं। वैसे तो सत्य भी स्वयं अखंड नहीं है, पर मैं इस उलझन को बढ़ाना नहीं चाहती। मैं तुम्हारा आदर करती हूँ, पर प्रेम विनोद से करती हूँ। वह तुम्हारी तरह बुद्धिमान नहीं है। बात करना भी उसे कम आता है, पर उसे जो कुछ आता है, वह जो कुछ कहता, मानता है, उसे करना आता है। वह मुझसे विवाह का वचन ले गया है। तुम उसे जानते होगे। उस जैसी बाँसुरी कम लोग बजा पाते हैं।'

'हम लोग अगले मास की पाँच तारीख को सिविल मैरिज ऐक्ट के अधीन अपना विवाह कर रहे हैं। तुम्हें आना है...।'

विश्वनाथ को ठीक याद है—पत्र पढ़कर उसके अंतर में पहली प्रतिक्रिया एक कसक के रूप में हुई थी, पर प्रकट में उसने नीरू को तार द्वारा बधाई भेजी थी। वह विवाह में गया था और पूरी ईमानदारी के साथ उसने नीरू को बता दिया था कि वह उसपर गर्व करता है। और सदा करता रहेगा।

नीरू ने हँसकर कहा था, 'सदा की बात क्यों करते हो?'

'ठीक है। मुझे वर्तमान में रहना चाहिए, पर नीरू! इस दृष्टि से तो तुम्हारा प्रेम सच्चा था।'

'उस क्षण था।'

विश्वनाथ हँसा, 'कैसा रहस्य है यह। एक क्षण का सत्य दूसरे क्षण का असत्य बन जाता है।'

अनजाने ही यह कठोर व्यंग्य उसके मुँह से निकल गया था। उस क्षण भी उन्होंने उसे हँसी में उड़ा दिया था। आज भी विश्वनाथ ने हँसना चाहा, पर कहानी आगे बढ़ती चली गई। नीरू का विवाह हुआ। संगीत के क्षेत्र में उसकी ख्याति

बढ़ी, पर वह कला और पति—दोनों को प्रसन्न न कर सकी। कला आगे बढ़ी तो पति पीछे रह गया। जब वह पीछे रह गया था तो उसने उसे अपना अपमान समझा। उसके बाद वही हुआ, जो पुरुष कर सकता है। उसने नीरू पर हमला किया। नीरू ने चारों ओर देखा। उस तूफान में केवल विश्वनाथ ही चट्टान की तरह खड़ा था।

वह दौड़ी हुई आई, बोली, 'क्या करूँ, विश्वनाथ?'

'तलाक।'

'विश्वनाथ!' नीरू काँप उठी थी, 'फिर मैं क्या करूँगी?'

'वर्तमान में जिओ। 'फिर' भविष्य तो प्रतीक है।'

और यही हुआ था। नीरू श्रीमती नीरजा शुक्ला से कुमारी नीरजा गुप्ता बन गई। कई दिनों तक तो वह दृढ़ता से जीवन की गाड़ी को खींचती रही, पर रह-रहकर उसे लगता था कि वह अकेली है। एक दिन उसने विश्वनाथ से यही बात कही भी, 'मुझे लगता है, जैसे मुझे कुछ चाहिए।'

विश्वनाथ हँसा, 'यही, यही तो आपत्ति का मूल है।'

बिना सुने नीरू बोली, 'सुनो विश्वनाथ, क्या मैं तुम्हारे पास आ सकती हूँ?'

'क्यों नहीं आ सकती, पर तुम्हें मेरी पत्नी से अनुमति लेनी होगी। घर उसका है।'

नीरू ने झिझकते हुए कहा, 'समझती हूँ।'

फिर कई क्षण वे दोनों चुप बैठे रहे थे। बाद में नीरजा ने उस मौन को भंग किया, बोली, 'अब क्या करूँ?'

'तुम्हारा मन क्या कहता है?'

'वह नहीं हो सकता।'

'क्यों, क्या है वह?'

'मैं तुमसे प्रेम करना चाहती हूँ, पर क्या कर सकती हूँ?'

विश्वनाथ ने दृष्टि उठाकर नीरजा को देखा, फिर धीरे से कहा, 'सच पूछो तो प्रेम करने का अवसर ही अब मिला है।'

'क्या?'

'ठीक कहता हूँ। अब तुम मुझे पाने की लालसा किए बिना प्रेम कर सकती हो। जहाँ स्वार्थ नहीं है, वहीं प्रेम है।'

नीरजा कई क्षण मौन-मूर्तिवत् चित्रकार की तूलिका की भाँति भावनाओं से भरी-भरी बैठी रही, फिर चली गई। पत्र द्वारा उसने अपना निश्चय विश्वनाथ के पास लिख भेजा—

'...मैं अब अपने नगर में संगीत भवन खोल रही हूँ। मैंने देश के लिए जीने का निश्चय कर लिया है। मेरा देश असीम है। दीवारें उसकी सीमा नहीं हैं। कल क्या होगा, मैं नहीं जानती। जानना भी नहीं चाहती।'

'मन करे तो कभी आना। नरेश मुझसे रूठ गया है। तुम भी रूठ सकते हो, पर अब मुझे किसी की चिंता नहीं है।'

'पुनश्च' करके लिखा था, 'परसों श्रावणी पूर्णिमा है। राखी भेज रही हूँ।'

विश्वनाथ ने मुट्ठी खोलकर राखी को देखा और जोर से हँस पड़ा। बोला, 'हाय रे दुर्बल मानव! तेरी दुर्बलता ने संसार को रहस्यमय बना दिया है।'

उसने उठना चाहा, पर कहानी पूरी होने में अभी कुछ देर थी। नीरजा की संगीत-भारती एक बार फिर विवाह के मंत्रों से गूँज उठी। उसने लिखा, 'इस बार विवाह अचानक हो गया। मैंने उसे स्वीकार कर लिया है। काम ठीक चल रहा है। किसी दिन सपरिवार आओ न!'

यही सब सोचकर विश्वनाथ को लगा कि मनुष्य कुछ भी हो, सहारा चाहता है। उसके बिना खड़ा होने की शक्ति पाने में उसे अभी बहुत मंजिलें तय करनी हैं...।

और उसका हाथ ढीला पड़ गया। उसने राखी को फेंकने का विचार छोड़ दिया। तभी कमरे के किवाड़ खुले। देखा, नीरू है। शांत, प्रसन्न, विश्वास से पूर्ण। चकित विस्मित वह बोल उठा, 'नीरू।'

नीरू हँसी, 'हाँ, मैं हूँ। तुम नहीं आए। इसलिए मुझे आना पड़ा।' और फिर बोली, 'हाथ बढ़ाओ।'

विश्वनाथ ने बिना कुछ कहे अपना दाहिना हाथ बढ़ा दिया। मुट्ठी में वही राखी थी। देखकर नीरू बोली, 'यह किसकी राखी है?'

'पहली बार माँ के कहने पर जो राखी तुमने बाँधी थी, वही है यह।'

नीरजा मुसकराई, 'इसे क्यों रखा है तुमने? तुम तो मोह को पाप समझते हो?'

विश्वनाथ के मुँह पर एक और करारा तमाचा लगा। किसी तरह साहस बटोर कर बोला, 'नीरू! अभी-अभी मुझे ऐसा लगा था, पर तुम जानती हो, यह मेरा रक्षा-कवच है।'

अब नीरू के निष्प्रभ होने की बारी थी, पर वह मुसकराती हुई बोली, 'इतने दिनों के बाद एक संशोधन की बात मुझे सूझी है।'

'क्या?'

'यही कि यह रक्षा-कवच नहीं है।'

विश्वनाथ नीरू को देखता रह गया। कुछ सूझा नहीं। तब तक नीरू ने उसके हाथ में राखी बाँध दी थी। पुरानी राखी उठाकर वह बोली, 'यह मैं रखूँगी। तुम ठहरे निर्मोही। तुम्हें भूत-भविष्यत् से क्या काम?'

और नीरू खिलखिला पड़ी। तभी उसके पिता और विश्वनाथ की पत्नी ने वहाँ प्रवेश किया। पत्नी बोली, 'ननदजी। क्या मिला है?'

'अमूल्य रत्न।'

और तब धूप सी खिली नीरू ने हाथ आगे बढ़ाकर वह राखी दिखा दी। □

नई संस्कृति

मैं आज आपको लंबी यात्रा की एक घटना सुना रहा हूँ।

आप जानते हैं कि जब भी कोई नए प्रदेश में जाता है तो उसे सबकुछ नया-नया जान पड़ता है और वह नयापन प्रायः अच्छा लगता है, आँखों को भी और मन को भी, लेकिन मैं मान लूँ कि पहले-पहल मुझे यह नयापन अच्छा नहीं लगा। मेरा कुछ ऐसा विचार हुआ कि यहाँ का मनुष्य मशीन बन गया है। वह चलता है तो मशीन की तरह केवल चलता ही रहता है। ठहरकर विचार करना वह भूल गया है। ठहरने को वह मौत मानता है, चलने को वह 'प्रगतिशीलता की शर्त' कहता है। कुछ समझ में नहीं आया। लगा, जैसे यहाँ तो शब्दों के अर्थ ही बदल गए हैं। जैसे मैं किसी नई दुनिया में भटक गया हूँ। अब मुझे अपनी दशा उस मुसाफिर जैसी जान पड़ी, जो सुरम्य प्रदेशों की खोज करते-करते मरुस्थल में जा पहुँचता है।

लेकिन हर अंधकार के बाद प्रकाश और हर मरुस्थल के बाद हरियाली भूमिं होती है और बाद में ही क्यों, हर अंधकार के भीतर भी प्रकाश चमकता है, हर मरुस्थल के बीच में भी उर्वर भूमि होती है। कल जब मैं खिन्न मन हो एकाकी भटक रहा था तो घूमते-घूमते एक ऐसे स्थान पर पहुँच गया, जिसे पाप और पुण्य—दोनों का प्रतीक माना जाता है। उसके बाहर एक बड़े बोर्ड पर लिखा हुआ था—ठहरिए, यह वह स्थान है, जहाँ आपके दुःख-दर्द का इलाज हो सकता है; जहाँ आप सहायता और सहानुभूति पा सकते हैं।

मैं ठिठक गया। कैसी अद्‌भुत बात है। क्या इस देश में सहायता और सहानुभूति सरे बाजार बिकने लगी है।

लेकिन मैं कुछ सोचूँ, इससे पहले मेरी दृष्टि अहाते पर जा पड़ी। एक छोटी

सी भीड़ वहाँ इकट्ठी हो गई थी और वहीं क्यों, बाहर जहाँ मैं खड़ा था, वहाँ भी उत्सुकता और उत्तेजना का वातावरण बना हुआ था। आने-जानेवाले वहाँ ठिठक जाते थे और फिर उधर देखते हुए अचरज के स्वर में बातें करने लगते थे। अचानक मैंने सुना—मेरे पीछेवाले दीर्घकाय व्यक्ति ने धीमे स्वर में कहा…'जी हाँ, यह हत्यारा है।'

'सच, किसको मार डाला इसने?'

'अपने बच्चों को।'

मैं आगे बढ़ा। मुझे रास्ता बनाने के लिए तनिक भी परिश्रम नहीं करना पड़ा। जैसे कोई फटती है, उसी तरह वह छोटी सी भीड़ मार्ग से हटती चली गई। विदेशी से सभी भय खाते हैं। मैं जब अहाते के परले कोने पर पहुँचा तो सब लोगों की दृष्टि के साथ-साथ मेरी दृष्टि सामने की छड़ों के उस पार जाकर अटक गई। देखा, सामने थाने का वह कमरा है, जिसमें नए अपराधी रखे जाते हैं। इस समय उसमें एक स्टूल पर एक युवक बैठा है। उसकी वेशभूषा बताती है कि वह निचली मध्यम श्रेणी का युवा है—छरहरा बदन, गौर वर्ण, उन्नत ललाट, बड़े-बड़े नेत्र, किंचित् मोटी नाक, दृढ़ ठोड़ी और सूखा मुख। उसके नेत्रों में न भय है, न पश्चात्ताप; न करुणा है, न क्रूरता।

यह सब पलक मारते ही हो गया। दूसरे क्षण मैंने दृष्टि घुमाई तो सुना, कोई कह रहा था…वह जो स्टूल पर बैठा है।'

'वह। हाँ, वह।'

'वही है।'

'वह हत्यारा है।'

'जी हाँ।'

मुझे फिर भी विश्वास नहीं हुआ, लेकिन अविश्वास का कोई कारण भी नहीं था। तो इस सौम्य युवक ने हत्या की है, वह भी अपनी संतान की? क्या यह पागल है? नहीं, यह तो किसी भी समझदार से अधिक समझदार लगता है—लेकिन पागल के सिर पर क्या सींग होते हैं?…शांत भाव से एक दृष्टि उठाकर उसकी ओर ताकने लगा। सहसा दृष्टि मिली।

लगा, जैसे उसकी आँखों में समुद्र लहरा रहा है। दूसरे ही क्षण चट्टान की सी निश्चलता ने लहरों को छिन्न-भिन्न कर दिया। आँखों के आगे तिरमिरारे से उठे। कुछ समझ में नहीं आया। पास में खड़ा एक सिपाही बंदूक की जाँच कर रहा था। उससे पूछा, 'क्या यही है?'

‘जी हाँ,’ सिपाही ने बंदूक की गोली निकालकर फिर डालते हुए कहा, ‘यही है।’

‘इसने अपने बेटी-बेटों की हत्या की है?’

‘जी हाँ।’

‘यह स्वीकार करता है?’

‘यह अपने आप थाने में आया था।’

‘मस्तिष्क में कुछ विकृति है?’

‘मालूम तो नहीं होता। तब तो यह कुछ उत्तेजित भी था, पर अब तो यह बिलकुल शांत है।’

सिपाही कुछ समझदार जान पड़ा। हिम्मत करके मैंने पूछा, ‘दो बातें कर सकता हूँ?’

‘किससे?’

‘इसी युवक से।’

सिपाही कुछ जवाब दे, इससे पहले अंदर से एक अफसर तेजी से निकला और बाहर की ओर चला। रास्ता बनाने के लिए उसे भीड़ से धक्कम-धक्का करना पड़ा। वह क्रुद्ध हो उठा और झल्लाता हुआ बोला, ‘सबको बाहर निकाल दो।’

उसके वाक्य पूरा करने से पहले ही भीड़ छँटने लगी। कुछ लोग तो आप ही एक-दूसरे को कुचलते हुए चले गए। कुछ को सिपाहियों ने निहायत अदब के साथ रास्ता दिखा दिया, लेकिन कुछ फिर से कंधे उचकाकर ताकते-झाँकते रहे। इसी बीच सिपाही ने मुझसे कहा, ‘इसने अपनी कहानी लिख दी है। आप अंदर जाकर पढ़ सकते हैं।’

बस, मैं वहाँ से हटकर इंस्पेक्टर के पास पहुँचा। मैंने उन्हें अपना पूरा परिचय दिया और वह कहानी पढ़ने की अनुमति चाही। इंस्पेक्टर ने कागज मुझे देते हुए कहा, ‘पढ़िए।’

मैं कहानी पढ़ने लगा। अक्षर बहुत सुंदर नहीं थे, परंतु अद्‌भुत रूप से स्पष्ट थे। कहानी बहुत लंबी थी, पर मुझे जो याद रह गया है, वही बताने का प्रयत्न करूँगा। उसने ऐसे शुरू किया था—

मैं जो कुछ करने जा रहा हूँ, वह क्षणिक आवेश का काम नहीं है। बहुत लंबे अरसे से मैं उसपर सोचता रहा हूँ। मैं उसकी पूरी जिम्मेवारी अपने ऊपर लेता हूँ। विश्वास मानिए, मैं जानबूझकर अपनी बेटी और दोनों बेटों की हत्या करने जा रहा हूँ। प्रश्न उठ सकता है—आखिर मैं ऐसा क्यों कर रहा हूँ? क्योंकि मैं नहीं

चाहता कि वे जैसे हैं, वैसी अवस्था में जिएँ। मैं नहीं चाहता, उनके कारण मेरा राष्ट्र दुर्बल कहलाए। वे जीवन भर दु:खी रहें और मरघिल्ले पिल्लों की तरह मौत के आने तक चीं-चीं करते रहें; मुझे और मेरी पत्नी को जन्म भर गालियाँ देते रहें, जैसे मैं अपने माँ-बाप को देता रहता हूँ। मैं यह कभी बरदाश्त नहीं कर सकता।

आप शायद समझ गए होंगे कि बच्चे कैसे हैं। कभी आपने डॉक्टरों के इश्तिहार देखे हों तो दवा के प्रयोग से पहले उनके बीमारों की जो अवस्था दिखाई जाती है, उससे भी खराब अवस्था मेरे बच्चों की है। उनमें न रक्त है, न मांस। वे मात्र हड्डी और खाल का ढाँचा मात्र हैं। मैं उन्हें देखता हूँ और रोता हूँ। मैं अपने को कोसता हूँ और अपने माँ-बाप को गाली देता हूँ। मैं रह-रहकर भगवान् से पूछता हूँ—अजी ओ सिरजनहार! यदि तुम कहीं सुन रहे हो तो मुझे इतना बता दो कि आखिर इन बच्चों का क्या अपराध है?

मैं सच कहता हूँ, ये विचार मुझे तिलमिला देते हैं। मैं पागल हो उठता हूँ। मैंने इन बातों की चर्चा अपनी पत्नी से की है। वह मेरी बातों को समझती है, पर फिर भी माँ है, ममता में जकड़ी हुई माँ। एक दिन बोली, जो कुछ करता है, भगवान् करता है। जो हो रहा है, ठीक हो रहा है। भगवान् अवश्य कुछ अच्छा चाहते हैं।

मैंने जवाब दिया—निस्संदेह अच्छा चाहते हैं और वह अच्छा यह है कि हम उसके संसार को शक्तिशाली बनाने के लिए इन कीड़ों को नष्ट कर दें।

जैसे बिजली गिरी हो। हतभागिनी सी वह मेरे बच्चों की माँ मेरा मुँह देखने लगी। उसे अपने कानों पर विश्वास नहीं हुआ। कई क्षण बाद बोली—तुमने क्या कहा था?

मैं तब उत्तेजित हो उठा था। मैंने कुछ जवाब नहीं दिया, पर इससे बात का अंत नहीं हुआ। घुटन और भी बढ़ गई। बच्चे इन बातों को नहीं समझते हैं, सो बात नहीं है। मेरा उन्हें अजीब तरह से देखना और बार-बार उनसे कहना कि तुम बीमार क्यों रहते हो? तुम मोटे क्यों नहीं होते? उनकी माँ का क्रोध में भरकर उन्हें पीटना, हर घड़ी उनकी मौत की कामना करना—इन सब बातों का अर्थ वे अच्छी तरह जानते हैं। एक दिन जब मैं चुपचाप बैठकर कुछ सोच रहा था तो मेरा बड़ा लड़का, जो लगभग पाँच वर्ष का था, मेरे पास आया और बोला, 'पिताजी···'

मैं चौंक पड़ा। तीखे स्वर में कहा, 'क्या बात है?'

उसने सरल भाव से पूछा, 'पिताजी, मोटे कैसे होते हैं?'

सच कहता हूँ, यह सुनते ही मेरा हृदय टुकड़े-टुकड़े हो गया था।

मैं कई क्षण ठगा सा देखता रहा, फिर उसे उठाकर गले लगा लिया। बोला

नहीं गया। बहुत देर तक फफक-फफककर रोता रहा। ओ भगवान्, मैं यह बरदाश्त नहीं कर सकता। कभी बरदाश्त नहीं कर सकता।

ऐसे अवसर आने पर कई बार मैंने आत्महत्या करने का विचार किया, पर बच्चों की और दुर्गति हो जाएगी तो—क्या करूँ? न मैं उनके लिए धन और दूसरी सुविधाओं का प्रबंध कर सकता हूँ, जो उन्हें स्वस्थ राष्ट्र का स्वस्थ नागरिक बना सकें, न मैं स्वयं मरकर उनकी रक्षा कर सकता हूँ। साथ ही मैं यह भी नहीं चाहता कि मैं किसी भी तरह अपने राष्ट्र, देश और मानवता के पतन का कारण बनूँ...

आखिर मैंने यह निश्चय किया कि मुझे, मेरी पत्नी तथा तीनों बच्चों को अपने आप समाप्त हो जाना चाहिए। हमारे रहने से संसार की सरासर हानि है। न रहने से कोई अंतर नहीं पड़ता। यही बातें समझकर मैंने अपनी पत्नी को भी मना लिया। वह आसानी से नहीं मानी। यद्यपि वह बहुत दुःखी है तो भी उसने मुझे बार-बार मना किया, रोई, मगर और कोई उपाय नहीं था। उसे मेरी बात माननी पड़ी। हमने यह तय किया कि पहले तीनों को जहर देंगे। जब वे समाप्त हो जाएँगे तो हम दोनों भी जहर खा लेंगे...

'पुनश्च' करके फिर लिखा था—अंतिम क्षण में मुझे एक बात सूझी कि मैं जिंदा रहूँगा और कानून का खेल खेलकर फाँसी पर चढ़ूँगा, ताकि दुनिया को अपनी दर्द भरी कहानी समझा सकूँ।

अंतिम दो लाइनें, जो आज ही बड़ी जल्दी में लिखी गई जान पड़ती थीं—मैंने अपने बच्चों को मार डाला, पर मेरी पत्नी कायर निकली। वह ठीक समय पर भाग गई। मैं उसे दोष नहीं देता। वह माँ है।

कहानी यहाँ आकर समाप्त हो गई। मुझे उस समय कैसा लग रहा था, यह मैं स्वयं भी नहीं जानता। मुझे उतना ज्ञात है कि मैं तब सीधे उस युवक के पास पहुँचा। वह छड़ों को पकड़े शांत भाव से खड़ा था। मुझे देखकर वह कुछ सावधान सा हुआ। मैंने यंत्रवत् हाथ जोड़कर उससे कहा, 'तुम महान् हो। मैं तुम्हें प्रणाम करता हूँ—पर यदि तुम अपने उद्देश्य की प्राप्ति के लिए संसार से संघर्ष करते तो मैं तुम्हें प्यार भी करता। देखो तो, यह कैसा अच्छा लग सकता है कि कोई बाप अपने बच्चों को मार डाले। यह बुरी बात है। तुम...

मैं आगे कुछ कहूँ, इससे पहले उसकी आँखें मेरी आँखों से मिलीं। क्या कहूँ—उन आँखों में कितनी करुणा थी, कितनी आग थी। मुझे लगा, जैसे मैं आपादमस्तक जल उठा हूँ। मेरे प्राण झुलस रहे हैं। बस, मैं वहाँ एक क्षण भी नहीं रुक सका, एक क्षण भी नहीं। तेजी से भीड़ को धक्के देता हुआ सड़क पर आ

गया। तब मैं बुरी तरह काँप रहा था और पसीना···

लेकिन यह क्या! यह किसने झंझोड़ा। किसने पुकारा—उठो भी, अंतु का बुखार तेज हो रहा है। किसी भी तरह किसी डॉक्टर को एक बार बुला लाओ न। देखो तो, कैसे मछली की तरह तड़प रहा है···

ऐं कौन? तुम? मैंने आँखें मलीं तो देखा कि आँखों में आँसू भरे सामने पत्नी खड़ी है और पास में बच्चा तीव्र ज्वर से तड़प रहा है। ओह, तो मैं स्वप्न देख रहा था, स्वप्न···

क्षण भर के लिए उसकी भयंकरता ने मुझे जड़ीभूत सा बना दिया। साथ ही मुझे खुशी हुई कि मैंने अपने बच्चों की हत्या नहीं की। नहीं, नहीं, यह गलत है। बेशक मैंने उन्हें जहर नहीं दिया, पर मैं उनकी हत्या निरंतर कर रहा हूँ। ये रोग और दुर्बलता के चक्रव्यूह में फँसकर तिल-तिलकर दम तोड़ रहे हैं और उन्हें बचाने में असमर्थ मैं निरर्थक स्वप्न देख रहा हूँ। यह मोह नहीं तो क्या है? कायरता और किसे कहते हैं? नहीं, नहीं, मैं अब स्वप्न नहीं देखूँगा। मैं संघर्ष करूँगा, मैं संघर्ष करूँगा। मैं जीवन के अंतिम क्षण तक जीता रहूँगा।

□

स्वप्न

मैं उसे भूलना चाहकर भी भूल नहीं पाता। जैसे वह मेरे जीवन में—पार्थिव और अपार्थिव—दोनों में रम रही है। उसने कहा कि मुझे भूल जाना; और स्वप्न अकसर भूल जाता है। वह भी एक स्वप्न ही थी, लेकिन वह स्वप्न सत्य होकर मेरे मानस पर ऐसा उतरा है कि धोने पर भी नहीं धुलता। वह मेरे पास क्यों आई, कैसे हम एक हुए, इसका कारण भी जैसे मन में आ-आकर खो जाता है। क्या वह केवल रूप ही था? बंगाल और पंजाब का मेल इतना सुंदर हो सकता है, इसकी मैंने कभी कल्पना भी नहीं की थी। शरीर ऐसा, जैसे रूप अँगड़ाई लेता हो, रंग कुंदन सा दमकता हुआ, आँखें हिरनी के बच्चे की आँखों सी बड़ी-बड़ी। वही चंचलता, वही स्नेह। भोलापन तो उसमें रूप लेकर उतरा था। जैसे ब्रह्मा ने सबकुछ उसी के लिए बनाया हो।

बड़े-बड़े महलोंवाले इस कलकत्ता नगर में, उस बड़े से कॉलेज के आँगन में पहली बार मैंने उसे देखा तो अनदेखा कर दिया, लेकिन विधि तो जैसे हमें मिलाने पर तुली हुई थी। हम एक ही क्लास में आए। एक ही विषय हमने लिया और न जाने कैसे उसे हिंदी से प्रेम हुआ। न जाने कैसे उसने समझ लिया कि हिंदी मेरी मातृभाषा है और इसीलिए उसने एक दिन मेरा सहारा लिया। उस दिन में कोई विशेषता नहीं थी, कोई विशेष बात भी उस दिन हुई हो, सो याद नहीं पड़ता, लेकिन वह साधारण बात, जो उस दिन बीज रूप थी, एक दिन अपने आप ही वट-वृक्ष में रूपांतरित हो गई। आज मुझे याद नहीं पड़ता कि कौन सी शाखा उनमें पहली है और कौन सी दूसरी। उनकी विभिन्नता और विशालता में मैं जैसे उलझा हुआ हूँ, लेकिन वह उलझना तो बड़ा प्यारा लगता है, निकलने को जी नहीं करता। यहाँ तक कि आप लोगों को बताने को भी जी नहीं करता। बताऊँगा भी, माफी

चाहता हूँ। बस, इतना बताऊँगा कि एक दिन मैंने उससे पूछा, 'क्या तुम मुझसे शादी कर सकती हो?'

वह बोली, 'यही तो मैं तुमसे कहना चाहती थी।'

बड़ी अजीब बात लगती है एक स्त्री के मुख से, लेकिन वह तो जिंदगी भर ऐसी ही बातें करती रही। उसके पिता पंजाब से आए थे और उसकी माता बंगाल की थीं। कहीं परदेस में वे दोनों एक-दूसरे से मिले। बड़े घरों के थे। मिलना कोई मुश्किल नहीं था। उनकी शादी हो गई। पति सरकारी अफसर थे। लिहाजा पूरे हिंदुस्तान में घूमे। इसी बीच सुदूर दक्षिण में, समुद्र के किनारे, केरल के एक नगर में अलका का जन्म हुआ। शायद इसीलिए केरल का वह सामुद्रिक सौंदर्य—कन्याकुमारी का वह कौमार्य उसमें साकार हो उठा था। स्वप्नमयी होने के साथ-साथ उसमें साहस भी कम न था, पर उस साहस में चंद्र-किरण जैसी कोमलता भी थी। इतनी दूर चलकर वे आती हैं, लेकिन कितनी कोमल लगती हैं! इसी तरह पूरे हिंदुस्थान में घूमते-फिरते वह कलकत्ता आकर जैसे रुक गए। उसके पिता ने नौकरी से अवकाश पाकर या कहें, एक तरह से पहले ही छुट्टी लेकर राजनीति को अपना लिया था और उसमें भी वह एकाएक समाजवादी बन गए थे। बहुत लोगों को सुनकर बड़ा अचरज हुआ; लेकिन वह उसमें ऐसे डूबे, जैसे वह नौकरी में डूबे हुए थे। न जाने कितनी बार वह जेल गए। अलका की माँ भी पीछे न रहीं और सच तो यह है कि वह अलका की माँ ही तो थीं, जो राजनीति का खेल खेलती थीं। पति तो जैसे उसके हाथ में यंत्र थे, लेकिन यंत्र निर्जीव नहीं था। बड़ी ताकत थी उसमें और प्रेम भी उतना ही विशाल था।

अलका मेरे कुटुंब में आई, लेकिन जैसा उसका स्वागत होना चाहिए था, वैसा नहीं हुआ। मैं देसवाल और वह वर्ण-संकर। हम लोगों में अंतरजातीय विवाह वैसे ही लोकप्रिय नहीं है, इसपर यह जातिविहीन लड़की—जो प्रेम करना जानती थी, आदर करना भी उसने सीखा था; लेकिन उसके सब तौर-तरीके अपने थे। बात दूसरों की कुछ सुन लेती थी। उस क्षण लगता था कि वह कुछ समझ भी गई है, लेकिन अवसर आता तो वह करती वही थी, जो उसका स्वभाव था, या कहें, जो वह चाहती थी। समझौता करने की प्रवृत्ति उसमें थी, पर यह बड़ी अचरज की बात है कि वह समझौता करना चाहती नहीं थी। इसीलिए कभी-कभी बड़ी अद्‌भुत परिस्थिति पैदा हो जाती थी। यों उसका व्यवहार बड़ा प्रेममय था। दूसरों पर अपना सबकुछ लुटा देना उसने सीखा था। अपना तो जैसे उसका कुछ था ही नहीं। इसलिए उसके विरोधी भी उससे प्रेम किए बिना नहीं रह सकते थे। शादी के बाद

हम ज्यादातर कलकत्ता में ही रहे। वहाँ मैं एक कॉलेज में पढ़ाने लगा था और वह कई प्रकार के सांस्कृतिक आंदोलनों में रस लेती रहती थी। जिस आंदोलन में वह एक बार उतरती, उसको अपनाना उसने सीखा था। विरोध होने पर भी वह पीछे नहीं हटती थी। यों परोक्ष में वह हटती भी दिखाई देती थी।

लेकिन एकाएक उसमें एक परिवर्तन शुरू हुआ। आज तो मैं उसको परिवर्तन नहीं कह सकता, लेकिन उस दिन मुझे ऐसा ही लगा था। विशेषकर मेरी माँ को तब की उसकी बातों से बड़ी चिंता पैदा हो गई थी, क्योंकि पहले तो वह उनकी बातों को सुन लेती थी, उनको मानने का प्रयत्न करती थी। मुझे याद है कि जब मेरी माँ ने उसे हम लोगों के ढेर सारे गहने पहनने के लिए दिए, तो उसने बड़े चाव से पहने। एक-एक गहने का नाम उसने दस-दस बार पूछा। बहुत दिनों तक उन्हें रटती रही। हमारी पोशाक को उसने प्रेम से ग्रहण किया और इतने प्रेम से ग्रहण किया कि एक बार हमारे कॉलेज में फैंसी-ड्रेस प्रतियोगिता हुई। पुराने विद्यार्थियों ने उसमें हिस्सा लिया, तो वह प्रथम आई। हमारी पोशाक, बोली, व्यवहार—सब उसपर ऐसे फबे कि कोई उसे पहचान ही न पाया। यहाँ तक कि बात खुल जाने पर भी लोगों को यह यकीन होता रहा कि यह अब भी गलत कह रही है। उस दिन का चित्र मेरी आँखों में आज भी उतर आता है तो मैं आत्मविभोर हो उठता हूँ। वैसे, उसके कई फोटो, जो उस दिन खींचे गए थे, मेरे एलबम में लगे हैं। वे तो जैसे मुझे कार्बन कॉपी मालूम देते हैं। उसका असली रूप तो मेरे मानस पर ही अंकित है।

तो मैं परिवर्तन की बात कह रहा था न। उसमें यह परिवर्तन तब हुआ, जब उसे मालूम हुआ कि वह माँ बनने जा रही है। माँ का स्थान जैसे नारी-जीवन की चरम परिणति है। जैसे जीवन मुक्ति चाहता है, वैसे ही नारी माँ बनना चाहती है। एक दिन सवेरे-सवेरे ही वह मेरे पास आई। उसकी बड़ी-बड़ी आँखों में उसका भोलापन और चंचलता जैसे शरारत करने पर तुली हुई थी। पास आकर वह बैठ गई। फिर उसने मेरी आँखों में देखा और हँस पड़ी।

मैंने कहा, 'अलका, यह क्या है?'

मुसकराकर वह बोली, 'एक पहेली है, बूझो तो जानूँ।'

मैं बोला, 'कॉलेज के दिनों में बहुत सी पहेलियाँ मैंने बुझाई हैं; लेकिन अलका, तुम्हारी पहेली मैं नहीं बुझा सकता।'

अलका ने व्यंग्य किया, 'बस, इतनी जल्दी हार मान ली! पुरुष के नाम को लजाते हो? कुछ तो प्रयत्न किया होता।'

मैंने हँसते हुए कहा, 'सब प्रयत्न तुम्हारे सामने बेकार हो जाते हैं। उतनी देर

मुझे तड़पना पड़ता है तो क्यों न मैं हार मानकर तुम्हारी पहेली का हल तुम्हारे ही मुँह से सुन लूँ।'

अलका ने कहा, 'तो यह बात है। तुम मुझे हराना चाहते हो, लेकिन विश्वास रखो, मैं भोली नहीं हूँ।'

मैं बोला, 'अलका, तुम्हारा भोलापन बहुत बड़ा हथियार है, जिसकी चोट सहने के लिए मैं सदा तैयार रहा हूँ, लेकिन वैसे तुम कहो तो आज कुछ प्रयत्न कर सकता हूँ, क्योंकि तुम्हारी आँखों में भोलापन और चंचलता—दोनों मिलकर एक तीसरा रूप दिखा रहे हैं…'

एकबारगी अलका बोली, 'हटो, बड़े दुष्ट हो जी, सबकुछ तो समझते हो।'

मैं अट्टहास कर उठा, 'सच, यह बात है!'

अलका ने कहा, 'हूँ।'

और उसके बाद उसने मेरे सामने फरमाइशों का ढेर लगा दिया। अजीब-अजीब फरमाइशें थीं। उनमें पुस्तकें थीं, चित्र थे और कुछ इसी तरह की चीजें थीं। विशेष बात यह थी कि इन सब वस्तुओं का संबंध नारी से था। सौंदर्य, कोमलता, करुणा—सबकुछ उनमें था। बस, नहीं था तो परुष-पौरुष कहीं नहीं था। सबकुछ सुनकर मैंने अचरज से पूछा, 'अलका, यह सब क्या है?'

अलका ने कहा, 'देखो जी, अब तुम मेरी बातों में दखल न दिया करो। मैं अब विधाता बनी हूँ। मैमार को जैसे माल की जरूरत होती है, वैसा उसे मिलता है। चित्रकार अपने रंगों का चुनाव स्वयं ही करता है। मूर्तिकार कब क्या माँग बैठेगा, कौन जानता है? कवि को शब्दों के चुनाव में आदेश देने का साहस कौन कर सका है? वैसे ही आपको इस बारे में बोलने का कोई अधिकार नहीं है।'

मैंने दोनों हाथ जोड़कर अलका को प्रणाम किया और कहा, 'बहुत अच्छा बेमाताजी। आप जो चाहेंगी, वही होगा, लेकिन जैसे मुझे इस बारे में कुछ बोलने का अधिकार नहीं है, वैसे ही कुछ करने का अधिकार भी आप ले लेंगी तो मुझे बड़ी खुशी होगी।'

कहना न होगा, उसने मेरी बात को अक्षरशः स्वीकार कर लिया। और उसके बाद कलकत्तावाला हमारा मकान जैसे एक अजायबघर में परिवर्तित हो गया। अच्छी बात इतनी ही थी कि यह अजायबघर उसके अपने कमरे तक ही सीमित रहा, नहीं तो अपने मित्रों को जवाब देते-देते मैं हैरान हो जाता। उसके कमरे में बीसियों तैल-चित्र लगे हुए थे। उनमें विश्व की सब महान नारियाँ थीं, परम सुंदरियाँ थीं, वे थीं, जिन्होंने तलवार चलाई थी, जिनके कंठ पर वीणावादिनी

बसती थीं। वे भी थीं, जिन्होंने कला को मूर्त रूप दिया था। साहित्य जिनसे धन्य था, उनकी भी संख्या कम न थी।

मैंने उससे कहा, 'अलका, आखिर तुम्हारी मंशा क्या है?'

वह सहज विश्वास से मेरी ओर देखकर बोली, 'इस बार हमारे घर में कन्या आनेवाली है। मैं चाहती हूँ कि वह कन्या परम सुंदरी हो, सरस्वती की भाँति वीणा उसके हाथ की शोभा बने और वह वर्तमान युग का नेतृत्व कर सके, वैसी शक्ति भी उसमें हो।'

मैं अविश्वास से हँस पड़ा। माँ-बाप अपने आनेवाले बच्चों का निर्माण करने में बहुत हद तक स्वतंत्र हैं—अलका ने इस बात पर जिस हद तक विश्वास कर लिया था, वह मुझे पागलपन सा लगा। फिर भी न जाने क्यों, मैं कभी उसके इस काम में रुकावट न बन सका। मेरी माँ ने कई बार कहा, 'यह सब क्या पागलपन है?' मैं यह कहूँगा कि दिन-पर-दिन मेरी माँ उससे बहुत दूर हटती जा रही थीं। तब तक वह उसे कहती तो कुछ नहीं थी, लेकिन फिर भी आगे-पीछे वह मुँह चढ़ाने लगी थी और इस कारण न जाने क्यों, मेरे मन में कभी-कभी हलका सा डर पैदा हो जाता था। अलका को मैं बहुत प्रेम करता था। मैं नहीं चाहता था कि उसमें और मेरी माँ में कभी कोई झगड़ा हो। अलका भी यह नहीं चाहती थी, लेकिन न जाने क्यों और कैसे, तब अपने आप ही वह बात हमारे जीवन में घर करने लगी। यह सब मुझे आज सूझ रहा है। तब तो कुछ मालूम ही नहीं होता था। बस, हम लोग अलका पर हँसकर रह जाते थे। वैसे, वह भी और सब काम सदा की भाँति ही करती थी।

□

एक संध्या को सहसा अलका ने आकर मुझसे कहा, 'मैं बाहर जा रही हूँ।'

मैंने अकचकाकर पूछा, 'कहाँ जा रही हो?'

अलका ने कहा, 'घूमने के लिए।'

'लेकिन कहाँ?' मैंने पूछा।

बोली, 'कहीं भी जा सकती हूँ। अभी कुछ सोचा नहीं है।'

सुनकर और भी अचरज हुआ, लेकिन इधर उसकी बातों से अचरज बड़ा साधारण हो गया था। अत: मैंने मुसकराकर कहा, 'कोई और पागलपन सूझा है क्या?'

अलका ने मुसकराकर जवाब दिया, 'पागल तो मैं हूँ ही, लेकिन मेरे इस पागलपन के पीछे एक योजना है।'

यह कहकर वह कुछ गंभीर हो गई, मानो वह कहना चाहती थी कि तुम मुझे

जितनी पागल समझते हो, उतनी मैं हूँ नहीं। मैं जो कुछ कर रही हूँ, वह बिलकुल ठीक है। मैंने उसका मतलब कुछ-कुछ समझा भी। बोला, 'ठीक है अलका! लेकिन फिर भी तुम जाना कहाँ चाहती हो?'

अलका एकाएक बोल उठी, 'जिधर तुम चाहो!'

'मैं!'

उसने कहा, 'हाँ, तुम!'

'लेकिन इस शरद् ऋतु में कहाँ चलना होगा, यह भी तो समझ में नहीं आता। फिर, मैं निठल्ला तो हूँ नहीं।'

'तो फिर,' उसने कहा, 'मुझे मेरे हाल पर छोड़ दो।'

मैं बोला, 'वह तो बहुत पहले छोड़ चुका हूँ।'

वह हँस पड़ी, 'तो फिर कोई चिंता नहीं। कहने आई थी, कह चुकी।'

और सचमुच, सवेरे उठा तो देखा कि अलका की तैयारी संपूर्ण थी। आज तक उसको कभी अकेले जाते नहीं देखा था, इसलिए बहुत अचरज हुआ। कहूँगा, अच्छा नहीं लगा। और इसीलिए पति के अधिकार का प्रयोग करते हुए मैंने कहा, 'अलका, यह पागलपन नहीं चलेगा, तुम नहीं जाओगी।'

हठात् उसका मुँह पीला पड़ गया।

बोली, 'तुम कह रहे हो?'

एकाएक मुझे ज़वाब देते न बना। उस दृष्टि में कुछ ऐसे प्रश्न थे कि मैं सकपका गया।

वह बोली, 'मैं नारी हूँ न! यह तो ठीक है, पर माँ भी तो हूँ। नारी अबला हो सकती है, पर माँ अबला नहीं होती। इसलिए मेरा निवेदन है कि मुझपर विश्वास करो।'

इन शब्दों में ऐसी करुणा, ऐसा विश्वास, ऐसी सहज भावना थी कि मैं पानी-पानी हो गया। मैंने कहा, 'अलका, तुमपर अविश्वास करूँगा—यह तो कभी न सोचा था, लेकिन हमारे मन की इच्छा ही तो सबकुछ नहीं है। जिस समाज में हम रहते हैं, उसकी ओर भी तो देखना होता है। न चाहें तो भी। यह दृष्टि में रहा ही है, न रहे तो मुझे अंधा बनना पड़ेगा।'

अलका कुछ सोच में पड़ गई, लेकिन वह सोच क्षण के एक बहुत छोटे से भाग के लिए ही था। बोली, 'तुमसे बहस नहीं करूँगी। बहस तो परायों से होती है, लेकिन हाथ जोड़कर इतना निवेदन जरूर करना चाहती हूँ कि समाज की सीमा नहीं है। तुम एक सीमित समाज को देख रहे हो। मैं जिस समाज को देख रही हूँ, वह

आज है नहीं, लेकिन आनेवाला है। इसलिए कहती हूँ, मुझे रोको मत। तुमसे दूर हटकर तो मैं कुछ कर न सकूँगी। जो कुछ कर रही हूँ, वह यह जानकर कर रही हूँ कि तुम सदा मेरे साथ हो।'

अब मुझसे कुछ न कहा गया। गला रुँध आया। इतना कच्चा तो मैं कभी नहीं था, लेकिन सामने वह जो नारी खड़ी थी, उसने मुझे पिघला दिया। मैंने मन-ही-मन कहा कि अच्छा माँ, तुम तो निर्मात्री हो; तुम जो चाहोगी, वही होगा। ऊपर से मैं बोला, 'अलका, अब मैं कुछ नहीं कहूँगा।'

कहना न होगा, अलका चली गई। साथ में उसने किसी को भी तो नहीं लिया। सौभाग्य से तब मेरी माँ देश गई हुई थीं। मेरा छोटा भाई भी बाहर था। उसने हाल में ही अपना विवाह किया था। वह विवाह अंतरप्रांतीय भी था। उत्तर प्रदेश की एक कायस्थ-कन्या को जीवन-संगिनी बनाकर वह कहीं घूम रहा था। था तो वह छोटा भाई, लेकिन स्वभाव से वह इतना भिन्न था कि मुझे स्वयं अचरज होता था। विद्रोह जैसे उसकी नस-नस में रमा हुआ था। राजनीति जैसे उसी के लिए बनी हो। जन्म भर कांग्रेस पार्टी की ओर से लड़ता रहा। अब स्वराज हो जाने पर वह लड़ने के लिए समाजवादी पार्टी में चला गया। उस जैसी ही उसकी पत्नी थी। शिव की शक्ति की तरह उसके कई रूप थे। तब कभी-कभी उसकी प्रकृति मुझे उद्दंड सी लगती थी। जिस चीज को वह ठीक समझ लेती थी, उसको वह अधिकार से लेना पसंद करती थी, निवेदन से नहीं। रण-रंगनी थी वह। 'वंदे मातरम्' का जयघोष उसने किया था। 'इनकलाब जिंदाबाद' कहते हुए उसका साँवला रंग प्रदीप्त हो उठता था। कलकत्ता के श्रद्धानंद पार्क में जब वह बोलने लगती तो नरमुंडों से भरा हुआ वह पूरा मैदान गूँज उठता था। विप्लव के रक्त से उसका पूरा अस्तित्व रँगा हुआ था, लेकिन इसका अर्थ यह नहीं कि वह नारी नहीं थी। वह सोलहों आना नारी थी।

तब इनमें से कोई भी घर नहीं था। अलका को भी मैं रोक न सका। सात दिनों तक उसकी सूचना भी नहीं मिली। एकाएक आठवें दिन देखता हूँ कि तारघर का हरकारा दरवाजे पर खड़ा है। तार कन्याकुमारी से आया था। पूरा एक पन्ने का था। अलका ने लिखा था, 'बहुत प्रसन्न हूँ। अपनी जन्मभूमि में आकर जैसे मैंने फिर से नया जीवन पाया है। पुराने परिचित मिल गए हैं, लेकिन आज न जाने क्यों तुम्हारी याद सता रही है। आओगे न? आओगे तो तुम्हारे साथ पूरी रात मातृघाट पर बैठकर मैं समुद्र की इन उत्ताल तरंगों, जो भारत की इस चिरकुमारी वसुंधरा से मिलने के लिए निरंतर आलोड़ित होती रहती है, को निहारती रहूँगी। उसके बाद

तुम्हारे साथ ही लौट आऊँगी। अकेले कुछ अच्छा नहीं लगता।'

मैंने तार पढ़ लिया। चुपचाप कॉलेज गया। पंद्रह दिनों की छुट्टी के लिए अरजी दी। जब वह मंजूर हो गई, तब मैं अलका से मिलने के लिए चल पड़ा।

वहाँ जाकर अलका को मैंने जिस रूप में देखा, एकाएक पहचान न सका। रूपसी वह थी, लेकिन उसका ऐसा रूप मैंने कभी नहीं देखा था। निर्दोष खिली हुई लिली की तरह उसकी आँखें मेरे वक्ष में जैसे खुबकर रह गईं। मैंने कहा, 'अलका, इन सात दिनों में तुमने क्या पाया है?'

वह बोली, 'जो कुछ पाया, उसे शब्दों में व्यक्त करना असंभव है, लेकिन इतना निश्चित है कि इसी के लिए मैं यहाँ आई थी। तुम्हें याद है त्रेता युग की वह कहानी, जो एक साथ हर्ष और विषाद से भरी हुई है। चौदह वर्ष वन में बिताकर परम कल्याणी सीता ने राम से कहा था कि मैं एक बार फिर तपोवन में जाना चाहती हूँ। बिलकुल ऐसा तो नहीं, लेकिन कुछ-कुछ मिलता-जुलता भाव मेरे भी मन में उदित हुआ। त्रेता और कलियुग में जितना अंतर हो सकता है, उतना ही अंतर आज की हमारी गतिविधि में है, लेकिन मैंने तुमको इसलिए बुलाया है कि अतीत के ऋषियों और ऋषि-पत्नियों की तरह हम कुछ दिन यहाँ बिताएँ।'

सुनकर मैं कुछ स्तब्ध सा रह गया, लेकिन उसकी आँखों से जो आलोक फूटकर बाहर निकल रहा था, उसने मुझे अधिक देर अविश्वास की स्थिति में नहीं रहने दिया। उसकी दोनों आँखें दो उज्ज्वल तारकों की तरह धीरे-धीरे जैसे पृथ्वी पर उतर रही थीं। मैं कुछ अभिभूत सा हो गया। एकाएक उसका दाहिना हाथ अपने हाथ में लिया और चुपचाप उसके पास बैठ गया। बोला, 'अलका, कुछ समझ में नहीं आता, लेकिन फिर भी जो तुम कहोगी, वही मैं करूँगा।'

अलका सहसा बोली, 'हटो जी! एक बात बताओ। सच-सच बताना।'

मैंने कुछ शंकित होकर कहा, 'क्या पूछती हो?'

मैंने उसी सहज भाव से कहा, 'पता नहीं।'

वह बोली, 'तुम्हें पता नहीं, लेकिन मुझे है। मैं बहुत सुंदर हूँ न! अच्छा बताओ, तुम्हें बुरा तो लगेगा, लेकिन क्या मैं बदसूरत होती तो भी तुम मेरी बात इस तरह मान लेते?'

सिर पर जैसे घन की चोट पड़ी। फिर भी मैंने कहा, 'अलका, यह तुम क्यों सोचा करती हो? जो नहीं है, उसके बारे में मैं जवाब दूँ भी तो क्या वह सच होगा? आज तो मेरा मन यही कहने को करता है कि तुम असुंदर होती तो भी मैं तुम्हें प्यार करता, लेकिन कौन जानता है कि यह सच है या झूठ।'

अलका एकाएक बोल उठी, 'मैं जानती हूँ, यह सच है।'

और फिर मेरे गले में दोनों हाथ डालकर झूलती हुई सी वह बोली, 'उठो, उठो, उस चट्टान पर चलो। हिंद महासागर की लहरें हमें बुला रही हैं।'

□

उसके बाद वे पंद्रह दिन ऐसे बीते, जैसे पंद्रह क्षण बीते हों। उसका रोज का नया-नया पागलपन, तपस्वियों की सी पोशाक और फूलों का वह शृंगार। माथे पर वह चंदन लगाती। बालों में फूल-मालाएँ पहनती। हाथ में, पैरों में, कंठ में, वक्ष पर, हर कहीं नाना प्रकार के फूल उसका परस पाकर जैसे खिल उठते थे। कभी वह सवेरे की धूप की तरह चमकती, कभी पत्थर की मूर्ति की तरह साँस रोककर स्तब्ध हो जाती। कभी हिंद महासागर की तरंगों की तरह उद्वेलित हो उठती। वह जैसे भूल गई थी कि वह बीसवीं सदी की मानवी है। वह तो कण्व-पुत्री शकुंतला की तरह मुझे दुष्यंत बनाने पर तुल गई थी। कभी-कभी मुझे वह विश्वामित्र बनाकर मेनका की तरह नाचने का अभिनय भी किया करती थी। मातृघाट से उतरकर वह सामने की चट्टान पर ऐसे ही चली जाती, जैसे कोई शिशु अपनी माँ की गोद में चढ़कर दुर्गम पथों को पार कर जाता है। सूर्योदय और सूर्यास्त के समय जब प्रकृति महासागर के वक्ष पर अपनी सुरम्य चित्रकारी का प्रदर्शन करती तो वह समुद्रपुत्री विवेकानंद-चट्टान पर जाना न भूलती। भय का रौरव नाद, समुद्र की घोर गर्जन, कोई भी उसे एक क्षण के लिए भी अपने पथ से न डिगा पाता। बल्कि जितना वह तेज होता, उतनी ही उसकी गति मुखर हो उठती। विप्लव जैसे उसके लिए प्रेम का संदेश लेकर आता। उस चट्टान पर बैठकर प्रेम और विरह के न जाने कितने खेल उसने मेरे साथ खेले हैं। जैसे थका हुआ मनुष्य अपने को समुद्र की तरंगों की करुणा पर छोड़ देता है, उसी तरह तब मैंने अपने को उसके हाथों में सौंप दिया था। मुझे कभी चोट पहुँची हो, कभी मैंने कोई पीड़ा पाई हो, ऐसा एक क्षण भी मुझे याद नहीं पड़ता। सुख-ही-सुख मेरे चारों ओर तरंगित हो रहा था, लेकिन अंतर इतना था कि उसके भोगने की अंत:प्रेरणा मुझमें नहीं थी। वह तो जैसे पहले ही अलका के रूप में साकार होकर मेरे सामने आ गया था।

पंद्रह दिनों के बाद एकाएक वह बोली, 'अब चलो!'

मुसकराकर मैंने कहा, 'अलका, तुम तो पकड़ में आना ही नहीं चाहती।'

वह खिलखिला पड़ी, 'क्या मैं पागल हूँ? इतना भी नहीं जानती?'

मैंने आँखें बंद करके दबी सी आवाज में कहा, 'तुम जो कुछ हो, वह न समझता हूँ और न समझना चाहता हूँ। मुझे तो ऐसा लगता है, जैसे मैं किसी के हाथ

में यंत्र हूँ। और अलका, मैं यह चाहता हूँ कि जब तक जिऊँ, मैं किसी का यंत्र ही बना रहूँ।'

अलका ने कुछ जवाब नहीं दिया। मैंने दृष्टि उठाकर देखा, घबराकर बोला, 'यह आँखों में आँसू क्यों?'

एकाएक अलका मुझसे सट गई, 'तुम जो इतना प्यार करते हो, उसके यह आँसू हैं। सच स्वामी, तुम बहुत प्यार करते हो। मैं जानती हूँ कि मैं पागल हूँ। अपने को रास्ते पर लाना भी चाहती हूँ, लेकिन तुम तो मुझे कभी कुछ कहते ही नहीं, उलटा मेरे पागलपन को सहारा देते हो। इतना विश्वास करते हो मुझपर, और मैं उस विश्वास को उठाए नाचती फिरती हूँ।'

तब न जाने क्यों मुझे डर लगा। खींचकर उसे अपनी छाती से लगा लिया, 'यह क्या बक रही हो अलका, मैंने तो तुम्हें कुछ भी नहीं कहा।'

अलका सुबकती हुई बोली, 'यही तो, तुम कुछ कहते क्यों नहीं? तुम मेरी ताड़ना क्यों नहीं करते? तुम मेरे पति क्यों नहीं बनते?'

मैंने चुपचाप उसके आँसू पोंछ दिए और उसने मेरे। मैंने कुछ जवाब नहीं दिया। उसने फिर माँगा भी नहीं।

उसके बाद हम लोग फिर उसी कुरूप कलकत्ता नगर में लौट आए। बहुत दिनों तक वह बात मुझे स्वप्न जैसी लगी और फिर मैं उसे भूल गया। इन दिनों कोई उसे देखता तो यह नहीं कह सकता था कि उसमें कोई भी विशेषता है। वह बिलकुल एक साधारण नारी की तरह, एक ऐसी साधारण नारी की तरह, जो पहली बार माँ बनने जा रही है, व्यवहार करती थी। देर तक वह सोती रहती। जागती तो भी देर तक अलस भाव में पड़ी रहती। बहुत सी बातें करने को उसका मन न करता, बहुत सी बातों से उसे जैसे अरुचि हो गई थी। उदाहरण के लिए, जैसे दूध की गंध से उसे मतली आने लगती थी। इन सब बातों को देखकर जब मेरी माँ आई तो उसने मुँह बिचका लिया। जैसे उसने अनागत में किसी दुर्दिन की कल्पना कर ली हो। जैसे ज्योतिषी ने भविष्य पर छा जानेवाले भयंकर अंधकार को चेतावनी दी हो। उसने एक दिन मुझसे कह ही तो दिया, 'हूँ, तो बेटी का बाप बननेवाला है।'

मैं अपनी माँ को देखता ही रह गया। बिलकुल पुराने युग की पुरानी भावनाओं से भरी हुई। कुछ बातों से बेहद प्यार करनेवाली, कुछ बातों से बेहद घृणा करनेवाली। कई क्षणों के बाद उसकी बात मेरी समझ में आई। मैंने मुसकराकर कहा, 'माँ, प्राचीनकाल में जो कुछ भी आदर्श हमारा रहा हो, आज का युग उनकी कोई चिंता नहीं करता। सुना है कि राजपूत लोग कन्या को प्रसूति-गृह में ही गला

घोंटकर मार देते थे। किसी को दामाद बनाना वे अपना अपमान समझते थे। उस काल में कन्या-हरण को लेकर जो युद्ध होते थे, उनकी विशाल हिंसा से बचने के लिए उन्होंने यह अल्प हिंसा स्वीकार कर ली थी। लेकिन माँ, यह सब तो समस्या से भागने जैसा था, निरा फूहड़पन। आज तो सब लोग इसका मजाक उड़ाते हैं।'

माँ तेज होकर बोली, 'तुम लोगों ने मजाक उड़ाने के सिवाय कुछ और सीखा है? हया-शरम तो तुम लोगों में रही नहीं। बहुओं का तुमने…'

उसके आगे वह सहसा रुक गई। वह क्या कहना चाहती थी, यह समझकर मुझे बहुत दुःख हुआ। कुछ कड़ी बात मेरी जीभ पर आकर रह गई, लेकिन यह समझकर कि यह संस्कारों की गुलामी है और शब्दों की चोट है कि उस गुलामी की पकड़ को और भी कड़ी करती है, मैं चुप हो गया। माँ ने और बहुत कुछ बक-झक की और उसके बाद अलका के प्रति उनका व्यवहार रूखा-रूखा रहने लगा।

जैसा अलका का स्वभाव था, उसने इन बातों की कोई चिंता नहीं की। मुझसे उसने एक बार भी नहीं कहा कि माँ कुछ नाराज दिखाई देती हैं। एक दिन तो उसने मुझसे कहा, 'इस बार मैं माँ के साथ तुम्हारे देश चली जाऊँ तो कैसा रहेगा?'

मैंने तुरत जवाब दिया, 'नहीं अलका, ऐसा पागलपन मत कर बैठना। मुझे कहीं जाना है और तुम मेरे साथ चलोगी।'

अलका मुझे देखती रह गई। उसे विश्वास नहीं हो रहा था कि यह बात मैंने ही कही थी। फिर हँस पड़ी, 'सच, तुम कहीं चलोगे?'

उस क्षण की अपनी बात पर मुझे अचरज हुआ, फिर भी मैं बोला, 'हाँ! दिल्ली में हमारी एक कॉन्फ्रेंस हो रही है।'

'सच, दिल्ली चलोगे?' वह इतनी खुश हुई कि ताली पीटने लगी और फिर उस यात्रा के लिए उसने एक अच्छा-खासा भाषण दे डाला।

चार दिनों के बाद जब मुझे दिल्ली के लिए रवाना होना था, तब वह मेरे पास आई और बोली, 'देखो, मैंने एक कविता लिखी है।'

अलका अपने विद्यार्थी-जीवन में कविता लिखा करती थी। वैसे, उसका पूरा जीवन कवितामय ही था, लेकिन अपने दो साल के विवाहित जीवन में मैंने उसे कभी कविता करते नहीं देखा था और आज जब वह कागज लेकर पढ़ा तो पढ़ता ही रह गया। बहुत ही प्यारा गीत उसने लिखा था। उसमें अनागत की कल्पना थी। अतीत का मनोहारी चित्रण था। प्रणय की उसमें तनिक भी चर्चा नहीं थी; जो कुछ भी था, वह मानव के अक्षय प्राणाधार का रहस्यमय लेखा था, लेकिन वह सब इतना मधुर था कि मैं उल्लास से भर गया।

वह बोली, 'दिल्ली-रेडियो में मेरी एक सखी काम करती है। उसी ने मुझे लिखा था। मैं इसे वहाँ गाऊँगी।'

मैंने अकचकाकर पूछा, 'तुम स्वयं गाओगी!'

'हाँ।'

'तुम गा लेती हो?'

'जैसे तुम जानते ही न हो।'

मैं मान लूँ कि मैंने कई बार उसका गाना सुना था और मुझे अच्छा लगा था, लेकिन गाने के प्रति उसका ऐसा उल्लास कभी नहीं पाया था।

अलका ने रेडियो पर गाया और इस बात में तनिक भी अतिशयोक्ति नहीं है कि वायु की तरंगों पर लहराकर उसकी कंठ-लहरी इतनी मादक हो उठी थी, मुझे कुछ मालूम नहीं कि उसने क्या गाया। मैं तो जैसे रस के तरंगित सागर में आपाद-मस्तक डूब चुका था। अलका जब लौटी तो कई क्षणों तक मैं उससे बात न कर सका, उसने ही पूछा, 'अच्छा लगा!'

मैंने सहसा कहा, 'कैसा लगा, यह बताने के लिए मेरे पास शब्द नहीं हैं।'

वह हँस पड़ी, 'तो बुरा लगा!'

मैंने कहा, 'यह भी नहीं जानता। इतना जानता हूँ कि जब तक तुम गाती रही, तब तक मैं जैसे था ही नहीं, या कहूँ, जैसे कहीं अंतर्लोक में रहा होऊँ।'

अलका ने कहा, 'बस, बस, काफी हुआ। तुम इतने छिपे हुए खुशामदी हो, यह मैं नहीं जानती थी।'

और इसी तरह से एक हफ्ता दिल्ली में बीत गया। अलका वहीं रुक गई और मैं लौटकर कलकत्ता चला आया। उसे कुछ और प्रोग्राम मिल गए थे, लेकिन कलकत्ता आने के तीसरे दिन ही देखता हूँ—अलका मेरे सामने खड़ी है।

'अरे,' मैंने कहा, 'तुम आ गई?'

वह बोली, 'वहाँ रहना अच्छा नहीं लगा। हर एक के सामने आते कुछ हास्योत्पादक सा लगता है।'

□

और उसके बाद अलका ने सचमुच अपने को हरेक की दृष्टि से छिपाने का पूरा प्रयत्न किया। हर समय वह अपने कमरे में बंद रहती। बाहर उसकी दिलचस्पी बस, रसोई तक ही सीमित रह गई थी। वहाँ का सारा काम वह अपने हाथ से करती थी। मुझे अपने सामने बैठाकर खिलाना भी वह नहीं भूली थी, लेकिन जब मैं उसे बाहर चलने के लिए कहता, तब वह एकदम बात को टाल जाती। मैं हँसकर उसे

चिढ़ाने की कोशिश करता, लेकिन वह मुसकराकर मेरी ओर ऐसे देखती कि उसे गुदगुदाने में भी मुझे कष्ट मालूम होने लगता, लेकिन इस बीच में एक दिन वह मेरे पास आई। मैं तब कॉलेज से लौटा था। मुझे याद है, उस दिन पूर्णिमा थी। उसने मुझसे कहा, 'बाहर चलोगे?'

एकाएक मुझे उसकी बात कुछ समझ में नहीं आई। मैंने कहा, 'कहाँ चलना होगा?'

बोली, 'ऐसे ही घूमने को जी कर रहा है। रात भर झील के किनारे रहना चाहती हूँ।'

मैंने हठात् कहा, 'रात भर?'

बोली, 'हाँ! पूर्णिमा का राज्य तो रात में ही होता है न, मैं उसके प्रभाव का अनुभव करना चाहती हूँ।' कहकर वह हँसने लगी। मैंने उसकी अवस्था को देखकर टाल-मटोल करना चाहा, लेकिन वह बोली, 'मैं आसानी से माननेवाली नहीं हूँ। तुम्हें मेरे साथ चलना होगा।'

मैंने कहा, 'और मैं नहीं चलूँ तो?'

वह बोली, 'तो मैं आपको सजा दूँगी।'

'क्या सजा दोगी?'

'यह कि नौकर को भेजकर टैक्सी मँगवाऊँगी और उसमें बैठाकर आपको अपने साथ ले चलूँगी।'

कहना न होगा कि उसके बाद हम लोग झील के किनारे गए और तमाम रात परियों के देश में रहनेवालों की तरह चंद्र-ज्योत्सना में स्नान करते रहे और उमगते रहे। वहाँ पर अलका ने मुझसे एक बात कही, 'जानते हो, मैंने अपनी संतान का क्या नाम रखा है?'

मैंने उसकी ओर देखकर पूछा, 'क्या नामकरण भी कर डाला?'

बोली, 'हाँ, उसका नाम होगा दीप्ति।'

मैं हँस पड़ा, 'बड़ा प्यारा नाम है।'

बोली, 'वह हमारे देश की दूसरी लक्ष्मीबाई बनेगी।'

मैंने इस बार कुछ गंभीर होकर कहा, 'अलका, आज हमारे देश को लक्ष्मीबाई की जरूरत नहीं है।'

वह बोली, 'जानती हूँ, लेकिन क्या तुम समझते हो कि पिछली शताब्दी की लक्ष्मीबाई इस शताब्दी में तलवार लेकर लड़ेगी। वह तो पूर्ण रूप से रूपांतरित होकर आएगी।'

सुनकर मैं स्तब्ध रह गया। हर बात को उसने हर पहलू से पहले ही सोच लिया है। दोनों लौट पड़े। तब तक चंद्रमा अस्त नहीं हुआ था। अट्टालिकाओंवाली कुरूपा कलकत्ता नगरी बिलकुल सुनसान पड़ी हुई थी। हम दोनों जैसे अपने हृदयों की धड़कनें सुनते हुए उन गंदी सड़कों पर चलते रहे। काफी देर चलने के बाद एकाएक एक गली के पास सिसकी की आवाज सुनाई दी। मैंने उसपर ध्यान नहीं दिया, लेकिन अलका ठिठक गई। बोली, 'कोई रो रहा है।'

गली के अंदर जाकर देखा—एक विशाल भवन की पैड़ियों के नीचे एक गठरी सी पड़ी हुई है और उसी में से निकलकर वह सिसकियों की आवाज वहाँ पर फैल गई है। मैं उसके पास गया और पूछा, 'कौन हो तुम?' वह गठरी जैसे खुली हो। एक नरकंकाल उस धुँधलके में से मेरी आँखों के सामने उठता चला गया। मैंने सहसा मुड़कर कहा, 'अलका, यहाँ से चलो।'

अलका मुझे देखती रह गई। मैंने फिर कहा, 'सुना नहीं, यहाँ से चलो।'

और मैं जैसे उसे आगे धकेलता हुआ ले चला, लेकिन अलका चट्टान बन गई थी। उसने मुझसे कहा, 'रुको!'

और फिर वह उस नरकंकाल के पास जा पहुँची। वह एक युवक का नरकंकाल था। मेरे अंदर एक तूफान उठ रहा था, पर जैसे वह चाय के प्याले में का तूफान हो, मैं कुछ कर न सका। और अलका कई मिनट तक बड़े प्यार से उससे बातें करती रही। मैंने जो कुछ देखा-सुना, उसका अर्थ इतना ही था कि उसने उसे कई रुपए थमाए और अपने घर का पता देते हुए कहा, 'शाम को वहाँ आना।'

और उसके बाद वह तुरत मेरी ओर बिना देखे गली से बाहर चली आई। बहुत देर तक हम दोनों चुपचाप चलते रहे। यहाँ तक कि घर आने पर भी अलका चुपचाप अपने कमरे में जा पड़ी। चाय के वक्त, फिर खाने पर मैंने उसको नहीं देखा। दासी ने बताया, 'वह सो रही है।'

लेकिन जब मैं कॉलेज जाने लगा तो उसके पास गया। वह चुपचाप कुरसी पर बैठी हुई, जैसे जड़ बन गई हो, शून्य में देख रही थी। मैंने घबराकर पूछा, 'अलका, तबीयत तो ठीक है?'

अलका जैसे चौंक पड़ी। बोली, 'तबीयत!'

मैंने कहा, 'हाँ, तुम्हारी तबीयत तो ठीक है?'

अलका उठकर मेरे पास आ गई और फिर धीरे-धीरे बड़े करुण स्वर में मुझसे बोली, 'क्यों जी, दुनिया में इतनी पीड़ा क्यों है?'

मैं हँस पड़ा, 'कुछ लोग जरूरत से ज्यादा सुख में रहते हैं, इसलिए।'

इसके बाद उसने मुझसे कुछ नहीं कहा, कोई बहस नहीं की, लेकिन कॉलेज से लौटने पर शाम को मैं देखता हूँ कि सवेरेवाला वह नरकंकाल हमारे घर में मौजूद है। और अब वह इतना भयानक नहीं लग रहा था। चेहरे पर भी कुछ चमक सी दिखाई देती है। पास आकर मैंने देखा—लड़के का रंग अगरचे कुछ पीला पड़ गया था, पर चेहरा उसका सुंदर था। मुझको देखकर वह थोड़ा हँसा। बोला, 'माँ मुझको उठाकर न ले आतीं तो शायद अब तक मैं मर चुका होता। मैं बर्दवान का रहनेवाला हूँ। नौकरी की तलाश में मैं यहाँ आया था। सुना था, कलकत्ता में बहुत पैसा है, लेकिन आकर जो कुछ देखा, उससे तो पता लगा कि यहाँ केवल पैसा ही है। उसपर शासन करनेवाला कोई नहीं है।'

मैंने अकचकाकर कहा, 'तुम पढ़े हुए हो?'

बोला, 'ढाका यूनिवर्सिटी से बी.ए. की डिग्री ली थी, लेकिन बहुत दिन हुए, उसे फाड़कर फेंक चुका हूँ।'

मेरा पूरा अस्तित्व जैसे किसी ने झँझोड़ दिया हो, 'तुम बी.ए. पास! बी.ए. की डिग्री तुमने ली!'

वह बोला, 'डिग्री तो अब नहीं है, लेकिन काम करके आपको विश्वास दिलाया जा सकता है।'

तभी अलका वहाँ आ पहुँची। हँसती हुई बोली, 'देखा तुमने, कैसे-कैसे निकम्मे लोग हमारे देश में पड़े हुए हैं। बी.ए. पास करके दुनिया को डराने का ठेका लिया है इस आशुतोष ने। अच्छा आशुतोष, अब तुम किसी को नहीं डरा सकोगे। तुम्हें काम करना होगा।'

आशुतोष बोला, 'काम मिलता कहाँ है? उसकी तालाश में तो मैं जन्म-जन्म से फिर रहा हूँ।'

मैं बड़े जोर से हँस पड़ा, 'तुम जरूर कोई बहुरूपिया हो।'

उस दिन के बाद वह कहीं गया नहीं। उसने कुछ माँगा भी नहीं, लेकिन वह पागल कहता है कि पाया उसने इतना कि शायद सौ जन्मों में भी उसे लौटा न सकेगा। अलका का वह इतना विश्वस्त बन गया कि कई बार तो मुझे भी उससे ईर्ष्या हुई और जब उस घटना के कुछ दिनों बाद अलका हॉस्पिटल गई तो यह आशुतोष ही था, जो उसकी देखभाल करता रहा। माँ को कई बार आने के लिए लिखा, पर वह नहीं आई।

□

ठीक समय पर अस्पताल में अलका ने एक कन्या को जन्म दिया। जन्म के

समय वह पूरी तरह होश में थी। नर्स ने मुझे बताया था कि प्रसव के ठीक बाद उसने अपने दर्द को भूलकर उससे कहा था, 'मैं शिशु को देखना चाहती हूँ।'

और जब कन्या को उसके सामने लाया गया तो एक पारखी की तरह उसने उसको परखा। मुसकराई। उस वक्त उसके नयनों में से एक अनिर्वचनीय आलोक बहता हुआ जैसे उस पूरे कमरे को आलोकित कर रहा था। डॉक्टर लोग भी यह अनुभव कर रहे थे कि जैसे स्वयं सौंदर्य इस बाल-रूप में अवतरित हो गया है। सचमुच, वह बालिका परम सुंदरी थी। उसके नुकीले नैन नीले थे। उसके सुनहरे केश उसके माथे पर बिखर आए थे। वर्ण उसका रक्तिम गौर था। यह सब देख-सुनकर मुझे अलका की कल्पना की सफलता पर बड़ा ही आश्चर्य हुआ। मैंने कभी यह विश्वास नहीं किया था कि उसका पागलपन इस प्रकार मूर्त हो उठेगा, लेकिन जब मैं अलका के सामने गया और उसने आँखों में गर्व भरकर मुझसे कहा, 'देखो।' तो मैं एकाएक जवाब नहीं दे सका। कुछ क्षणों के बाद मैंने कहा, 'अलका, तुम सचमुच निर्मात्री हो। विधाता तुमसे ईर्ष्या करता होगा।'

अलका ने स्मित हास्य से कहा, 'ईर्ष्या नहीं, प्रेम कहो। उनके प्रेम के बिना क्या कुछ हो सकता है?'

मैं उस समय बहस करने की स्थिति में नहीं था, लेकिन अलका तीसरे दिन ही घर लौटने की स्थिति में हो गई थी। और फिर उसने जिस प्रकार दीप्ति का भार अपने ऊपर लिया, वह सबको चकित करनेवाला था। ऊपर से वह शांत रहने की कोशिश करती, लेकिन अपनी सफलता पर उसे कम गर्व न था। कुछ दिनों के बाद मैंने देखा कि उसकी कविता की धारा ने एक मोड़ लिया। वह भक्तिपूर्ण कविता लिखने लगी। उसमें जीवन और मृत्यु—दोनों का प्रगाढ़ प्रेम ओत-प्रोत रहता था। आजकल के कवियों की तरह विरह, वेदना, उपेक्षा, निराशा या उद्भ्रांत आदर्श से वह बहुत दूर थी। उसमें भरा हुआ था शक्तिवान जीवन का आदर्शवाद। वह कहा करती थी कि वह नूतन मानव सिद्धांत का निर्माण करेगी।

इधर माँ देश से लौट आई थी। ऊपर से तो वह भी कुछ नहीं कहती थी, लेकिन भीतर-ही-भीतर वह बहुत ही अप्रसन्न थी। उसने एक बार भी उस नवजात बालिका को अपने अंतर का प्रेम नहीं दिया था। वह सुंदर थी, इतनी सुंदर कि उसके कुल में युग-युग से कोई उसके रूप का धोवन होने का भी साहस नहीं कर सकता था। उसको तो बस, इस बात का दुःख था कि वह लड़की क्यों थी। इसलिए उस दुःख को प्रकट करने का वह कोई भी अवसर नहीं चूकती थी। मैंने कभी उसकी बात का जवाब नहीं दिया। अलका का स्वभाव भी ऐसा नहीं था, लेकिन

यह जो आशुतोष नाम का नया प्राणी हमारे बीच में आ गया था, वह जैसे उस स्थिति को नहीं सह सकता था। कई दिन तो वह चुप रहा, लेकिन एक दिन एकाएक उसने मेरी माँ से कुछ ऐसी बात कह दी, जिससे वह क्रोध से भड़क उठी और उसके बाद जो कुछ उसने कहा, वह मेरे लिए दिल का दर्द बन गया। लेकिन आज इन बातों की क्या चर्चा की जाए। अब तो सबकुछ स्वप्न की तरह लगता है। याद रखने लायक बात इतनी है कि जब मेरा छोटा भाई और उसकी पत्नी हम लोगों से मिलने आए तो एकाएक अलका ने मुझसे कहा, 'सुनते हो, इस दीप्ति को मैं नंदिता को देना चाहती हूँ।'

मैंने अकचकाकर पूछा, 'क्यों?'

वह बोली, 'मैं तो कल्पना में डूबी रहती हूँ, लेकिन नंदिता ने उसको मूर्त रूप देना सीखा है। मैं चाहती हूँ कि दीप्ति मेरी तरह कल्पना में न डूबी रहे, बल्कि उसकी तरह कर्म में डूबी रहे। मैं उसे विप्लववादिनी बनाना चाहती हूँ।'

सहसा मुझसे कुछ जवाब देते न बना। थोड़ी देर बाद इतना ही कहा, 'अलका, नहीं जानता कि तुम कब कौन सा रूप धारण करोगी, लेकिन निश्चय कर चुका हूँ कि तुम्हारे मार्ग में कोई बाधा नहीं बनूँगा। दुःख भी नहीं मानूँगा।'

सुनते-सुनते अलका उठी, उसने मेरे दोनों पैर पकड़ लिये और अपना सिर उनपर रखकर बोली, 'स्वामी, तुम्हारे सामने मैं बहुत छोटी हूँ। कभी-कभी अहंकार से बोलने का नाटक करती हूँ, उद्धत और दुर्विनीत भी बन जाती हूँ, लेकिन मन, वचन, कर्म से मैं सदा तुम्हारी हूँ। मुझे कुछ चाह नहीं है।'

मैंने प्यार से अलका को अपने पास खींचते हुए कहा, 'सबकुछ समझता हूँ, लेकिन यह चाहनेवाली बात तुम झूठ कह रही हो।'

'कैसे?' गरदन ऊपर उठाकर मेरी आँखों में झाँकते हुए उसने पूछा।

मैंने कहा, 'आज नहीं अलका, फिर किसी दिन बताऊँगा और शायद बताना भी न पड़े, स्वयं समझ जाओगी।'

वह बोली, 'बहुत चालाक हो, लेकिन मैं भी सहज ही माननेवाली नहीं हूँ। मैं अपनी सीमाएँ जानती हूँ। ब्रह्मा मैं बन सकती हूँ, लेकिन विष्णु बनने की शक्ति मुझमें नहीं है। वह शक्ति पाई है नंदिता ने।'

मैंने कहा, 'अलका! ब्रह्मा, विष्णु और शिव—ये कभी अलग-अलग नहीं थे। मनुष्य ने स्वार्थ के लिए इनको भागों में बाँट दिया है।'

अलका बोली, 'इस सृष्टि में स्वयं विधाता असंख्य भागों में ही तो उतरा है।'

मैं हँस पड़ा, 'अलका, तुम हार न मानोगी।'

अलका ने कहा, 'शक्ति क्या कभी शिव से हार मान सकी है?'

'अच्छा, अच्छा,' मैं बोला, 'तुमने नंदिता से पूछा?'

'पहले तुमसे जो पूछना था। तुमसे पूछे बिना क्या मैंने कभी कुछ किया है?'

और फिर मेरे उत्तर की प्रतीक्षा किए बिना वह दीप्ति को गोद में लेकर नंदिता के पास पहुँची। कौतूहल से मैं उसके पीछे-पीछे गया। उसने सचमुच वहाँ एक नाटक कर डाला। एकाएक दीप्ति को उसके चरणों के पास रखकर वह वहाँ बैठ गई। नंदिता सकपकाकर न उठ सकी और न बैठी ही रह सकी। उसने कहा, 'जीजी, यह क्या है?'

अलका बोली, 'छोटी बहन को भेंट देने आई हूँ। इसे तुम स्वीकार करो।'

नंदिता फिर भी नहीं समझी। उसने मेरी ओर देखा। मैं मुसकरा रहा था। इससे वह कुछ आश्वस्त तो हुई, लेकिन फिर भी उसने पूछा, 'क्या बात है बड़े भैया?'

मैंने कहा, 'अलका ठीक कह रही है।'

'फिर भी मैं समझी नहीं।'

अलका बोली, 'जैसा मैं चाहती थी, दीप्ति को वह रूप मिला है। अब चाहती हूँ कि यह रूप ही सबकुछ न होकर उसका आंतरिक विश्वास भी जगमगा उठे। और उसी के लिए मैं इसे तुम्हें सौंपना चाहती हूँ। आज से तुम इसकी माँ हुईं। मैं जानती हूँ बहन, तुम बंधन में बँधना नहीं चाहती, लेकिन इस दुनिया में आखिर बंधन के सिवाय कुछ दिखाई भी तो नहीं देता।'

नंदिता अब समझी। उसने दीप्ति को अपनी गोद में उठा लिया और छाती से चिपकाते हुए बड़े प्यार से बोली, 'अब तुम्हें कुछ और नहीं कहना होगा, जीजी। दीप्ति मेरी है।'

मुझे इस सारी घटना पर जैसे आज भी विश्वास नहीं हो रहा है। मैं जानता हूँ, आप भी विश्वास नहीं करते होंगे। हो सकता है, भावावेश में मेरे कहने में कुछ अतिरंजना हो, लेकिन जो कुछ मैंने अपनी आँखों से देखा, उसका रूप कुछ ऐसा ही था। एक क्षण में नंदिता ने अलका की बात को स्वीकार कर लिया, यह एक बहुत बड़ी बात थी। शायद लड़की के रूप में नंदिता के भीतर छिपी हुई माँ जाग उठी हो, क्योंकि आधुनिक नारी को जो हमने केवल रति ही मान लिया है, वह भी तो एक भूल ही है। रति होकर भी वह अनसूया है, जिसने विधाता के तीनों रूपों को

अपने गर्भ में धारण किया था। बल्कि मैं तो कहता हूँ कि वह अनसूया अधिक है और हर बार संतान को जन्म देकर वह इस बात की घोषणा करती है कि विधाता एक और रूप लेकर पृथ्वी पर अवतरित हुआ है।

□

इस घटना के बाद यह नहीं हुआ कि नंदिता दीप्ति को ले गई हो। समझौता उनका यह हुआ कि जब तक दूसरी संतान न हो, तब तक दीप्ति अलका के पास ही रहेगी। यह सब इतने सहज भाव से हुआ कि बाहरवालों को इसके बारे में कुछ भी पता न लगा और अलका की दुनिया पहले की तरह हँसती-खेलती आगे बढ़ती रही। इस बीच में एक आश्चर्यजनक बात मैंने यह देखी कि उसने दीप्ति को कभी भी दवा नहीं दी। उसे कोई ऐसा रोग भी नहीं हुआ। जब छोटा-मोटा रोग मालूम होता तो वह एकदम उसके रहन-सहन और खान-पान की व्यवस्था पलट देती। उसका विश्वास था कि कम-से-कम पाँच वर्ष तक तो बच्चे को दवा के लिए डॉक्टर के पास नहीं ले जाना चाहिए। वैसे, वह जब-तब लेडी डॉक्टर से सलाह लेने के लिए पहुँच जाया करती थी, लेकिन ये सब बातें कोई बहुत महत्त्वपूर्ण नहीं हैं कि उसकी चर्चा की जाए।

हाँ, साल भर बाद अलका में एक और अद्‌भुत परिवर्तन शुरू हुआ। वह अब काफी मुखर हो उठी थी और बाहर की दुनिया के कामों में दिलचस्पी ले रही थी। वैसे, पहले भी वह सांस्कृतिक समारोहों में भाग लिया करती थी, लेकिन अब वह विभिन्न सार्वजनिक समारोहों में भाग लेने के लिए उत्सुक रहने लगी। उसके कमरे में जो चित्र लगे हुए थे, वे धीरे-धीरे विलुप्त होने लगे और उनके स्थान पर जो नए चित्र आए, वे सब प्रकार से नए थे। वे सब उन पुरुषों के चित्र थे, जिनकी पूजा संसार करता है। उनमें संत थे, दार्शनिक थे, साहित्य के प्रणेता थे और वे लोकनेता थे, जिनके पद-चिह्नों पर चलने के लिए प्रत्येक युग और प्रत्येक देश में मानव लालायित रहते हैं। उसकी कविता की धारा भी इन दिनों अग्निपथ के मार्ग से चलती जान पड़ती थी। ज्यों-ज्यों समय बीतता था, त्यों-त्यों उसकी स्थिति गंभीर होती जाती थी। आरंभ में इन बातों की ओर मेरा ध्यान अधिक नहीं गया; क्योंकि अब आशुतोष उसका पूरा विश्वासपात्र था और इसलिए उसके पागलपन भरे कई कामों का वह साथी बन गया था।

आगे बढ़ने से पहले आशुतोष की कुछ बातें बताता चलूँ। वह धीरे-धीरे शरीर से ही स्वस्थ नहीं हुआ, बल्कि उसका जीवन भी एक स्वस्थ धारा में बहने लगा। बिना मेरी सहायता के वह एक अच्छी संस्था में काम करने लगा। संस्था

सामाजिक थी, लेकिन आशुतोष का रुझान कुछ क्रांतिकारी था। इसलिए कभी-कभी सेवक और स्वामी के बीच काफी कड़ी कहा-सुनी हो जाती थी; फिर भी उसका काम चलता रहा और बहुत शीघ्र आशुतोष कलकत्ता के एक युवा समाज का नेता बन बैठा। वह समाज कविता के द्वारा क्रांति के शोले उगलता था और उनकी चाल में जैसे विस्फोट का दंभ भरा हुआ था। वे विप्लव की भी बड़ी चर्चा करते थे और उस चर्चा को मूर्त रूप देने के लिए जैसे उन्होंने अपनी वेशभूषा में अच्छा-खासा परिवर्तन कर लिया था। शंकर की बरात की तरह यद्यपि वे इतने भयावह नहीं थे, लेकिन जब-तब वे मेरे घर पर हमला बोलकर मुझे हैरान अवश्य करते थे। उनका कौन सा साथी कब कौन सी पोशाक में आएगा, यह जानना मेरे लिए काफी कठिन हो गया था, लेकिन इसका मतलब यह नहीं था कि वे उच्छृंखल, कपटी या अश्लील थे। वे तो बस, ऐसे ही घुल-मिलकर अपनी अंतर की, या कहें, हमारे तत्कालीन समाज के अंतर की व्यथा को छिपाने की चेष्टा किया करते थे। जब-तब वे किसी गली-महल्ले पर हमला बोलते और वहाँ के किसी दीन-दु:खी या और किसी अन्य असहाय व्यक्ति को पकड़ लेते और फिर घंटों बैठकर उसे लज्जित करते, भाषण देते और चलते वक्त मुझे आज्ञा दी जाती कि उसको कुछ दे दिया जाए।

उसके कई दिनों के बाद वह असहाय व्यक्ति अच्छी-खासी वेशभूषा में फिर मेरे सामने उपस्थित होता और जो कुछ मैंने उसे दिया था, उसे लौटा देता। तब कहीं मुझे पता लगता कि अब वह आदमी भले मनुष्यों में बैठने लायक हो गया है, अर्थात् वह अपनी जीविका पैदा करने में सफल हो गया है। एक-आध बार तो यह बात मेरी समझ में नहीं आई, लेकिन साल बीतते-बीतते क्या देखता हूँ कि मेरा घर नाना प्रकार के मानव-जंतुओं से भर गया है। उसमें कवि भी हैं और गल्प-लेखक भी। कॉलेज में भाषण देकर जो जीविका चलाते हैं, वे भी उसमें कम नहीं थे। प्लैटफॉर्म के नेता, छोटे-मोटे व्यापारी, फेरी लगाकर माल बेचनेवाले और झल्ली रखकर बोझा ढोनेवाले—सब उसमें शामिल थे और उन सबका नेता उस दिन का नरकंकाल आशुतोष था। आप यह न समझ लीजिए कि वे पागल थे। जी नहीं। उनमें नाना रूप, नाना रंग और नाना जाति के लोग ऐसे चमकते थे, जैसे शरद्कालीन आकाश में तारे चमकते हैं। यह सबकुछ मुझे अच्छा लगता था, यह बात मैं आज तक नहीं जान पाया, लेकिन इतना जरूर जानता हूँ कि अलका इस पूरे कांड में भरपूर रस लेती थी। और जब-तब मेरे सिर होकर कहती, आज हमारी साहित्यिक सभा की मीटिंग है, आज हमारा 'कवि-सम्मेलन है, आज चीनी-हिंदी-मित्र संघ

की बैठक बुलाई गई है। आज हम लोग हिंदुस्थान-पाकिस्तान के संबंधों पर चर्चा करने जा रहे हैं। आज नवीन और वर्तमान चित्रकला पर भाषण होगा। इस प्रकार मजदूरों के स्वास्थ्य से लेकर वह पंडित नेहरू या रवि ठाकुर के जन्मदिन-उत्सवों का निमंत्रण देने आती थी और उसके पीछे-पीछे होता वह प्यारा अनुचर आशुतोष। मैं उसकी बातें सुनकर एक क्षण उसे देखता और पूछता, 'क्या मेरा चलना जरूरी है?'

अलका कहती, 'हाँ, हाँ, जरूरी है। तुम प्रोफेसर हो, भाषण देने की कला पर कुछ बोल सकते हो। फिर अर्थ के मामले में तुम्हारी मंजूरी की आवश्यकता हो ही सकती है।'

मैं कह देता, 'अलका, इस मामले में मैं सारे अधिकार तुम्हें देता हूँ।'

एक दिन अलका ने जवाब दिया, 'ना बाबा, मुझे तुम्हारे अधिकार नहीं चाहिए। मैं तो तुम्हें चाहती हूँ, समूचे तुमको। बचना चाहोगे तो भी नहीं बच सकोगे। और कुछ न सही; वहाँ पर चलोगे तो मजा ही आएगा। और इसपर भी तुम्हें संतुष्टि न होती हो तो मैं कहती हूँ कि वहाँ तुम्हारी जरूरत इसलिए अवश्य है कि सब मुझ पर विश्वास करते रहें।'

सहसा मुझे मजाक सूझा। मैं कह उठा, 'अलका, क्या तुम्हारा रूप इस बात के लिए काफी नहीं है?'

अलका ने तब तुरत जवाब दिया, 'इसी निगोड़े रूप के लिए तो तुम्हारे हाथ-पैर जोड़ती हूँ। जब वे जान लेंगे कि इस रूप का उपासक पहले से ही मौजूद है तो फिर उनके मन में कोई लोभ नहीं होगा। मेरे पक्ष को अदर्शनीय जानकर वे पहले दूसरे पक्ष पर ही ध्यान देंगे।'

हँसी आते-आते रह गई। हिमालय टूटकर जैसे छाती पर गिर पड़ा हो। बहुत देर बाद उसका साफ-साफ मतलब समझ सका।

□

एक दिन की बात क्या बताऊँ। घर पर पूरी महफिल जुड़ी हुई थी। चाय-पान के बाद वह कहकहे उठ रहे थे कि आकाश गूँज उठता था। तभी सहसा माँ के आगमन की सूचना मिली। सूचना ही नहीं, मेरे अनेक करीबी रिश्तेदारों के साथ, जो मेरी माँ की तरह हमारी राष्ट्रीय पोशाक और गहनों से पूरी तरह सज्जित थीं, वे सब वहाँ आ खड़े हुए। जैसे भूचाल का तेज झटका लगता है, वैसे ही हम सब काँप उठे, लेकिन इस दल में अलका के सिवा किसी के भी मुख पर कौतूहल के अतिरिक्त किसी भाव का चिह्न-मात्र भी नहीं था। अलका तेजी से आगे बढ़ी और

सबके सामने उसने माँ के चरण दाबे। तब तक उन सबकी आँखों से हँसी की धारा फूट उठी थी, लेकिन अलका तो सबके चरण दाबती रही; वह दाबती रही और वे पीछे हटती रहीं। किसी नाटक के अंतिम दृश्य का अच्छा-खासा अभिनय उस वक्त हो गया, लेकिन ड्रॉपसीन होते-होते तक वह अभिनय क्या रूप लेगा, इसे सहसा कोई भी न जान सका। पाँव दाब चुकने के बाद अलका ने एक बार मेरी ओर देखा। मुझे उस वक्त बहुत बुरा लग रहा था। गुस्सा आ रहा था। एक क्षण अलका मुझे देखती रही, फिर वह आशुतोष की ओर मुड़ी और बोली, 'आशुतोष! यह सभा भंग की जा रही है। प्रोफेसर साहब से कॉलेज में बातें करने से काम चल जाएगा।'

तब एक-एक करके वे सब लोग भले मानुसों की तरह वहाँ से विदा हो गए। चलते समय उनकी आँखों में ईर्ष्या, आक्रोश, अवहेलना, क्या रहा, यह मैं ठीक-ठीक नहीं बता सकता, लेकिन अपने बारे में मुझे कोई शंका नहीं है। मैं अगर तब बोल सकता तो यह कहता कि मैं आज के बाद तुम लोगों से कभी नहीं मिलना चाहता। अलका से भी मैं यही कहने के मूड में था, लेकिन कुछ क्षणों के बाद वहाँ का रूप दूसरा ही हो गया। अलका को अपने कमरे में और आशुतोष को बाहर मेरी बैठक में शरण लेनी पड़ी। माँ ने तब अपना जो उग्र रूप दिखाया, वह मेरे उन आनेवाले नातेदारों के सामने आवश्यक था। उस दिन सौभाग्यवश मैं मौन रहा।

सब बातों से निबटकर रात में जब अलका से मेरा मिलना हुआ तो अपना सिर मेरे चरणों पर रखकर वह देर तक उन्हें जकड़े रही। मैं भी देर तक पत्थर का बुत बना बैठा रहा। आखिर एक झटका देकर अलका उठी। उसकी आँखें लाल हो रही थीं। उसने हाथ जोड़कर कहा, 'मैं तुम्हारा मौन नहीं सह सकती। क्या सचमुच तुम नाराज हो गए हो? हो गए हो तो मुझे दंड दो। इस प्रकार मौन न रहो।'

और इसके बाद फिर उसने मेरे चरण पकड़ लिये, फिर मुझे लगा कि वह अपना सिर मेरे चरणों पर बार-बार मार रही है और आँसुओं की जलती हुई धारा से मेरे पैरों में दाह पैदा हो गई है। उस समय मेरे मन की ठीक क्या अवस्था थी, यह मैं आज तक नहीं जान पाया। एक ओर मेरा मन क्रोध से जलता हुआ जान पड़ता था। उस दिन अलका की बात मुझे अच्छी नहीं लगी थी, लेकिन मन के अंदर जो एक और मन होता है, उसमें उस दिन भी मुझे विश्वास था, और आज भी विश्वास है कि अलका को मैं कभी दोषी नहीं ठहरा सकता, बल्कि यह कहना होगा कि जो कुछ मैं चाहता, अलका उसी को कहती जान पड़ती थी, लेकिन यह सच है कि उस दिन की घटना को लेकर हमारे घर में जो ऊहापोह मची, उसने मुझे काफी असंयत कर दिया। रात तक घर का वातावरण घुटा हुआ रहा, ज्वालामुखी फूटा नहीं, बस

यही अच्छी बात थी। जो बहुत से मेहमान आ गए थे, उन्हीं के सहारे माँ बार-बार ऐसी बातें करती रही, जो मेरे मन को उसी तरह छेद देती थीं, जैसे पेच काठ में ऐंठ-पर-ऐंठ देता हुआ छेदता चला जाता है। और इसी कारण मैं कुछ क्षण के लिए ही सही, अलका की निर्दोषता को बिलकुल भूल गया और मेरे मन में ऐसे भाव पैदा हुए, जिनकी कल्पना मात्र से आज भी मुझे घृणा होने लगती है। लेकिन शाबाशी है अलका को, वह बराबर हँसती रही, मेहमानों की हर तरह से मिन्नतें करती रही, एक भी व्यंग्य को उसने दूसरे रूप में नहीं लिया। और जहाँ तक मेहमानों का सवाल है, वे लोग तो केवल बातों में रस लेते थे, चिंता भी केवल उन्हीं के खान-पान की थी, इसलिए उनमें जो अपेक्षाकृत अलका की समवयस्का थीं, वे जब-तब अवसर पाकर अलका के कान में मेरी माँ के विरुद्ध काफी कुछ कह देती थीं। और तब अलका विरोध करती हुई लाल हो उठती, लेकिन तब, जब आधी रात को वह मेरे कमरे में यह नाटक करने पर तुली हुई थी, सहसा मैं अपने को सँभाल न सका। मैंने कुछ तलखी से कहा, 'अलका, किसी भी बात की कोई सीमा होती है। तुम किसी की भी चिंता किए बिना जो मनमानी करती हो, वह क्या ठीक है?'

अलका ने कहा, 'तो तुम मुझे टोकते क्यों नहीं? यही बात तो मुझे सालती रही है कि तुम मुझे कभी कुछ नहीं कहते। अब तक मैं समझती थी कि तुम मेरी किसी भी बात से असहमत नहीं हो। मेरा यह जो उपद्रव सह लेते हो, वह तुम्हें कड़वा भले ही लगे, लेकिन तुम्हारी इच्छा के विरुद्ध नहीं है, पर आज मुझे यह लगता है कि शायद ऐसा समझना मेरी गलती थी। तुम मुझे एक बार इशारा भर कर देते तो मैं कभी ऐसा नहीं करती।'

सहसा मुझे कुछ जवाब नहीं सूझा, लेकिन जवाब तो देना ही था। मैंने कहा, 'अलका, आदमी हमेशा कवि नहीं होता। तुम मुझपर जो यह लांछन लगाना चाहती हो कि मुझमें सहन-शक्ति नहीं है, यह गलत है। इस तरह बड़ी-बड़ी बातें बघारने से तुम्हारा अपराध कम नहीं हो जाता। तुम हर बात मुझसे ही क्यों चाहती हो? क्या तुम यह नहीं सोच सकती कि मैं क्या हूँ और क्या चाहता हूँ?'

अलका ने चीखकर कहा, 'अब तक तो गलती कर रही थी। तुम्हारे विश्वास को अखंड रूप से स्वीकार किया था। उसको खंड-खंड करने की कोशिश मैंने कभी नहीं की। न जाने क्यों मुझे ऐसा लगता रहा कि ऐसा करती तो तुम्हारा अपमान हो जाता। फिर भी इतना कह देती हूँ कि क्षण के सहस्रवें भाग में भी तुम्हारे अतिरिक्त कोई मूर्ति, तुम्हारे विश्वास के अतिरिक्त कोई और विश्वास मेरे हृदय में

जम नहीं पाता। जानती हूँ, यह बहुत बड़ी बात है, लेकिन जब ऐसी मैं हूँ तो कैसे अस्वीकार करूँ? मेरा जो यह असंयम है, वह केवल प्रयोग ही हो, ऐसी बात नहीं है। मुझे यह अच्छा लगता है, लेकिन यह बात याद रखना कि यह असंयम दुर्बल का असंयम नहीं है, बल्कि इसके पीछे मेरा आदर्श है और मेरे अनागत की पूरी शक्ति स्वीकृति है। मैं आत्महत्या में विश्वास नहीं करती, लेकिन तुम्हारे किसी आरोप को स्वीकार करने की शक्ति भी मुझमें शायद नहीं है।'

जितनी देर तक अलका बोलती रही, मैं पत्थर की मूर्ति बनकर उसको देखता रहा। उस अर्द्धरात्रि में, विद्युत् के उस मानवी प्रकाश में उसका इतना स्वस्थ, इतना शक्तिशाली रूप मैंने कभी नहीं देखा था। मुझे लगा, जैसे मेरे अंतर का जो कलुष अलका के स्वच्छ जीवन को काला करने पर तुला हुआ था, मेरे अपने अंतर पर भी फैल गया है।

अलका ने ही फिर कहा, 'अब भी मुझे विश्वास है कि आत्मग्लानि से मैं जहर नहीं खाऊँगी। समाज के भय से कहीं जाकर छिपूँगी भी नहीं। मैं तुम्हारे हृदय के सिंहासन पर बैठी रहूँगी, अपना अधिकार आसानी से नहीं छोड़ूँगी, क्योंकि ऐसा करने का अर्थ होगा दुनिया को यह बताना कि आज की दुनिया में मेरे योग्य कोई है ही नहीं। मैं नए समाज की सृष्टि में विश्वास करती हूँ। मैं मनुष्य की अक्षय शक्ति में विश्वास करती हूँ। फिर भी मेरे स्वामी, मैं तुम्हारी घृणा नहीं सहना चाहती। तुम बोलो, क्या करूँ?'

मैंने अलका की ओर दृष्टि उठाकर देखने की एक बार फिर चेष्टा की। इस प्रयत्न में हमारी आँखें मिल गईं। न जाने क्या हुआ, मैंने उसे खींचकर अपनी छाती से सटा लिया और फिर एक हाथ से उसका मुँह ऊपर उठाकर उसकी गीली आँखों में झाँकते हुए कहा, 'बस करो अलका! इतनी दूर मैं नहीं गया था। दुर्बल हूँ।'

लेकिन अलका ने बीच में टोककर अस्फुट स्वर में कहा, 'तुम दुर्बल नहीं हो, तुम अच्छे हो!' और फिर अपना मुँह मेरी छाती में गड़ाकर अपने दोनों हाथों से मेरी कमर को धीरे-धीरे सहलाने लगी। उसके बाद फिर कोई बात नहीं हुई।

□

सवेरे आँखें खुलने पर देखता हूँ कि अलका पूरे परिश्रम से घर के काम में लगी हुई है और आशुतोष कहीं गायब हो गया है। कॉलेज जाते समय अलका मेरे पास आई और धीरे से बोली, 'उस पागल आशुतोष को देखना!'

मैंने कहा, 'कहाँ-कहाँ देखना होगा?'

और फिर उसने मुझे पतों की एक लंबी सूची थमा दी। कहना न होगा, उस

दिन मेरा मन कॉलेज में नहीं लगा और वहाँ से जल्दी छुट्टी लेकर मैं आशुतोष की तलाश में निकल पड़ा। बहुत परेशान होने के बाद एक अंधेरी गली में, एक अंधेरे से घर में मैं उसे ढूँढ़ पाया। पुकारने पर सबसे पहले एक स्त्री वहाँ आई। दुबली-पतली, पीला सा उसका मुख और आँखें इतनी बड़ी कि सहसा मैं डर गया। मैंने उससे पूछा, 'यहाँ पर आशुतोष हैं?'

वह बोली, 'कौन आशुतोष, वह जो अलका दीदी के पास जाते हैं।'

मैंने कहा, 'तुम अलका को जानती हो?'

बोली, 'अलका को कौन नहीं जानता! मैं तो तुमको भी जानती हूँ। उस महामाया के तुम पति हो। नीलकंठ भगवान् शंकर!'

ऐसा कहकर वह ऐसे हँसी, जैसे शंकर की प्रेतनी हँसा करती होंगी। फिर चुपचाप मुझे अपने पीछे आने का इशारा करते हुए वह उस अंधकार में गायब हो गई। मैं पीछे-पीछे चल रहा था और वह बोल रही थी, 'महामाया आज अपनी संतान पर नाराज हो गई जान पड़ती है। आशुतोष तब से मुँह छिपाए पड़ा हुआ है। न खाता है, न बोलता है। निरा बुद्धू, मूर्ख! इतना नहीं जानता कि बीसवीं सदी की महामाया को बहुत से रूप धारण करने पड़ते हैं। तपोवन आज कहाँ है? उसके स्थान पर मनुष्य ने अपनी वैज्ञानिक प्रतिभा के बल पर लाखों-करोड़ों आवास-गृह स्थापित कर दिए हैं। भले ही खाने के लिए उनमें एक मुट्ठी भुरभुरा नसीब न हो, लेकिन स्रष्टा होने का दावा तो सच होता जान पड़ रहा है। बस, विष्णु का अवतार अभी नहीं हुआ है। ब्रह्मा सृष्टि करता है और शंकर उसे नष्ट कर देता है।'

काफी देर चलने के बाद हमें रोशनी दिखाई दी। वह रोशनी ऊपर के चौक में से, जिसपर लोहे का जाल पड़ा हुआ था, आकर बेबस सी वहाँ फैल गई थी। उस धुँधली रोशनी में आशुतोष मुँह ऊपर किए सोचने का नाट्य कर रहा था।

मैंने किसी ओर ध्यान दिए बिना कहा, 'आशुतोष, घर चलो!'

उसने जैसे काँपकर मेरी ओर देखा और कहा, 'घर, कौन से घर?'

मैंने कहा, 'आशुतोष! मैं न दार्शनिक हूँ, न वकील। दोनों के बिना भी आज की दुनिया में जिया जा सकता है और जीने के लिए इन दोनों से अलग होना जरूरी है। इसलिए उठो और चलो! दुनिया में रहने के लिए खाल काफी मोटी करनी पड़ती है।'

आशुतोष ने मुसकराकर मेरी ओर देखा, 'आप कहते हैं, आप वकील और दार्शनिक नहीं हैं; लेकिन जो कुछ आपने अभी कहा है, वह उन दोनों की मान्यताओं से अलग भी नहीं है। वैसे, आप डरिए नहीं; मैं बहस नहीं करूँगा। अलका दीदी

ऊपर से भले ही कवि और दार्शनिक लगती हैं, लेकिन हैं पूरी व्यवहारकुशल। सिक्के का मोल और परख करना उन्हें आपसे ज्यादा आता है। इसलिए सोचता हूँ कि कहीं उनपर कोई आपत्ति न आ जाए।'

मैं कुछ अप्रतिहत तो हुआ, लेकिन मैंने कहा, 'तुम लोगों का ज्ञान देखकर अकसर मुझे चकित हो जाना पड़ता है, लेकिन अब अधिक सोच-विचार की आवश्यकता नहीं है। अलका की आज्ञा से ही मैं तुम्हें ढूँढ़ने आया हूँ।'

आशुतोष ने कहा, 'वह तो मैं जानता था कि आप ढूँढ़ने आएँगे और इसी का इंतजार भी कर रहा था, लेकिन जब आप आ गए हैं तो मुझे अपने पर लज्जा आ रही है। अच्छा, कुछ देर बैठिए! आपके घर में जैसा सत्कार होता है, वैसा तो नहीं होगा। हम लोग दुनिया को सहने के लिए पैदा होते हैं और सहते-सहते मर जाते हैं। जमा करने के लिए हमारे पास अपमान, ग्लानि ऐसा ही कुछ रह जाता है, लेकिन इज्जत खोकर इज्जतदार होने का दावा हम नहीं करते। कचहरी में जाकर हम स्याह को सफेद और सफेद को स्याह भी नहीं करते और न हम जिस डाल पर बैठते हैं, उसी को काटने का प्रयत्न करते हैं।'

सुनकर मुझे बड़ा क्रोध आया, लेकिन अपने मनोभाव छिपाकर मैंने कहा, 'तुम कुछ परेशान मालूम पड़ते हो, आशुतोष! तुम मेरे साथ चलो, यही मेरा स्वागत-सत्कार है।'

आशुतोष ने उस नारी की ओर देखकर शरारत से कहा, 'कैसा रहा! जाऊँ इनके साथ?'

वह बोली, 'जानती हूँ कि तुम अभिनय कर रहे हो।' फिर मेरी ओर मुड़कर उसने कहा, 'प्रोफेसर साहब, यें लोग किस समय अभिनय करेंगे और किस वक्त अपने असली रूप में प्रकट होंगे, यह जानना मेरे लिए बड़ा मुश्किल हो जाता है।'

आशुतोष ने तुरत बीच में टोककर कहा, 'जिस दिन आपको इस बात का पता लग जाएगा, उस दिन दुनिया समाप्त हो जाएगी। अच्छा, अब इस अभिनय की बात छोड़ो और प्रोफेसर साहब के लिए चाय का प्रबंध करो!'

उसके कहते ही सामने के अँधेरे में से एक छायामूर्ति बाहर आई; जैसे बिजली की चमक साकार हो उठी हो। वह एक युवती थी, सुंदर सी। उसके हाथ में एक पात्र था, जिसमें तीन प्याले चाय और कुछ संदेश रखे हुए थे। उनको वहीं जमीन पर मेरे पैरों के आगे रखकर उसने मुझे प्रणाम किया और फिर बोली, 'आपको इन दो पागलों ने काफी तंग किया है। बैठिए, जो असली बात है, वह मैं बताऊँगी।'

मुझे इस अप्रत्याशित घटना से काफी अचरज हुआ, लेकिन जैसा मेरा स्वभाव है, मैं हर स्थिति के लिए तैयार रहता हूँ। मैंने उसी तरह कहा, 'तुममें और इन दोनों में जो अंतर है, उसको बताने की जरूरत नहीं, लेकिन क्या तुम सब लोग अपनी अलका दीदी की सेना के सैनिक हो?'

उसने जवाब दिया, 'मेरा नाम माधवी है।'

मैंने कहा, 'तो माधवी, तुम भी क्या आशुतोष के दल में शामिल हो?'

माधवी बोली, 'आप चाय तो पीजिए। दल की बातों की चिंता अलका दीदी करेंगी। वह आपके बस का नहीं है।' और फिर वह हँस पड़ी, 'हरेक के करने के कुछ काम होते हैं। दूसरा कोई उनमें दखल देता है तो गड़बड़ हो जाता है। पूरी दुनिया में यही कुछ हो रहा है।'

अब तक उस मकान में काफी चाँदना हो चुका था। मैंने देखा, उसके दो दरवाजे हैं। एक वह, जिससे होकर वे आए थे; दूसरा वह, जिससे माधवी आई थी। शेष दोनों ओर दीवार थी और उसके सहारे एक साधारण सी गृहस्थी का सामान पड़ा था। दो टूटे हुए ट्रंक, जिसमें चूहों को आने-जाने की पूरी स्वच्छंदता थी, खूँटियों पर लटकी हुई दो-तीन गठरियाँ, एक कोने में कुछ ओढ़ने-बिछाने के कपड़े पड़े थे और जहाँ मैं खड़ा था, वहाँ पर एक चटाई बिछी हुई थी। दो-तीन स्टूल थे, जिनपर हम सब बैठ चुके थे। इधर-उधर कुछ बरतन और कुछ अन्य सामान पड़ा था। इस बीच में यह जान पड़ा कि चारों और अच्छे-खासे शरीफ लोगों की बस्ती है, क्योंकि रह-रहकर उनकी सभ्य भाषा मेरे कानों में आ जाती थी। मैंने कहा, 'अलका की सेना ने रहने के लिए अच्छा स्थान चुना है।'

बड़ी-बड़ी आँखोंवाली वह नारी जोर से हँस पड़ी। बोली, 'शंकर कहाँ रहता है, यह भी क्या बताना होगा? बैठिए, बैठिए, बहुत देर हो गई, नीचे बैठिए और फिर अपने इस आशुतोष को लेकर यहाँ से चले जाइए!'

इस बीच में माधवी ने हाथ पकड़कर आशुतोष को नीचे बैठा दिया था। वे दोनों भी नीचे बैठ गईं। फिर तो मुझे भी उस नाटक का पूरा अभिनय करना पड़ा।

□

उस रात में घर पर फिर उन लोगों की सभा हुई और उस सभा में मैंने माधवी और बड़ी आँखोंवाली उस नारी को अच्छी तरह पहचान लिया। तब मुझे लगा, जैसे आज तक मैं इन सबको देखकर अनदेखा करता रहा था, लेकिन आज पहली बार पागलों की उस बस्ती में स्वयं पागल होता जान पड़ा। उस रात उन्होंने कोई अभिनय नहीं किया। कोई चाय-पार्टी वहाँ नहीं हुई। बहुत ही गंभीर बातें

उन्होंने कीं। और बीसवीं सदी के शरीफ लोगों की तरह वहाँ से चले गए, लेकिन उनके जाने के ठीक बाद मेरी माँ ने उस कमरे में प्रवेश किया और मैंने देखा, उस कमरे के जितने भी दरवाजे थे, हमारे सब रिश्तेदार उनपर प्रहरी की तरह नियुक्त कर दिए गए थे। एक-आध उनमें से अंदर भी आ जाते थे।

अलका ने वह सब देखा और फिर मेरी ओर देखा। माँ इतनी देर मौन रहीं। मैंने पूछा, 'क्या बात है, माँ?'

माँ बोलीं, 'तुम लोग पढ़े-लिखे हो। पढ़ी-लिखी तेरी बहू है। हमारा वह जमाना अब नहीं रहा, जब खानदान की बात देखी जाती थी। खूबसूरती को तब कोई नहीं देखता था। वैसे, खूबसूरती देखना बुरी बात नहीं है, लेकिन यह जो तुमने बहू को बाजारू बना दिया है, यह सब अच्छा नहीं लगता। औरत औरत है। घर से बाहर औरत की आजादी नहीं होती। यह जो तेरे घर में कल से देख रही हूँ, ऐसा तो मैंने बड़े-बड़े पढ़े-लिखों के घर में भी नहीं देखा। तेरे सामने तेरी बहू इन ऐरे-गैरे बदमाशों से धमाचौकड़ी कर रही है।'

सहसा मेरी दृष्टि अलका के चेहरे पर जा पड़ी। जैसे वह चेहरा राख हो रहा था। मैंने उधर से दृष्टि घुमाकर धीरे से कहा, 'माँ, वे लोग अनाथ हैं। कोई अनाथालय खोलने की बात चल रही है। हम लोग उसके संरक्षक बनेंगे।'

माँ मुँह बिचकाकर बोलीं, 'रहने दो, जितनी बेवकूफ तुम मुझे समझते हो, उतनी मैं हूँ नहीं। पूत के पाँव पालने में नजर आ जाते हैं। मैंने तुझे तभी मना किया था। अब भी कहे देती हूँ कि बहू के रंग-ढंग मुझे अच्छे नहीं लगते। मैं चोरी-चुगली में विश्वास नहीं करती, उसके मुँह पर कह रही हूँ और डंके की चोट पर कह रही हूँ। अगर मेरे खानदान पर जरा भी अंगुली उठाई गई, तो मैं जहर खाकर नहीं मरूँगी। समझे!'

और माँ वहाँ से चली गईं। उसके बाद हमारे घर में एक धुआँ सा उठता रहा। अलका ने इस बात की पूरी कोशिश की कि वह माँ से सब बातें साफ-साफ कह दे, लेकिन वह कह न सकी। उसने बताया कि माँ के सामने पड़ते ही जैसे कोई उसका गला दबा देता था। और वह कहती-कहती रुक जाती थी। उसने मुझसे बार-बार निवेदन किया कि मैं उसके साथ माँ के पास चलूँ और सब बातें उनको बता दूँ, लेकिन अपनी माँ को मैं जानता था। वह कैसा स्वागत करेंगी, मैंने यह अलका को बता दिया था। मैंने कहा, 'अलका, इस बात को यहीं समाप्त कर दो और आगे से ऐसा प्रयत्न करो कि माँ को फिर शिकायत का कोई अवसर न मिले।'

अलका बोली, 'शिकायत का अवसर मैं देना नहीं चाहती, लेकिन वह

अपने आप आ जाता है, तो मैं क्या करूँ? तुम इसीलिए हो कि मुझे रोक दो।'

मैंने कहा, 'अलका, मैं रोकने के लिए नहीं हूँ। किसलिए हूँ, यह भी अब तक समझ नहीं पाया। बहुत सी बातें मन में उठती हैं, लेकिन जब तुम्हारा सामना पड़ता है तो सब कुछ भूल जाता हूँ। फिर वही होता है, जो तुम चाहती हो। और बुरा भी क्या है? जैसा चलता है, उसे चलने दो। जानता हूँ कि तुम्हें दुःख होता है।'

अलका ने बात काटकर कहा, 'दुःख कुछ नहीं, लेकिन माँ के कारण यह सब अच्छा नहीं लगता। चाहती हूँ कि सबकुछ छोड़कर उनके पास गाँव में जा बसूँ, लेकिन तुम्हारे इन बेकारों की पुकार अनसुनी नहीं कर पाती। कभी-कभी यह सवाल भी मन में उभर आता है कि क्या मैं ही सबकुछ करनेवाली हूँ? क्या यह सब दंभ नहीं है? फिर मैं इस आल-जाल को तोड़कर भाग जाने के लिए आतुर हो जाती हूँ। मुझे लगता है कि मैं किन्हीं अज्ञात शक्तियों के हाथों का खिलौना मात्र हूँ।'

'अच्छा, अच्छा।' मैंने कहा, 'जैसा है, वैसा चलने दो! अपने काम पहले की तरह करती चलो!'

उस दिन बात वहीं समाप्त हो गई। अलका का व्यापार फिर पहले की तरह अबाध गति से चलने लगा। माँ उसी दिन गाँव लौट गईं। उनके साथ जो काफिला आया था, वह भी तितर-बितर हो गया। यह तो मुझे बाद में मालूम हुआ कि वह माँ की एक योजना थी। वह अपने लिए गवाह जुटाना चाहती थीं।

तब की एक और बात मुझे याद है। इस घटना के लगभग दस दिन बाद माँ का एक पत्र मुझे मिला। उसमें उन्होंने उस घटना का कोई जिक्र नहीं किया था। माँ जैसे अपने बेटे को पत्र लिखती है, उसी प्रेम से उन्होंने हम लोगों को कुछ दिन गाँव में आकर रहने का आदेश पत्र द्वारा दिया था। मैंने वह पत्र अलका को दिया तो वह सहज भाव से बोली, 'कब चलोगे?'

मैंने कहा, 'कभी नहीं।'

बोली, 'माँ बुला रही हैं और तुम नहीं जाओगे?'

मैंने कहा, 'जाऊँगा, पर इस निमंत्रण के सहारे नहीं। अपने अधिकार के सहारे जाऊँगा।'

उसकी समझ में कुछ नहीं आया। आ भी नहीं सकता था, क्योंकि वह कोई भी बात अपने मन में रख ही नहीं पाती थी। माँ के आने और उस सारे वितंडावाद की बात जैसे उसके मन से धुल-पुछ गई थी। उसने मुसकराकर कहा, 'न, न, हम लोग जल्दी ही चलेंगे। आशुतोष भी चलेगा और उसकी मंडली भी। कुछ दिन गाँव में रहकर उन लोगों की हालत भी देखेंगे।'

मैं कहकहा लगाकर हँस पड़ा, 'हुआ, हुआ, बस करो। तब तो हममें से कोई भी जिंदा नहीं लौट सकेगा। सब गाँववालों के बंदी हो जाएँगे।'

वह भी हँस पड़ी, 'यह कैसी बात है! सबकुछ मजाक में उड़ा देते हो।'

और फिर उस दिन शाम को हम घूमने निकले तो अलका ने मुझे बताया कि उसके पिताजी की चिट्ठी आई है। वह बिहार के किसी गाँव में किसानों की बेदखली को लेकर सत्याग्रह का आयोजन कर रहे हैं।

मैंने कोई उत्तर दिया हो, सो आज याद नहीं पड़ रहा है। किसी कारण से वह बात वहीं पर रुक गई थी। मैं उस बात को भूल भी जाता, लेकिन अगले दिन सवेरे ही देखा कि अलका की वह मंडली उसी संबंध में किसी मुद्दे पर जोर-जोर से बहस कर रही है और फिर तो देखते-देखते घूमने की बात, गाँव जाने की बात, माँ के कोप की बात—सब पीछे रह गईं। ऊपर आ गया वही किसानों की बेदखली का सवाल।

□

अचानक एक दिन माधवी के घर जाना पड़ा। उस दिन कॉलेज से लौटा तो देखा कि अलका घर में नहीं थी। सोचा, इधर-उधर गई होगी, लेकिन काफी देर बाद भी वह लौटती दिखाई न दी। यह बात कुछ असाधारण सी लगी; क्योंकि वह चाहे कितनी ही स्वतंत्रता लेती रही हो, लेकिन मेरे जाने बिना मेरे प्रति उदासीनता दिखाने का कोई अवसर उसने मुझे दिया हो, सो याद नहीं पड़ता। फिर भी आज ऐसा अवसर आता जान पड़ा। क्योंकि रात के नौ बज जाने पर भी उसका अता-पता मुझे मालूम नहीं हो सका, न उसके दल का कोई दूसरा सदस्य इधर-उधर दिखाई दिया। इसलिए मैं सीधे वहाँ पहुँचा, जहाँ से एक दिन आशुतोष को ढूँढ़ लाया था। रास्ता जाना-पहचाना था। वातावरण की चिंता किए बिना सीधे उसी द्वार पर जाकर दस्तक दी। द्वार खोलने स्वयं अलका आई। मुझे देखकर उसके चेहरे पर आश्चर्य का कोई भाव पैदा नहीं हुआ। अपनी स्वाभाविक मुसकान के साथ उसने मेरा स्वागत किया और बोली, 'तुमने बुरा तो नहीं माना!'

मैंने कहा, 'नहीं।'

'खाना-पीना हुआ?'

मैंने कहा, 'नहीं!'

तब उसके मुख के भाव देखते बनते थे। बरसात के आसमान की तरह वह शांत मुखमंडल गदराए हुए बादलों से घिर आया और देखते-देखते उसकी आँखों में से जलबिंदु टपक पड़े। आसमान का जल धरती की व्यथा को पीने के लिए नीचे

उतरता है, लेकिन अलका की व्यथा स्वयं जल बनकर आई थी। वह केले के पत्ते की तरह काँपती हुई बोली, 'तब तो मैं अपराधिनी हूँ। अब तक आपको इतना भी नहीं समझ पाई; आपसे इतना अधिकार भी न ले पाई।'

मैंने बीच ही में टोककर कहा, 'अलका, तुम सबकुछ कर सकती हो, लेकिन तुम्हारे बिना मैं कुछ हूँ—यह कल्पना मेरे दिमाग में आज तक नहीं आई। यों तो तुम अनेक बार मुझसे अलग हुई हो, लेकिन वह पार्थिव संसार की दृष्टि से था। मेरी आत्मा ने उस पृथकता को कभी अंगीकार नहीं किया। शायद आज पहली बार ही मुझे इस प्रत्याशित को स्वीकार करना पड़ा है।'

अलका बोली, 'स्वीकार तुमने कहाँ किया? मुझपर लांछन लगाकर तुम यहाँ जो दौड़े आए हो...'

सहसा जैसे पृथ्वी का समस्त व्यापार रुक गया हो। वह टूटकर नीचे झुकी। उसने मेरे चरण पकड़ लिये और रोती हुई बोली, 'यह मेरे मुँह से क्या निकल गया? यह 'लांछन' शब्द मैंने कैसे कह दिया? तुम तो प्रेम के कारण ही यहाँ आए हो।'

मैंने शीघ्रता से उसे उठाकर उसके कंधों को थपथपाते हुए इतना ही कहा, 'अलका, तुम न कहो, पर जो कहना चाहती हो, वह मैं समझ गया हूँ। पुरुष का प्रेम अधिकार की वासना से हमेशा मदहोश रहता है।'

सजल नयनों को ऊपर उठाकर अलका ने क्षण भर मेरी ओर देखा, बोली, 'तुम ठीक कहते हो। सोचा था कि तुम अविश्वास नहीं करोगे, लेकिन आज क्षण के सौवें हिस्से के लिए ही सही, मेरे मन में यह विचार फिर कौंधा। तुमको दरवाजे पर देखकर मेरे मस्तिष्क में जो पहली प्रतिक्रिया हुई, वह यह थी कि तुमने आज मुझपर अविश्वास किया है। भले ही यह मेरा अपराध हो, पर मैं उसे अस्वीकार नहीं करूँगी। तुमसे अस्वीकार करूँ, यह बात मैं नहीं चाहती।'

बात शायद लंबी हो जाती, लेकिन अलका के पीछे से किसी ने उसका हाथ पकड़कर खींचा और उस अंधकार में से लगभग एक साथ दो स्वर उठे। माधवी ने कहा, 'दीदी, अभिनय के लिए अंधकार एकदम अनुपयुक्त है।' आशुतोष बोला, 'नमस्कार दादा, आइए, अंदर चले आइए! हमारी अंतरंग सभा की आवश्यक बैठक हो रही है। कॉलेज में आपको देखने गया था, लेकिन न देख सका। अभी कुछ क्षण पहले दीदी ने आपको खोज लाने के लिए फिर मुझसे कहा, लेकिन उसके बाद हमने यह निश्चय किया कि यहाँ से जाकर आपको सब बातें बता दी जाएँगी।'

मैंने एकदम कहा, 'मैं तुम लोगों के अंतरंग सम्मेलन की पूर्ण सफलता की कामना करता हूँ।' उसके बाद हम लोग उस कमरे में पहुँचे, जहाँ कुछ दिन

पूर्व माधवी, आशुतोष और उस बड़ी-बड़ी आँखोंवाली नारी के साथ मैंने चाय पी थी।

उस नारी को आज मैं वहाँ न देख पाया। पूछने पर मालूम हुआ कि वह बिहार चली गई है। उसके बाद सबकुछ स्पष्ट हो गया। वे लोग इस बात पर विचार कर रहे थे कि बिहार के किसानों के आंदोलन में हम लोगों का क्या योगदान हो सकता है और कैसे हो सकता है। मैं कुछ क्षण विमूढ़ सा बैठा हुआ उस अप्रत्याशित और अनागत घटना-चक्र का ध्यान करने लगा, जो अस्तित्वहीन होने पर भी मेरे मस्तिष्क में चित्र की तरह खिंच गया था।

माधवी ने कहा, 'दादा, हम लोगों ने यह निश्चय कर लिया है कि हमारा सारा दल किसानों के आंदोलन में भाग ले। आपको इसके बारे में क्या कहना है?'

मैंने तुरत उत्तर दिया, 'आप लोगों से मुझे कुछ नहीं कहना है, लेकिन अलका से बहुत कुछ कहना है।'

यदि एटम बम का विस्फोट हो गया होता तो भी शायद वे इतना नहीं चौंकते, जितना वे मेरे इस वाक्य से चौंक पड़े। आश्चर्य कि उस कहानी को मैंने उस सबके मुख पर लिखे हुए देखा और वे लेख बहुत ही असुंदर थे। कई क्षण तक कोई कुछ नहीं बोला। फिर आशुतोष ने कहा, 'अब आज की यह सभा समाप्त की जा रही है। कल इसी समय दीदी हमें अपनी रिपोर्ट देंगी।'

माधवी ने संशोधन पेश किया, 'कल इसी समय नहीं, कल सवेरे।'

अलका बोली, 'मुझे तो सबकुछ कहने का अधिकार नहीं है, लेकिन इतना कहे देती हूँ कि अब दूसरी बार सभा करने की कोई आवश्यकता नहीं हैं। तुम सब लोग दल के प्रस्ताव के अनुसार कार्य करने के लिए स्वतंत्र हो। रही मेरी बात, सो वह मुझपर छोड़ दी जाए।'

इसके बाद किसी को कुछ भी कहने का अवसर दिए बिना वह उठी और मुझसे बोली, 'आओ, घर चलें! मेरा सामीप्य कहीं तुम्हें अखर न उठे, ऐसी कोई बात मैं नहीं कहना चाहती। जो कुछ अब तक किया है, तुम्हारे ही विश्वास के बल पर किया है। विश्वासघातिनी मैं नहीं बनूँगी। उस लायक शक्ति मेरे पास नहीं है।'

न जाने क्या हुआ, मैंने अपने को ठगते हुए उसे जवाब दिया, 'अलका, इस विद्रोह व विश्वासघात में बहुत अंतर नहीं है। वह बहुत ही हलकी रेखा होती है, जो सीमा का परिवर्तन हो जाने के कारण किसी एक बात को विश्वासघात और दूसरी को विद्रोह की संज्ञा देती है। अन्याय और न्याय कितना सापेक्ष है? सबकुछ सापेक्ष है। निरपेक्ष तो कुछ है ही नहीं।'

अलका बोली, 'अब तक मैं समझती थी कि निरपेक्ष भी कुछ है, लेकिन आज मेरी बुद्धि मुझे धोखा दे रही है और मेरा सारा मनचीता ढहकर मेरे सामने मेरे प्रयत्नों का उपहास उड़ा रहा है।'

मैंने फिर जवाब दिया, 'यह शुभ लक्षण है। इससे तुम जीवन के रहस्य को समझ पाओगी।'

उसके बाद अलका ने कोई जवाब नहीं दिया। घर आने के बाद उसने फिर पूर्व रूप को प्राप्त करना चाहा और मुझसे ऐसे-ऐसे अनुरोध किए, जिससे मैं समझ सकूँ कि अब तक जो कुछ हुआ, वह मात्र एक स्वप्न था, लेकिन क्या मनुष्य के जीवन में स्वप्न का कोई स्थान नहीं है? कभी-कभी यह स्वप्न ही वास्तविकता को दबाकर ऊपर उठता है और उसके सारे कार्य व्यापार का संचालक बन जाता है। इस तरह होते-करते रात के तीन बज गए, पर हममें से सोया कोई नहीं। अलका इधर-उधर की बातों में वक्त को गँवाने लगी और अपने विचारों के आल-जाल में उलझा हुआ मैं उसकी नादानी को सहता रहा। आखिर मैंने कहा, 'अलका, अब सो जाओ!'

अलका बोली, 'सो जाती हूँ, पर नींद तो जैसे मुझसे छल कर रही है। पास आती है, लेकिन जैसे ही मेरी दृष्टि उसकी ओर उठती है, मैं देखती हूँ कि वह तुम हो, तुम मुझे सोने नहीं देते। कहो कि क्षमा कर दिया।'

मैंने कहा, 'क्षमा कहकर नहीं दी जाती। वह तो आँखों में झलकती है।'

अलका बोली, 'वह तो नहीं झलक रही है।'

मैंने कहा, 'तो मैं क्या कर सकता हूँ?'

वह बोली, 'दंड दे सकते हो।'

मैं फिर कई क्षण के लिए मौन हो गया। अलका तब अपने शरीर का भार एक साथ एक हाथ के सहारे मेरे पलंग के पायताने पर डाले बैठी थी। बिजली के कृत्रिम प्रकाश में उसका सहज स्वाभाविक सौंदर्य कुछ और सा लग रहा था। न वह सहज भावना का अतिरेक था और न रस का व्यतिरेक। उस भटकी हुई आत्मा की तरह, जो अविश्वास और विश्वास के झूले में झूलती रहती है, वह मेरी ओर देख रही थी। मैंने कई क्षण उसी रूप को देखने की चेष्टा की। फिर अपनी समस्त शक्ति बटोरकर सोच-विचार में डूबते-उतराते अपने मन को ऊपर खींचकर दृढ़ स्वर में कहा, 'अच्छा अलका, आज तुम्हें एक प्रतिज्ञा करनी होगी।'

अलका ने एक क्षण की भी देर किए बिना जवाब दिया, 'उस प्रतिज्ञा को जानती हूँ। व्यापारी हो। व्यवसाय से भले ही व्यापारी नहीं हो, पर तुम्हारी धमनियों

में व्यापारी समाज का रक्त बह रहा है।'

जैसे बिजली का झटका मुझे लगा हो; वह झटका, जो अपनी ओर नहीं खींचता, बल्कि पूरे शरीर को झनझनाकर दूर फेंक देता है। मौत उससे भले ही न होती हो, लेकिन जीवन का आधार जिनपर होता है, उन धमनियों को वे कँपा देता है, कुछ इसी तरह की अवस्था उस समय मेरी हुई। जो कुछ वह समझी थी, वह मैं भी समझ गया।

अलका ने कहा, 'नर और नारी के अनेक रूप हमने सुने और पढ़े हैं, लेकिन देखते बहुत कम हैं, इसीलिए यह सारा गड़बड़ है। तुम चाहते हो कि मैं जेल न जाऊँ, यही न!'

और फिर उसने उत्तर के लिए अपनी आँखें मेरी ओर उठाईं। उन्हें देखकर मैं काँप उठा। पहली बार मैंने अनुभव किया कि उसका भोलापन कुछ धुँधला पड़ रहा है, लेकिन मैं तब वह नहीं था, जो उस दिन तक रहा था। मेरे शरीर में जैसे किसी और की आत्मा प्रवेश कर गई थी। मैंने दृढ़ता से कहा, 'हाँ अलका, तुमने ठीक समझा है। मैं स्वीकार करता हूँ कि तुमने मुझे पहचानने में गलती नहीं की। और यह मानने में भी मुझे कोई संकोच नहीं होगा कि जो कुछ मैं आज तक नहीं था, उसके अलावा भी तुमने मुझमें खोज लिया। इसका मुझे दुःख नहीं है। यह खोज बहुत जरूरी थी।'

और फिर सहसा जैसे मैं अतिशय करुण हो उठा; उसपर नहीं, अपने पर। मैंने उसे अपने समीप नहीं खींचा, बल्कि पायताने की ओर, जहाँ वह बैठी थी, वहाँ आकर करुण स्वर में बोला, 'अलका! ज्ञान अपने आप में अच्छी चीज नहीं है, लेकिन यदि ज्ञान का अधिकारी सुयोग्य हो तो वह प्रेम को गाढ़ा ही करता है। तुमने मुझे जान लिया—इसका मुझे क्षण भर पहले जो दुःख था, वह असीम सुख में पलट गया है और यहाँ पर मुझे विश्वासघात तथा विद्रोह के बीच की क्षीण रेखा भी दिखाई दे गई है। अब मैं तुम्हें आदेश नहीं दूँगा, तुमसे याचना करूँगा कि अलका, तुम और कुछ भी करना, पर जेल मत जाना!'

अलका की आँखों में आँसुओं की बूँदें झलक आई थीं। उसने एक बार मेरी ओर देखा। दोनों की दृष्टि के बीच में पानी की धुँधली दीवार जैसे उस सारे धुँधले जीवन को स्पष्ट कर रही थी। उसने दृष्टि घुमा ली और बिना कुछ कहे उठकर खड़ी हो गई। बोली, 'अब मैं सो सकती हूँ। तुम जवाब तो नहीं चाहते न?'

मैंने कहा, 'जो चाहता था, वह मिल गया।'

वह बोली, 'तब ठीक है।'

□

कई दिनों तक अलका शांत रही। न आशुतोष वहाँ दिखाई पड़ा और न दल का कोई दूसरा सदस्य। अलका ने अपना ध्यान कविता करने में लगाना चाहा और इस ओर उसे काफी सफलता भी मिली, लेकिन न जाने क्यों, उसकी प्रत्येक सफलता मेरे लिए एक चेतावनी बन जाती थी। मैंने उसकी कटु आलोचना करके बार-बार उसे निरुत्साहित करना चाहा, लेकिन वह तो निरंतर आग उगलती रही। मैंने एक दिन कहा, 'अलका, तुम स्त्री हो। तुम्हें विद्रोह की कविता कहाँ से सूझने लगी?'

वह बोली, 'स्त्री हूँ, इसीलिए तो विद्रोह की कविता करती हूँ।'

'क्यों?'

'क्योंकि स्त्री माता है और माता पुरुष भले ही न हो, पुरुष का निर्माण अवश्य करती है।'

तो अलका की यह गरिमा उसी मातृत्व को सफल करने के लिए है! मैं उसके इस तर्क को जनाना तर्क न कह सका। मुझे लगा, जैसे पुरुषत्व का भार उठाए यह नारी ऊपर उठती चली जा रही है, लेकिन मेरा मन तो दो दिशाओं में दौड़ रहा था। एक ओर अलका थी, जो स्त्रीत्व का आदर्श ही नहीं थी, मातृत्व की अधिष्ठात्री देवी भी थी और उन्हीं दो चक्रव्यूहों के बीच उसके जीवन की गति टेढ़ी-मेढ़ी होकर निरंतर आगे बढ़ रही थी। दूसरी ओर थी मेरे परिवार की परंपरा। मेरी माँ और उनका विधान। वह कभी यह कल्पना भी नहीं कर सकती थीं कि नारी को स्वतंत्रता का अधिकार भी है। स्वतंत्रता तो अलका भी नहीं चाहती थी, लेकिन अपनी दासता का पालन करने के लिए वह अधिकार चाहती थी कि उस अधिकार की भी अवहेलना करने पर तुली हुई थीं। वह यह कभी नहीं सह सकती थी कि उनके घर का कोई व्यक्ति जेल जाए। चूँकि अकसर वह दूर रहती थीं। इसलिए अलका की इन दिन-प्रतिदिन की बेवकूफियों को वह देख नहीं पाती थीं, लेकिन वह यह स्पष्ट जान गई थीं कि यह बहू हाथ से निकल गई है और उन्होंने जो गाँव आने का निमंत्रण दिया था, वह हाथ से निकली हुई उसी बहू की नाक में नकेल डालने का प्रयत्न था। मैं उन दिनों यह कल्पना करके सिहर उठता था कि अलका जेल चली गई तो हमारे परिवार में कैसा तूफान खड़ा होगा। आज जब इतने दिन बीत चुके हैं तो मैं सोचता हूँ कि क्या माँ की बात सुनकर ही मैं अलका को रोकने की चेष्टा किया करता था? नहीं, उसके अतिरिक्त शायद और बातें भी मेरे दिमाग में थीं। मैं व्यवसायी भले ही नहीं था, लेकिन जैसा अलका ने कहा था, मेरा मस्तिष्क तो उसी

मिट्टी से निर्मित हुआ था और मैं अलका को अपने से दूर नहीं जाने देना चाहता था। यद्यपि मैं स्वयं कई बार जेल हो आया था, लेकिन उसका ऐसा करना मुझे सह्य नहीं था। जेल के स्वच्छंद जीवन और विभिन्न लोगों के संपर्क में आने का परिणाम, फिर अलका के मस्तिष्क का गठन, न जाने तब वह वादों की सीमाएँ लाँघती हुई किसी ऐसे चक्रव्यूह में फँस जाती, जहाँ जीवन का अर्थ ही षड्यंत्र है, आंदोलन है, उखाड़-पुखाड़ है।

कुछ भी हो, मैं अब इस बात का दृढ़ निश्चय करना चाहता था कि अलका को उसके पिता के पास न जाने दूँ। इसलिए मैं इन दिनों अतिशय प्रेमल हो उठा। अलका ज्यों-ज्यों विद्रोह की कविता लिखती, त्यों-त्यों मैं उसको अपनी ओर खींचने के लिए तरह-तरह के प्रलोभन देता। जिन बातों को कहने के लिए वह मेरे पास प्रार्थना करने आया करती थी, अब वे ही बातें कहने के लिए मैं उससे प्रार्थना करने लगा। मसलन, कभी-कभी आधी रात को जगाकर मैं उससे कहता, 'आओ अलका, झील के किनारे घूमने चलें!'

तब वह अकसर खिलखिला पड़ती और बोल उठती, 'ना, आप बड़े खोटे हैं। आपको इतना छोटा नहीं बनना चाहिए।'

और फिर वह करवट बदलकर सोने का नाटक करने लगती। वे शब्द भाले की तेज नोक की तरह मेरे हृदय को विदीर्ण करते हुए मस्तिष्क में डूबकर रह जाते। जिसे मैं अब तक इतना भोला समझता रहा, वह सचमुच इतनी प्रवीण है! कम-से-कम समझने के लिए जो मस्तिष्क उसके पास था, उसमें विधाता ने कहीं कोई कमी नहीं छोड़ी थी और सच बात तो यह थी कि यह उसकी समझ ही थी, जो उससे सब काम करवा रही थी। ये बातें आज मेरे दिमाग में स्पष्ट हो रही हैं। तब तो मैं केवल पति था। बेशक पुराणपंथी नहीं था, लेकिन पति के अधिकार को बिलकुल खो देने की बात मेरे दिमाग में आ ही नहीं सकती थी। अचानक एक रात अलका सोते-सोते उठकर बोली, 'कविता सुनोगे!'

मैंने ऊँघते हुए कहा, 'सुनाओ।'

और उसके बाद जब मुझे होश आया तो देखा कि पायताने की ओर खड़ी अलका उग्र वाणी में अपने हृदय की समस्त ज्वाला उँड़ेल रही है। वह रूप देखते ही बनता था। आँखों में तेज था, मुँह पर गरिमा थी, भुजाओं में फड़कन थी और वाणी में था तीव्र आक्रोश। और जो कविता उसने पढ़ी, वह क्या थी, कह सकते हैं कि पीड़ित मानवता को उसमें उसने साकार किया था, लेकिन वह पीड़ित मानवता नहीं, जो कुचली जाकर धरती से लग जाती है, बल्कि वह मानवता जो ठोकर

खाकर नाग की तरह फुंकार उठती है। मैं स्तब्ध रह गया। विस्मृत-विमूढ़-अवाक् कभी उसे देखता, कभी उस कमरे को, जो मुझसे अधिक स्तब्ध हो रहा था।

एकाएक यह कविता समाप्त हो गई। अलका की आँखों में जलते हुए दो जल-कण जैसे उसे ही अर्घ्य चढ़ाने के लिए उसके रक्तिम कपोलों पर लुढ़क पड़े। अचानक स्वर-भंग हो जाने के कारण मेरा मस्तिष्क झनझना रहा था। कई क्षण मुझे कुछ सूझ नहीं पड़ा। फिर जो पहली प्रतिक्रिया मेरे मस्तिष्क पर हुई, वह यह थी कि मेरे सामने जैसे अलका न हो, बल्कि स्वयं कवि की विद्रोहिणी कल्पना प्राणवंत हो उठी हो। मैं भयभीत हो उठा। मैंने कहा, 'अलका, तुम्हारे भीतर यह विशाल अग्नि-कुंड कहाँ था? भुजंग जैसे इन शब्दों को तुमने हृदय के किस कोने में सँजोकर रखे थे?'

अलका सहसा मुसकरा उठी, 'सच, ऐसा है!'

मैंने कहा, 'हाँ, मुझे ऐसा ही लगा, लेकिन अलका...'

लेकिन अब अलका सुनने के लिए वहाँ खड़ी नहीं रही, बल्कि मेरे पास आ बैठी और अपना शरीर मेरे वक्ष पर टेककर बोली, 'मैं जानती हूँ, किसी भी कारण से हो, तुम सच कह रहे हो। तुम्हारी यह उलझन मेरी सबसे बड़ी जीत है। अब सो जाओ!'

उसके बाद अलका ने कुछ नहीं सुना। मैं भी अपने ही चक्रव्यूह में फँसे पराजित योद्धा की तरह चुपचाप सोने का अभिनय करने लगा।

एक बात पाठकों के मन में शायद पैदा हो रही होगी कि इन सब कार्य-व्यापार के बाद क्या अलका को अपनी पुत्री के लालन-पालन का ठीक ध्यान रहता था? इस बारे में मेरा यह कहना है कि उसका काम वह बिलकुल उसी तरह करती थी, जिस तरह समय की सूचना देनेवाली घड़ी अपना काम करती है। मुझे स्मरण नहीं आता कि उसको लेकर वह कभी खीजी हो, गुस्सा हुई हो या एक क्षण के लिए भी उसने उसे भार समझा हो। यों उसके लिए एक लड़का हमने रख लिया था, लेकिन आधुनिकों की तरह अलका ने इस लड़के पर सारा बोझ नहीं डाल दिया था, बल्कि यह कहना ठीक होगा कि वह अपनी पुत्री के साथ-ही-साथ उस लड़के की भी देखभाल किया करती थी।

सो इस ओर से मुझे कोई चिंता नहीं थी। मुझे तो चिंता यह थी कि अलका बिहार न जा सके। आशुतोष, माधवी सब वहाँ चले गए थे और उनके पत्र वहाँ के समाचारों से भरे रहते थे। उसके पिता के भी पत्र यहाँ आते थे, लेकिन उनमें ऐसी कोई बात नहीं होती थी। इसीलिए मैंने उन्हें लिखना उचित नहीं समझा। धीरे-

धीरे आशुतोष के पत्रों की व्यग्रता बढ़ने लगी। उसी के साथ-साथ उलका भी उत्तेजित होने लगी। यद्यपि वह मेरे साथ सारे कार्य-व्यापार निश्‍चिंत मन से करती थी, लेकिन उसके अंतर के दाह को, उसके व्याकुल वेदनाजन्य भाव को मैं पहचाने बिना न रह सका। ज्यों-ज्यों मेरी अनुभूति गहरी होती गई, त्यों-त्यों मेरा भय मेरे मन को कलुषित करने लगा। यहाँ तक कि मैंने आशुतोष और माधवी के पत्रों को इधर-उधर करना शुरू कर दिया। मुझे याद है कि पहली बार जब नियत समय पर उनके पत्र अलका को न मिले तो उसने मेरे पास आकर कहा था, 'आज उनके पत्र नहीं मिले, क्या कारण हो सकता है?'

मुझे सहसा सूझा, 'शायद वे जेल चले गए हों।' उस दिन की अपनी सूझ पर मुझे बेहद खुशी हुई, लेकिन अलका काँप उठी थी। वह बोली, 'क्या सचमुच! अखबार में तो ऐसी कोई खबर नहीं है!'

मैंने कहा, 'वह कोई बहुत बड़ा आंदोलन नहीं है। अखबारवाले इतनी छोटी-छोटी बातों को तूल नहीं दिया करते।'

हँसकर अलका बोली, 'वे शायद तुम्हारे शिष्य हैं।'

मैंने भी हँसकर कहा, 'और नहीं तो क्या, तुम्हारी जैसी विप्लववादिनी से दीक्षा लेने आएँगे?'

अलका बोली, 'दीक्षा लेने आएँ या न आएँ, लेकिन सत्य को वे अधिक देर तक छिपा तो नहीं सकते। तुम स्वार्थी हो।'

'मैं स्वार्थी हूँ?'

अलका बोली, 'जाने दो, तुमसे लड़ने का जी नहीं करता। तुम तो उस भोले बालक की तरह हो, जो चाँद को पकड़ने के लिए मचलता है। चूँकि तुम्हारा शरीर एक युवक का शरीर है। इसलिए वह मुझको पकड़ने के लिए नादानी भी करता है।'

एकाएक मेरा पूरा अस्तित्व झनझनाकर सिहर उठा। मैंने कहा, 'अलका, यह तुम हो?'

अलका बोली, 'मैं क्या हूँ, यह तुम ही हो।'

अब कहने के लिए कुछ शेष नहीं था। मेरे मन में उठा कि मैं इस महिमामयी के चरण पकड़कर रो पड़ूँ, लेकिन मैं पुरुष जो था। सिर नीचा करके रह गया। सूझ न पड़ा कि क्रोध करूँ या न करूँ। कर लेता तो शायद आज का दिन देखना न होता, लेकिन कर नहीं पाया। जो कुछ मैंने किया, वह यह था कि रात में बैठकर एक पत्र उसके पिता को लिखा और उसमें सारी स्थिति स्पष्ट करते हुए उनसे याचना की कि वे अलका को इस मार्ग से लौटाने की चेष्टा करें, लेकिन यह पत्र जब तक उनके

पास पहुँचा, तब तक वह सींखचों की दूसरी ओर जा चुके थे। जवाब में अलका की माता की एक लाइन मुझे मिली। लिखा था, 'अलका तुम्हारे साथ है। हमारा उसपर कोई अधिकार नहीं।'

□

जिसको अब तक छोटा समझा था, वही अचानक बड़ा बन गया। मेरे पास जो चिट्ठी आई, उससे एक बार मुझे ऐसा लगा कि यह विस्फोट प्रांतों की सीमाओं को तोड़कर इस विशाल देश को अपनी जकड़ में लेनेवाला है। स्वभावत: यह मेरे लिए डर की बात थी; लेकिन विप्लव की इस गाथा को मैं अपने घर में प्रवेश करने से कैसे रोकूँ? उसका एक भाग तो यहीं पर निर्मित हुआ था। दो दिनों तक मैंने उन खानगी समाचारों को अपने तक ही रोके रखा और अलका के समक्ष प्रस्ताव रखा कि एक बार हम फिर कहीं दूर भाग चलें। सुदूर दक्षिण के सौंदर्य-रस में हम डूब चुके हैं। क्यों न उत्तर के हिम-प्रदेश में प्राणायाम की अलख जगाई जाए?

अलका ने मेरी आँखों में झाँका, बोली, 'चल सकती हूँ, लेकिन एक प्रश्न का उत्तर दोगे?'

मैंने पूछा, 'बोलो! क्या पूछती हो?'

'यही कि तुम्हारी इस अप्रत्याशित दिलचस्पी का रहस्य क्या है? तुम अपने को मुसीबत में क्यों डाल रहे हो? क्या तुम नहीं जानते कि जो बात तुम मुझसे छिपाना चाहते हो, वह बहुत पहले मेरे पास आ जाती है?'

मैं अवाक् उसे देखता रह गया और वह बोलती रही, 'क्या तुम समझते हो, यह सब मैं करती हूँ? 'मैं' तो इस संसार में कुछ हूँ ही नहीं। 'है' तो कुछ और है। वही 'है' सत् है और सत् को दार्शनिकों ने नियंता, सृजनहार, भगवान् और न जाने किन-किन नामों से पुकारा है। उसका सारा कार्य-व्यवहार मनुष्य की पार्थिव आँखों से बहुत परे है। मैं सबकुछ जानती हूँ, लेकिन विश्वास रखो, जब तक आज्ञा नहीं होगी, तब तक कुछ नहीं करूँगी।'

हतबुद्धि बने हुए मैंने पूछा, 'किसकी आज्ञा?'

उसने कहा, 'जिसके निर्माण का भार मुझपर आ पड़ा है।'

मैं एकाएक झुँझला उठा। बोला, 'बार-बार निर्माण का दावा लेकर तुम मुझे धोखा क्यों देना चाहती हो? अनागत के निर्माण के लिए तुम वर्तमान को क्यों कुचल रही हो?'

अलका ने कहा, 'वर्तमान अनागत का जन्मदाता है। इसे कोई कुचल नहीं सकता। अपने को मिटाकर ही आनेवाले का निर्माण करता है और सच कहा जाए

तो उसे 'मिटना' कहना ही गलत है। मिटता कुछ नहीं, वह समाप्त होता है और उस 'समाप्ति' के बाद वह फिर 'आरंभ' होता है। फिर-फिरकर वह भ्रमता है। इस संसार की गोलाई का यही रहस्य है। दीये की लौ में जो तेल काजल और प्रकाश बनने के लिए जलता है, वह फिर-फिरकर तेल का रूप लेकर वहाँ आ जाता है। तुम्हारे कहने का आशय शायद यही है कि मैं तुम्हारी उपेक्षा करके अनागत पर ही अपना ध्यान केंद्रित कर रही हूँ। तो इसका जवाब यह है कि तुम और मैं दो नहीं हैं। तुमने मुझे जो कुछ सौंपा है, उसकी विष्णु केवल मैं ही हूँ, तुम मात्र प्रहरी हो। रक्षा का भार तुमपर है, लेकिन निर्माण का भार मुझपर ही है।'

फिर वह मेरी ओर देखकर मुसकरा उठी। वह बोली, 'कब चल रहे हो?'

मैंने कहा, 'अब नहीं जाऊँगा।'

अलका बोली, 'अभी तो चलना है।'

और फिर जैसा उसका स्वभाव था, उसने चारों ओर शोर मचा-मचाकर तैयारी शुरू कर दी। मैं नहीं जानता कि वह सब कैसे हुआ, लेकिन एक दिन मैंने अपने को उत्तराखंड की यात्रा के मार्ग पर पाया। लगभग दो महीने का प्रोग्राम था, लेकिन अचानक बीच ही में व्याघात आ जाने से हम बद्रीनाथ से लौट आए। मुझे याद है कि मार्ग में कहीं उसने घोड़े पर या डाँडी पर चढ़ना स्वीकार नहीं किया। वह तो पर्वतीय प्रदेश की उन निर्झरिणियों की तरह वहाँ-वहाँ, जहाँ उसकी इच्छा होती, फुदकती फिरती। उन दिनों मार्ग बिलकुल स्वच्छ थे, मक्खियों का कहीं पता नहीं था। जल सिमटकर शांत-संयत ही नहीं, बल्कि निर्मल भी हो गया था, लेकिन मनुष्यों का सामीप्य कुछ दुर्लभ होता जा रहा था। अलका को यह अभाव बहुत प्रिय लगता था। उसका आग्रह था कि यहाँ हम मनुष्यों से नहीं, प्रकृति से मिलने आए हैं। प्रकृति-मिलन के इस उछाह में वह बड़े-से-बड़े संकट में भी शिशु-सुलभ सरलता से प्रवेश कर जाती थी। कभी-कभी वह अतिशय भावुक भी हो उठती थी। मार्ग में एक स्थान पर उसने भेड़-बकरियों के एक दल के साथ बहुत से बच्चों को देखा तो बोल उठी, 'क्या ये अपनी माँ को पहचानते हैं?'

दल के स्वामी ने उस प्रश्न को सुना। तकली पर ऊन कातते हुए वह मुसकराया और बोला, 'माँ को सभी पहचानते हैं। ये क्यों नहीं पहचानेंगे?'

उन्हें जाना था, चले गए, लेकिन अलका विस्मय-विमूढ़ भावना की प्रतिमा की तरह वहीं स्थिर हो गई और उसके चारों ओर गूँज उठा वह तरल स्वर, 'माँ को सभी पहचानते हैं। माँ···माँ···।'

मैंने कई क्षण बाद कहा, 'अलका, चलो!'

अलका चकित सी बोली, 'क्या मैं रुकी हूँ? नहीं, नहीं, मैं माँ के पास हूँ। ये चारों ओर माँ ही तो है। यह सारी सृष्टि, यह सब माँ का रूप है। गगनचुंबी हिमशिखरों के बीच में उन्मादिनी सदानीराएँ, यह तटवर्ती ऊपर को उठता चला गया वन-वैभव, यह नाना वर्ण के पक्षियों का कलरव, कभी अरुण-किरणों का प्रखर प्रकाश, कभी घटाओं की शीतवर्णी छाया—माँ के इस रूप को देखकर मेरा लोलुप मन मचल उठा है।'

और जिस समय जोशीमठ को पार करके विष्णुप्रयाग में अलकनंदा और विष्णुगंगा के चिरमिलन के उस परम सुंदर और परम भयानक स्थान पर हम पहुँचे तो अलका जैसे नाच उठी। वह उन दुर्गम पैड़ियों से उतरती हुई ठीक उस स्थान पर चली गई, जहाँ एक ओर गौरव-नाद करती हुई अलकनंदा और दूसरी ओर से विप्लववाहिनी विष्णुगंगा मतवाली होकर गले मिलती हैं। कई क्षण वह बीच के पत्थर पर खड़ी रहकर उस फेन-जाल को देखती रही। फिर बोली, 'अगर प्रेम का कोई स्वरूप हो सकता है तो यह है।'

मैंने कहा, 'यह प्रेम नहीं, मृत्यु है।'

वह हँसकर बोली, 'मृत्यु से आदमी इतना क्यों डरता है? मृत्यु यदि यह है तो बड़ी प्रिय है। यह वास्तविक मिलन है। अपने को अपने प्रिय में अस्तित्वहीन कर देने को मृत्यु कहते हैं। क्यों न मैं भी इस संगम में कूदकर अपने को अस्तित्वहीन कर दूँ!'

तब सटपटाकर मैंने अलका का हाथ पकड़ लिया, 'न, न, अलका, ऊपर चलो!'

अलका खिलखिलाई, चारों ओर दृष्टि घुमाकर उसने कहा, 'देखो कितना महान, कितना भव्य है यह प्रदेश! गौरव से सिर ऊँचा किए धरती का यह अभिमान किस तरह ऊपर-ही-ऊपर चला जा रहा है, लेकिन इस अभिमान की प्रसूता ये जलधाराएँ मानो इस स्नेह की उपेक्षा करती हुई, या कह सकते हैं, उसके अभिमान को तरल करती हुई तूफानी गति से हँसती-खेलती, नाचती-कूदती उस महामिलन की ओर जा रही हैं, जिसे हम जीवन की परिणति या मुक्ति कहते हैं, लेकिन विज्ञानवेत्ता इस बात के साक्षी हैं कि वह मुक्ति उनके पुनर्जन्म का कारण बनती है। क्या तुम यह समझते हो कि मेरा इनमें लय हो जाना पुनर्जन्म का कारण नहीं बनेगा?'

मैंने कहा, 'अलका, यह ज्ञान तो मुझसे भी छिपा हुआ नहीं है। असंख्य बार मैंने इसे क्लास-रूम में अपने विद्यार्थियों को रटाया है, लेकिन यह बात तुम क्यों

भूलती हो कि तुम्हारा पुनर्जन्म हो सकता है, लेकिन वह मेरे लिए ही होगा, इस बात की क्या गारंटी है?'

अलका हँसी, 'स्वार्थी कहीं के! इसी मोह ने तो इस संसार को जकड़ रखा है। इसीलिए वह डरता है।'

मेरे हृदय की धड़कन निरंतर बढ़ती जा रही थी, क्योंकि अलकनंदा और विष्णुगंगा के मिलन से जो प्रेम झलक रहा था, उसकी ठंडी-ठंडी फुहारों ने हम दोनों के तन-मन को तर कर दिया था। फिर भी साहस करके मैंने जवाब दिया, 'अलका, तुम बार-बार जिस निर्माण की चर्चा करती हो, क्या उसमें भी तुम्हारा मोह काम नहीं करता?'

अलका ने तुरत जवाब दिया, 'मोह और कर्तव्य की सीमा-रेखा इतनी पतली है कि शायद मैं उनको स्पष्ट न कर सकूँ। तुम पुरुष हो, बंधन काटना तुम्हें प्रिय है। मैं नारी हूँ। बंधन का निर्माण करना और स्वयं उसमें फँस जाना मेरा स्वभाव है—यह आज के संसार ने माना-जाना है। पुरुष को पिंजरे में बंद करने के लिए नारी को तरह-तरह के लालच देने पड़ते हैं—यही न तुम कहोगे, लेकिन स्वामी, बात इतनी ही नहीं है। जिसे तुमने मोह कहा, उसी को मैं मुक्ति कहती हूँ।'

मुझे लगा कि वह वाग्जाल बड़ा जटिल होता जा रहा है। इसलिए मैंने प्रस्ताव रखा कि अब आगे बढ़ा जाए, नहीं तो संध्या होने से पहले अगले पड़ाव तक हम नहीं पहुँच सकेंगे।

अलका बोली, 'आज का पड़ाव यहीं होगा।'

मैं चकित रह गया, 'यहीं, इस संगम पर?'

बोली, 'जी हाँ!'

मैंने कहा, 'पागल तो नहीं हो गई हो। इन सुनसान स्थान के शीत को क्या तुम सह सकोगी?'

बोली, 'सहने का प्रयत्न उनके लिए है, जो सोते हैं।'

मैं हठात् काँपा, 'तो क्या जागना होगा?'

बोली, 'और क्या तुम समझते हो कि मैं शीत में ठिठुरने के लिए यहाँ रहना चाहती हूँ? सुनते हैं, उस पार सिंह और भालू आते हैं। आज उनको देखने की बड़ी इच्छा है।'

मैं खिलखिला पड़ा, 'सिंह को देखना चाहती हो, लेकिन तुम्हारे और उसके बीच में यह जो अलख जगाती हुई अलकनंदा बह रही है, यह क्या उस पार वनराज तक तुम्हारी बात पहुँचा सकेगी?'

अलका हँसी, 'काश, सिंह मेरी बात समझ पाता तो मैं उसे इस ओर आने का निमंत्रण देती।'

और उसके बाद हम लोग चुपचाप ऊपर चले आए। वह रात हमने उसी चट्टी में गुजारी। पूरी रात वह सोई नहीं। जैसे अपने कॉलेज में फैंसी मैच में तरह-तरह के रूप धरकर मनोरंजन करना उसका स्वभाव था, उसी तरह सुनसान वन-प्रदेश में, जिसमें कभी ऋषि-मुनियों, संत-महात्माओं की वाणी गूँजा करती होगी, जो कभी स्वर्गस्थ देवताओं के रथ से प्रतिध्वनित होता होगा, जिसमें कभी अप्सराओं के नूपुरों की मादक ध्वनि हिलोरें लेती होगी; वह अब एक मानवी के मुक्त अट्टहास से मुखर हो उठा। जोशीमठ से बहुत सारे फूल वह ले आई थी, उन डेलिया, केनिया, जीन, नर्गिस, गुलाब, गेंदा, केतकी और न जाने किन-किन फूलों की सुगंध और सौंदर्य की चर्चा हमने मैदान में भी सुनी थी और यह भी सुना था कि यात्रा से लौट रहे बहुत से लोग इन्हीं पुष्पों की सुगंध और सौंदर्य के सहारे उन दुर्गम पर्वत-प्रदेशों को पार करके जाया करते थे, लेकिन मुझे ऐसा लग रहा था, जैसे मेरी धमनियों का रक्त शीत में ठिठुरकर जम जानेवाला है और जिस प्रकार मेरे चारों ओर हिमश्रृंखलाएँ मृत्यु के समान सिर उठाए खड़ी हैं, उसी प्रकार शायद मुझे भी यात्रा के इस मार्ग पर स्वयं का विसर्जन कर देना होगा। उस अंधकारमयी रजनी में दो देव-नदियों के चिरमिलन का स्वरघोष ऐसा लग रहा था, जैसे मेरी शिराओं को चीरता हुआ चला जा रहा है, लेकिन अलका ने कहा, 'कितना सुंदर पृष्ठभूमि का संगीत है!'

मैं बोला, 'और ऊपर यह आसमान?'

उसने उत्तर दिया, 'इस आकाश की सज्जा हमारे स्वागत के लिए ही तो है।'

मैंने कहा, 'इतना भयानक स्वागत!'

बोली, 'भयानक कहाँ है? जिस प्रकार उस महाशून्य में किसी शक्ति ने वे असंख्य दीप जगा रखे हैं, उसी प्रकार रौरव-नरक की कल्पनावाली धरती पर असंख्य मानव-ज्योतियाँ भी जागती रहती हैं। हम-तुम ऐसी ही दो ज्योतियाँ हैं, जो अपने को नष्ट न होने देने के प्रयत्न में अपने को इस आल-जाल में उलझाए हुए हैं।'

सुनकर मैं स्तब्ध रह गया। जीवन के इस दुर्गम पथ पर पुरुष के लिए नारी का सौंदर्य और सुगंध कितनी बड़ी शक्ति है! इसपर अलका की यह अनुभूति! उमगकर मैं बोला, 'महामाया, बोलो। अब क्या करने के लिए कहती हो?'

वह बोली, 'बाहर चलकर किसी चट्टान पर बैठें और मेरे गीत सुनें।'

मैं मुसकरा उठा। बोला, 'उसके लिए क्या यह पर्णकुटी ठीक नहीं होगी?'

उसने कहा, 'नहीं, यहाँ बंधन है। मैं मुक्ति चाहती हूँ।'

सहसा जोर का गर्जन हुआ। खुले द्वारों से आकर बिजली का प्रकाश हम दोनों को चमका गया। एक बार तो लगा कि उन पहाड़ी नदियों के मिलन का स्वरघोष भी उसमें मिल गया हो।

अलका बोली, 'लो, प्रकृति का नृत्य शुरू हो गया।'

उसके बाद बाहर वह शिव का तांडव-नृत्य होता रहा और अंदर मानव तथा मानवी अपनी लीला रचाते रहे। अलका ने उस रात कितने गीत सुनाए, ठीक-ठीक नहीं कह सकता, लेकिन उनकी गूँज आज तक मेरे कर्णरंध्रों से होकर हृदय को दोलायमान करती रही है। बाहर सहसा मेघों का घोर गर्जन उठता और उसी के अनुपात में अंदर अलका की वाणी उत्तेजित हो उठती थी। मैं मान लूँ कि तब मेरी सारी शिथिलता, मेरा सारा कदर्य दूर हो चुका था और मैं अपने को जैसे शिव का गण मानकर उनकी प्रत्येक रौद्र ताल पर सम देने के लिए उन्मत्त हो उठता था। पहले धीरे-धीरे, फिर तीव्र गति से जैसे प्रकृति ने वह नृत्य किया था, उसी मंथर गति से वह समाप्त हो गया। अरुण का उदय हुआ और प्रकृति के मुख पर एक मनोहारिणी मधुर मुसकान नाचने लगी। सबकुछ धुला हुआ, स्वर्णिम आभा से आलोकित, निस्तब्ध, मैं जैसे उसमें डूब चला।

अलका बोली, 'मनुष्य के आहत और कुघड़ अभिमान के प्रतीक कलकत्ता में क्या कभी तुमने ऐसे सौंदर्य की कल्पना की है?'

मैंने कहा, 'कल्पना अब तक मेरे पास थी ही नहीं। तुम आई हो, तभी सौंदर्य के इस सत्य को मेरी आँखों ने देखा है।'

अलका ने मेरी आँखों में देखकर कहा, 'सच कहते हो?'

मैंने कहा, 'सत्य की गोद में रहकर भी सत्य नहीं कहूँगा तो कब कहूँगा?'

और फिर मैंने उन सारे फूलों को अलका के शरीर पर सजा दिया। जब तक मेरा यह क्रम चलता रहा, वह मंथर-मधुर मुसकान से दीप्त होकर मेरी ओर देखती रही। फिर बोली, 'जो कुछ पूँजी आज तक लगा पाई थी, उसके मूल्य से भी अधिक ब्याज समेत मैंने पा लिया। मैं आज से महान प्रकृति के समक्ष ऋणी हुई।'

मैंने कहा, 'प्रकृति माता है, तुम भी माता हो।'

अलका नाच उठी, 'तुम..., यह तुम कह रहे हो! तुमने उस सत्य का अनावरण कर दिया।'

मैंने धीरे से कहा, 'सत्य का अनावरण करने का दंभ मैं नहीं भरूँगा,

लेकिन उसकी असंख्य किरणों में से एक किरण आज मेरे अधर को छू अवश्य गई है।'

□

और फिर वह उन्नीस मील का दुर्गम मार्ग कैसे पार कर गया, याद नहीं पड़ता। बद्रीनाथ की उस पुण्य भूमि में प्रवेश करती हुई वह जैसे प्राचीन काल की किसी तपोवन की कन्या बन गई हो; उसकी सारी धार्मिक प्रवृत्ति जाग उठी हो। मंदिर से दूर अलकनंदा के उस पार नर पर्वत की गोद में पठार पर स्थित सरकारी डाक-बँगले में ठहरने का प्रबंध मैंने किया था। वहाँ निरंतर हड्डियों को बजाने और रक्त को हिम बना देनेवाली हवा चलती रही, लेकिन उसकी चिंता किए बिना अलका नारायण पर्वत के प्रांगण में नाचती रही, खेलती रही—ऐसे ही, जैसे शायद कभी नर और नारायण को रिझाने के लिए स्वर्ग की अप्सराओं ने नृत्य किया होगा। अंतर केवल इतना था कि वे अप्सराएँ ऋषियों का तप भंग करने आई थीं, लेकिन अलका तप का वरदान चाहती थी। वह अपलक दृष्टि से हिमशृंगों के भयानक सौंदर्य को पी जाना चाहती थी।

मैंने सुना है कि भगवान् के इस लोक में तीन रात रहने से अक्षय पुण्य की प्राप्ति होती है, लेकिन अलका के साथ वे दिन ऐसे उड़ने लगे, जैसे मलय पवन सुगंध को ढोकर चारों ओर बिखेर देता है। इस बीच मंदिर के पुजारी से, उस पुण्य नगर के निवासियों से, मानो गाँव की मानवीय रूप रक्तवर्णी निर्झरिणियों से उसने पूरा परिचय प्राप्त कर लिया था। वह दिन भर उसी प्रकार मुक्त होकर खेलती थी, जिस प्रकार पर्वत कन्याएँ; बल्कि अकसर उनकी यह शिकायत रहती थी कि आप मैदान के लोग पहाड़ों में इस तरह कूदते क्यों हैं। मैं उत्तर देता, 'क्योंकि मैदान में कूदने योग्य कुछ रहता नहीं है, इसलिए।'

वे कहतीं, 'तुम्हारी अलका तो ऐसी लगती है, जैसे इस प्रदेश की प्रसूता हो।'

अलका तुरत जवाब देती, 'इससे भी आगे की। यहाँ तो उर्वशी का जन्म हुआ था और कुबेर की अलकापुरी अभी यहाँ से काफी दूर है।'

वे नारियाँ खिलखिलाती हुई सहसा काँप उठतीं, 'तो क्या तुम अलकापुरी जाओगी?'

अलका कहती, 'इसमें क्या संदेह की कोई बात है?'

वे कहतीं, 'है क्यों नहीं? उन विकट मार्गों पर पुरुष भी लड़खड़ा जाता है।'

अलका एकदम बीच में बोल उठती, 'पुरुष लड़खड़ा सकता है, लेकिन मैं

पुरुष की जननी हूँ।'

अनबूझ़ सी वे हिमप्रदेश की कृषक-बालाएँ उसे देखती रह जातीं और अलका मेरे कान में फुसफुसा उठती, 'नारी क्या कभी कुछ होती है? मैं भी कुछ नहीं हूँ। मेरे अंदर जिस पुरुष का निर्माण हो रहा है, वही तो यह सबकुछ कह रहा है।'

और उसके इस कार्य से मैं भी चकित रह गया। ऋषि गंगा के उद्‍गम को ढूँढ़ने के लिए वह दुर्गम पथों को पार करती हुई मुझसे भी आगे बढ़ गई। मुझे लगा, जैसे वह भयानक सौंदर्य के पुंज हेमकूट पर्वत की चोटी पर जाकर ही दम लेगी। वहाँ से पीछे की ओर मुड़कर नर पर्वत के आँचल में अपने निवास-स्थान की ओर देखते हुए उसने कहा, 'सुनते हैं कि यहाँ श्यामकर्ण घोड़े मिलते हैं?'

मैंने कहा, 'मिलते थे, आज उनका अस्तित्व केवल मानव की कल्पना में रह गया है।'

अलका बोली, 'मैं यहाँ आ सकूँगी, यह कल्पना क्या तुमने की थी?'

मैंने कहा, 'नहीं! मैंने तो नहीं की थी, लेकिन पुरुष ने जरूर की थी, क्योंकि एक दिन संसार की सबसे सुंदर नारी को उसने यहीं जन्म दिया था।'

इस तरह बातें करते हुए हम लौट पड़ते, लेकिन श्यामकर्ण घोड़े की खोज समाप्त नहीं हुई। वसुधारा के इस ऊबड़-खाबड़ और अगम्य मार्गों पर भी उसने उसकी खोज की और फिर अलकनंदा के उस पार, जहाँ सुना है, कस्तूरा व्याकुल होकर घूमा करता है, बहुत देर तक इसीलिए देखती रहती कि कस्तूरा या श्वेत भालू उसके दृष्टि-पथ में आ जाए। फिर सहसा मुझसे बोली, 'क्यों जी, वसुधारा के संबंध में जो एक गप मैंने सुनी है, वह कहाँ तक ठीक है?'

जानते हुए भी अनबूझ बनकर मैंने पूछा, 'कौन सी गप, अलका?'

'यह कि वह धारा उन्हीं व्यक्तियों का अभिषेक करती है, जो वर्णसंकर नहीं हैं।'

मैं खिलखिला उठा और देर तक वह मुक्त हास्य उस वन-प्रांत में प्रतिध्वनित होता रहा। मैंने कहा, 'निश्चय रखो, वह धारा तुम्हारा अभिषेक अवश्य करेगी।'

उसने कहा, 'और तुम्हारा भी?'

मैंने कहा, 'मैं इस बात में विश्वास नहीं करता।'

अलका बोली, 'और जैसे मैं करती हूँ। लोगों ने समझा कि हमारे उन पूर्वजों ने, जिनको आप लोग अबुद्ध और अज्ञानी कहते नहीं थकते, इन बातों को यों ही कह दिया था। हो सकता है कि सभ्यता के अंधकार युग में हमारे पूर्वजों की

भावनाओं को जो शब्द मिले हैं, वे सही रूप में उसको व्यक्त न कर पाते हों, लेकिन यहाँ आकर मैं जो कुछ देख पाई हूँ, उससे उनकी भावना में मेरा विश्वास दृढ़ हो गया है। कोई साहसी व्यक्ति ही उन अगम्य मार्गों को पार करते हुए उस रजतधारा का आलिंगन कर सकता है, जो आकाश की वर्षा की तरह अपनी गोद में पहुँचे हुए हर व्यक्ति का अभिषेक करती है।'

अलका यह कहकर ही मौन नहीं हो गई, वह टूटे हुए पर्वत के मार्ग से होकर धारा के ठीक नीचे जा पहुँची। मैं मानव द्वारा निर्मित पगडंडी से उसे पुकारता ही रहा, लेकिन वह तो धारा की गोद में पड़ी हुई शिलाओं पर मृगी की तरह उछलती हुई ठीक वहाँ जा पहुँची, जहाँ आठ वसुओं की वह क्षीण धारा उछल-उछलकर नृत्य करती हुई उस पृथ्वी पर उतर रही थी। क्षण भर में वह धारा उठती, एक कुहासा सा छा जाता और उस दिव्य आवरण के पीछे से अलका ऐसे चमक उठती, जैसे कोई देवांगना आकाश-पथ से विचरती हुई आकाशगंगा के आवरण में चमक उठती हो। मुझे यह स्वीकार करने में कोई भी आपत्ति नहीं है कि तब मेरा हृदय तीव्र गति से दौड़ रहा था और क्षण-क्षण में मेरी संज्ञा मानो धोखा देने के लिए उद्यत हो उठती थी। मैंने चिल्लाना चाहा, लेकिन न जाने किस अनागत भाव ने मेरे कंठ को जकड़ लिया। मेरा ध्यान भूतकाल में जा पहुँचा। आगे इसी मार्ग पर सतोपंथ है, जहाँ मानिनी द्रौपदी ने प्राण विसर्जित किए थे, फिर कुबेर की अलका है। स्वर्गपुरी है, जहाँ युधिष्ठिर ने दुर्गम पथ के साथी अपने कुत्ते के बिना प्रवेश करने से इनकार कर दिया था। यहीं उर्वशी कुंड है। वह अनुपम सौंदर्य इसी भयानकता के गर्भ में से प्रकट हुआ था। यहीं कस्तूरा रहता है। सुगंध और सौंदर्य की जन्मभूमि कितनी कठोर है!...लेकिन क्या वही पुरुष के पौरुष की कसौटी नहीं है? क्या सुगंध और सौंदर्य के अधिकारी वे ही पुरुष नहीं हैं, जो प्रकृति की रुद्रता को अपने पौरुष से मधुरता में बदल देते हैं...

एकाएक अलका ने मुझे पुकारा, 'तुम कहाँ हो? यहाँ क्यों नहीं आ जाते?'

और फिर जैसे एक अचैतन्य आकर्षण मुझे खींचते हुए उसकी ओर ले चला। मैं जैसे जादू के खटोले पर बैठकर उसके पास पहुँच गया होऊँ। मुझे नहीं मालूम कि इतने चिकने उन प्रस्तर खंडों पर मैं कैसे चढ़ गया। धारा के ठीक नीचे बैठकर मैंने उस क्षण-क्षण में आनेवाले कुहासे के अनावरण से, अलकनंदा के उस पार, भोजपत्र के वृक्षों के नीचे कस्तूरे की खोज आरंभ की। मैं पुकार उठा, 'अलका, जीवन यहीं है, जीवन यहीं है। नीचे के संसार में मृत्यु-ही-मृत्यु है।'

अलका बोली, 'हम् लोग पाताल में रहते हैं। धरती माता यहाँ पर है और जो

तुम ऊपर देख रहे हो, वे श्वेत धवल चोटियाँ हैं, वहाँ रहते हैं देवता।'

× × ×

कहाँ तक इन लीलाओं का बखान करूँ! आज ये सब बातें स्वप्न जैसी लगती हैं—एक ऐसा स्वप्न, जो सत्य होकर भी सत्य नहीं होता और असत्य होकर भी सत्य होता है। दार्शनिक इसी सत्य को पहचानना चाहते हैं, लेकिन बार-बार वास्तविकता में उलझकर रह जाते हैं।

पंद्रह दिन हम लोग उस देवभूमि में रहे और अंत में जब वहाँ मौन व्याप्त होने लगा, नर-नारी सब पातालपुरी की ओर चल पड़े, माना गाँव के निवासियों ने गेहूँ की अपनी फसल काटकर कोठरियों में सुरक्षित बंद कर दी और माना दर्रे से आनेवाले भोटे लोग भेड़-बकरियों पर अपनी गृहस्थी को लादे हुए तेजी से मैदान की ओर जाते दिखाई दिए, तब मैंने उससे कहा, 'आओ अलका, अब हम लौट चलें।'

अलका कई क्षण मुझे देखती रही। फिर मेरे पास आकर बोली, 'क्या यह संभव नहीं कि इस शीत ऋतु में हम लोग यहाँ रह सकें?'

मैंने कहा, 'अलका, आदमी इतना ऊँचा नहीं हो सकता। वह शक्ति तो भगवान् ने पक्षियों को दी है। हम लोग धरती पर चलनेवाले प्राणी हैं।'

अलका बोली, 'वह जो अलकनंदा के ठीक किनारे पर प्रकृति माता ने तप्त कुंड बना दिया है, उसका रहस्य क्या तुम समझ पाए हो?'

'समझा क्यों नहीं,' मैंने कहा, 'लेकिन उसका यह अर्थ नहीं है कि मनुष्य अपनी शक्ति को न पहचाने।'

अलका बोली, 'उस साधु को नहीं देखते, जिसके शरीर पर मात्र एक कोपीन रहता है।'

मैंने कहा, 'लेकिन उसके कंधों पर निर्माण का भार नहीं है।'

अलका सहसा मेरी ओर देखती रह गई। फिर उसने कुछ नहीं कहा।

एक दिन हम फिर उस मार्ग से लौट पड़े, जिससे होकर हमने उस स्वर्गपुरी में प्रवेश किया था।

जब हम लोग हरिद्वार पहुँचे तो मुझे ऐसा महसूस हुआ कि वास्तव में पृथ्वी के नीचे जो सात लोक हैं, उनमें भी सबसे निचले लोक में हम पहुँच गए हैं। जहाज के पंछी की तरह हमारा मन उड़-उड़कर फिर विशालपुरी के उन रजत-स्वर्ण शिखरों की ओर जाने लगा, लेकिन मैंने देखा, अलका ने उन सबको सहज भाव से स्वीकार किया और फिर वह अपने पूर्व रूप को पाने का प्रयत्न करने लगी।

एकाएक एक दिन मैंने अलका से कहा, 'अलका, मैं छुट्टी बढ़ाने के लिए आवेदन-पत्र भेज रहा हूँ।'

अलका ने मेरी आँखों में झाँका। उसे मेरी इस बात में कोई संगति नहीं जान पड़ी। गौर से मेरी ओर देखकर बोली, 'क्यों जी, क्या संन्यास लेने का आग्रह है?'

मैं बोला, 'ले सकता हूँ, लेकिन तुम्हारे साथ।'

अलका शरारत से मुसकराई, 'ऊँ हूँ, मैं संन्यासिनी नहीं बनूँगी।'

'तो तापसी बन जाओ।'

'नहीं।'

'वन-कन्या।'

'नहीं।'

'अप्सरा।'

'नहीं।'

'तो तुम मानवी ही रहना चाहती हो?'

वह बोली, 'हाँ।' 'उस प्रदेश से, जिससे होकर हम अभी आए हैं, मैं प्रेम कर सकती हूँ; क्योंकि वहाँ पर सौंदर्य के साथ-साथ भयानकता में भी आकर्षण है; क्योंकि वहाँ हिंसक पशु हैं, तो औषधियों की लताएँ भी हैं। वहाँ पर प्रकृति अनावरण है, लेकिन सत्य को आदमी बहुत देर तक नहीं देख सकता। उसे तो अनावरण करना ही प्रिय है, इसलिए वह प्रकृत सत्य पर आवरण डालकर बार-बार उसे उठाने का नाट्य करता है।'

मैंने कहा, 'मानवी! तुम इतनी रहस्यमयी हो, मैं तुम्हें प्रणाम करता हूँ।'

अलका खिलखिला उठी। तभी हमारी भेंट हो गई उस रहस्यमय संन्यासी से, जो कुछ दिन पूर्व कुछ क्षण के लिए अकस्मात् उत्तराखंड के मार्ग पर हमें मिल गए थे। उनके वस्त्र गेरुए थे, लेकिन उनका जटा-जूटधारी मुख एक ऐसे तेज से आलोकित था, जो संन्यासी का तेज नहीं, बल्कि एक मानव का तेज था। वह परिव्राज्या में विश्वास तो करते थे, मौन में भी उनकी आस्था थी, लेकिन निरंतर कर्मरत रहना ही उन्हें अधिक अभीष्ट था और वह कर्म क्या हो, इसके लिए उन्होंने कभी सोचना नहीं सीखा था। वह कहते थे कि जैसे जल पृथ्वी के नीचे हो या ऊपर, वह अपना मार्ग खोज लेता है, उसी प्रकार मनुष्य का कर्म अपने पथ का निर्माण स्वयं करते हुए चलता है।

□

संन्यासी हमारे ही साथ नीचे उतरने लगे और जब हम बिहार प्रदेश में

पहुँचे, तब जिस प्रकार वर्षा ऋतु का आकाश एकदम निर्मल होता है और दूसरे ही क्षण सुरमयी घटाएँ घिर उठती हैं, तीसरे क्षण वे मादक घटाएँ अपने भयंकर अट्टहास से प्रकृति के साथ भीषण युद्ध में रत हो जाती हैं, उसी प्रकार की कुछ दशा हमारे भाग्याकाश की हुई। कैसे यह सब हुआ, आज वह दिल में दर्द पैदा करता है। एक टीस, एक चुभन आज भी जैसे हमारे अस्तित्व को चीरती हुई, मेरे मस्तिष्क में झनझना उठती है और मुझे ऐसा लगता है कि मेरे कर्ण-रंध्रों से होकर कोई कनखजूरा मेरे मस्तिष्क की शिराओं में चिपक गया है और फिर उसके बढ़ते हुए परिवार ने मेरी चेतना को खोखला कर दिया है। स्मरण आता है कि हम लोग बंगाल की सीमा में प्रवेश करने ही वाले थे कि रात की सुखद नींद के बाद एक सुखद सवेरा आया, पर जैसे अरुण के सौंदर्य में किसी ने हलाहल मिला दिया हो। मैंने देखा, अलका अपनी सीट पर नहीं थी। सोचा, बाथरूम गई होगी। काफी देर तक उस ओर ध्यान नहीं दिया, लेकिन जब काफी समय बीत गया, तब एकाएक गाड़ी के झटके की तरह मैं चौकन्ना हो उठा। उस छोटे से डिब्बे को मैंने क्षण भर में अनावरण कर डाला, मानो अलका कोई सूक्ष्म रूपधारिणी यक्षिणी थी, चलती गाड़ी में खिड़कियों के सींखचों में से हाकर वह जैसे सुगंधि की भाँति उड़ गई हो। ऊपर से मैं अभी शांत बना रहा। गाड़ी में हमारे साथ एक और परिवार यात्रा कर रहा था। उसी परिवार की भद्र महिला ने धीरे से मेरे पास बैठकर पूछा, 'क्या अपनी पत्नी को खोज रहे हैं?'

मैंने सचमुच पहली बार उस महिला को देखा। वह असम प्रदेश की रहनेवाली थी और उसके सारे रूप-रंग पर कामरूप की छाया पड़ी हुई थी। मुझे बोलता न देखकर उसने मुसकराकर कहा, 'पति होकर भी पत्नी को शायद पहचान न पाए, अब तक पतित्व ही जताते रहे।'

मुझे और भी आश्चर्य हुआ, क्या कोई अजनबी ऐसी रहस्यमयी भाषा में बात कर सकता है? मुझे यह स्वीकार करते हुए तनिक भी झिझक नहीं होता कि तब मुझे क्रोध आ गया था और मैंने हकलाते हुए उत्तर दिया था, 'आप…आप कौन हैं? मैं आपको पहचानता नहीं हूँ।'

वह खिलखिला उठी, 'पहचान भी नहीं सकोगे। अपनी पत्नी को भी नहीं पहचान सके।' लेकिन दूसरे ही क्षण वह शरारत से हँसी और बोली, 'परपुरुष का कुछ विश्वास नहीं, वे लोग शैतान का रूप होते हैं। दूसरे को पहचानने में अपनी सारी शक्ति खर्च कर देते हैं।'

हाय रे, नारी कितनी रहस्यमयी होती है। जाना चाहती है तो नीचे के सात

लोकों से भी नीचे उतर जाती है और उठना चाहती है तो ऊपर के सात लोकों को चीरकर अनावरण कर देती है। मैंने तब अपने को पाने की चेष्टा की और उस अभिनय को समाप्त करते हुए कहा, 'आपको अपशब्द कहने के लिए मैं क्षमा चाहता हूँ। क्या आपसे अलका ने बातें की थीं?'

वह बोली, 'दो नारियाँ जब मिलती हैं तो बातें ही करती हैं। पुरुष एक-दूसरे को शंका की दृष्टि से देखते हैं, लेकिन नारी दूसरी नारी को अपना रूप समझती है। भले ही दूसरे क्षण उनका वाक्-युद्ध प्रारंभ हो जाए, लेकिन वाक्-युद्ध भी उनके परिचय का एक अंग है।'

मैंने कहा, 'यह सब तो मानता हूँ। अलका ने काफी सिखा दिया है, लेकिन वह दिखाई नहीं देती।'

वह बोली, 'सो तो बिलकुल स्पष्ट है।'

मैंने कहा, 'वह कहाँ गई?'

वह बोली, 'इसका उत्तर उस संन्यासी से पूछना चाहिए।'

आश्चर्यचकित होकर अपने पूरे शरीर के काँपने के ज्वलंत आवेग को सहते हुए मैंने उसकी ओर देखा। मेरे कंठ से कोई शब्द नहीं निकला, लेकिन मेरी आँखों ने स्पष्ट पूछा, 'तुम क्या कह रही हो? तुम्हारी बात से संन्यासी का क्या संबंध है?'

उस नारी ने उस भाषा को पढ़ लिया। बोली, 'हाय रे, तुम भी पुरुष ही रहे। पहले क्षण ही आवेश उभर आया। तभी तो कहती हूँ कि इतने दिन पास रहकर भी तुम अलका को नहीं पहचान पाए और मैं दो दिनों के सफर में ही उसे जान गई।'

मैंने कहा, 'लेकिन तुम जब मुझे बताओगी नहीं, तब मैं उस रहस्यमयी घटना को समझ कैसे पाऊँगा?'

'रहस्यमयी इसमें क्या है? तुम जानते हो कि बिहार में जो आंदोलन चल रहा है, उसका संबंध अलका से है।'

अब तो जैसे धूप की तरह सबकुछ स्पष्ट हो गया। मेरा मस्तिष्क द्रुत गति से दौड़ता हुआ ट्रेन के डिब्बे के सहारे जा टिका, नेत्र मुँद गए, कई क्षण उस स्थिति में मैं सोचता ही रहा। उन कुछ क्षणों में अलका जैसे मेरे सामने निर्वरण हो गई।...तो अब तक जो उसका चरित्र था, क्या वह सब अस्वाभाविक था? क्या उसके मन में उस आंदोलन में भाग लेने की बात दूर नहीं थी? क्योंकि उस यात्रा में और यात्रा से लौटते हुए जिस क्षण तक वह मुझसे बात करती रही, उसने मुझसे उस बारे में एक क्षण के लिए भी चर्चा नहीं की थी।

सहसा मेरे मस्तिष्क में विचार उठा कि इस संन्यासी का उस आंदोलन से

क्या संबंध है। मैंने आँखें खोलकर उस नारी से पूछा, 'बहन, तुम जो कुछ जानती हो, वह मुझे बता सको तो आभार मानूँगा।'

बोल उठी, 'इसमें आभार की क्या बात है? वह बताने के लिए ही मैं तुम्हारे पास आकर बैठी हूँ, लेकिन सबसे पहले एक निवेदन कर रही हूँ—तुम्हारे प्रति अविश्वास या अनादर की भावना अलका के मन में नहीं है और न उस संन्यासी से ही उसका कोई संबंध है। मैं जानती हूँ कि तुम चंचल हो उठे हो; यह सब स्वाभाविक ही है, लेकिन विश्वास करो, अलका तुमसे दूर नहीं हुई है।'

यंत्र की भाँति मैंने उत्तर दिया, 'लेकिन पास भी तो नहीं है।'

वह बोली, 'हाँ, इतना पास नहीं है कि कलंक का डर हो।'

मैंने अकचकाकर कहा, 'क्या मतलब है तुम्हारा?'

'मतलब समझाना नहीं है, किसी दिन समझ जाओगे। बात इतनी है कि अलका उस आंदोलन को पास से देखना चाहती थी और वह जानती थी कि ऐसा करने के लिए तुम उसे अनुमति नहीं दोगे। तुम्हारी अनुमति का वह आदर करती है, लेकिन उसका कहना था कि तुम्हारी आज्ञा में स्वार्थ था और वह नहीं चाहती कि उसका प्रियजन स्वार्थी हो।'

मैंने कहा, 'बस, क्या इतनी ही बात है?'

वह नारी बोली, 'इतनी ही नहीं, और भी है। उससे भी बढ़कर एक और कर्तव्य का भार नारी के कंधों पर होता है। अपने प्रियतम से होकर ही वह सदा एक और मंजिल की ओर बढ़ती रहती है और मैं समझती हूँ, वह मंजिल तुम जानते हो।'

मैंने आँखें मूँदे-मूँदे ही उत्तर दिया, 'मैं जानता हूँ।'

और फिर सहसा मैंने उस नारी की ओर देखा। इस बार उसकी आँखें मुँदी हुई थीं। गाड़ी की गति धीमी पड़ रही थी, इसलिए बार-बार वह हिचकोले खा रही थी और शोर मच रहा था। गति जब शिथिल होती है, तब मनुष्य लड़खड़ाता है और शोर मचाता है।

बहुत देर के बाद अपने पति के बुलाने पर उस नारी ने अपनी आँखें खोलीं और मेरी ओर देखकर बोली, 'भाई, तुम भाग्यशाली हो, भूलकर भी उस नारी पर अविश्वास न करना। वह साधारण नारियों की तरह नहीं है। तुम सा पति पाकर ही वह इतनी असाधारण हो उठी है, नहीं तो किसी कुएँ-खाई में गिरकर कभी की समाप्त हो गई होती।'

मैंने बरबस मुसकराकर कहा, 'ये सब बातें क्या उसने तुम्हें बता दी हैं?'

वह हँस पड़ी, 'नारी कभी किसी से कुछ नहीं छिपाती, यही उसकी शक्ति

है, यही उसका पाप है।'

और इसके बाद हम लोगों ने इस बारे में कोई बात नहीं की। उसके पति ने तो एक बार भी भूलकर मुझसे नहीं पूछा। मुझे वह कुछ अस्वाभाविक रूप से लजीला मालूम पड़ा। उस नारी ने मुझसे कहा था, 'कुछ दुर्बल हैं। सहारा देकर चलना होता है, लेकिन यों उनके बाहरी आवरण से धोखे में न रह जाना। प्रयोग उनका बहुत पूर्ण है।'

मैंने कहा, 'यह जीवन ही प्रयोगशाला है।'

वह बोली, 'तब बस, समझ लो कि यह जीवन को जीना चाहते हैं।'

और फिर वह अद्भुत नारी अट्टहास कर उठी। मैं सोचने लगा, यह नारी इतनी अद्भुत, इतनी रहस्यमयी क्यों हो उठी है? मैं सोचकर ही चुप नहीं रह गया। लगे हाथों मैंने यह प्रश्न उससे पूछ डाला। उसने तुरत उत्तर दिया, 'पुरुष के बल पर ही नारी वह कुछ बन जाती है, जो कुछ वह दिखाई देती है।'

कहना न होगा कि कलकत्ता में वे लोग हमारे ही अतिथि बने। और शेफाली (यह उस नारी का नाम है) ने अलका की प्रत्येक वस्तु को, प्रत्येक गतिविधि को एक वैज्ञानिक की भाँति परखा और जब वह कार्य समाप्त हो चुका तो एक दीर्घ निःश्वास खींचकर उसने कहा, 'भाई, तुम्हारे वंश में जो यह नया मानव आ रहा है, वह निश्चय ही अद्भुत होगा। उसकी महानता की भविष्यवाणी तो मैं नहीं कर सकती, लेकिन इसमें कोई संदेह नहीं कि वह साधारण नहीं होगा। आकाश के रहस्य के प्रत्येक गर्भ को, समुद्र के अतल को, ज्वालामुखी के अंतर को और स्वयं अपने शरीर के रगों-रेशों को, मानव-मस्तिष्क और हृदय के क्रिया-कलाप को जो अनावरण करता है, उनके रहस्यों को जो समझ लेना चहता है, उसी को हमने वैज्ञानिक माना है। लेकिन भाई, यह प्रतिक्षण जो हम अपना निर्माण करते रहते हैं, उसके रहस्य को समझने की चेष्टा हम लोग कभी करते दिखलाई नहीं पड़ते। समझते हैं कि जो कुछ होता है, वह किसी शक्ति द्वारा होता है। अपने रवि ठाकुर ने कहीं लिखा है कि इस पृथ्वी पर आनेवाला प्रत्येक शिशु इस बात की घोषणा करता आता है कि भगवान् ने अभी मनुष्य से हार नहीं मानी है, लेकिन मैं कहती हूँ कि जब मनुष्य का निर्माण भगवान् करता है, तब उसके हार मानने का प्रश्न ही नहीं उठता। अपने को खोजने की शक्ति वह स्वयं अपने आप मनुष्य को देता है। मानो उससे कहता है, 'मैंने तुम्हारा निर्माण किया है, अब तुम मेरा निर्माण करो।' और हम हैं कि प्रतिक्षण उसकी इस आज्ञा की अवहेलना किया करते हैं।'

जितनी देर वह बोलती रही, उतनी देर मैं चुपचाप उसकी ओर देखता खड़ा

रहा। मन में कई बार उत्तर देने की इच्छा हुई, लेकिन जब वह कह चुकी, तब जैसे उत्तर देने को कुछ न रहा। मुझे लगा, जैसे उस नारी ने मेरे कदर्य को, मेरी शंका को चूर-चूर कर दिया है, पैरों तले रौंद दिया है, लेकिन यह बात नहीं थी कि मैं पूर्ण रूप से आश्वस्त हो गया था, पुरुष जो था। जैसे घनघोर घटाओं में बिजली चमक उठती है, मेरे मस्तिष्क में यह विचार बार-बार घूम जाता था कि अलका ने मुझसे पूछा क्यों नहीं। आज तो मैं यह कह सकता हूँ कि यह सब व्यर्थ होता। वह पूछती तो निश्चय ही मैं उसे जाने न देता, लेकिन तब तो मैंने इस घटना को घोर अपमान करके लिया।

जब तक वे लोग हमारे घर में ठहरे, तब तक वह काल्पनिक अपमान मेरे हृदय का शूल नहीं बना, लेकिन जैसे ही वे विदा हुए, मैं पिंजरे के घायल पंछी की तरह तड़प उठा। क्रोध और अपमान की पीड़ा से मेरी शिराएँ काँप उठीं। मैं कुछ करने के लिए आतुर हो उठा।

□

अतिथियों के चले जाने के बाद मैंने कई बार अलका को पत्र लिखना चाहा। याद है, रात-रात भर बैठकर मैंने लंबे-लंबे पत्र लिखे, लेकिन किसी को भी मैं उस तक पहुँचाने की सामर्थ्य न पा सका। मन में बार-बार यह बात उमड़-घुमड़ उठती थी कि जब उसने मुझसे नहीं पूछा, उसने मुझसे स्वतंत्रता चाही, तब क्यों न उसे पूर्ण स्वतंत्रता दी जाए—इतनी स्वतंत्रता कि फिर उसे माँगने को कुछ शेष न रह जाए, उससे मेरा संबंध ही न रहे।

और फिर मैंने अलका को बिलकुल अपने मस्तिष्क से निकाल देने की चेष्टा की, लेकिन मस्तिष्क और हृदय शरीर से अलग-थलग होकर भी एक-दूसरे के बिना कुछ नहीं हैं। फिर जो बात मस्तिष्क से निकाली जा सकती है, वह हृदय से कभी नहीं निकाली जा सकती। बल्कि अकसर देखा जाता है कि मस्तिष्क से निकाली गई प्रत्येक वस्तु हृदय के किसी अंतरतम प्रदेश में आकर छिपी रहती है और जब हम समझते हैं कि हमने उस वस्तु से बिलकुल छुटकारा पा लिया, तब अचानक वर्षा ऋतु की बाढ़ की तरह वह हमारे पूरे अस्तित्व पर छा जाती है। मेरे साथ भी ऐसा ही कुछ हुआ। जब मैं समझ रहा था कि मैं पूरी तरह उदासीन और निर्मम बन गया हूँ, तभी एक दिन मेरी माँ ने सदल-बल आकर मेरे सारे मनसूबों पर पानी फेर दिया। उसने न्यायाधीश की भाँति मुझसे जवाब-तलब किया, 'अलका कहाँ है?'

आज मुझे अपने ऊपर आश्चर्य हो रहा है। तब मैंने तुरत उत्तर दिया था,

'वह अपने पिता के पास गई है।'

माँ ने पूछा, 'तुमसे पूछकर गई है?'

मैंने कहा, 'हाँ, मेरी आज्ञा न हो तो वह कैसे जा सकती है? वह मुझसे भी पूछना चाहती थी, लेकिन तब अवसर नहीं था। यात्रा से लौटते हुए मार्ग में उसे पिता के पास जाने का खयाल अचानक आ गया। किराया बचाने की बात भी थी।'

कहकर मैं हँस पड़ा, लेकिन वह हँसी माँ की क्रोधाग्नि के लिए पेट्रोल साबित हुई। उससे भभककर कहा, 'तू पूरी तरह बहू का गुलाम हो गया है। शर्म नहीं आती माँ के सामने हँसते हुए।'

और फिर उसी तेजी से रोती हुई वह बोली, 'हाय रे, इन बेटों के कारण मुझे क्या नहीं सहना पड़ता। मैं मर जाती, राम मुझे उठा लेता तो क्यों ये दिन देखने पड़ते? जानेवाले चले गए, मुझे यह नरक-यातना भोगने के लिए छोड़ गए।'

मैंने तेजी से कहा, 'माँ, यह सब क्या है?'

माँ भी उसी तेजी से बोली, 'कुछ नहीं, मैं मरूँगी, मैं मरूँगी।'

और फिर इसी तरह भभकती हुई वह अंदर चली गई। जैसे ही वह दृष्टि से ओझल हुई, मैं क्रोध से तमतमा उठा और मेज पर रखे हुए अलका के फ्रेम किए गए फोटो को जोर से मैंने दीवार पर दे मारा। फ्रेम का शीशा चूर-चूर होकर चारों ओर बिखर गया और वह चित्र, जिसमें अलका अद्‍भुत रूप से भोली मालूम पड़ रही थी, काँच की खरोंच आ जाने से क्षत-विक्षत हो मेरे पैरों में आ गिरा। एक क्षण के लिए लगा, जैसे कहीं से आकर स्वयं अलका मेरे पैरों में अपना माथा दे-देकर मार रही है और कह रही है—मैंने पाप किया है, मुझे क्षमा कर दो, लेकिन मैंने यह सब तुम्हारे लिए किया है, तुम्हारे लिए।

उफ, तब मेरी क्या दशा हुई, क्या बताऊँ? न मैं क्रोध कर सकता था, न रो सकता था और न मुझमें इतनी शक्ति थी कि अपने उस छद्‍म वेष को छोड़कर सीधे अलका के पास जाता और उसके केश पकड़कर घसीटते हुए लाकर उसे माँ के चरणों पर डाल देता, लेकिन यह सौभाग्य की ही बात थी कि यह अवस्था बहुत देर तक नहीं रह सकी। कुछ ही क्षण बाद सुना, कोई मेरा नाम लेकर पुकार रहा है। स्वर कुछ-कुछ पहचाना सा लगा। मैं दौड़ता हुआ बाहर आया। देखता क्या हूँ कि वही यात्रा के परिचित संन्यासी मेरे सामने खड़े हैं। पहली प्रतिक्रिया जो मुझपर हुई, वह यह थी कि मुष्टिकाओं से प्रहार करते-करते उस संन्यासी की नाक तोड़ डालूँ, लेकिन हुआ यह कि मैंने उनको प्रणाम करते हुए कहा, 'आप?'

संन्यासी बोले, 'अंदर आ सकता हूँ?'

और फिर अंदर आकर शांत भाव से कुरसी पर बैठकर उन्होंने एक बार चारों ओर फैले हुए काँच को देखा, फिर उस चित्र को देखा, जो अब तक उसी तरह अनादृत हुआ पड़ा था और फिर देखा मुझे। कई क्षण देखते रहे, फिर बोले, 'उसने तो कहा था कि मेरे स्वामी ऐसे नहीं हैं।'

मैंने किंचित् कठोरता से पूछा, 'किसकी बात करते हैं आप?'

संन्यासी बोला, 'उसी की, जिसकी तसवीर अनादृत होकर धरती पर पड़ी हुई है।'

क्षण भर में मैं सबकुछ समझ गया, लेकिन उस फोटो को वहाँ से हटाने की हिम्मत मुझे नहीं हुई। इसके विपरीत मैं क्रोध से भर आया और इतने दिनों का आक्रोश, जो मेरे अंदर घुट रहा था, वह सब द्रुत गति से बह निकला। कितनी देर तक मैंने क्या-क्या कहा, वह आज कुछ याद नहीं है। नहीं जानता कि मैं उस समय कितना हास्यास्पद हो उठा होऊँगा, लेकिन इतना जरूर जानता हूँ कि तब बनावटीपन मुझमें कुछ नहीं था और यह भी याद है कि संन्यासी के चेहरे-मोहरे पर, उनकी बातचीत में, हाव-भाव में, कहीं भी मेरे आक्रोश का कोई प्रभाव नहीं था। एक गांभीर्य ने जैसे उनके पूरे अस्तित्व को ढक रखा था। उन्होंने मुझसे कहा, 'जो कुछ आपने कहा, वह सब स्वाभाविक है। आपके सामने कोई भी कैफियत मैं नहीं दूँगा। आपके और उसके बीच मेरी कोई जगह नहीं है, उस अप्राप्य को पाने के लिए कोई दुस्साहस, कोई साजिश भी मैं नहीं करूँगा। मैं तो केवल आपको यह सूचित करने आया था कि अलका की विद्रोहपूर्ण कविताओं ने उस प्रदेश में एक नया जीवन फूँक दिया है। और फिर उसकी शक्ति से घबराकर शासन ने उसको बड़े आदर के साथ सींखचों के पीछे बंद कर दिया है।'

मैं चिल्ला उठा, 'क्या कहा? क्या अलका जेल में है?'

संन्यासी ने उसी गंभीरता से कहा, 'घबराइए नहीं, कविता करने के लिए उसे बड़ा अच्छा अवसर मिल गया है। आधुनिक भारत की स्वाधीनता के बाद आनेवाले भारत की स्वाधीनता के युद्ध का श्रीगणेश करनेवालों में एक दिन उसकी गिनती होगी, इसका विश्वास मैं तुम्हें दिला सकता हूँ। अलका वहाँ बैठकर स्पष्ट रूप से अनागत को देख रही है और यह उसके लिए बहुत अच्छा है।'

मैंने तीव्रता से कहा, 'मैं कुछ नहीं जानता। यह सब चाल है। अलका को बाहर आना होगा।'

संन्यासी बोले, 'यह तो आपकी और उसकी बात है, मैं बीच में कुछ नहीं।'

मैं भभक उठा, 'लेकिन उस रात मुझे बिना सूचना दिए तुम उसे ले गए, तब

भी क्या तुम कुछ नहीं थे?'

संन्यासी ने कहा, 'हाँ, मैं कुछ नहीं था। वही तब सबकुछ थी और उसके पास आपका इतना बड़ा बल था कि उसने मेरा सहारा लेने के स्थान पर बराबर मुझको ही गिरने से बचाया।

मैंने और भी तीव्रता से कहा, 'यह कविता करना भी शायद तुम उससे सीखी हो।'

बोला, 'सीख रहा था। तभी वह जेल चली गई, पाठ अभी अधूरा है।'

मैंने जोर से मेज पर मुक्का मारते हुए कहा, 'चुप रहिए, आप ढोंगी हैं।'

वह मौन होकर कुरसी पर बैठ गए। कई क्षण बैठे रहे। मुझे कुछ सूझा नहीं कि क्या कहूँ। मैं जानता था कि माँ पास के कमरे में आकर, कान लगाकर सबकुछ सुन रही है।

आखिर संन्यासी बोले, 'तो अब मैं जाना चाहता हूँ?'

मैंने कहा, 'नहीं, तुम नहीं जा सकते। तुम्हें सबकुछ स्पष्ट बताना होगा कि तुम कौन हो और तुम्हारा-उसका कब का परिचय है?'

संन्यासी बोले, 'यह सब उसी से पूछ सको तो अच्छा है, लेकिन जानता हूँ, वह साहस तुममें नहीं है, क्योंकि तुम उसपर अविश्वास नहीं कर सकते।'

मैंने कहा, 'फिर वही वाक्-जाल।'

'जिसे तुम वाक्-जाल कहते हो, अलका के समीप वही सत्य है। उसने चलते समय मुझसे बस दो शब्द कहने को कहा था और वे दो शब्द हैं—मेरे स्वामी से इतना कहना कि उनके कुल-शील पर जो धब्बा मैं लगाती हुई दिखाई दे रही हूँ, वह वास्तव में उनके कुल की मर्यादा की रक्षा के लिए ही है। मैं संतान की माँ हूँ, मैं गृहलक्ष्मी हूँ और सबसे ऊपर मैं मानव की चिरसहचरी मानवी हूँ, और मेरे मानव, तुमको समझाने के लिए मुझे कुछ और नहीं कहना है। तुम्हारी वेदना मुझे पता है, तुम्हारी यंत्रणा मेरी यंत्रणा है, लेकिन यह जानती हूँ कि जिस क्षण तुम्हारे प्रेम और विश्वास का प्रतिदान देने लगूँगी, उसी क्षण मैं कलंकिनी बन जाऊँगी।'

इसके बाद संन्यासी चुपचाप वहाँ से चले गए। तब जैसे मैं नींद से जागा और उनके पीछे दौड़ा। पुकारकर कहना चाहा—मेरा संदेश भी लेते जाओ, उससे कह देना कि मैं उसपर अविश्वास नहीं कर सकता; चाहूँ तो भी नहीं कर सकता।

लेकिन यह सब मैं कह नहीं सका। शायद मुड़कर मेरी ओर देखने पर संन्यासी ने मेरे भावों को पढ़ लिया हो या शायद न भी पढ़ा हो। मैंने उन्हें पुकारा नहीं, बस, देर तक उन्हें जाते देखता रहा। एक-दो बार मुड़कर उन्होंने मुझे देखा

और फिर वह अदृश्य हो गए। उनका भभूत से भरा हुआ वह चिरपरिचित शरीर, उनका वह जटाजूट, उनका वह काला चश्मा, जिसके पीछे की आँखों को मैं कभी नहीं देख पाया था, ये सब मेरे हृदय पर जैसे अंकित हो गए। कभी-कभी उनकी वाणी मुझे परिचित सी जान पड़ती, जैसे युग-युग से उसे सुनता आया हूँ, लेकिन अब तक मुझे उनसे देर तक मिलने का अवसर नहीं मिला था। आज जब मिला तो घृणा से भरा हुआ था।

वे जब अदृश्य हो गए तो मैं घर के अंदर नहीं आया, उनके जाने की विपरीत दिशा में देर रात तक निरुद्देश्य घूमता रहा। बार-बार इस बात को महसूस करता रहा कि मैं अकेला हूँ, मैं अकेला हूँ। एक बार तो जलाशय में कूदकर प्राण दे देने की भी बात मन में उठी। किनारे के अंतिम छोर तक मैं पहुँच भी गया, लेकिन तभी क्या देखता हूँ कि जल के ऊपर पड़ती हुई मेरी परछाईं में अलका की मूर्ति उभर उठी है। वही भोली मुसकान, वही अदम्य विश्वास, सबकुछ निरावरण। छि:-छि: ! मैं क्या करने जा रहा था। मैं उस देवोपम चरित्र का इस प्रकार अपमान कर सकता था—यह कल्पना भी मुझे सालने लगी।

शांत होकर बहुत देर बाद मैं घर लौट आया।

□

जिस समय मैं लौटकर घर पहुँचा, रात आधी से अधिक बीत चुकी थी, फिर भी उस विशाल नगरी में कोलाहल शांत नहीं हुआ था। विद्युत् में चमचमाती वह प्रौढ़ा सुंदरी अपने सारे कलुष को आवरण में छिपाए उसी तरह मुसकरा रही थी, जिस तरह यौवन का क्रय-विक्रय करनेवाली युवतियाँ मुसकराया करती हैं। मेरा मन यद्यपि शांत हो चुका था, लेकिन खिन्नता का एक गहरा आवरण अभी उसे व्याप्त किए हुए था। मैं जानता था कि घर पर विस्फोट होनेवाला है। जैसे ही मैंने चुपचाप अपने कमरे में प्रवेश किया, मेरे आश्चर्य का ठिकाना न रहा। माँ मेरी कुरसी पर बैठी हुई थी। फर्श का काँच समेट लिया गया था और वह चित्र वहाँ से हटाकर मुड़ा-तुड़ा एक कोने में रख दिया गया था। मुझे समझते देर नहीं लगी कि किसी की ठोकर ने उसे वहाँ पहुँचा दिया है। मुझे देखते ही माँ बोल उठी, 'बिहार के लिए कौन सी गाड़ी जाती है?'

मैंने चकित होकर कहा, 'क्यों, यह जानकर तुम क्या करोगी?'

वह बोली, 'मैं क्या करूँगी, यह मैं जानती हूँ। मेरी बात का जवाब दो। क्या इस समय कोई गाड़ी जाती है?'

मैंने कहा, 'जाती है।'

तब वह बोली, 'तुम्हें इसी गाड़ी से बिहार जाना होगा, तुम्हारा सब सामान मैंने तैयार कर दिया है।'

जो अब तक नहीं देखा था, उसपर अब मेरी दृष्टि पड़ी। मेज के पास मेरा सूटकेस और होलडॉल—दोनों यात्रा के लिए तैयार रखे थे। मैं एकाएक कुछ जवाब न दे सका। क्रुद्ध शेरनी की तरह माँ ने फिर कहा, 'तुम्हें इसी गाड़ी से जाना होगा और जितनी जल्दी हो सके, अलका को लेकर वापस आना होगा।'

मैंने अब भी कुछ जवाब नहीं दिया।

वह फिर बोली, 'सुनते हो, लेकर आना होगा। इसके लिए जो कुछ करना पड़े, कितने ही पैसे खर्च हों, वह तुम्हें करने होंगे।'

और इसके बाद मेरे उत्तर की प्रतीक्षा किए बिना वह वहाँ से चली गई। मैं ठगा सा, जैसे कुछ समझ नहीं रहा था, वहीं बैठा रह गया। यह सबकुछ अप्रत्याशित था, यह तो मैं नहीं कहता, लेकिन इतनी तीव्रता से घटित होगा, इसकी मुझे आशा नहीं थी। उसके बाद हुआ यह कि मैं चुपचाप जाकर अपनी खाट पर लेट गया। उस रात सोया होऊँगा, इसका तो मुझे भी विश्वास नहीं है, लेकिन पड़ा मैं इस तरह रहा, जैसे मैं हूँ ही नहीं, जैसे कहीं भी कुछ नहीं है। एक-दो बार ऐसा लगा, जैसे मुझे कोई आकर बार-बार देखने की चेष्टा कर रहा है। पता नहीं, वह कौन था—माँ भी हो सकती है, और अलका भी। कुछ भी हो, सवेरे जब जागने का समय आया, मैं जागा और सदा की तरह अपने काम में लग गया। माँ ने मुझे देख लिया था और जैसे वह जानती थी, उसने मेरे होने को स्वीकार भी कर लिया था। वह बोली कुछ नहीं। वह काम मुझे ही करना पड़ा। मैंने शांत भाव से उससे कहा, 'कॉलेज जाकर दस दिनों की छुट्टी ले लूँगा, फिर अलका को लेकर तुम्हारे पास छोड़ आऊँगा।'

माँ ने तीक्ष्ण दृष्टि से एक बार मेरी ओर देखा, जैसे वह जानना चाहती हो कि यह जो कुछ मैं कह रहा हूँ, वह उसके पुत्र के रूप में कह रहा हूँ या अलका के पति के रूप में। न जाने वह क्या समझ पाई। धीरे से बोली, 'रहने दो, मेरे पेट से पैदा हुए हो। मुझसे ही अपने को छिपाते हो। तुम्हारे बाप भी इतने ही दुर्बल थे। इस घर में सदा नारियों ने ही शासन किया है।'

न जाने क्या हुआ, मैं बड़े जोर से हँस पड़ा, बोला कुछ नहीं। माँ ने ही कहा, 'तुम्हारे बाप भी इसी तरह हँसा करते थे। तुम सब अपने बाप की तरह ही हो।'

और फिर जैसे दाँत पीसती हुई वह वहाँ से चली गई; जाते-जाते उसने इतना ही कहा, 'लेकिन बेटा, यह याद रखो कि जब तक मैं जिंदा हूँ, कहीं भी रहूँ, शासन मेरा ही चलेगा।'

मैंने फिर भी कोई जवाब नहीं दिया, कॉलेज चला गया।

कॉलेज जाकर मैंने छुट्टी ली और फिर चल पड़ा बिहार को। दस दिनों का विचार करके चला था, लेकिन पूरे तीन महीने के बाद मैंने अपने आपको वहाँ पाया, जहाँ अलका जेल में बंद थी। तीन महीने तक मैं दिशाहीन, विचारहीन, लेकिन परम शांत पथिक की तरह इधर-उधर भटकता रहा। कुछ दिन राजस्थान का भ्रमण किया। जोधपुर में एक पुराने मित्र थे, उनके साथ अब तक रहने का कोई विशेष अवसर नहीं मिला था। असल में हम उनके साथ रहना पसंद नहीं करते थे, क्योंकि वह बहरे थे और उनसे बातें करने के लिए हमेशा पेंसिल और कापी का सहारा लेना पड़ता था, लेकिन मन की बात क्या आदमी कागज पर उतार पाया है? इसलिए उनके और दूसरों के बीच हमेशा एक बाधा, एक अपूर्णता बनी रहती थी। इस बार न जाने क्या हुआ, एक महीने तक मैं उनके पास रहा और घंटों उनसे गंभीर-से-गंभीर विषयों पर बहस करने में बिता दिए। मैं लिख-लिखकर पूछता रहता था और वे बोलते रहते थे। जब उनसे विदा लेने का अवसर आया तो उन्होंने मुझे आश्चर्य में डाल दिया। टाइप की हुई पूरे सौ पृष्ठों की एक पुस्तिका उन्होंने मेरे सामने रख दी। बोले, 'इन दिनों की स्मृति में यह तुम्हें समर्पित है।'

मैं यह देखकर हैरान रह गया। वह सबकुछ मेरा ही लिखा हुआ तो था। मैंने कहा, 'अजीत, तुम इतने गहरे हो, यह मैं आज तक न जान पाया था।'

अजीत बोला, 'मनुष्य क्या कभी अपने को ज़ान पाया है? जिस दिन जान लेगा, उस दिन वह समाप्त हो जाएगा, उस दिन सबकुछ समाप्त हो जाएगा। जानने का प्रयत्न ही तो जीवन है।'

मैंने कुछ जवाब नहीं दिया। कंठावरोध हो आया था। उसी बधिर ने मेरी पीठ थपथपाते हुए कहा, 'तुमको पहचान गया हूँ। अपने को दुर्बल मत समझो। तुम्हारी कोमलता ही तुम्हारी सबसे बड़ी शक्ति है, क्योंकि जो दूसरों को समझता है, वह कोमल होता है।'

यात्रा के उन संस्मरणों को लंबा करने की कोई इच्छा नहीं है। राजस्थान से छलाँग लगाई तो पांडिचेरी जा पहुँचा। वहाँ भी एक मित्र थे, जो एक दिन अपनी बसी-बसाई गृहस्थी छोड़कर उस आधुनिक तपोवन में आ बसे थे। देखने में वह जितने भोले लगते थे, उनका मन उतना ही गहरा था, लेकिन उस गहराई में कलुष नहीं था; प्रकाश-ही-प्रकाश था और उस प्रकाश की छाया निरंतर उनकी आँखों से बहती रहती थी। मन की बात वह इतनी सरलता से जान लेते थे कि मैं चकित हो जाता था। कभी-कभी तो अपनी क्षुद्रता पर मैं लज्जित हो उठता था, लेकिन वह

इतने विशाल हृदयवाले थे कि उस क्षुद्रता को पी जाते थे। याद आता है, कितनी ही रातें उनसे मनोविज्ञान पर बहस करके मैंने बिता दी थीं; कितनी ही बार उनसे अपने मन का विश्लेषण करवाया था। एक छोटी सी घटना मेरे अंतरतल पर आज भी जमी हुई है। रामेश्वर जाने के लिए उनसे विदा ले रहा था। तभी न जाने किस प्रसंग पर मेरे मुँह से यह बात निकल गई, 'यहाँ पर पपीते बहुत बढ़िया होते हैं।'

मैं शायद अपना वाक्य पूरा भी नहीं कर पाया होऊँगा, तभी वह तेजी से अंदर गए और एक बड़ा सा पपीता उठा लाए, बोले, 'इसे ले जाइए।'

अवाक् मैंने उनकी ओर देखा तो बोला, 'ले जाइए।'

मैंने कहा, 'यह तो आपका पपीता है। यह आप क्या कर रहे हैं, मुझे इसकी जरूरत नहीं है।'

वह मुसकराए। वह मुसकराहट! न जाने ये लोग कैसे इतनी गहराई तक पहुँच जाते हैं। पपीता खाने की कोई लालसा मेरे मन में शायद रही होगी, तभी तो मेरे मुँह से यह वाक्य निकला था। मेरे सामने कोई रास्ता नहीं था, मुझे उसे ले जाना पड़ा। रास्ते भर वह घटना मुझे सालती रही, क्योंकि उस दिन वह उनके भोजन का एक अंग था और उसे मुझे दे देने के बाद यह भी संभव नहीं था कि उन्हें उसके स्थान पर दूसरा पपीता मिल जाए या और ही कुछ मिल जाए। मेरे उस लालच के कारण उनको आधा पेट ही सो जाना पड़ा होगा। मैं जानता हूँ, उनके लिए कठिन कुछ नहीं था, लेकिन मैं जो उसका कारण था, यही बात मुझे साल रही थी। जो कुछ भी हो, वहाँ से मैं कन्याकुमारी का चक्कर लगाता हुआ और अलका के साथ किए गए अपने पुराने प्रवास को ताजा करता हुआ अचानक एक दिन दिल्ली में प्रकट हो गया। लगभग ढाई महीने बीत चुके थे और अब तक मुझे कहीं का कुछ पता नहीं था। यहाँ आकर जैसे दुनिया से मेरा संबंध फिर बँधा हो। पता लगा, माँ पंद्रह दिन मेरी राह देखकर और यह जानकर कि मैंने छुट्टी बढ़ा ली है, वहाँ से चली गई। अलका जेल में ही थी और वह आंदोलन मंथर गति से आगे बढ़ता जा रहा था। मुझे लग रहा था, जैसे युग बीत गए हैं, लेकिन वास्तव में आंदोलन को चले अभी छह महीने नहीं हुए थे। आशा की जा रही थी कि अब वह समाप्त होनेवाला है। दोनों ओर से समझौते की बातचीत चल रही थी और मेरे आश्चर्य का ठिकाना न रहा, जब मुझे पता लगा कि किसानों के पक्षवाले प्रमुख व्यक्तियों में आशुतोष सबसे आगे है। एक बार तो मन में उठा कि तुरत बिहार चला जाऊँ, लेकिन फिर न जाने क्या हुआ, वहाँ से मैंने आशुतोष को एक पत्र लिखा। तीसरे दिन ही उसका उत्तर भी आ गया। उसने मुझे आदर के साथ वहाँ की सब बातें

समझाई थीं और बार-बार विश्वास दिलाया था कि अलका दीदी खूब प्रसन्न हैं और दीप्ति अकसर मेरी याद किया करती है। क्या ही अच्छा हो, कुछ दिन जाकर मैं उनके पास रहूँ। कई बार उसने कलकत्ता में मेरी तलाश की, लेकिन पता लगा कि मैं बार-बार छुट्टी बढ़ा रहा हूँ। अलका ने एक बार इस बारे में भय भी प्रकट किया और जहाँ कहीं भी मैं हूँ, मुझे ढूँढ़कर यह संदेश देने के लिए कहा कि मुझे अपने कार्यक्रम में कोई बाधा नहीं डालनी है।

और इसी तरह की बहुत सी बातें थीं। पढ़कर कैसा लगा, कह सकता हूँ कि वह न कुछ अच्छा था, न बुरा। बस, जैसे यह जो कुछ हो रहा है, वह होना ही चाहिए था और उसको मैंने स्वीकार कर लिया था, फिर भी पूरे सात दिनों तक मैं दिल्ली में घूमता रहा। उन सात दिनों में मैंने इस दिल्ली को जैसे फिर से खोजा हो। अलका की प्रिय सखी के साथ मैंने सारे सिनेमाघरों की सैर की, नाट्यशालाओं के दर्शन किए, दर्शनीय स्थानों पर पिकनिक मनाई और जब कुछ करने को न होता तो उसके साथ बैठकर बातें कर-करके उसे तंग कर देता, लेकिन एक दिन ऐसा लगा, जैसे कहीं से आकर एक डर मेरे अंतर में घुस बैठा है। तब बिना कुछ कहे चुपचाप वहाँ से भाग खड़ा हुआ और सीधे आशुतोष के पास जा पहुँचा। मुझे देखते ही वह हर्ष से चिल्ला उठा, 'वाह दादा, आप तो मुटिया गए हैं!'

अलका को मेरे आने की कोई सूचना नहीं दी गई। यह मेरा आदेश था।

□

आख़िर जेल से अलका के छूटने का दिन आ पहुँचा। मुझे जेल के दरवाजे पर देखकर उसे कुछ आश्चर्य हुआ। बहुत भीड़ नहीं थी, फिर भी आंदोलन के नेता लोग उसमें थे। सबसे पहले वह उन्हीं की ओर गई और फिर जैसे एक झटके के साथ उन सबसे टूटकर वह मेरे पास आ गई। सारे रास्ते वह मेरी ओर देखती रही और हर बार जब उसकी दृष्टि मेरी ओर उठती, उसके नैन सावन-भादों के बादल की तरह बरस उठते। उस वर्षा में सुख होता है, समृद्धि की संभावना भी होती है। कुछ इसी तरह की भावना तब मेरे मन में उठ रही थी। मैंने उससे अब भी बोलने की चेष्टा नहीं की। मैं मान लूँ कि कई बार मेरे मन में क्रोध आते-आते रहा गया था, लेकिन वह आ नहीं पाया, चूँकि जैसे ही मेरी दृष्टि उसकी दृष्टि से मिलती, क्या बताऊँ, उन नयनों में क्या रहता था, मैं पलक उठाता और मेरी इच्छा होती कि मैं उसे…।

घर में एकांत पाते ही उसने मेरे चरण पकड़ लिये और पागलों की तरह देर तक उनको अपनी छाती से चिपकाए रही। मैंने महसूस किया कि एक पवित्र

जलधारा उनको धोए चली जा रही है और उन्हीं को नहीं, बल्कि मेरे सारे अंतस् को, मस्तिष्क की सारी शिराओं को उसने आप्लावित कर दिया है। याद नहीं पड़ता कि ऐसा सुख कभी पहले मिला हो। जैसे मैं समाधि में खोता जा रहा हूँ, कहीं कुछ नहीं है, बस एक अनिर्वचनीय आनंद मुझे जकड़े हुए है। पढ़ा था कि रामकृष्ण ने विवेकानंद को छूकर अपने जीवन की सारी साधना, सारा प्राप्य उनको सौंप दिया था। कुछ ऐसी ही दशा मेरी भी थी, लेकिन हममें से न कोई रामकृष्ण था, न विवेकानंद। इसलिए यह काल्पनिक भावना ही रही, हम उससे बहुत दूर रहे। और जैसे ही भावुकता के वे कुछ क्षण बीत गए, मैं एकदम दूसरा व्यक्ति बन गया। मैंने सप्रश्न अलका की ओर देखा और कहा, 'कब तक यह नाटक चलता रहेगा? क्या इसमें कोई और अंक, और दृश्य नहीं है?'

एक झटके के साथ अलका ने मेरे पैर छोड़ दिए और मेरी आँखों में अपनी आँखें डालते हुए भयभीत स्वर में कहा, 'तो क्या तुम सचमुच नाराज हो?'

मैंने एकाएक कुछ उत्तर नहीं दिया। वह बोली, 'काम तो मैंने नाराजगी का ही किया है, लेकिन कुछ लोगों पर इतना विश्वास होता है कि उन्हें नाराज करने में आनंद आता है।'

मैंने धीरे से कहा, 'अलका, जिसपर तुम्हें विश्वास है, वही तो सबकुछ नहीं है। उसको लेकर एक बड़ा संसार फैला हुआ है।'

अलका बोली, 'मैं इस बात को न जानती हूँ, ऐसी बात नहीं है, लेकिन जो संसार अब बीत गया है, उसकी इतनी चिंता करना मुझे अच्छा नहीं लगता। जो आनेवाला है, दृष्टि उसी को तो देखती है। अगर वह मुड़ेगा तो अपना सर्वनाश ही करेगा।'

मैंने कहा, 'यह बात सुनते-सुनते कान पक गए हैं।'

वह तुरत बोली, 'बेशक पक गए होंगे, लेकिन जो सोते रहने का नाट्य करता है, सुनकर भी अनसुनी करता है, उसको बार-बार सुनाना ही पड़ता है।'

इसपर मैं जैसे तिलमिला उठा और मैंने तीव्रता के साथ कहा, 'अलका, तुमसे बहस करने नहीं आया हूँ। तुम स्वतंत्रता चाहती हो। वह ले सकती हो, लेकिन वही स्वतंत्रता मैं लेना चाहूँ तो तुम्हें दुःखी नहीं होना चाहिए।'

अलका अवाक् सिर उठाए मेरी ओर देखती ही रही। वह अब तक जमीन पर बैठी थी। उसकी गरदन खाट की बाँह पर टिकी हुई थी। उसके नयन उठे हुए थे। सहसा मेरी दृष्टि उसके मुख पर जा पड़ी। जैसे मैंने उसे पहली बार देखा हो—देखता रहा। न जाने उन आँखों में क्या था? जल बिलकुल सूख चुका

था। बस, रह-रहकर एक ज्वाला सी उनमें से उठ रही थी। साँप के नयन जैसे पक्षी पर जादू करते हैं, उसी तरह ठिठककर मैं खड़ा रहा। बहुत देर तक कुछ कह नहीं सका।

अलका बोली, 'अपराध तो मैंने किया ही है, अब उसकी कोई सफाई नहीं दूँगी। जो कुछ है, वह तुम जानते हो।'

बहुत देर तक फिर हम दोनों में कोई बात नहीं हुई। जो कुछ मुझे कहना था, संकेत रूप में कह चुका था, लेकिन उसे स्पष्ट करने का साहस मुझमें नहीं था। यह मिलन बहुत अच्छा नहीं रहा, क्योंकि इसमें हम दोनों में से कोई खुल न सका। एक-दूसरे को जानने का दावा ही हम करते रहे। तभी आशुतोष, माधवी और उस बड़ी-बड़ी आँखोंवाली नारी ने सदल-बल वहाँ आकर उस अवसाद को भंग कर दिया। मैंने राहत की साँस ली, लेकिन अलका न खुल सकी। एक नाटक सा वह चलता रहा। माधवी ने अपने स्वभाव के माधुर्य से उस सबमें जीवन डालने का प्रयत्न किया, लेकिन कुछ हो न सका। इसी बीच मुझे एकाएक संन्यासी की याद आ गई। मैंने बालोचित उत्सुकता से पूछा, 'आप लोगों के वह संन्यासी कहाँ हैं?'

अलका ने तुरत मेरी ओर देखकर कहा, 'कौन संन्यासी? वह जो हमें मार्ग में मिले थे?'

मैंने कहा, 'हाँ; वह, जिनके साथ तुम भाग गई थी।'

अलका खिलखिलाकर हँस पड़ी, 'उसको क्या पहचान नहीं पाए?'

माधवी बीच में ही बोल उठी, 'बड़े प्रोफेसर बनते हो, अपनों को भी नहीं पहचान सके?'

मैं अवाक् ठगा सा उन्हें देखता ही गया। मेरी आँखें आश्चर्य से उस संन्यासी को उस मंडली में खोजने लगीं और जैसे ही आशुतोष ने कुछ कहने की चेष्टा की, मैं चिल्ला उठा, 'आशुतोष! क्या तुम ही वह संन्यासी हो?'

आशुतोष ने मुसकराकर कहा, 'पहचानने में बहुत देर हुई।'

उस समय मेरी क्या दशा हुई, कैसे बताऊँ? एक जहर जो मेरी शिराओं में धीरे-धीरे फैलता जा रहा था, वह एकाएक न जाने कहाँ तिरोहित हो गया। हृदय से होकर नया रक्त मेरे पूरे शरीर में दौड़ने लगा और मैंने एक अपराधी की तरह मुसकराकर कहा, 'आशुतोष, सचमुच तुमको न पहचान पाया।'

इस बीच अलका चुपचाप मेरी ओर देखती रही और मुझे यह लगता रहा कि इस क्षण ये सब लोग यहाँ से चले जाएँ। जैसे उन्होंने मेरा संकेत समझ लिया हो। कुछ देर बाद आशुतोष के कारनामों की चर्चा करने के बाद वे लोग चले गए।

मैंने आशुतोष की पीठ ठोंकी, कहा, 'तुमसे मेरा मतभेद हो सकता है, लेकिन आदमी तुम जीवट के हो। कुछ करके रहोगे।'

आशुतोष ने लपककर मेरे पैर छुए। फिर दोनों हाथ जोड़कर प्रणाम करते हुए बोला, 'दादा, तुम्हारा आशीर्वाद मैं बड़े आदर के साथ ग्रहण करता हूँ।'

उनके चले जाने के बाद अलका ने फिर मुझे ब्यौरेवार वह पूरी कहानी सुनाई। मैं आज भी मानता हूँ कि मैं उस आंदोलन के विरुद्ध था और उस आंदोलन के पीछे जो राजनीति थी, आज तक मैं उसको स्वीकार नहीं कर सका हूँ। फिर भी अलका के दल के प्रति मेरे मन में कोई रोष रहा हो, यह भी मैं विश्वास के साथ नहीं कह सकता, क्योंकि एक बात मैं सदा जानता रहा था कि अलका जो कुछ कर रही है, उसके लिए ये सब साधन मात्र हैं, साध्य नहीं। वह प्रयोग करना चाहती है, उसकी भावना विषाक्त नहीं है। मैं उसके इन स्वप्नों पर हँस सकता हूँ, हँसा भी हूँ, लेकिन उनको भंग करने का साहस मैं कभी नहीं कर सका, क्योंकि वह इतनी सजग रहती है कि उसने मुझको कभी भुलाया नहीं। और उस रात की तो बात ही क्या कहूँ, कल्पना ही की जा सकती है। संन्यासी का रहस्य खुल जाने पर मेरे मन के कलुष का एक बड़ा भाग तब धुल ही गया था। जो शेष था, वह अब माँ को लेकर था। माँ यद्यपि मेरी माँ थी, लेकिन वह उस पीढ़ी का प्रतिनिधित्व करती थी, जो मेरी दृष्टि में ढह चुकी थी। इसलिए उससे मुझे हार्दिक सहानुभूति नहीं थी। मात्र दुनियादारी बरतने की बात थी। सो मैंने अलका से कहा, 'जो कुछ हुआ, उसपर अब बहस नहीं करूँगा, लेकिन...।'

बीच में टोककर अलका बोली, 'बहस कर ही कैसे सकते हो? मुझे सुविधा देने के लिए पूरे तीन महीने तुम अज्ञातवास में रहे हो...यह बात क्या मैं नहीं जानती?'

मैं हँस पड़ा, 'इस बार मैं तुम्हारा शिष्य हूँ। अगर तुम कहो तो एक बार फिर तुम्हारे साथ अज्ञातवास में जा सकता हूँ।'

अलका धीरे से बोली, 'तो मुझे कोई आपत्ति नहीं, लेकिन तुम माँ की बात कह रहे थे न!'

मैंने कहा, 'हाँ, मैं माँ की बात कह रहा था। उनको किसी-न-किसी तरह प्रसन्न करना होगा।'

अलका बोली, 'वह तो मैं निश्चय कर चुकी हूँ।'

'क्या?'

'यही कि यहाँ से सीधे उनके पास गाँव चली जाऊँ और एक बार जी भरकर

उनकी सेवा करूँ।'

मैं हँस पड़ा, 'अगरचे तुम बहुत बार अपने चातुर्य का परिचय दे चुकी हो, लेकिन अलका, तुम हो भोली। तुम्हारा चातुर्य स्वप्न देखनेवाले का चातुर्य है। माँ को सेवा करके प्रसन्न कर सको, यह शक्ति भगवान् ने तुमको नहीं दी है।'

अलका बोली, 'शक्ति की बात मैं नहीं कहती। मैं तो अपने प्रयोग की बात कहती हूँ। परिणाम क्या होगा, इसकी चिंता मुझे नहीं है, लेकिन सेवा करके प्रसन्न करने की भावना लेकर मैं उनके पास जाना चाहती हूँ। तुम भी तो उनसे वादा कर चुके हो।'

मुझे कुछ आश्चर्य हुआ, बोला, 'यह भी तुम जानती हो?'

वह बोली, 'तुमको न जानती होती तो यह शैतानी, यह शरारत कैसे कर पाती? लेकिन खैर, माँ के पास तो जाना ही है। उससे पहले एक बार मैं नंदिता से मिलना चाहती हूँ। दीप्ति को उसे सौंप देना होगा।'

शायद यह बताना मैं भूल ही गया था कि मेरा छोटा भाई इस बीच विदेश चला गया था और अभी-अभी मुझे सूचना मिली थी कि यूरोप, अमेरिका और एशिया में अपने लंबे प्रवास के बाद वह भारत पहुँचनेवाला है। मैंने एकाएक कहा, 'अलका, तुम क्यों नहीं घूम आती?'

अलका बोली, 'मन में साधना तो है, लेकिन अभी अपना देश ही कहाँ देख पाई हूँ! यों तो पूरी पृथ्वी ही अपनी है, लेकिन जहाँ हैं, वहाँ से दृष्टि उठकर बार-बार आसमान को देखते रहें, ऐसी गरदन प्रकृति ने मनुष्य को नहीं दी है। अभी तो मैं अपने देश के प्रत्येक देहात में घूम लेना चाहती हूँ और देहात क्या, इन विशाल नगरियों के ऐसे-ऐसे स्थान शेष हैं, जहाँ की गंध भी हम तक नहीं पहुँची है। यह सबकुछ जानने का दावा लेकर मंच पर लंबे-लंबे भाषण देना होता है, वह सब दंभ है।'

मैंने एकाएक अकचकाकर उसकी ओर देखा, 'यह तुम क्या कह रही हो? क्या कोई नया नाटक करने की तैयारी है?'

मुसकराकर अलका बोली, 'नया नाटक क्या करूँगी? अभी तो तुम उसके नए दृश्य और नए अंक की बात कह रहे थे। वह पूरी कहाँ हुई है!'

मैंने कहा, 'लेकिन यह दंभ की बात क्या सच है?'

अलका बोली, 'इन तीन महीनों में मैंने राजनीति के बहुत से शिकारियों को देखा है।'

'सच?'

'हाँ, देखकर खुशी नहीं हुई। मनुष्य का उद्धार करने का दावा लेकर जो आगे आए हैं, उन्हीं में मैंने मनुष्य की मृत्यु पाई है।'

'अलका!'

'मैं ठीक कहती हूँ। जो अपने को नहीं समझ पाया, जो अपने विचारों को नहीं जीत पाया, वह दूसरों को क्या देगा? उनसे कुछ ले सकता है।'

मैंने कहा, 'अलका, वह जो लेता है, उसी से समाज में क्रांति होती है।'

अलका तुरत बोली, 'क्रांति नहीं, अराजकता कहो।'

और फिर एक धक्के के साथ उस सारी बात को खत्म करते हुए उसने कहा, 'चलो, पहले बंबई चलें।'

मैं बोला, 'लेकिन मेरी छुट्टी के हिसाब में तो अब कुछ शेष नहीं रहा है।'

अलका ने तब धीरे से कहा, 'तो फिर कलकत्ता ही चलो। सबकुछ भूलकर कुछ दिन वहाँ रहेंगे। नंदिता को भी वहीं आने के लिए लिख देती हूँ।'

मैं जैसे स्वप्न में खोता जा रहा था। मैंने आँखें बंद करते हुए कहा, 'आओ अलका, कहीं बाहर चलें।'

अलका ने मुसकराकर फिर गुरु-गंभीर वाणी में जवाब दिया, 'न, न, तुम स्वप्न मत देखो। यह काम मुझ तक ही रहने दो। वैसे, मैं मानती हूँ कि यह तुम्हारा दुर्भाग्य है कि तुम्हें गृहलक्ष्मी के स्थान पर स्वप्नमयी मिली।'

मैंने फिर कुछ नहीं कहा। मैं इतना तरल हो गया था कि कहने को कुछ बचा ही नहीं। तेज वर्षा सब गंदगी बहा ले गई।

□

वर्षा के आगमन के बारे में जैसे कोई भविष्यवाणी नहीं की जा सकती, उसी तरह अलका कब क्या करेगी, इसके बारे में कुछ भी निश्चित नहीं था।

कई दिन कलकत्ता में वह ऐसे रहती रही, जैसे कहीं कुछ भी नहीं हुआ है; जैसे घर-गृहस्थी के जीवन के अतिरिक्त उसका और किसी से कुछ नाता ही नहीं है। बस, कभी-कभी उसके दल की बैठकें होतीं। कभी-कभी किसी सभा में जाकर भाषण देना उसे बुरा नहीं लगता था, लेकिन उसके स्वप्नों का क्षेत्र अब केवल मेरा अंत:पुर ही था। देर तक मेरे पास बैठकर वह अपने आनेवाले शिशु की चर्चा करती। उसकी महानता की जो कल्पना उसने कर रखी थी, उसे वह कविता में उतारती। एक दिन मेरे आश्चर्य का ठिकाना न रहा, जब मैंने देखा कि वह जिस सहज भाव से कविता कर लेती है, उसी सहज भाव से तूलिका भी चलाना उसे आता है। उसकी कला की मनोरमता और तनुता, कठोरता और गांभीर्य, सबको

देखकर मैं दंग रह गया। प्रकृति के साहचर्य ने उसमें सौंदर्य की अद्‌भुत क्षमता पैदा कर दी थी। वह न अति आधुनिकों की तरह दुरूह थी, न अति प्राचीनों की तरह अलंकार से बोझिल। उसकी तूलिका में रंगों की अनोखी परख थी। उसके वातावरण में संतुलन सहज साध्य था, लेकिन यह नया कुछ प्रगति कर पाता, इससे पहले एक दिन अलका मुझसे बोली, 'कुछ दिन दिल्ली हो आने की इच्छा है।'

मैंने कहा, 'क्या इस बार वहाँ के होटलों पर चढ़ाई करनी है?'

वह विद्रूप से बोली, 'छिः-छिः, कैसी बात करते हो! रहने के लिए होटल से गंदी जगह कोई नहीं हो सकती, लेकिन तुम ऐसा क्यों कहते हो?'

'क्योंकि तुम्हारी सखी अब वहाँ से चली गई है।'

अलका हँसकर बोली, 'मीनाक्षी अगर चली गई है, तो कोई फिक्र नहीं। बहुत सारे मीनाक्ष वहाँ रहते हैं।'

मुझे भी हँसी आ गई। मैंने कहा, 'होशियार रहना, वे मीनाक्ष अब मगरमच्छ बन जाएँगे। क्या पता, उनमें से बहुत सारे कुँआरे हों?'

अलका बोली, 'अविवाहितों के मगरमच्छ होने का कोई डर नहीं। उनको तो केवल दौरे पड़ा करते हैं। डर तो विवाहित से ही लगता है।'

मैं हँस पड़ा, 'मुझसे तो जैसे तुम बहुत डरती हो।'

अलका पराजित न हुई, बोली, 'यह तो आज ही जाना कि तुम अपने को विवाहित मानते हो।'

मैंने अप्रतिभ होकर कहा, 'इसमें कोई शक है?'

अलका बोली, 'हाँ, शक है। शक्ल तुम्हारी विवाहितों जैसी जरूर है, लेकिन मन तो तुम्हारा एक प्रेमी जैसा है।'

अलका की ओर मैं देखता ही रह गया—अवाक्, निस्तब्ध।

× × ×

वह दिल्ली चली गई। कई दिनों तक कोई समाचार नहीं मिला। फिर एक दिन तार आ पहुँचा—'दो दिनों की छुट्टी पड़ रही है। आ सको तो दो दिनों की और छुट्टी लेकर चले आओ।'

मैंने तुरत बाकी रहे दो दिनों की छुट्टी के लिए प्रार्थना-पत्र भेज दिया और दूसरे दिन अलका के दिए हुए पते पर जा पहुँचा। देखता हूँ—अलका ने वहाँ एक अच्छी-खासी गृहस्थी जुटा रखी है। आशुतोष और माधवी—दोनों वहाँ मौजूद हैं। मुझे देखते ही अलका ने कहा, 'इस बार हम लोगों ने कई निश्चय किए हैं, लेकिन तुम्हारी स्वीकृति के बिना उन्हें कार्यरूप में परिणत नहीं किया जा सकता।'

मैं कटाक्ष करते हुए बोला, 'पहले हर बात के लिए क्या तुमने मेरी स्वीकृति ली है?'

अलका मुँह बिचकाकर बोली, 'तुम्हीं कहो, क्या कभी ऐसा हुआ है? बड़े बुरे हो तुम। सबके सामने लाज उतार रहे हो। अगर तुम कुछ समझ न सको तो इसमें मेरा क्या कसूर?'

अलका काफी देर तक बोली। आशुतोष और माधवी—दोनों इस बीच कई बार उठकर बाहर गए और अंदर आए। बैठना मुश्किल हो गया। बड़ी कठिनाई से मुँह में कपड़ा ठूँसकर उन्होंने अपनी हँसी रोकी।

अंत में अलका बोली, 'तुमने मुझे कहीं का नहीं रखा। अब क्या जहर खाकर मर जाऊँ?'

फौरन माधवी बोल उठी, 'दीदी, तुम इतना अच्छा अभिनय कर लेती हो तो क्यों नहीं किसी नाट्य-संघ की स्थापना कर लेती? आजकल तो चारों ओर रंगमंच के नव-निर्माण का स्वर उठ रहा है।'

'मैं उस अभिनय में विश्वास नहीं करती। मैं तो जीवन के रंगमंच पर ही अभिनय करना चाहती हूँ। देखती हो, आदमी की जात का क्या विश्वास? आप लोग मेरे साथ न होते तो न जाने कितने दोष ये मुझपर लगा देते।'

आशुतोष बोला, 'दीदी, दादा सबकुछ कर सकते हैं, लेकिन ये किसी पर दोष नहीं लगा सकते।'

अलका ने आशुतोष को झिड़क दिया, 'तुम भी खुशामदी हो गए हो। अरे, संन्यासी बनकर जिसकी पत्नी को तुम भगा ले गए थे, उसी की खुशामद करते तुम्हें लज्जा नहीं आती।' और फिर मेरी ओर देखकर बोली, 'अच्छा जी, हम लोगों की बात का खयाल न कीजिएगा। बहुत ज्यादा शरमदार नहीं हैं। असल बात यह है कि माधवी और आशुतोष को बाँध देना चाहती हूँ, पर वे खुले हुए बंदर की तरह पेड़ की डालियों पर कूदना पसंद करते हैं। मैं कहती हूँ कि जिस प्रेम के सहारे बँदरिया अपने बच्चे को पेट से चिपकाकर डाल-डाल कूदती है और मर जाने पर भी उसे अपने अंक से नहीं छोड़ती, वह है तो बहुत अच्छा, लेकिन उसको पाने के लिए बुद्धि से मुक्ति पानी होती है। फिर उसके लिए विधाता से प्रार्थना करनी होगी कि अगले जन्म में वह हमको बंदर की योनि दे। इस बार जो कुछ मिला है, उसी के अनुसार हमें बरतना होगा। बोलो, क्या मंजूर हैं तुम्हें?'

मैं बहुत कुछ सुन चुका था, न जाने कहाँ पहुँच गया था। एकाएक मुझे क्या सूझा, कहा, 'यह प्रश्न तो तुम्हें किसी विवाहित से करना चाहिए, मैं तो प्रेमी हूँ।'

अलका तुरत बोली, 'विवाहित प्रश्न का उत्तर नहीं दे सकता, वह तो प्रश्न में उलझा रहता है, निकम्मा हो जाता है। मैं तुम्हीं से पूछ रही हूँ।'

मैंने कहा, 'इन लोगों का क्या विचार है?'

बोली, 'ये लोग अभी बच्चे हैं।'

मैंने एकदम कहा, 'तब क्या बाल-विवाह करने का विचार है? शारदा ऐक्ट अभी निष्प्रभावी नहीं हुआ है।'

सब लोग जोर से हँस पड़े।

मैंने कहा, 'तुम लोगों के दल में ऐसी बातों पर भी विचार होता है क्या?'

अलका बोली, 'हमारे दल में यही होता है, शेष तो सब साधन हैं, लेकिन ये दोनों विवाह-बंधन नाम की कोई चीज नहीं मानते। रस्सी के नाम पर इन्हें बस फाँसी का तख्ता याद आता है। अब इन्हें कौन बताए कि कंगना बाँधने में जो रोमांस है, वह फाँसी के फंदे में नहीं।'

माधवी ने बीच में टोककर कहा, 'मेरा बोलना है तो अपराध, लेकिन दीदी, मुझे अचरज होता है कि आप हम जैसे गैर-जिम्मेदार आदमियों की शादी करने पर तुली हुई हैं। मैं छोटी उम्र में शादी से तो नहीं डरती, क्योंकि शादी में उम्र कोई बहुत मान्यता नहीं रखती। पचास वर्ष के बहुत से बालकों को मैं जानती हूँ, और पंद्रह वर्ष के तजुर्बेकार भी ढूँढ़ने पर कई मिल सकते हैं, लेकिन इस बारे में कुछ करने के दावे को मैं मात्र एक दंभ समझती हूँ।'

आशुतोष ने कहा, 'शाबाश माधवी, तुम्हारी मान्यता सुनकर तो मेरा मन तुमसे विवाह करने को करता है।'

माधवी बोली, 'लेकिन मेरा नहीं करता।'

आशुतोष ने कहा, 'तब तो यह और भी जरूरी है कि हम लोग कंगने की फाँसी को स्वीकार कर लें और फिर उसे तोड़-फोड़कर फाँसी के तख्ते के नीचे कूद पड़ें।'

अलका मुसकराकर बोली, 'काफी हुआ, अब तुम दोनों नंबर मिलने का इंतजार करो। हम दोनों प्रेमी सलाह करने के बाद कल सवेरे परीक्षाफल की घोषणा करेंगे।' फिर मेरी ओर मुड़कर बोली, 'प्रोफेसर साहब, जब तक हम इस प्रश्न का निर्णय करें, तब तक आइए, दूसरे प्रश्नों पर विचार कर लिया जाए। आइए, उठिए, मेरे साथ चलिए।'

मैंने अकचकाकर कहा, 'कहाँ ले चलोगी? इतनी रात और वह भी बादलों से घिरी हुई। इनके गर्जन से मेरा मन काँपता है।'

अलका ने कहा, 'डरो नहीं। रात चाँदनी है और बड़ी सुहावनी भी। बादलों से लुकाछिपी करता हुआ चाँद बड़ा प्यारा लग रहा है। आइए, आइए, चार-पाँच घंटे का काम है और अब ग्यारह बजनेवाले हैं।'

□

अपने पथ को पहचाने हुए पक्षी की तरह अलका सीधे पुल के नीचे पहुँची—वह पुल, जहाँ वर्षा के दिनों में काफी ऊँचा गंदा पानी इकट्ठा हो जाता है और साधारण दिनों में जहाँ मनुष्यों का एक सैलाब आया रहता है। यातायात जहाँ बहुत सँभलकर यात्रा करता है और जहाँ शिशुओं को अपनी प्रतिध्वनि सुनने में बहुत रस आता है। वहाँ पर जाकर अलका एकाएक रुक गई। आसपास देखने पर जाना कि पुल के नीचे कुछ नर-नारी इधर-उधर लेटे हुए दिन भर के अपने कार्यक्रम पर वाद-विवाद कर रहे हैं। सर्दी के कारण स्थान की कमी खटक नहीं रही है और उसके बाद रही-सही ठिठुरन को कम करने के लिए उनकी वाणी काफी सहायक सिद्ध हो रही है।

मैंने अलका से कहा, 'यहाँ क्या काम है?'

अलका बोली, 'यहीं पर तो काम है। यहीं दूसरा प्रश्न आपके सामने आनेवाला है। फैसला देने से पहले जज जैसे घटनास्थल पर निरीक्षण के लिए जाता है, उसी तरह मैं तुम्हें यहाँ ले आई हूँ।'

मैं बोला, 'यहाँ क्या कोई दुर्घटना हो गई है?'

उसने कहा, 'हुई नहीं, बार-बार होती रहती है।'

कुछ समझ में नहीं आया, लेकिन तब तक हम उन आवारा लोगों के बिलकुल मध्य में जा खड़े हुए थे। इससे पहले कि मैं कुछ कह पाता, एक ओर से किसी ने पुकारा, 'ए, तुम लोग कौन हो? यहाँ जगह नहीं है।'

अलका ने जवाब दिया, 'भाई, हम लोग जगह नहीं चाहते, कुछ देर के लिए यहाँ रुके हैं, फिर चले जाएँगे।'

जैसे अँधेरे में आने के बाद थोड़ी देर तक कुछ दिखाई नहीं देता, उसी तरह अब तक मैं देखकर भी अनदेखा सा कर रहा था, लेकिन अब जैसे वहाँ का दृश्य मेरे मस्तिष्क में स्पष्ट होने लगा। सामने से घोड़े की हिनहिनाहट की आवाज आई, तभी मैं किसी सोए हुए पदार्थ से टकरा गया। कराहते हुए उस व्यक्ति ने कहा, 'अरे, इतनी रात को कौन अंधे की तरह ठोकर मार रहा है?'

तब अलका ने कहा, 'डरो नहीं, हम लोग वैसे ही लड़खड़ा गए थे।'

मुझसे बोली, 'सामने जो घोड़े की हिनहिनाहट तुमने सुनी थी, वह इस

बस्ती का एक प्राणी है। और वही क्या, आवारा घूमनेवाले साँड़, गाय, गधे, कुत्ते—यहाँ सब मनुष्यों के साथ हिल-मिलकर रहते हैं। आओ, जरा इधर हो लें।'

उधर होते ही मैंने देखा कि कुछ लोग छोटी सी आग को घेरे हुए बैठे हैं। उस धूमिल आग में वे चेहरे और भी गंदे तथा भयानक जान पड़े। उन लोगों के शरीर पर चिथड़ों को छोड़कर 'वस्त्र' नाम की कोई वस्तु नहीं थी। शायद आग भी उनके शरीर को अधिक गरमी नहीं पहुँचा पा रही थी। इसलिए वे जोर-जोर से बीड़ी के कश खींचने के साथ जोर-जोर से बोल भी रहे थे। कुछ और पास जाने पर मालूम हुआ कि उनमें स्त्री-पुरुष, लूले-लँगड़े, अंधे-बहरे सभी प्रकार के प्राणी हैं। स्त्री ने कुछ अलग होकर एक चूल्हे पर कुछ पकने के लिए भी रखा था। सहसा तब बादलों में से चाँद झाँकने लगा और उस स्त्री की दृष्टि हम दोनों पर आ पड़ी। पास आकर उसने गौर से हमें देखा, जैसे बिजली मेरे ऊपर गिर पड़ी हो। मैंने देखा—अर्धनग्न अवस्था में वह स्त्री बहुत कुछ अलका के दल की उस नारी से मिलती थी, जिसकी आँखें बड़ी-बड़ी थीं। हमें देखकर वह बोली, 'तो तुम फिर आ गई? बाबा, तुमसे कितनी बार कहा कि तुम हम लोगों की जात-बिरादरी के नहीं हो। क्यों हम लोगों में आकर बैठते हो? क्यों इस कीचड़ में घुसते हो? अरे बाबा, इस कीचड़ में पैर ही नहीं धँसते, दिल-दिमाग भी धँस जाता है। जाओ, जाओ, भले घर के दिखाई देते हो। इस वक्त कोई यहाँ देख लेगा तो न जाने क्या समझेगा!'

और उसके बाद उसने जो कुछ कहा, वह लिखा नहीं जा सकता। अलका ने दयनीय स्वर में जवाब दिया, 'हम लोगों का एक दल है और उसने आप लोगों के उद्धार का बीड़ा उठाया है। हम तो जानना चाहते हैं कि आप लोग इतनी सर्दी में इस खुले में क्यों रहते हैं? कहाँ से आए हैं? क्या करते हैं? कौन सी इच्छा पूरी होने पर आप लोग हम शहरियों की तरह रह सकते हैं?'

ठंडे अलाव पर बैठे हुए व्यक्ति जैसे इन सब बातों को सुन रहे थे, ठहाका मारकर हँस पड़े। एक ने कहा, 'अरे आ भी जा, क्यों इन लोगों से मगज मार रही है? इनके खाने-कमाने का यह धंधा है, धंधा। तीसरे दिन कोई-न-कोई आ जाता है और न जाने क्या-क्या नाम ले है और मर्दुमशुमारी सी करके जा है। एक भाई कहवे थे कि अगले दिन अखबार में ये सारी बातें छपती हैं और उस आदमी की खूब तारीफ की जा है।'

दूसरे व्यक्ति, जो अंधा था, ने और भी जोर से हँसते हुए कहा, 'अरे राधे, तुम नहीं जानते, एक दिन एक बहुत ही खूबसूरत सी लड़की⋯'

एकाएक उसे बीच में टोककर एक दूसरे अंधे ने पूछा, 'क्यों रे, तूने देखा है? सचमुच खूबसूरत थी?'

फिर तो वहाँ जो ठहाका लगा, मुझे ऐसा मालूम हुआ, जैसे तूफान एक्सप्रेस उस पुल पर से गुजर गई हो।

बड़ी-बड़ी आँखोंवाली उस स्त्री ने कहा, 'अरे नदीदे, खूबसूरती के नाम पर तेरी बड़ी राल टपकती है, लेकिन मुझसे बढ़कर खूबसूरत तुझे कहाँ मिलेगी?'

अंधा अप्रतिभ होनेवाला नहीं था। उतने ही जोर से बोला, 'छिः-छिः! कलमुँही, तू जितना कड़वा बोले है, वैसी ही कड़वी तेरी शकल है। भगवान् ने यह देखनेवाली आँखें छीन ली हैं तो क्या हुआ, मेरी असली आँखें तो तुम सबकी आँखों से तेज हैं।'

और फिर जैसे बैठे रहना उसे असह्य हो गया हो, वह उस अँधेरे में टटोलते हुए उठा और ठीक उस नारी के पास आकर उसके कंधे पर हाथ रखकर बोला, 'अरे बेवकूफ, अपनी इस छोटी सी दुनिया में जितने समझदार लोग रहे हैं, बाहर के बड़े संसार में सब मिलकर उसके पासंग भी नहीं।'

इस बार वहाँ कई व्यक्ति एक साथ बोल उठे, 'भाई, यह बात अंधे ने लाजवाब कही। मान गए उस्ताद तुम्हारा लोहा। अब तक यह समझ में नहीं आया था कि अंधा इतने पैसे कैसे कमा लाता है। अकल बेचता है, अपनी अकल।'

अंधा बोला, 'अबे, बेचता नहीं हूँ, अकल पर सान धरता हूँ अपनी भी, और उनकी भी।'

इतने में पीछे से आवाज आई, बड़ी मोटी आवाज थी, 'अरे कुत्तो, सोने भी दोगे। आधी रात खत्म हो गई, लेकिन तुम्हारी महफिल कभी खत्म नहीं होती। मुझे तो सवेरे पाँच बड़े गाड़ी पर पहुँचना है।'

जैसे किसी ने भिड़ के छत्ते को छेड़ दिया हो। कई व्यक्ति एक साथ भिनभिना उठे, लेकिन वह वाक्-संघर्ष महायुद्ध में परिणत हो पाता, उससे पहले बड़ी-बड़ी आँखोंवाली वह नारी उसके पास आ गई और उसने उस वक्त जिस तरह का बरताव किया, उसको लिखते हुए मेरी वाणी थरथराती है। बस, तब मैंने अलका का हाथ खींचते हुए पूरे जोर से कहा, 'चलो अलका, बहुत देख लिया अब।'

अलका बोली, 'न, न। देखा कहाँ है? अभी शुरुआत है। जरा रुको तो, यहीं रुको।'

और फिर अलाव के पास बैठे हुए व्यक्ति की ओर मुड़कर उसने कहा, 'हाँ जी, तुम खूबसूरत औरत की बात कह रहे थे।'

जैसे सैलाब उतर गया हो। उस आदमी ने जवाब दिया, 'अजी हाँ, बात तो उस खूबसूरत औरत से शुरू हुई थी। सब मजा बिगाड़ दिया इस अंधे भिखमंगे ने।'

बड़ी-बड़ी आँखोंवाली औरत ने हाथ मटकाकर कहा, 'अजी, तुम क्यों इनको मुँह लगा रहे हो? यह भी कम खूबसूरत नहीं है। जाओ बाबा, जाओ।'

लेकिन अलका काम पूरा हुए बिना टलनेवाली नहीं थी। जो कुछ उसके बाद उस व्यक्ति ने बताया, उसका भाव यही था कि यहाँ एक खूबसूरत औरत आया करती थी। वह देर तक उनके पास बैठती, उनकी बातें सुनती, सबको अक्षर-अक्षर अपनी बड़ी सी कापी पर उतारती और फिर उनको घर ले जाकर कहानियाँ लिखती, कविता करती। एक और ऐसा ही नवयुवक आया करता था, जो बड़ी जल्दी-जल्दी कापी पर कुछ लकीरें सी खींचता और जब हम अकचकाकर उसकी ओर देखते तो कापी बंद करते चला जाता।

ये सब बातें बताते हुए वे लोग बहुत हँसे। बड़ी-बड़ी आँखोंवाली उस औरत ने कहा, 'अरे बाबा, इसमें हँसने की क्या बात है? हमारा धंधा भीख माँगना और सड़कों पर आजादी के साथ सो रहना है। उनका धंधा हमको देखना और उससे पैसे कमाना है और फिर कभी-कभी वे हमको पैसे भी तो दे जाते हैं।'

वह व्यक्ति बोला 'ओहो, तो ये लोग जैसे हमें पैसे देने आए हैं।' फिर एकाएक जैसे उसे क्रोध आया, 'खबरदार, जो पैसे की बात की। कई दिनों से मैं तेरे चलित्तर देख रहा हूँ। तू किसी के साथ भाग जाना चाहती है। अगर अब की बार देखा तो लात-घूँसों से मारकर यहाँ कीचड़ में गाड़ दूँगा।'

औरत ने जवाब दिया, 'ऊँहूँ, बड़ा आया गाड़ देनेवाला! अपनी खैर कर, खैर। मुझे तूने अनाथ समझ लिया होगा, समझे! सबसे कम पैसे लाता है और उसपर भी मिजाज देखो नवाबों जैसे। बदमाश कहीं का। मैं कहती हूँ, तू यहाँ से चला जा, नहीं तो जान से मरवा डालूँगी।'

और उनकी इन बातों का जवाब उस व्यक्ति ने कुछ नहीं दिया। बस, वह तिलमिलाकर रह गया। अपने चारों ओर देखकर वह वहीं बैठा-का-बैठा रह गया। आग के पास बैठे हुए शेष व्यक्ति, सामने की ओर सोए हुए वे सारे आदमी, सब एक बार बड़े वेग से ठहाका मारकर हँसे।

जब मुझसे वहाँ खड़ा नहीं रहा गया, तब मैंने अलका को खींचते हुए कहा, 'अलका, चलो।'

अलका स्तंभ की तरह खड़ी हुई थी, बोली, 'प्रोफेसर हो, अध्ययन से इतना क्यों डरते हो? ये इसी दुनिया के व्यक्ति हैं। अभी तो एक ही रूप देखा है। दुनिया

घूम आने को कह रहे थे, लेकिन अपनी आँखों के नीचे यह जो दुनिया बस रही है, उसको देखने की चाह क्या कभी तुम्हारे मन में पैदा नहीं होती?'

इतना कहने के बाद वह पुल की दूसरी ओर गई। वहाँ बहुत अंधेरा था, लेकिन कुछ देर खड़ा रहने के बाद हमने देखा कि वहाँ भी कुछ मानव-मूर्तियाँ एक-दूसरे में उलझी हुई इस तरह पड़ी थीं, जैसे किसी महामारी के बाद लावारिस लाशों का ढेर कोई दयालु आदमी श्मशान में लगा देता है, लेकिन वहाँ भी बिलकुल मौन नहीं था। कई व्यक्ति खाँसते तो खाँसते ही चले जाते, कोई कराहता तो उसकी कराहट बंद नहीं होती, कोई नींद में बड़बड़ा उठता। तभी सहसा एक ओर से दो छायामूर्ति सी वहाँ आती दिखाई दीं। जैसे ही वे समीप आए, उनमें से एक बड़ी तेजी से भागता हुआ चला गया और दूसरे के मुँह से जो चीख निकली, उससे मैं भी डर गया।

अलका बड़े जोर से हँसी। बोली, 'चलो जी, हमने रंग में भंग कर दिया, बेचारे दो प्राणी।'

और फिर वह मेरा हाथ पकड़कर उस अंधेरे से बाहर ले आई। वे लोग अब सब मिल-जुलकर खा रहे थे और लड़ रहे थे। चलते-चलते कुछ वाक्य मेरे कानों में पड़े, 'पका-पकाया खाने को मिल जाता है, इसपर रौब दिखाते हैं। मिजाज ऐसे हैं, जैसे नवाबजादे किसी लखपति के बेटे हों। चाय में मीठा कम है, रोटी सख्त है, चटनी तो बनाई ही नहीं। ऊँहूँ, अबे, ऐसा मिजाज है तो होटल में खा आया कर।'

दूसरा बोला, 'मैं तो खा आता हूँ। मुझसे ये चपातियाँ नहीं चबाई जातीं।'

तीसरा बोला, 'अबे, तो यूँ कह कि जूठन खाता है।'

'साले होटल में जूठन नहीं होती, वहाँ तो सब काँटे से खाते हैं।'

इस बार उसी स्त्री ने कहा, 'अच्छा, अच्छा, यह बकवास बंद करो और चुपचाप यहाँ लेट जाओ।'

आवाज धीमी पड़ गई। हम काफी आगे बढ़ आए थे। चाँद फिर बादलों में छिप गया था। हाथ में हाथ डाले हम दोनों उस विशाल नगरी के फुटपाथ पर इस तरह चल रहे थे, जैसे स्वप्न में चल रहे हों। कभी-कभी कोई कार तेजी से सन्नाटे को कँपाती हुई निकल जाती थी। तभी एकाएक एक आवाज मेरे कानों में पड़ी, चिर-परिचित पहचानी हुई, 'दादा!' मुड़कर देखा तो अलका के दल की उस नारी को पहचान लिया।

हठात् मैंने काँपकर कहा, 'यह सब क्या है?'

वह नारी बोली, 'देखने की इच्छा है। देख रही हूँ।'

और फिर अलका से बोली, 'दीदी, बहुत कुछ देख लिया, लेकिन देखने का अंत आता ही नहीं।'

अलका ने जवाब दिया, 'अच्छा, अब वहीं लौट जाओ। सवेरे घर आना।'

चुपचाप वह नारी उलटे पाँव लौट गई।

मैंने सहसा अलका से कहा, 'अलका, यह सब तुम क्या कर रही हो?'

अलका बोली, 'कहो न, क्या नाटक कर रही हो? सुनो जी, मैं तो इस जीवन में नाटक ही करूँगी और तुम उसके पात्र नहीं बनोगे, इस बात के भ्रम में मैं नहीं रहूँगी। अच्छा, अब चलो। घटना-स्थल का निरीक्षण तुमने कर लिया है, इसके बारे में निर्णय घर चलकर करेंगे।'

□

उस रात जब सोना हुआ, तब सवेरा होने में बहुत देर नहीं थी। इसका परिणाम यह हुआ कि मैं देर तक सोता रहा। सो पाता तो कितना अच्छा था! वह सारा समय मैंने स्वप्नों को देखने में ही बिताया। वह भयंकर स्वप्न, बार-बार डरकर मैं चिल्ला उठता था। चिल्लाती अलका भी थी; लेकिन उसकी वाणी में डर नहीं था, आदेश था। बहुत देर बाद हम जागे और इससे पहले कि हम रात की चर्चा को आगे बढ़ा पाते, नंदिता के साथ मेरे छोटे भाई के आने की सूचना मिली। फिर तो सबकुछ बदल गया। कुछ देर के लिए सबकुछ तरल हो गया और जब पारिवारिक प्रेम और स्नेह का सैलाब उतर गया, तब मैंने पाया कि अलका अपनी पहली बात पर दृढ़ता से जमी हुई है, क्योंकि उसने बिना किसी भूमिका के दीप्ति को नंदिता की गोद में डाल दिया और फिर मुड़कर उसे देखा भी नहीं। यों बातें बहुत सारी हुईं, मुझको लेकर तर्क-वितर्क भी हुआ, क्योंकि आज के युग में भावना कितनी ही अधिक क्यों न हो; थोड़ा बहुत भौतिकवाद उसमें होता ही है। कविता भी तो आजकल गद्य में होने लगी है, लेकिन यह सब था एक शिष्टाचार के रूप में। हाँ, यह मुझे मानना पड़ेगा कि नंदिता अलका की तरह भावनाओं और स्वप्नों में बहनेवाली नहीं थी। वह बहुत कुछ आजकल की इंटलेक्चुअल नारियों की तरह थी। मुझे याद है, मेरे किसी प्राचीनतावादी विद्वान् मित्र ने कहा था कि आज की नारी न तो नारी ही है और न इंटलेक्चुअल, लेकिन नंदिता शायद इसका अपवाद थी। वह नारी भी थी और इंटलेक्चुअल भी थी। इसलिए उसने अलका से कहा, 'जीजी, तुम्हारे भीतर जितना रस है, उतना तो शायद मैं उसे न दे पाऊँ; लेकिन विश्वास रखो, नवयुग के अनुरूप उसे ढालने में मैं कोई कसर न रखूँगी। फिर भी एक प्रार्थना है कि तुम जो उससे मुक्ति चाहती हो, वह बहुत अच्छी बात नहीं है।'

अलका ने चकित होकर अपनी इस देवरानी को देखा। भौतिकवाद के गढ़ में होकर वह आ रही थी, पर यह कैसी चिपचिपाते रस की बात उसने कही। सहसा कुछ जवाब देते नहीं बनता। कुछ देर बाद बोली, 'मुक्ति कहीं नहीं है, सब कहीं बंधन है, लेकिन एक बंधन को छोड़कर दूसरे को स्वीकार करना मनुष्य का स्वभाव है। जाने-अनजाने यह होता ही रहता है। अंतर केवल इतना है कि मैं उसे जानकर स्वीकार कर रही हूँ।'

नंदिता बोली, 'जीजी, जानना बहुत अच्छा है, लेकिन कहीं-कहीं वह अभिशाप भी हो जाता है।'

अलका एक बार फिर अप्रतिभ हुई, लेकिन हारनेवाली तो वह थी नहीं,' बोली, 'समझती हूँ, लेकिन प्रयोग करने की छूट तो मिलनी ही चाहिए। और फिर जब तुम्हारे जैसा सहारा किसी को मिले।'

उसके बाद वह बात वहीं समाप्त हो गई। हम दोनों भाइयों ने उन दोनों के बीच कोई दखल नहीं दिया। वास्तव में जितना महत्त्व मैं इस घटना को आज दे रहा हूँ, उस प्रेम और स्नेह के सैलाब में इसका कोई विशेष स्थान नहीं था। यों ही एक बात हुई और समाप्त हो गई। बस, जाते समय नंदिता दीप्ति को अपने साथ ले गई।

जब वह चली गई तो मैंने अलका को एकाएक उदास पाया। मैंने कहा, 'अलका तुम्हें याद आती है?'

अलका हँस पड़ी, 'याद तो आनी ही चाहिए, लेकिन यह बंधन नहीं बन सकती। इसलिए तुम यह न समझ लेना कि मेरे किसी कार्यक्रम में कोई बाधा पड़ेगी। अब तो मैं माँ के पास गाँव जाना चाहती हूँ।'

मैंने बीच में टोककर कहा, 'लेकिन उस पुलवाली बस्ती का क्या हुआ? क्या तुम भी उस खूबसूरत लड़की की तरह बनकर रह जाओगी, जो वहाँ कहानी और कविता का प्लॉट ढूँढ़ने जाया करती थी?'

एकाएक सिर उठाकर अलका ने मुझे देखा, बहुत देर तक देखती रही। फिर बोली, 'ठीक कह रहे हो, अभी तो ऐसा ही हो रहा है। वह कविता और कहानी का प्लॉट ढूँढ़ती थी, जिसे पढ़कर शायद किसी के मन में उनके प्रति दया पैदा हो और मैं इसलिए वहाँ जाती रही हूँ कि मेरे भीतर जो भावी नागरिक जन्म ले रहा है, वह स्थिति को समझ सके और अपने जीवन को उस प्रकाश में ढाल सके?'

और फिर कई क्षण चुप रहने के बाद उसने उसी तरह देखते हुए मुझसे पूछा, 'क्या कोई और रास्ता नहीं है?'

मैंने कहा, 'रास्ता एक ही है, और वह है क्रांति का।'

अलका बोली, 'क्रांति की जितनी पुकार आज चारों ओर उठ रही है, मेरे मन में उसके प्रति उतना ही अविश्वास पैदा होता जा रहा है। जहाँ पुकार अधिक होती है, वहाँ कर्म नहीं होता और जब क्रांति में से कर्म को निकाल दिया जाएगा तो वह एक उलझे हुए वाक्-जाल के अतिरिक्त और कुछ नहीं रह जाएगा।'

मैंने कहा, 'अलका, काफी गहरा तुमने सोचा है, आज यही स्थिति है। हमने क्रांति को फैशन बनाया है। क्रांति की उपासना करने की शक्ति हममें नहीं रही।'

हमें नहीं मालूम कि कब और कौन वहाँ मेज पर चाय रख गया। जब उस ओर मेरी दृष्टि गई, तब वह आइसक्रीम की तरह ठंडी हो चुकी थी, फिर भी मैंने देखा, अलका उसको जल्दी-जल्दी पीने लगी है। मैं एकबारगी अस्थिर हो उठा। मैंने कहा, 'अलका, यह तो बर्फ है।'

अलका चौंककर हँस पड़ी, 'ओह, मैं समझी थी कि यह कॉफी गरम है।'

मैं धीरे-धीरे अलका के बिलकुल पास आ गया और फिर उसके चेहरे को अपने दोनों हाथों में लेकर मैंने स्नेहसिक्त स्वर में कहा, 'इतना मत सोचो, अलका!'

अलका की सुंदर आँखों में जलकण उभर आए। बोली, 'मैं कहाँ सोचती हूँ! यह सब तो जैसे अपने आप होता रहता है। इससे छुट्टी पाने के लिए मैं भुगत भी कम नहीं रही हूँ, लेकिन हाथ पल्ले अभी कुछ नहीं लगा। प्रयोग कहकर ही अपने चंचल मन को शांत कर लेती हूँ।'

अलका ने ये बातें बहुत धीरे-धीरे कहीं। मैं कुछ जवाब न दे सका, जैसे वहाँ सबकुछ गुमसुम हो गया। मैंने अपने संसर्ग के इन वर्षों में पहली बार अलका को इस प्रकार कातर होते देखा और उसको प्रसन्न करने की दृष्टि से मैंने कहा, 'अलका, जो प्रयोग करता है, वह कभी इस प्रकार हताश नहीं हो सकता।'

अलका ने अपने सिर को झटका दिया और फिर नाटकीय ढंग से खड़ी होकर बोली, 'मैं हताश नहीं हूँ। यह तुमसे किसने कहा?'

मैं बोली—'तुमने।'

उसने कहा, 'कब?'

'अभी, इसी क्षण।'

यह सुनकर अलका ठहाका मारकर हँस पड़ी और बोली, 'इस भ्रम में न रहना। जो कुछ तुमने देखा, शायद वह तुम स्वयं देखना चाहते थे। मेरा आशय ऐसा नहीं था।' फिर बोली, 'अब कब माँ के पास चल रहे हो?'

मुझे एकाएक न जाने क्या सूझा, मैंने कहा, 'मैं नहीं जाऊँगा, अलका! तुम ही जाओ। तुमको अकेली देखकर माँ खुश होंगी।'

अलका बोली, 'अकेली तो मैं फिर भी न जाऊँगी, मेरे दल के तीन प्राणी मेरे साथ जरूर जाएँगे।'

एक क्षण बाद मैंने धीरे से कहा, 'अलका, मेरी बात मानो, तुम किसी को अपने साथ न ले जाओ। वह दुनिया बिलकुल दूसरी है। यह जो परिवर्तन की इतनी डींग हम हाँकते हैं, वह अभी कुछ शहरों तक ही सीमित है। विशाल मानव-समुदाय का एक छोटा सा अंश परिवर्तन के महत्त्व को समझने लगा है, बदला वह भी नहीं है। शेष तो जड़-बुद्धि अपने पुराने विश्वासों से ही जी रहे हैं।'

अलका बोली, 'इसीलिए तो मैं उनको अपने साथ ले जा रही हूँ।'

'क्या क्रांति करोगी?'

'नहीं मालूम, वहाँ क्या होगा, लेकिन कुछ करूँगी जरूर।'

'अपने ही घर पर प्रहार करोगी?'

'न, घर को केंद्र नहीं बनाऊँगी। केंद्र तो चारों ओर फैला हुआ होगा, वहाँ से तो बस, मूक प्रेरणा मिलेगी और यह भी एक दंभ ही है। प्रेरणा उनको नहीं, मुझे चाहिए। कहीं टूटकर अलग न पड़ जाऊँ, इसलिए उनसे संबंध बनाए रखना जरूरी हो जाता है। स्त्री-पुरुष का स्वाधीन प्रेम, हमारा मुक्त-स्वच्छंद सामाजिक मिलन, मुक्त-अट्टहास, यह सब वहाँ नहीं होगा, यह मैं जानती हूँ; फिर भी कुछ क्षण घर से भाग जाने की अनुमति तो चाहूँगी।'

मैंने कहा, 'अलका, फिर सोच लो, यह सब वहाँ नहीं चलेगा।'

अलका बोली, 'अच्छा, देख लूँगी। तुम कहते हो तो इनको अपने साथ न ले जाऊँगी। ये अलग से जाएँगे और घूमेंगे। हाँ, भले आदमियों की तरह कभी-कभी मुझसे मिलने आया करेंगे।'

मैंने कहा, 'अलका, वहाँ की दीवारें बहुत ऊँची हैं। तुम उन्हें फाँद नहीं सकोगी।'

अलका हँस पड़ी, 'दीवार फाँदी नहीं जाती है, जोड़ी जाती है।'

मैंने कहा, 'अब तुमसे बहस नहीं करूँगा। जो कुछ है, तुम स्वयं देखोगी। बस, इतना याद रखना कि यहाँ तुम चिरसंगिनी हो, वहाँ तुम होगी कुल-वधू—केवल कुल-वधू।'

और उसके बाद मैंने उस विवाद को वहीं समाप्त कर दिया। जाने से पहले अलका न तो आशुतोष और माधवी का लगन-बंधन कर पाई और न उस पुल की कहानी ही पूरी हुई। माधवी ने कुछ दिनों की छुट्टी माँग ली थी। पुल के नीचे काम करनेवाली वह नारी अभी इस तरह के और शहरों में फैले हुए पुलों के नीचे जाकर

अपना ज्ञान विशद कर लेना चाहती थी। इसलिए अलका सबकुछ छोड़कर एक दिन अकेले ही मेरे गाँव की ओर रवाना हो गई। उसने अपने दलवालों को बुलाकर विस्तार से बताया। वहाँ जाकर क्या करना होगा, यह सब समझाया और फिर मुझसे कहा, 'साथ नहीं चल रहे हो, लेकिन कुछ दिन बाद आना जरूर।'

मैंने कहा, 'अलका, तुम वहाँ ज्यादा दिन नहीं ठहरना।'

बोली, 'क्यों? क्या तुमको विरह सताएगा?'

मैं हँस पड़ा, 'उसका अवसर तो तुम प्रायः देती रही हो और मैं मान लूँ कि उससे हमारी मैत्री गाढ़ी हुई है, लेकिन यह विरह की बात उतनी नहीं है, जितनी तुम्हारे ज्ञान की। जानने का जो दावा हम करते हैं, वह वास्तव में कभी पूर्ण नहीं होता।'

अलका ने मुसकराकर कहा, 'बहुत ज्ञान बघारने लगे हो। जाओ, अपना खयाल रखना और मुझे चिट्ठी लिखते रहना।'

उसके बाद क्या हुआ? विरह के उन तरल क्षणों की कहानी कहकर भावनाओं को जगाना मुझे अच्छा नहीं लगता। अलका चली गई और उसके साथ ही उसका दल भी तितर-बितर हो गया। मैं फिर कलकत्ता लौट गया और फिर काफी दिनों तक मुझे अलका के पत्र मिलते रहे, जिनमें वह अपने खट्टे-मीठे अनुभवों का जिक्र किया करती थी। उसने मुझे बार-बार यह लिखा कि मैं जी जान से माँ की आज्ञा का पालन करने का प्रयत्न कर रही हूँ। मैं जब से यहाँ आई हूँ, बाहर नहीं निकली हूँ। यद्यपि मेरा दम घुटने लगता है, फिर भी बहुत अधिक अवसाद नहीं है। माँ काफी अप्रसन्न दिखाई देती हैं और चारों ओर से रूढ़ियाँ मुझे जकड़ने के लिए अपना फंदा डालती रहती हैं। यहाँ नारी का अर्थ कुल-वधू भी नहीं है। है तो घर की दासी, जिसका स्थान भोजन-गृह और प्रसूति-गृह तक ही सीमित है, मानो घर का काम और बच्चे पैदा करने के लिए ही वह खरीदी जाती है। बेशक जो धनवान हैं, वे हाथों से काम नहीं करतीं, लेकिन उसका पूरा बदला वे अपने मुँह से लेती हैं। खूब खाती हैं, खूब बातें करती हैं। खाने के लिए घी, दूध, खट्टा-मीठा, चरपरा सबकुछ है। कुछ बातें करने के लिए दूसरों के बारे में प्रलाप, निंदा और घृणा पैदा करने की बात चलती रहती है। मुझे खाने की आज्ञा है, बात करने की आज्ञा है, लेकिन आज्ञा नहीं है तो केवल बाहर जाने की। जब कभी मैं माँ से बाहर जाने के लिए कहती हूँ तो वह हँसकर यह जवाब देती हैं, 'बहू, यह शहर नहीं है, तुम्हें यहाँ बहू-बेटियों की तरह रहना चाहिए।'

उसके इसी प्रकार के पत्र आते रहते। मैंने कई बार उत्तर में उसे लिखना

चाहा कि अलका, तुम अब लौट आओ। मैं तुम्हें लेने के लिए आ सकता हूँ, लेकिन लिख नहीं सका। एक बार अलका ने स्वयं लिखा, 'मैं मानती हूँ कि मुझे बहुत दुःख होता है, लेकिन उसे पास से देख लेना चाहती हूँ। तुम नहीं जानते, एक दिन आशुतोष वेष बदलकर मुझसे मिलने आया था—वही संन्यासी का वेश। पास-पड़ोस की न जाने कितनी नारियाँ उसको घेरकर बैठ गईं, लेकिन मैंने उससे बात नहीं की और फिर यह भी प्रकट कर दिया कि यहाँ कभी न आए, क्योंकि जो कुछ यहाँ है और जो कुछ माँ चाहती हैं, उसको फिलहाल उसी निष्कपट रूप में स्वीकार करना चाहती हूँ।'

मैं मान लूँ कि यह पत्र पाकर मैं डर गया था। आशुतोष अलका का इतना विश्वासपात्र है, उसके इतना पास है कि⋯।

आगे कुछ सोचने से पूर्व मेरा मस्तिष्क इतने जोर से झनझनाया कि मैं अंधकार के महाशून्य में डूबता चला गया। चेतना, प्रकाश—कुछ रहा ही नहीं।

□

इसके बाद कॉलेज का कुछ ऐसा झमेला आया कि चाहकर भी उस ओर मैं ध्यान नहीं दे पाया। कुछ दिनों के लिए बिलकुल अलग छिटककर चले जाना पड़ा। एक पार्टी यात्रा पर जा रही थी, लगभग दो मास का प्रवास था। मैंने अलका को पत्र द्वारा सब बातों की सूचना दी और यह भी बता दिया कि मैं उस दल के साथ जा रहा हूँ। यात्रा उत्तर की ओर होनी थी और उसमें यह संभव नहीं था कि शेष भारत से कलकत्ता की तरह संबंध स्थापित किया जा सके। लौटती डाक से अलका का उत्तर आया, 'मेरे अनुभव तीव्र गति से आगे बढ़ रहे हैं। तुम जा सकते हो।'

यात्रा की बात करना यहाँ अप्रासंगिक है। बहुत दिनों तक हम शिमला से होकर पैदल ही हिमाचल प्रदेश के बहुत से भागों में घूमते रहे, और जब अचानक एक दिन मसूरी में प्रकट हुए तो बहुत सारी डाक मेरी प्रतीक्षा कर रही थी। इन पत्रों में घर का एक पत्र था, जिसमें हमारे मुनीम ने सूचना दी थी कि सबकुछ ठीक है। अलका का अपने हाथ का लिखा कोई पत्र नहीं था। मैं स्वीकार करूँगा कि इस यात्रा में मुझे अलका की कोई विशेष याद नहीं आई थी, फिर भी कई बार मैं सोते-सोते चौंक पड़ा था। मुझे कुछ ऐसा लगता था, जैसे अलका बहुत दिनों तक माँ के ही पास रहे।

लेकिन ऐसा क्यों था, इसका ठीक-ठीक निर्णय मैं कर पाता, इससे पूर्व मैंने देखा, आशुतोष मुझे ढूँढ़ता हुआ वहीं आ पहुँचा है। वह बहुत घबरा रहा था। उसने आते ही मुझसे कहा, 'आपको देश चलना होगा और दीदी के इस नए प्रयोग को

रोकना होगा।'

मैंने ऊपर से शांत बने रहते हुए कहा, 'क्यों, क्या कुछ नई बात हो गई है?'

'हाँ।'

'क्या?'

'दीदी हवा छोड़कर घी पीने का प्रयोग कर रही हैं।' उसने जवाब दिया, 'जो कुछ कहना चाहता हूँ, वह आप समझ रहे हैं। स्पष्टीकरण बेकार है। आप ऐसे अबुद्ध नहीं हैं। काल जैसी उन अभेद्य दीवारों को लाँघकर हवा दीदी के पास नहीं पहुँचती। पहुँचता है तो बस घी।'

मैंने पूछा, 'तुम वहाँ गए थे?'

'जाने की आज्ञा नहीं है।'

'तो कैसे जाना?'

वह बोला, 'जानने के बहुत से मार्ग हैं। जो कुछ देख-सुन आया हूँ, उससे अनुमान लगाने में कोई कठिनाई मालूम नहीं पड़ती। यह जानता हूँ कि जब दीदी प्रयोग करने लगती हैं तो उसकी जड़ तक पहुँच जाती हैं। मुझे यह समझने में कोई कठिनाई नहीं हो रही है कि दीदी उस प्रदेश में रहनेवाली कुल-वधू के जीवन को पूरे अर्थों में जी लेना चाहती हैं, लेकिन वह कवि-हृदय क्या उस प्रयोग की पीड़ा को सह सकेगा? दादा, तुम जाकर उन्हें ले आओ, नहीं तो उनकी मृत्यु हो जाएगी। प्रयोग के लिए बलिदान देने की बात मैंने पढ़ी तो है, पर इस तरह मैं उसे अपनी आँखों के सामने घटते नहीं देख सकता।'

कई क्षण चकित-स्तंभित मैं उसे देखता रह गया। कुछ देर बाद समझ में आया कि वह क्या कह रहा है। समझ गया तो एक भय ने मुझे जकड़ लिया, लेकिन अभी मेरी यात्रा का अंत नहीं आया था। मैंने तुरत एक पत्र माँ के नाम लिखा और वहाँ जाने के लिए आशुतोष से कहा, यह भी कि जब तक मैं कलकत्ता पहुँचूँ, तब तक अलका भी वहाँ पहुँच जाए। इसके साथ ही एक पत्र मैंने नंदिता को लिखा कि वह तुरत गाँव जाकर देखे कि अलका की क्या दशा है।

लेकिन मैं स्वयं नहीं गया, चाहकर भी नहीं गया। क्या मैं सचमुच चाहता था? क्या सचमुच!

× × ×

मेरी कहानी का अंत आ पहुँचा है। छिपाने की बात मेरे पास कुछ नहीं है। जो कुछ मैं अब आपको बताऊँगा, वह मात्र एक शिष्टाचार है। आशुतोष वहाँ गया और तुरत लौट आया। यात्रा के बीच ही उसने मुझे पकड़ा और रोते हुए मुझे सूचना

दी कि उसकी दीदी का प्रयोग अपनी अंतिम दशा में है। उन्हें बहुत देर में ध्यान आया कि जिसके लिए वे प्रयोग कर रही थीं, उन प्रयोगों में उसका ही गला घुट चला है।

मैंने उसको बीच में टोककर पूछा, 'क्या तुम अलका से मिले?'

वह रोने लगा, 'मिला हूँ ,दादा! लेकिन उससे नहीं, जो कलकत्ता में थी। वह तो अब पहचानी भी नहीं जाती। उसने माँ से कहा—मुझे हवा की जरूरत है। माँ ने जवाब दिया—सेहत हवा से नहीं, खाना खाने से सुधरती है। मेरे घर में घी की कमी नहीं है। दीदी सहम गईं, एकाएक उनको कुछ नहीं सूझा, वह अनमनी सी रहने लगीं। क्योंकि न तो वह प्रयोगों को बीच में छोड़ना चाहती थीं और न वह इस पीड़ा को पी सकती थीं। परिणामस्वरूप उनका स्वास्थ्य बिगड़ चला। कई बार वह फिर माँ के पास गईं, परंतु माँ घृणा की हँसी हँसकर रह गईं। वह समझती थीं, दीदी अब उनके गढ़ में हैं, उनकी विजय है, लेकिन दीदी तो सबकुछ जानकर अनजान बन रही थीं। उन्होंने इतना ही कहा—माँ, मुझे कुछ दिन के लिए शहर हो आने दो। जवाब मिला—अभी ठहरो। मेरा बेटा अभी वहाँ नहीं है। फिर दीदी ने कई पत्र आपको और नंदिता को लिखे, परंतु उन्हें किसी का उत्तर न मिला। उनकी चिंता बढ़ गई। वे विक्षिप्त सी रहने लगीं, क्योंकि प्रसव-काल बहुत समीप आ रहा था।'

मैं जैसे सोता जा रहा था, एकाएक बेचैन होकर मैंने उससे पूछा, 'अब उसकी क्या दशा है? वह आई क्यों नहीं?'

आशुतोष ने जवाब दिया, 'उन्हें आने नहीं दिया, दादा! और सच तो यह है कि अब वह आना भी नहीं चाहतीं।'

और यह कहते-कहते वह क्रोध से भर गया, 'यह आत्महत्या है, आत्महत्या। मैं नहीं जानता था कि दीदी इतनी दुर्बल हैं।'

इसके आगे मैंने कुछ नहीं पूछा और मैं तुरत घर के लिए चल पड़ा। वहाँ पहुँचकर अलका को देखा तो मैं काँप उठा, जैसे मैं किसी कंकाल के सामने खड़ा हूँ—पीले और डरावने कंकाल के सामने। आँसुओं को पीकर मैंने उससे कहा, 'अलका, तुमने यह क्या कर डाला?'

अलका ने आँखें खोलकर मुझे देखा। धीरे से बोली, 'तुम आ गए, पर अब देर हो चुकी है। बहुत देर से आए तुम। तुम शायद नाराज थे। अच्छा ही हुआ।'

नंदिता तब उसके पास बैठी थी। वह मुझसे एक दिन पहले पहुँच गई थी। अलका के सिर पर हाथ फेरते हुए उसने कहा, 'तुम ऐसा मत बोलो जीजी, तुम ठीक हो जाओगी।'

मेरी कुछ समझ में नहीं आया। अगर नंदिता मुझे सँभाल न लेती तो मैं उसी क्षण बेहाश होकर गिर पड़ता। मैंने जोर से उसके पलंग के तकिये को पकड़ लिया और फिर मेरे बदन से बरसाती नदी की तरह पसीना बहने लगा। नंदिता ने आवेश में आकर कहा, 'यह सब क्या है? पुरुष होकर आप इतने दुर्बल हैं।'

मैंने किसी तरह अपने को सँभालकर उत्तर दिया, 'यह सब मेरे ही कारण हुआ, मेरे कारण। मैं चाहता तो इसे बचा सकता था।'

उसी समय अलका ने पूर्ववत् फुसफुसाते हुए कहा, 'हाँ, यह सब मेरे कारण हुआ, मैं चाहती तो अपने को बचा सकती थी।'

नंदिता ने तुरत मुझे दूसरे कमरे में पहुँचाया और सबकुछ समझाकर बोली, 'दादा, कवि के कोमल हृदय को जब ठेस लगती है, तब वह विद्रोह करने में असमर्थ होने की स्थिति में पागल हो जाता है। इस घर की समस्त कलुषता और विषाद से जो वेदना दीदी को हुई है, उसे आप जानते न हों, यह मैं स्वीकार नहीं करूँगी, लेकिन जो कुछ अब बदल चुका है, उसको फिर से बदलने के लिए बहुत देर हो चुकी है।'

इतने में क्या देखता हूँ कि मेरी माँ तेजी से दौड़ती हुई आई, बोली, 'बहू, तुमने डॉक्टर और नर्स को बुलाया है?'

नंदिता ने जवाब दिया, 'जी हाँ।'

माँ बोली, 'पर इस घर में आज तक डॉक्टर और नर्स नहीं आई।'

'नहीं आई तो अब आ जाएगी।'

यह कहकर वह चली गई। माँ ने मुझे देखा और मेरे पास बैठकर बोली, 'तुम लोगों को यह सब क्या हो गया है? आजकल में ही उसे बच्चा होनेवाला है। ऐसा हो ही जाता है, खासकर जब कोई महात्मा पैदा होता है।'

मैंने तेजी के साथ माँ की ओर देखा। मेरी आँखें जल रही थीं और उस जलन को मैं सिर से पैर तक अनुभव कर रहा था। वह अग्नि जैसे मेरे शरीर की समस्त सीमा में फैलकर मुझे भस्म किए दे रही हो। उस क्षण मेरे मन में उठा कि काश, वह अग्नि मेरी माँ को भस्म कर दे···

जीवन में बहुत से अंधड़-तूफान आए हैं, दुर्बलता के अवसर भी आए हैं, परीक्षा भी देनी पड़ी है; लेकिन पहाड़ जैसा इतना दुःख एक साथ कभी झेलने का अवसर नहीं आया। जैसे मेरी सारी चेतना झुलस गई हो, फिर भी आप यह न समझें कि मैं यह सब प्रकट कर रहा था। नहीं! ऊपर से तो मैं उससे भी अधिक शांत था, जितना यह कहानी पढ़ते हुए आप होंगे। मैंने किसी से कोई शिकायत नहीं की,

किसी पर अपनी व्यथा को प्रकट नहीं होने दिया। बस, चुपचाप अलका के पास जा बैठा। जानता हूँ, वहाँ पर जो लोग आस-पास थे, उनको यह बुरा लगा, लेकिन मैंने कोई चिंता नहीं की। मैं उसे देखता रहा और वह मौन शांत पड़ी हुई, फुसफुसाती हुई, अस्फुट स्वर में यह कहती रही, 'मैंने आत्महत्या की है। मैं चाहती तो बच सकती थी। अपने ही प्रयोगों के मोह ने मुझे छल लिया।'

× × ×

उस रात उसने एक शिशु को जन्म दिया, वह बहुत सुंदर था। उसका सिर बड़ा था। उसकी आकृति में सौम्यता, सौंदर्य और सुदृढ़ता का अद्‌भुत समन्वय था। उसके जन्म के क्षण अलका होश में ही थी। उसे दर्द तनिक भी नहीं उठा। उसके कुछ देर बाद ही स्पष्ट स्वर में उसने मुझसे कहा, 'इसे बचाने के लिए बड़ा यत्न करना पड़ा, पर जैसा चाहती थी, वैसा बना न सकी और बनाने का यह दावा क्या दंभ नहीं है? यह सहज नहीं रहा। अपनी मृत्यु भी तो मैंने उसी दावे को सिद्ध करने के लिए बुलाई है, इसलिए मुझे जाने का दुःख नहीं है। फिर...।'

मैंने सहसा दोनों हाथों में उसके पीले हाथ को पकड़कर करुण, पर दृढ़ स्वर में कहा, 'अलका, जाने की कोई जरूरत नहीं है। इस धरती और आकाश का कोई अंत नहीं है। हम वहाँ चलेंगे, जहाँ कोई न हो। तुम लौट आओ, मैं हाथ जोड़ता हूँ, तुम लौट आओ।'

अलका के पीत वर्ण मुख पर एक मधुर मुसकान खेल गई। उसने पहले की तरह स्पष्ट, पर धीमे स्वर में कहा, 'इतने अधीर होते हो! जो कुछ किया है, जान-बूझकर किया है। हाँ, परिणाम का मुझे ध्यान नहीं था, लेकिन जो हो गया, उसकी अब चिंता क्या? बहुत कुछ खोया। बहुत कुछ दावा लेकर चली थी, लेकिन वह दावा सत्य कभी नहीं था, दंभ ही था। नहीं जानती कि इस दुनिया के इनसान सहज कब बन सकेंगे, पर एक बात मुझको स्पष्ट दिखाई दे रही है, वह यही है कि दंभ में मुक्ति नहीं है, उससे छुटकारा पाना ही होगा। क्या तुम्हें पुल के नीचे आनेवाली खूबसूरत लड़की की याद नहीं है? उसकी सत्यता मुझपर आज प्रकट हुई है। यह दलगत राजनीति, यह दलगत धार्मिक जीवन, यह घरौंदों में बँटा हुआ विशाल संसार—ओह, यह सबकुछ तो मनुष्य का पाप है! इससे मुक्ति पाने के लिए जितना जो साहस कर सकेगा, उतना ही उसका कल्याण होगा। और मैं जो कुछ तुम्हें कह रही हूँ, वह भी उसी दंभ का एक रूप है।'

फिर एकाएक उसने अपना हाथ खींच लिया। एक आवाज आई, जैसे बहुत ही नाजुक वस्तु कहीं टकरा गई हो। एक तरह की अजीब झनझनाहट मेरे शरीर में

हुई। निर्विकार भाव से मैंने उस स्थिति को स्वीकार किया, लेकिन एक आकस्मिक निक्षेप से मैं कुछ अस्त-व्यस्त सा हो उठा। और जब तक उसे जानने की कोशिश करूँ, एव, अत्यंत कोमल स्वर मेरे कान में आया—एक बड़ा कातर स्वर, करुणा से पूर्ण, लेकिन दृढ़ता से भरा हुआ।

वह शब्द, 'जा रही हूँ, क्षमा करना, बेटे को देखना। माँ का अभाव उसके जीवन की कसौटी बनेगा।'

और फिर सबकुछ शांत हो गया। आँखें उसकी आँखों में जाकर टिक गईं। वे शांत थीं। प्रेम से लबालब भरी हुई। शिकायत से बहुत दूर। कहीं कोई टेढ़ापन तक नहीं, सब कुछ निर्विकार। अब तक जो इतना दृढ़ था, वह बाँध जैसे अब टूट गया। मेरे मुँह से एक मर्मभेदी चीत्कार निकली, जिसे सुनकर सब लोग दौड़े आए और उसके बाद क्या हुआ, मुझे ठीक-ठीक पता नहीं है।

□

अपनी असह्य वेदना और यंत्रणा को अपने ही हृदय में छिपाए उस एक रात में क्या से क्या हो गया, यह बताने पर भी दूसरों का विश्वास नहीं कर सका। दर्पण के सामने जाकर अपने को देखने का साहस मुझमें नहीं रह गया था। हृदय के किसी कोने में बैठा मेरा कलुष मेरी ही आँखों में चमक उठा और फिर उस स्वर्गीय आत्मा के अपमान ने और इस भय ने मेरी शिराओं को जैसे जकड़ लिया था। आज समझा हूँ कि जिसे दुर्बल समझता रहा, वह कितनी शक्तिशालिनी थी और जो शक्तिपुंज था, उसी की नींव में कितनी दुर्बलता भरी हुई थी।

रोना-पीटना हुआ—हम लोगों का वही नकली रोना-पीटना। रक्त बहने लगता है, लेकिन अंतर की कलुषता अभेद्य चट्टान की तरह मनुष्य के दंभ का उद्घोष करती रहती है। वह सब मैंने अपनी आँखों से देखा। उसके विरोध में एक दूसरी चट्टान को देखा, जो नंदिता थी, जो सहज भाव से नवजात शिशु की माँ बन गई थी और आशुतोष को देखा, जो उसी क्षण के बाद वहाँ से गायब हो गया था, लेकिन उसका पार्थिव रूप आँखों से दूर हो जाने पर भी निरंतर छाया की तरह मेरे साथ लगा हुआ था। वह कह गया, 'दादा, बहुत प्रयोग कर चुका, अब मैं युद्ध करूँगा, अब मैं जूझूँगा।'

यह सबकुछ जो हुआ, वह मेरे लिए बिलकुल आकस्मिक नहीं था, लेकिन मैं इसके लिए तैयार भी नहीं था। मुझे यह स्वीकार करने में आज कोई झिझक नहीं है कि इस बीच मैं कई बार अलका से मुक्ति पाने के लिए आतुर हो उठा था। जब अलका माँ के पास आने के लिए जिद कर रही थी, तब मेरे मन के किसी कोने में

वह निर्दयी बात छिपी हुई थी, फिर भी आज यह सबकुछ हो गया, तब मुझे लगा कि मैंने उसकी मृत्यु कभी नहीं चाही थी।

मैं इसी तरह विचारों में उलझा हुआ था। तभी नंदिता कुछ कागज लेकर मेरे पास आई और बोली, 'देखो, दीदी के प्रयोगों का यह लेखा-जोखा है। समझ में नहीं आता कि ऐसे मनुष्य इस दुनिया में क्यों आ जाते हैं।'

और आगे कुछ कहने में असमर्थ वह वहाँ से लौट गई। जीवन में पहली बार मैंने नंदिता को इस प्रकार पिघलते देखा। इतनी दृढ़ता के नीचे यह तरलता कहाँ छिपी हुई थी, आज तक जान नहीं पाया, जबकि मेरे चारों ओर अमंगल की एक काली छाया छा रही थी। तब वही एक मंगलमूर्ति मेरा ढाढ़स थी। वह मुझको समझती थी। माँ तो बस यह रट लगाए रहती थी, 'एक बहुत बड़ा महात्मा इस घर में आया है—इतना बड़ा कि बहू उसको सँभाल न सकी। बिना माँ के अब बच्चा कैसे पलेगा?'

उसके बाद उसकी आँखों से आँसू बहने लगते। इन आँसुओं में अलका के प्रति सहानुभूति इतनी होती थी, जितनी उसकी तथाकथित असमर्थता पर आक्रोश भरा रहता था।

मैंने उन कागजों को टटोलना शुरू किया। जाना कि अलका जिन दिनों यहाँ रही थी, उन दिनों का लेखा-जोखा उसने रखा है। अचानक मेरी उत्सुकता जागी और मैं व्यग्र होकर पढ़ने लगा। आरंभ में अक्षर बहुत सुंदर थे, लेकिन जैसे-जैसे समय बीतता गया, उसकी लिखावट धुँधली और अस्पष्ट होती गई। आरंभ में उसने लिखा था—बहुत सुना है, नारी के मूक बलिदान के बारे में बहुत-कुछ पढ़ा है। अपनी आँखों से देखना चाहती हूँ, अपने हृदय में अनुभव करना चाहती हूँ कि नारी उस स्थिति में वास्तव में कैसी हो जाती है। अभी सब कुछ अच्छा लगता है।

फिर कई दिन बाद उसने लिखा था—मैं साहस के साथ उस स्थिति में प्रवेश करती जा रही हूँ, लेकिन मेरे मन में एक भय की छाया पड़ रही है—एक ऐसा भय, जिससे मुझे डर लगता है।

फिर एक हफ्ते बाद लिखा था—सचमुच, यह स्थिति गला घोंटने जैसी है। मुझे लगता है, जैसे मैं चिरकाल से रुग्ण चली आ रही हूँ। कहीं मुक्ति नहीं है। शेष संसार से कोई संबंध नहीं। ये ऊँची-ऊँची दीवारें जैसे मनुष्य को निगलने के लिए बनी हों। जहाँ जीवन जीवन के लिए असह्य हो उठा हो, ऐसी यह जेल है। मैं बाहर भाग जाना चाहती हूँ।

फिर उसने एक दिन लिखा था—मुझे लगता है, जैसे मैं गलती कर बैठी हूँ,

जैसे मैं अपने हाथों से अपना गला घोंट रही हूँ, लेकिन प्रयोगों के लिए अपना जीवन खपा देनेवाले महान वैज्ञानिकों की जो कहानियाँ मैंने पढ़ी हैं, उनको शायद इसी तरह का अनुभव होता रहा होगा, इसलिए मैं घबराऊँगी नहीं, दृढ़ता से इस मार्ग पर चलूँगी। जब तक इसकी जड़ तक नहीं पहुँच जाऊँगी, मैं यहाँ से लौटूँगी नहीं।

यहाँ पर उसके अक्षर अपने शब्दों के अनुरूप बड़े दृढ़ थे, लेकिन उसके अगले दिन उसने जो कुछ लिखा था, वह उसके बिलकुल विपरीत था। बहुत ही अस्पष्ट और घसीटे हुए अक्षर थे और उसका यह अर्थ मैं निकाल सका कि उसे अपने इस प्रयोग पर बहुत ही पछतावा हो रहा था और वह किसी तरह उससे छुट्टी पाना चाहती थी। उसने लिखा था—मैंने आशुतोष को यहाँ आने से मना करके बुरा किया। माधवी की भी मुझे कोई खबर नहीं मिल रही है। न मालूम वह कहाँ है। शायद कैलाश की विपत्यका में जीवन के सौंदर्य को परख रही है, लेकिन मैं हूँ, इस शाश्वत अंधकार में मक्खी की तरह मकड़ी के जाले में फँसती चली जा रही हूँ।

उसके बाद तो और भी सबकुछ अस्पष्ट था। बीच-बीच में वह दृढ़ता के साथ लिखती थी—नहीं, यह सबकुछ ठीक है, यही होगा। यह भय तो मुझे प्रलोभन देने के लिए हैं, मुझे रास्ते से हटाने के लिए हैं। मैं इस रास्ते से नहीं हटूँगी, नहीं हटूँगी। और अगले दिन वह लिखती थी—मैं अपना गला घोंट रही हूँ। माँ कहती है—घी खाओ। घी जीवन को शक्ति देता है। निस्संदेह घी से आदमी स्थूल होता है, लेकिन उसी प्रमाण से उसकी बुद्धि भी स्थूल हो जाती है और वह वही बन जाता है, जो यहाँ के लोग बने हुए हैं।

उसके अंतिम शब्द थे—मैं नहीं जानती कि मैंने ठीक किया या गलत। मेरा मन एक अप्रत्याशित दुविधा में फँस गया है। मुझे लगता है, जैसे मैं अपना मार्ग स्पष्ट नहीं देख सकी। यह मुझसे बार-बार कह रहा है कि माँ, मैं प्रकृति का साहचर्य चाहता हूँ, राजसी भोग नहीं। मुझे मुक्त सूर्य के दर्शन करने दो, मुझे सरिता की लहरों से खेलने दो। माँ, तुम मुझे उन पर्वतों की चोटियों पर ले चलो, जहाँ मुक्त झरने हैं, जहाँ प्रकृति और पुरुष निर्विघ्न और निर्द्वंद्व गले मिलते हैं।

परंतु मैं उस अनागत की इच्छा पूरी नहीं कर सकी, क्योंकि जहाँ मैं प्रयोग कर रही थी, वहाँ की कुल-रीति किसी नारी को प्रकृति से संबंध स्थापित करने की आज्ञा नहीं देती।

मैं चुप हो गई, यही मेरा पाप था। मैंने प्रयोगों के मोह में पड़कर अपने विचारों को आप झुठलाया। मैं चाहती तो रीति को तोड़ सकती थी। रीति शाश्वत नहीं होती। वह तो नित नई बनती है। बननी ही चाहिए। मैंने क्या-क्या सोचा था?

मैं आदिशक्ति हूँ। मैंने संसार बनाया है। मैं फिर एक ऐसा संसार बनाऊँगी, जिसमें न परतंत्रता होगी और न निर्धनता और न होगा विचारों का दिवालियापन, लेकिन मैंने अपने पैरों पर आप कुल्हाड़ी चलाई, अपने संसार को नष्ट कर लिया। मैं भूल गई कि मैं निर्मात्री हूँ, इसलिए सोचती हूँ, मुझे अब जीने का अधिकार नहीं है। मेरे हृदय की धड़कन अब धीमी पड़ रही है। मेरे अंतर का स्वर अब जैसे बुझता जा रहा है, लेकिन नहीं, वह बुझेगा नहीं। वह जिएगा, वह इस पीड़ा को पिएगा, इसलिए प्रयोगों को अपनी चरम सीमा पर पहुँचना ही चाहिए। इस प्रयोग की चरम सीमा मेरी आत्महत्या में है। वह मुझे बहुत प्रिय है। वह मेरे बिना जिएगा। वह माँ के स्नेह के बिना जिएगा। माँ का स्नेह संतान को कातर बनाता है। वह कातर नहीं बनेगा। वह नीलकंठ बनेगा।

उसने आगे कुछ नहीं लिखा और अब लिखने को कुछ शेष रह भी नहीं गया था। जो कुछ अनलिखा छोड़ गई थी, वह मानो मेरी आँखों में लिखा हुआ है।

× × ×

शायद उसके बाद कुछ कहने के लिए शेष नहीं रह जाता, लेकिन क्रिया-कर्म के झमेले के बाद क्या देखता हूँ, देख तो मैं कई दिनों से रहा था कि बार-बार गंगा-जमुना बहाती हुई मेरी माँ मुनीमजी से चुपके-चुपके देर तक बातें करती थी और फिर एक दिन मैंने बहुत सारी चीजों को घर में आते देखा। मुझे शंका हुई, फिर भी यह सब क्या है, इसको जानने की मैंने कोई चेष्टा नहीं की, लेकिन एक दिन सवेरे-सवेरे नंदिता मेरे पास आई, बोली, 'मेरे साथ चलो, मैं तुम्हें कुछ दिखाना चाहती हूँ।'

मैंने कहा, 'नंदिता, क्या अभी और कुछ शेष है?'

नंदिता बोली, 'अभी तुमने हत्यारों का दुःख देखा है, लेकिन अब उनका हर्ष भी तो देखो।'

मैं भौचक्का सा उसको देखता रह गया—हत्यारे और हर्ष! वह बोली, 'हाँ, हत्यारे हमेशा हर्ष ही मनाते हैं। यह तुम्हारे कुल की रीति है। मेरे पीछे-पीछे आओ। नाटक का अंतिम दृश्य खेला जा रहा है।'

उसके बाद नंदिता के पीछे-पीछे मैं जहाँ पहुँचा, वह सब मेरा जाना-पहचाना घर था। अंदर एक पलंग पर राजसी सामान फैला हुआ था। उसे देखता ही रह गया—अनेक एक-से-एक सुंदर और बहुमूल्य पोशाकें, साड़ियाँ, दामन, आभूषण। वे आभूषण, जो अलका को प्रिय थे—कंठहार, कर्णफूल और नगीने-जड़ित अँगूठियाँ। नया पलंग, उसकी रंगीन निवार और इसी तरह का बहुत सा सामान, जिसकी गणना

करने से पूर्व मैं चिल्ला उठा, 'क्या किसी का विवाह है, नंदिता?'

'हाँ।'

'किसका?'

उसने मेरी आँखों में झाँका, बोली, 'जीजी का।'

'अलका का, क्या कहती हो?'

'ठीक ही तो कह रही हूँ। यह सब दान ब्राह्मणों को दिया जाएगा। वे इसे जीजी के पास पहुँचा देंगे…'

अब समझने के लिए कुछ शेष नहीं था। यह सज्जा थी और इसलिए अधिक मूल्यवान थी कि अलका युवती थी। यहाँ भी यौवन का मोल होता है! उफ, वह मर गई और माँ के लिए यश प्राप्त करने का मार्ग बना गई, ब्राह्मणों के लिए ऐश्वर्य और विलासिता का द्वार खोल गई।

क्षण-क्षण मैं अपने को खोने लगा। देखते-देखते जैसे किसी ने मुझे अग्निकुंड में फेंक दिया। मेरे नयन जलने लगे, शरीर उबल उठा और भुजाएँ इस प्रकार ऐंठने लगीं, जैसे किसी का गला घोंटने को आतुर हों, किसी का, माँ का…।

इसी समय मेरे छोटे भाई ने पुकारा, 'आप कहाँ हैं, बड़े भैया?'

'आपकी डाक है।'

मैं अब भी शून्य में खोया हुआ था। यंत्रवत् मैंने डाक ले ली, लेकिन सबसे ऊपर वाले पत्र पर दृष्टि पड़ी तो देखता रह गया। उसपर के अक्षर मैं पहचानता था। वे अलका के अक्षर थे। मैं तीव्र गति से सिहर उठा—अलका का पत्र।

हाँ, वह अलका का पत्र था। कुछ दिन पहले लिखा होगा। घूम-फिरकर वहीं लौट आया था। उसे देखकर डाक-विभाग की कुशलता पर अचरज तो हुआ ही, आदर भी कम नहीं हुआ। उस क्षण कहीं-का-कहीं पहुँच गया। काँपते हाथों से उसे खोलकर पढ़ा। संबोधन के बाद बड़े परिश्रम से उसने लिखा था—शायद अब मिलना नहीं होगा। आखिर तुम भी रूठ गए। जो कुछ भी हो, न अब जीने की आशा है और न कामना। यह कायरता है या मेरे कार्यों का स्वाभाविक परिणाम, इन बातों पर बहस करने से मैं बहुत दूर पहुँच गई हूँ।

माँ ने मुझसे बदला लिया, इस बात का भी मुझे दुःख नहीं है। मैं चाहती तो उस व्यूह से निकल सकती थी, लेकिन अपने प्रयोग की चरम सीमा को देखने का मोह मुझे जकड़े रहा। इससे भी बढ़कर जो मेरा बंधन बना, वह था तुम्हारा अविश्वास। चौंकना मत, तुमने भी अविश्वास किया है। मुझसे मुक्ति चाही है…ओह! यह मैं क्या लिख गई, पर जो सत्य है, उसे अस्वीकार भी कैसे करूँ? जाने-

अनजाने मैंने भी क्या कम अपराध किए हैं ? स्वप्न ही देखती रही। उन्हें सत्य करने के लिए समाज से लड़ न सकी, इसलिए जा रही हूँ—और यह जो मैं जाने की बात कह रही हूँ, यह भी तो दंभ ही है, नितांत झूठ। मैं मरूँगी कहाँ, मैं भी आनेवाले में जिऊँगी—और अपने स्वप्नों को सत्य करूँगी···।

बस, इतना ही लिखा था। एक क्षण के लिए आत्मग्लानि की पीड़ा ने मेरे सारे अस्तित्व को झनझना दिया, 'तो वह स्वप्नमयी सबकुछ जानती थी, समझती थी, लेकिन फिर भी···।'

ना, अब कुछ नहीं कहूँगा। अब उस विश्वासी पर और अविश्वास नहीं करूँगा। अब मैं समाज से, समाज की संस्कृति से, अपने से, सबसे लड़ूँगा और अलका के स्वप्नों को सत्य करूँगा···